미디어와
시대정신의
탄생

미디어와 시대정신의 탄생

20세기 미디어 사상사

대니얼 J. 치트럼 지음 | 임영호 옮김

◉ 컬처룩 미디어 총서 035

MEDIA AND THE AMERICAN MIND

컬처룩 미디어 총서 035
미디어와 시대정신의 탄생
20세기 미디어 사상사

지은이 대니얼 J. 치트럼
옮긴이 임영호
펴낸이 이리라

책임편집 이여진
편집 하이픈
표지 디자인 엄혜리

2024년 1월 20일 1판 1쇄 펴냄

펴낸곳 컬처룩
등록 번호 제2011 - 000149
주소 03993 서울시 마포구 동교로 27길 12 씨티빌딩 302호
전화 02.322.7019 | 팩스 070.8257.7019 | culturelook@daum.net
www.culturelook.net

Media And The American Mind: From Morse to McLuhan
by Daniel J. Czitrom
Copyright © 1982 by the University of North Carolina Press.
Published in the Korean Language by arrangement with the University of North Carolina Press, Chapel
Hill, North Carolina, 27514 USA. www.uncpress.org
Korean translation copyright ©2024 Culturelook Publishing Co.
This Korean edition published by arrangement with University of North Carolina Press, through Agency-
One, Seoul.

ISBN 979 - 11 - 92090 - 25 - 2 94300
ISBN 979 - 11 - 85521 - 06 - 0 (세트)

* (p.2) 라디오 초창기인 1925년경 미국의 한 가정에서 라디오를 작동하고 있다. (출처: Courtesy of
  Smithsonian Institution, Washington, D.C.)

차례

옮긴이의 말

최근 미디어 업계에서 시시각각 일어나고 있는 변화는 전문가조차도 따라잡기 버거울 정도다. 신문과 텔레비전으로 대표되는 전통 매체는 갈수록 수용자와 영향력을 잃어가고, 이 기능을 대체하는 새로운 '미디어'나 테크놀로지가 하루가 멀다고 등장하고 있다. 인터넷과 포털의 시대가 도래해 직업 언론인의 독점 시대를 끝내고 '말 없는 다수 수용자'를 주역으로 올려놓은 게 불과 얼마 전인데, AI의 컴퓨터 알고리즘이 인간의 판단과 작업을 대체하는 시대가 성큼 눈앞에 다가왔다. 우리가 그려 보는 미래의 모습은 매일매일 새롭게 갱신되고 있다. 테크놀로지의 미래 모습에 대해서는 여전히 비관과 낙관이 교차하지만, 그 무한하게 열려 있는 가능성에 모든 이가 매료된 것은 사실이다. 하지만 테크놀로지를 둘러싼 변화의 소용돌이를 넘어 그 배후에서 일어나고 있는 더 근본적인 변화의 방향을 꿰뚫어 보고 미래에 대비하는 작업은 중요하면서도 쉽지 않다.

지금처럼 변화가 빠른 속도로 전개될수록 우리는 자칫 긴 안목을 상실하기 쉽다. 장밋빛이든 암울한 회색빛이든 새로운 미디어가 초래할 미래를 상상하며 일희일비하기보다는 인간에게 더 나온 미래를 설계하는 데 이 가능성을 어떻게 활용하고 대비할 것인지에 대한 비전이 필요한 시대다. 물론 지금처럼 불확실성이 지배하는 상황이 처음은 아니다. 현재의 올드 미디어가 새롭게 등장하던 20세기 초반에는 인간이 이전에 경험하지 못한 다양한 테크놀로지의 잠재력을 구현하는 방안을 놓고 온갖 논의가 쏟아져 나왔다. 당시의 현실이 이상론자들이 상상하던 긍정적인 방향으로만 흘러간 것은 아니며, 새로운 테크놀로지의 잠재력이 오히려 자본과 권력의 이익을 위해 왜곡된 형태로 정착된 것도 사실이다. 그래서 우리는 과거 경험에 대한 반추를 통해 미래를 위한 교훈으로 삼을 필요가 있다. 넓은 역사적 안목에 깃든 지혜는 숨가쁜 격변의 시대에도 여전히 유용하다.

대니얼 치트럼이 쓴 《미디어와 시대정신의 탄생Media and the American Mind》은 40여 년 전인 1982년에 출간되어 오랫동안 미디어 관련 독자들의 사랑을 받았다. 미국 대학에서는 학부용 교재로 널리 사용되기도 했다. 그런데 외국어라는 언어 장벽 때문인지, 역사적/지성사적 시각에 대한 무관심 탓인지 국내에서는 그다지 주목받지 못했다. 이 책은 20세기 초 전신, 영화, 라디오라는 새로운 미디어가 등장하는 과정을 추적하지만, 단순히 역사적 사건 서술에 그치지 않고 미디어가 인간의 사고방식을 어떻게 바꿔놓았는지, 여러 사상가를 비롯해 당시 사람들이 '새로운' 미디어에 어떻게 대응하고 어떤 미래를 상상했는지에 초점을 둔다. 말하자면 이 책은 20세기 초 전신, 영화, 라디오 등 대표적인 세 미디어가 등장해서 사회와 사람들의 세계관을 바꿔 놓는 과정에 관한 미디어 문화사이자 지성사를 다룬다.

원저가 나온 지 40여 년이 지나고 당시의 주류 미디어가 사양길에 접어든 지금에야 이 책을 소개한다. 그렇지만 이 책이 갖고 있는 시사점은 전혀 시대에 뒤떨어지지 않았으며 오히려 새로운 통찰을 줄 수 있다고 믿는다. 그간 학문으로든 직업으로든 미디어에 몸담은 이들이 늘 시류만 좇는 바람에 긴 호흡의 사색과 성찰 작업을 소홀히 하는 경향이 있다는 뼈아픈 비판이 종종 나왔다. 이러한 질책이 이 책의 중요성에 주목해 번역을 결심하게 된 이유 중 하나다. 변화의 속도가 빠를수록 잠시 멈춰서서 지나온 길을 돌이켜보는 정신적 여유는 단지 흘러간 과거의 복기가 아니라 미래에 대한 대비 과정의 일부라고 생각한다. 시장성이 불확실하지만 의미 있는 책의 출간을 결심하고 맵시 있는 책으로 다듬어 준 컬처룩 출판사에도 감사드린다.

2023년 12월

임영호

일러두기

• 한글 전용을 원칙으로 하되, 필요한 경우 원어나 한자를 병기하였다.

• 한글 맞춤법은 '한글 맞춤법' 및 '표준어 규정'(1988), '표준어 모음'(1990)을 적용하였다.

• 외국의 인명, 지명 등은 국립국어원의 외래어 표기법을 따랐으며, 관례로 굳어진 경우는 예외를 두었다.

• 사용된 기호는 다음과 같다.

　신문 및 잡지 등 정기 간행물, 영화, TV 프로그램 제목 등:〈　〉

　책(단행본):《　》

• 이 책의 원서에는 도판이 실리지 않았으나, 한국어판에서는 독자의 이해를 돕기 위해 옮긴이와 컬처
룩 편집부에서 본문과 연관되는 도판을 선별해 넣었습니다. 이러한 사항은 이 책의 저작권자와 협의
를 거쳤고, 사용된 도판들은 퍼블릭 도메인에 속합니다.

대다수의 역사 저작은 그 핵심에 자서전의 요소를 담고 있다. 내가 현대 미디어의 역사에 매력을 느끼게 된 것은 특히 뉴욕시에서 성장기를 보내는 동안 미디어가 곳곳에 존재하면서 강렬한 영향을 미치는 것을 개인적으로 경험한 데서 유래한다. 라디오와 텔레비전, 영화, 축음기, 그리고 믿을 수 없는 정도로 다양한 정기 간행물이 등장하기 전의 삶이란 과연 어떠했을지 궁금해졌다. 가장 폭넓게 보자면 나의 원래 관심사는 커뮤니케이션 미디어가 지난 한 세기 반 동안 미국의 환경을 어떻게 변화시켰는지 탐구하는 데 있었다. 새로운 미디어는 전통적인 시공간 개념, 여가와 소비의 성격, 사회화 과정, 지적 풍토에 어떤 영향을 미쳤을까? 미디어는 어떻게 해서 미국의 일상적 삶에서 그렇게 두드러진 존재가 되었을까?

  매스 미디어가 끊임없이 새로움을 강조하면서 시공간 측면에서 어디든 존재한다는 사실은 미디어를 역사적으로 이해하는 데 아마 가장 극복하기 어려운 장벽이 될 것이다. 이 책은 무엇보다도 어떻게든 미디어의 현재 모습의 배후를 들여다보고, 미디어가 교묘하게 부정하는 과거를 다시 포착하고, 미디어의 공적 모습에서 가면을 벗겨내며, 현재 우리가 미디어의 문화적 중요성을 측정하고 해석하게 된 방식을 역사적 맥락에 배치하려는 욕망의 결과물이다.

나의 관심사는 너무나 광범위한 반면 작업의 역사적 선례는 놀랄 정도로 희소했기에, 어쩔 수 없이 미국 현대 커뮤니케이션의 지성사를 시도하되, 사회적 맥락에 확고하게 뿌리내린 상태에서 접근하는 전략을 취하게 됐다. 내가 염두에 둔 지성사 개념은 가능한 한 가장 폭넓은 정의를 지향한다. 말하자면 이 분야를 단지 공식적인 개념의 역사가 아니라 궁극적으로 상징적 행동과 의미, 그리고 그것들이 인간 행동과 맺는 관계의 역사로 파악하는 것이었다. 따라서 이 책 제목에서 '미국의 정신American mind'이란 구절은 어떤 거창하면서도 신비로운 통일체를 주장하려는 의도로 붙인 게 아니다. 아마 다소 역설적일 수도 있겠지만, 이 구절은 단순히 새로운 커뮤니케이션 수단에 관한 역사적 사고와 감정의 전 영역을 가능한 한 가장 폭넓게 고찰해 보려는 시도를 의미한다.

나는 핵심 질문을 다음과 같이 정리했다. 19세기 중반 이래로 미국에서 현대 커뮤니케이션의 영향을 파악하려는 시도는 어떻게 전개되었나? 이 시도는 미국의 사회사상이라는 더 폭넓은 영역에서 어떤 위치를 차지하게 되었나? 이 사상은 변화하는 커뮤니케이션 테크놀로지, 제도와 어떤 관계에 있었는가? 초창기의 대중적 반응은 새로운 미디어 형태의 발전에서 어떤 역할을 했는가?

나는 이 질문에 대해 두 가지 통찰력 있는 시각을 취해 보기 위해 탐구를 두 부분으로 구분하였다. 1부는 세 가지 새로운 미디어에 대한 대중적 반응을 포함해 당대의 대응 양상을 분석한다. 1부의 각 장에서 나는 [각 미디어와 관련된 사상을] 탐구함과 동시에 미디어 자체의 기술적, 제도적 성장과 이 사상이 어떻게 밀접하게 관련되었는지 살펴보았다. 나는 전신에서 논의를 시작했는데, 이는 전신이 처음으로 커뮤니케이션을 교통과 분리한 미디어였을 뿐 아니라 전자 미디어 시대를 연 당사자이기도 하기 때문이다. 영화는 경이로울 정도로 새로운 대중문화 형태의 도래를 알렸으며, 그동안 수용된 문화 개념 자체도 흔들어 놓았다. 라디오에 관한 연구는 현대 커뮤니케이션에서도 가장 강력하고 널리 보급된 형태인 방송의 등장 과정을 살펴보는 기회가 됐다.

2부에서는 현대 미디어의 전반적 영향에 관해 미국의 사상에서 등장한 세 가지 주요 전통 혹은 고찰을 살펴본다. 진보 시대the Progressive Era●의 삼총사인 찰스 호턴 쿨리, 존 듀이, 로버트 파크는 현대 커뮤니케이션 미디어의 총체적 성격에 관해 선구적 탐구를 시작했다. 경험적 연구에서 행태주의 접근인 '효과' 연구는 수십 년 동안 미국의 커뮤니케이션 연구를 지배한 모델이다. 마지막으로 해럴드 이니스와 마셜 매클루언의 급진적 미디어 이론은 각자 방식은 다르지만, 커뮤니케이션 테크놀로지의 변화가 역사 과정에서 중심적인 세력이라고 강조했다.

문화와 커뮤니케이션 범주에 관한 논의가 중복되는 것은 불가피하다는 사실도 안다. 현대 미디어는 문화의, 특히 대중문화의 개념과 현실에서 떼놓을 수 없는 부분이 되었다. 현재 통용되는 의미로서의 **대중문화**라는 용어는 영화가 등장한 시기로 거슬러 올라간다고 주장하고 싶다. 드러내 놓고 강조하지는 않았지만 2부의 논의 전반을 관통하는 요지는 20세기에 들어서 문화와 커뮤니케이션 개념 간의 뚜렷한 경계가 꾸준하게 무너졌다는 것이다. 여기서 고찰한 사상가들이 (흔히 무의식적으로) 양자를 혼용했듯이, 이 책에서도 이들을 따라 두 범주를

● 미국 역사에서 이른바 진보 시대(1896~1917)는 산업화로 발생한 독점, 부패, 낭비, 사회적 비효율 등의 문제점을 해결하기 위해 사회 전반에서 사회 운동과 정치 개혁의 움직임이 활발하던 시기를 말한다. ― 옮긴이

밀접하게 상호 작용하는 현상으로 파악했다고 생각한다.

미디어라는 용어를 둘러싸고 실제로 발생한 혼란은 에필로그에서 좀 더 철저하게 검토한다. 원래 구상과 달리 역사적 연구와 집필은 이러한 상태를 해소하는 데 그다지 성공적이지 못했을 수도 있다. 적어도 어떻게 해서 다양한 미디어가 동시에 이질적인 존재가 될 수 있으며, 실제로도 늘 그랬는지 좀 더 뚜렷이 깨달을 수 있게 하는 데 이 책이 이바지하길 바란다. 예를 들면, '텔레비전'은 강력한 경제적 제도이자, 미학적 형태이자, 주요한 광고 전달자와 라이프스타일의 중재자이자, 현대 정치 척도를 결정하는 최고의 존재라고 이야기해도 좋다. 텔레비전은 기만적일 정도로 복잡한 기호 체제이거나, 수많은 사람의 일상적 삶에서 중심을 차지하는 고도로 개인화되고 민주적으로 배포된 의례 대상이라고 할 수 있다. 미디어의 현재 상황과 미래의 가능성에 관해 의미 있는 담론을 시도하려 한다면, 광범위한 대중적 반응을 포함해 미디어 역사의 전 범위를 동원할 필요가 있다.

아주 넓은 범위를 건드리긴 했지만 겨우 수박 겉핥기에 그친 데 대해 여전히 좌절감을 느낀다는 사실은 인정해야겠다. 지난 수년 동안 특히 영화와 방송에 관해 수많은 연구가 새로 쏟아져나온 덕분에, 내가 즉흥적으로 이 프로젝트를 시작하기로 한 후 겪게 된 기이한 지적 외로움은 많이 완화됐다. 우리의 역사적 지식은 기껏해야 여전히 피상적 수준이고, 채워 넣어야 할 커다란 공백은 많이 남아 있다. 뉴 미디어가 과거에 대한 지각과 지식 자체의 윤곽을 어떻게 바꿔 놓는지에 관한 메타역사적이고 인식론적인 질문은 거의 고스란히 미답의 영역으로 남아 있다. 나는 이 책 전반에서 앞으로 역사적 탐구를 해 보면 유익하지 않을까 하고 판단한 일부 주제를 여기저기서 언급했다. 나의 이러한 시도에 자극받아 현대 미디어에 대해 새로운 통시적 분석이 나와, 지난 20년간 엄청나게 나온 공시적인 접근의 커뮤니케이션 연구와 균형을 맞추는 데 도움이 되길 희망한다.

나는 다양한 부류의 친구나 동료와 격식 없는 대화를 꾸준히 나누는 과정에서 이 책을 완성하는 데 필요한 도움을 얻었다. 진지하기도 하고 동시에 즐겁기도 한 이 격의 없는 난상 토론은 우리 공통의 관심사에 뿌리를 두었는데, 바로 미디어가 우리의 지적·정서적 삶에, 우리의 정치와 노동에, 미학적 입장에, 집단 기억에 어떻게 직접 개입하는지 이해하는 문제였다. 나의 보잘것없는 시도는 그러한 이해의 역사적 측면을 진전시키는 데 목적을 두었다. 〈문화 통신Cultural Correspondence〉이라는 잡지에 나는 편집자이자 기고자로 관여하고 있었는데, 이 작업은 특히 정치적 변화의 잠재력과 관련해, 상실되거나 잊혀진 대중문화 양식을 회복하고 바로 세우는 일에 중점을 두었다. 나는 〈문화 통신〉에 몸담으며 공동 작업을 한 덕분에 폴 불Paul Buhle과 조지 립시츠George Lipsitz, 데이비드 와그너Dave Wagner가 제공해 준 통찰과 우호적인 지원에서 큰 도움을 받을 수 있었다. 또한 데이비드 마크David Marc, 마이클 스타Michael Starr, 짐 호버먼Jim Hoberman, 밥 슈나이더Bob Schneider, 마거릿 홀러Margaret Haller, 지바 크위트네프Ziva Kwitnev, 리처드 킬버그Richard Kilberg, 짐 머레이Jim Murray 등이 보여 준 꾸준한 격려에도 감사드린다. 이 원고를 더 나은 책으로 만들 수 있도록 도와준 꼼꼼한 편집자 파멜라 모리슨Pamela Morrison에게도 감사를 드린다.

나는 1974년 매디슨에서 제임스 W. 케리James W. Carey의 강연을 처음 듣고는 큰 감명을 받았다. 이후 그와 대화도 하고 서신도 주고받았는데, 짐은 내가 주제를 정리하는 집필 초기의 혼란스러운 단계에서 내게 절실한 조언과 격려를 해 주었다. 그는 중요한 문헌 서지 사항의 단서와 자신의 일부 미간행 원고도 제공해 주었다. 케리의 출간 논문은 지적 영감의 핵심적인 출처이기도 했다.

러셀 매릿Russell Merritt은 각 장의 초안을 읽고 의견을 제시해 주었다. 러셀은 너그럽게도 초창기의 니켈로디언 극장에 관한 자신의 연구 결과를 공유해 주었다. 그가 제공해 준 서지 정보와 사려 깊은 비판은 큰 도움이 되었다.

폴 K. 콘킨Paul K. Conkin 역시 모든 장의 초안을 읽고 의견을 제시해 주었다. 나는 위스콘신대학교에서 2년간 그의 지성사 세미나에 참여했는데, 여기서 내 연구는 처음으로 확고한 윤곽을 갖추게 되었다. 폴이 내 원고를 세심하면서도 비판적으로 읽어 준 덕분에 내 사고와 글도 상당히 예리하게 다듬을 수 있었다.

나는 친구 대니얼 T. 로저스Daniel T. Rodgers에게 지적으로 가장 큰 빚을 졌다. 댄이 지난 수년 동안 보여 준 예리한 비판과 변함없는 믿음은 이 책을 개념화하고 발전시키는 데 핵심 역할을 했다. 폴은 각 장의 초안을 꼼꼼하게 읽고 상당히 많은 건설적인 의견을 제시해 주었다. 그러나 그가 가장 크게 이바지한 부분은 내가 자신의 목소리를 찾도록 끊임없이 인내심을 갖고 격려해 준 데 있다.

마지막으로, 이 나라에 마지막 남은 진정하게 민주적인 고등 교육 기관이라 할 만한 뉴욕공공도서관에도 감사를 드린다. 나는 이 도서관이 저명한 교수든 택시 운전사든 상관없이 모든 학자를 계속 평등하게 대우해 줄 것이라 믿는다.

대니얼 J. 치트럼

1981년 7월 뉴욕시에서

1부

뉴 미디어의 출현에 당시 사람들은 어떻게 반응했나

1

'번개 선로'와
현대적 커뮤니케이션의 탄생,
1838~1900

1844년 미국에서 최초로 전기 방식의 전신 선로가 개통되면서 현대적 커뮤니케이션의 시대가 시작되었다. 전신telegraph이 등장하기 전에는 교통과 커뮤니케이션이 전혀 구분되지 않았다. 정보란 정보를 전달하는 메신저가 움직이는 속도로만 이동할 수 있었다. 전신은 양자 간의 이러한 연결을 깨뜨렸고, 미국 전역으로 재빨리 보급되어 최초의 거대한 커뮤니케이션 네트워크를 형성하게 됐다. 현재 커뮤니케이션 미디어의 정교한 신문물 중 상당수는 바로 '번개 선로lightning lines'의 제도적, 기술적 후예라 할 수 있는데, 초기 전신이 등장하던 무렵의 사람들은 이같은 일을 전혀 예상조차 못 했을 것이다. 실시간 커뮤니케이션이 가능해졌다는 경이로운 사실은 당연히 온갖 상상을 불러일으켰다. 하지만 이 중 어떤 예측도 미래 가능성이 현재의 현실처럼 눈부신 수준에 미칠 것이라 상상하지는 못한 듯하다.

그러나 많은 이의 표현대로 "이 가장 경이로운 시대의 가장 경이로운 발명품"인 전신이 어떤 함의를 갖는지 고심하는 동안, 19세기 중반의 미국인들은 현재에 이르기까지 꾸준하게 격화되고 확장된 중요한 문화적 논쟁을 시작했다. 전신에 대한 지식인과 대중의 반응 중에는 현대적 커뮤니케이션이 미국의 문화와 사회에 미치는 영향을 파악하려는 최초의 시도도 포함되어 있었다. 오늘날처럼 당시에도 새로운 커뮤니케이션 형태를 다루는 동안, 기술적 진보 때문에 새로운 의미와 시급성을 갖게 된 다소 해묵은 이슈를 숙고하는 장이 마련되었다. 바로 '시공간의 파괴자'인 전신이 사상, 정치, 상업, 언론, 도덕적 삶에 과연 어떤 전조를 제시해 줄까 하는 문제였다.

이와 같은 질문에 관한 고찰은 경제적 측면에서는 전신 체제의 발전으로 제기된 이슈와 시기를 같이할 뿐 아니라 때로는 서로 얽히기도 했는데, 바로 기업의 지배력, 독점, 정부 규제라는 이슈였다. 전신의 제도사는 최초의 현대적 커뮤니케이션으로 도약이 일어난 후의 문화적 수용을 탐구하는 데 필요한 배경에 불과했다. 그러나 커뮤니케이션 혁명이 시사하는 바와 실제 전신의 구현 양상 간의 긴장, 열렬한 비전과 삭막한 현실 간의 긴장은 이 이야기에서 핵심적 부분을 이룬다.

미국의 과학자 조지프 헨리Joseph Henry는 1858년 대서양 횡단 케이블 개통을 기념하는 뉴욕의 대형 행사에서 연설하면서, 전신이야말로 궁극적으로 이 나라의 천재성을 보여 주는 발명품이라고 칭송했다. "19세기 역사에서 두드러진 점은 추상적 과학을 실용적 기술에 적용하고, 물질세계에 내재하는 힘을 문명인의 순종적인 노예처럼 지성의 통제하에 복속시킨 데 있다"라고 그는 선언했다. 헨리의 진술은 **테크놀로지**라는 흥미로운 새 단어를 당대인이 어떻게 이해했는지 정확하게 규정하는 데도 도움이 된다. 전신이야말로 아마도 그 시대의 가장 주목할 만한 기술적 승리이자, 과학을 기술에 적용하는 데서 얻을 수 있는 수확을 가장 뚜렷하게 보여 주는 예라고 주장한 사람은 분명 헨리뿐만은 아니었다.[1]

화학, 자기, 전기 분야에서 수많은 기초적인 발견이 나오고 나서야 비로소 (수기 신호와 반대되는) 실용적인 전자기식 전신이 모습을 갖출 수 있게 됐다. 19세기 전신의 역사에 관한 설명은 으레 [고대 그리스] 밀레투스의 탈레스Thales와 다른 고대인에 의한 전기 발견에서 시작한다. 18세기에 영국인 윌리엄 왓슨William Watson과 미국인 벤저민 프랭클린Benjamin Franklin은 최초로 전선을 통해 전기를 전송하는 데 성공했다. 1790년대에 이탈리아인 루이지 갈바니Luigi Galvani와 알레산드로 볼타Alessandro Volta는 직류 전기, 혹은 산이 금속 위에 화학적으로 작용할 때 일어나는 전기 발전의 속성을 밝혀냈다. 덴마크의 한스 외르스테드Hans Oersted와 프랑스의 앙드레마리 앙페르André-Marie Ampère는 1820년

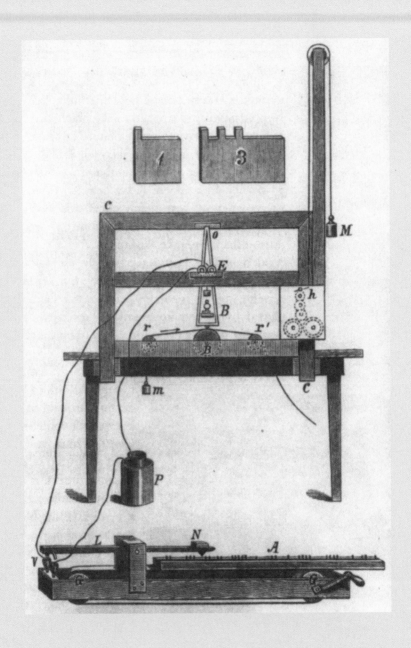

새뮤얼 모스가 발명한 전자기 방식의 전신.

경 전자기의 원리를 발견했다. 1831년에 이르면 당시 프린스턴대학교에 재직하던 조지프 헨리는 원거리에서 기계적 효과를 발생시킬 수 있는 강력한 전자석을 발명하는 핵심적 문제를 해결했다. 그는 관습적으로 사용하던 하나의 대형 배터리 셀 대신에 다수의 소형 셀로 된 배터리로 대체하는 방식으로 이 작업에 성공했다. 1820년대와 1830년대에 전 세계의 과학자들은 실행 가능한 전기 방식의 전신을 만들기 위해 힘썼다. 프랑스의 앙드레마리 앙페르, 러시아의 파벨 쉴링Pavel Schilling, 독일의 카를 슈타인하일Carl Steinheil, 영국의 험프리 데이비Humphry Davy, 윌리엄 쿡William Cooke과 찰스 휘트스톤Charles Wheatstone이 바로 그 주역들이었다.[2]

예술가이자 초기 사진술 전문가daguerrotypist이며 "미국의 레오나르도 다빈치"였던 새뮤얼 핀리 브리스 모스Samuel Finley Breese Morse는 1838년 최초의 실용적인 전자기 방식의 전신을 세상에 내놓았다. 모스의 경력은 19세기의 테크놀로지 지지자들이 그렇게 예찬해 마지않던 과학과 예술 간의 결합 사례를 보여 주었다. 젊은 시절 모스는 유럽에서 회화와 조각을 공부했고, 미국에서 초상화와 풍경화로 꽤 명성을 얻었다. 1832년 모스는 뉴욕시립대학교에서 회화와 디자인 교수로 부임했다. 이후 그는 전국디자인아카데미the National Academy of Design 초대 회장을 역임했다. 모스는 과학과 공학 실험, 특히 전기와 관련된 실험에도 열렬한 관심을 보였다. 1832년 그는 정보 송신에 적용할 목적으로 유선을 통해 연속적으로 전기 충격을 보내는 방식의 계획을 구상했다. 애초에 그가 발명에 착수하게 된 동기는 돈을 벌어 전업 화가로 여유롭게 작품 활동을 하고자 하는 데 있었다.

그러나 그 후 12년 동안 모스는 개인적 빈곤과 공중의 무관심을 견뎌 내면서 점차 전신에 전력투구하게 됐다. 모스는 자신 이전에 나온 업

모스가 발명한 전건(1900년경 사용된 모델).

적에 대부분 무지한 상태였다. 전신이란 구상, 전신의 초창기 기계적 형태, 신호 송신 부호는 그의 업적이었다. 1837년 이후 모스는 여러 관계자로부터 중요한 과학적, 공학적, 재정적 지원을 받았는데, 레너드 게일Leonard Gale, 조지프 헨리, 앨프리드 베일Alfred Vail, 이후에는 에즈라 코넬Ezra Cornell 등이 그를 후원했다. 모스의 전송 장치는 현재 전신에서 낯익은 키보드인 전건key의 조악한 버전이었고, 수신기는 펜이나 바늘이 장착된 철판을 끌어당기는 전자석으로 구성되었다. 태엽 장치 모터가 펜이나 바늘 아래로 종이테이프를 밀어 넣으면, 이 펜이나 바늘이 회선 전류의 박동에 맞추어 테이프에 표시하는 방식이었다. 앨프리드 베일은 이후 더 단순화된 수신 장치를 개발했는데, 이 장치 덕분에 기사는 음향 장치의 누르는 소리만 듣고 메시지를 판독할 수 있게 됐다.

1838년 초 여러 차례의 장치 공개 시범 행사 후, 모스는 실험 선로 건설 예산 편성을 요청하는 청원을 의회에 제출했다. 시범 행사는 뉴저지의 모리스타운에 있는 베일 가문의 제철 공장과 필라델피아의 프랭클린연구소Franklin Institute에서, 워싱턴에서는 하원 상무위원회 앞에서 열렸다. 그 후에도 행사가 열릴 때마다 인근 지역의 열렬한 관심을 끌었다. 1838년 1월 13일 모리스타운 시범 행사에서는 전선으로 2마일(약 3킬로미터) 떨어진 곳으로 긴 편지를 보냈는데, "[이 행사는] 주변 지역 모든 사람의 화젯거리였을 뿐 아니라 뉴어크의 유력한 주민들은 행사를 보러 금요일에 특별한 나들이를 했다"라고 모스는 당시 상황을 묘사했다. 1838년 2월 21일에는 밴 뷰렌Van Buren 대통령과 내각 각료들도 비공식 시범을 요청해 관람했다. 그렇지만 모스의 시도를 둘러싼 의심, 불신과 조롱은 쉽사리 극복되지 않았다. 그는 5년간 고독과 좌절의 세월을 보낸 후에야, 볼티모어와 워싱턴 DC 사이를 연결하는 선로 건설 자금으로 3만 달러를 확보했다. 심지어 그때도 자칫 "최면술 실험을 해

1867년 11월 2일 〈하퍼스 위클리*Harper's Weekly*〉에 실린 조랑말 익스프레스 삽화. 도로변에서는
대륙 횡단 전신망 공사가 진행되고 있다.

보는 데" 액수 절반을 지출해야 했을지도 모를 정도로 어처구니없는 수정안을 놓고 우스꽝스러운 토론을 거치고 나서야 예산안은 하원을 통과했다. 모스는 1844년 5월 24일 "하느님께서 무엇을 하셨는가?(민수기 23:23)"라는 유명한 질문과 함께 드디어 미국 최초의 전신 선로를 개통하게 됐다.

모스와 동업자들은 자신들의 발명품을 연방 정부에게 매각하길 원했다. 그러나 의회는 최초의 선로 건설을 지원하긴 했어도 특허권 매입 제안을 거부했다. 무지막지한 투기와 건설의 시기가 이어지면서, 모스와 동업자, 특허권에 따른 계약으로 건설 권리를 얻은 온갖 개개인이 얽힌 엄청나게 복잡한 법적 다툼이 야기됐다. 그렇지만 불과 8년이 지난 후 미국 전역에는 2만 3,000마일(약 3만 7,000킬로미터)에 달하는 전신 선로가 깔렸다. 이 초창기 동안 수많은 미국인은 전신에 경탄하면서, 모스가 전신을 통해 최초로 보낸 메시지의 해답은 무엇일지 궁금해했다.[3]

최초의 '번개 선로'를 맞이하면서 공중이 보인 반응은 자부심, 흥분, 순전한 경이가 뒤섞여 있었다. 그러나 의구심과 불신, 미신에 근거한 공포 등을 표현하는 사람도 많았다. 이러한 감정들이 어색하게 뒤섞인 반응을 기록해 놓은 관찰자도 적지 않았다. 전신 개설 공사가 사방으로 빠르게 진행되면서, 수십 군데 도시와 마을에서는 냉소주의자, 추종자, 순전한 호기심에 찬 사람까지 직접 현장을 보려고 모여들었다.

5월 초 실험 선로 공사가 진행되는 동안, 모스는 "전신에 대해 모두 대단히 열광하고 있어, 내 사무실에는 사람들이 몰려들고 있다"라고 워싱턴에 보고했다. 그는 널리 퍼진 불신을 타개하려면 홍보가 필요하다고 파악했다. 모스는 선로 반대쪽 볼티모어에 있는 앨프리드 베일에게 이렇게 조언했다. "놀라움을 자아내는 좋은 방안이 있는데, 승객들에게 나에게 보낼 짧은 문장을 달라고 하고, 시간을 기록하게 한 후,

수도에 전화를 걸어 내가 그 문장을 수신한 시간을 확인하게 하는 것입니다." 5월 24일 메시지 송신 시범 후 며칠 뒤에 볼티모어에서 열린 민주당 전당대회에서 전신은 선풍적 반응을 불러일으키는 역할을 했다. 모스와 베일은 워싱턴에 모인 군중에게 제임스 포크James Polk가 후보로 선출된 소식을 전해 그들을 경악하게 했다. 부통령 후보로 추대된 실라스 라이트Silas Wright는 전신으로 거부 의사를 밝혔다. 여전히 미심쩍어하는 전당대회 측은 위원들을 워싱턴의 라이트에게 기차로 파견해 직접 소식을 확인했다. 위원회는 다음날 전신으로 타전해 라이트의 의사를 번복하려 노력했으나 실패했다.

이 사건 이후 언론 보도와 정부 관리들의 증언은 모스의 눈부신 발명을 정당화하는 데 도움이 됐다. 5월 31일 기쁨에 넘친 발명가는 현장의 모습을 다음과 같이 묘사했다. "수도의 전신실 창문 바깥에서는 대통령 후보의 지명 선언과 함께 이후의 모든 소식이 전신에 의존한 것 같다는 사실에 군중의 흥분이 절정에 달했다." 볼티모어에서는 군중이 매일 사무실 바깥을 둘러싼 후 기계를 먼발치에서라도 보려고 안간힘을 쓴다고 앨프리드 베일은 알려왔다. 이 사람들은 장담컨대 "입도 벙긋하지도 손도 까딱하지 않을 것이고, 이해가 되든 않든 신경 쓰지 않을 것이며, 오로지 기계를 한번 봤다고 말하고 싶을 뿐이라고"[4] 말했다.

확연히 냉소적인 분위기가 오히려 전신을 몸소 보고자 하는 욕망을 부추겼다. 1846년 5월 로체스터까지 전신이 확장 개통되기를 초조하게 기다리면서, 다음과 같은 반응이 나왔다고 해당 지역 신문은 보도했다. "서로 수백 마일 떨어진 곳의 사람들 사이에 실시간으로 개인 대화가 가능해졌다고 하는데, 그 놀라운 사실을 실제로 완벽하게 확인하는 방안은 경이로운 사실 자체를 직접 목격해 보는 것뿐이다"라는 것이다. 언론은 이 사실을 때로는 "저 기이한 발명품"이라고 지칭하고, "저 거의 초인간적 기구"라고 하기도 했으며, "이 특별한 발명품"이라고도 불렀다. 1846년 초 수많은 사람이 최초의 필라델피아 전신 사무실을 방문하는 것을 목격한 후, 어느 지역 신문은 다음과 같은 결론을 내렸다. "우리가 지금까지 익숙해진 그 어떤 것과도 완전히 다른 결과가 갖는 중요성을 처음에는 깨닫기 어렵다. 시간의 말살로 초래될 혁명은 …… 직접 느끼고 목격하기 전에는 파악하지 못할 것이다."[5]

전신이 뒤늦게 도달한 서부와 남부의 공동체들도 다른 지역 못지않게 열광했다. 전신 사업가와 주식 중개인은 변방 구역을 순회하면서, 공개된 강당에서 청중을 대상으로 시범을 보였다. 전신 사무실은 구경꾼용으로 널찍한 공간을 마련해 두고, 대개 적은 비용만 내면 방문자의 이름을 전신으로 송수신하는 것을 보여 주었다. 신시내티의 어느 일간지는 전신의 도착에 대해 "역대 최고의 사건 중 하나"라면서, "우리는 동부의 모든 위대한 도시들과 실시간으로 커뮤니케이션하게 될 것이다"라고 기뻐했다. 1847년 여름 오하이오주 제인스빌에 '번개'가 개통되자, 언론은 지역의 반응을 다음과 같이 묘사했다. "선로와 다른 전신 장치들은 우리 동료 시민들 사이에 상당한 화제를 불러일으키고 있다. 압도적 다수는 전신을 이해하면서 대하지만, 일부 신사들은 전신이 자랑하는 그 모든 뉴스 송신 역량을 전적으로 불신하고 있다."[6]

불신하는 자는 제인스빌에 국한되지 않았고, 불안해하는 사람 역시 마찬가지였다. 모스의 조수이자 최초의 전신 선로 개설을 실제로 감독한 에즈라 코넬은 공적인 갈채와 더불어 그러한 환호에 찬물을 끼얹는 불안감과 맞섰다. 1844년 가을 코넬은 시범 노선 개설을 위해 뉴욕시를 방문하는 동안, 시 당국자들이 콕 짚어낼 수는 없지만 전신이 주민에게 미칠지 모를 위험을 두려워하고 있음을 발견했다. 코넬은 이들의 압력 때문에 어쩔 수 없이 저명한 교수인 벤저민 실리먼Benjamin Silliman에게 비용을 지급하고 초빙해 전신 선이 공중의 안전에 아무런 위협이 되지 않는다는 보증을 하게 했다.[7]

1902년 작가인 윌리엄 벤더 윌슨William Bender Wilson은 1840년대 펜실베이니아의 초창기 선로에서 사환으로 일하던 시절을 회고하면서 다음과 같이 썼다. "전신과 관련해 사람들이 드러내는 호기심과 믿음의 원천은 무엇이었는지, 그리고 심지어 전신의 작동 원리조차 아는 사람이 거의 없는데도 왜 그런지는 알 수가 없다." 바람에 흔들리는 전선은,

> 촌뜨기들은 대단히 불편해하겠지만, 멀리서도 들을 수 있는 다소 음악적이고, 기이하며 환상적인 소리를 만들어 낼 기회를 겨울 바람에게 부여했다. 공중의 마음은 다소 미신에 집착하는 기질이 있어, 선로 인근에 사는 많은 사람은 바람이 휩쓸고 지나갈 때 전선에서 나는 소리에 놀라 길에서 멀찌감치 떨어진 채 걸어가곤 했다. 전선 아래나 가까이 지나다니는 것을 피하려다 보면, 특히 해 떨어진 후에는 종종 큰 불편까지 감수하며 다니기도 한다.[8]

윌슨이 말한 촌뜨기 중에서도 좀 더 코스모폴리탄한 성향의 당대인들은 대중의 그러한 공포를 즐거워하며 바라보기도 했다. 당시 신문은 [전신과 관련된] 구변 좋은 일화로 채워지곤 했다. 신문이 전한 한 일화에서는 어느 지역 주민이 자신이 가진 최고의 말로 팀을 꾸려 전신과 메시지 전달 경쟁을 벌인다면 농장 전체를 걸겠다고 제안하기도 했다. 이 새로운 테크놀로지의 핵심은 전기였는데 사실 아무도 이를 이해하지 못했기에, 심지어 과학적 성향을 가장 잘 갖춘 사람들조차 전신의 중요성에 관한 성찰에서는 불편함을 드러냈다. 전신의 가능성에 대

한 지적 찬가는 사실상 한목소리를 냈지만, 이러한 찬양의 원인에 대한 합의는 전혀 이루어지지 못했다. 이와 같은 긴장의 근저에는 커뮤니케이션의 의미 자체에서 일어난 변화가 존재했다.

◆

전신에 관한 진지한 고찰은 대개 당시의 다른 기술적 불가사의인 철도와 증기선도 언급했다. 하지만 전신의 동력이 갖는 오리무중의 속성 때문에, 전신은 좀 더 특이하게 보이게 됐다. 19세기의 과학은 여러 영역에서 전기의 힘을 관리하에 두기 시작하긴 했으나, 여전히 전기가 정확히 무엇인지 설명할 수가 없었다. 모스를 위해 전신 장비를 제작해 준 보스턴의 전기 전문가이자 기계공인 대니얼 데이비스Daniel Davis는 전기란 번개나 동물의 털, 다른 일상적 맥락에서 볼 수 있는 아주 친숙한 작동물이라고 말했다. 그러나 전기는 보이지 않으면서도 "물질에 대량의 화학적, 기계적 속성을 부여하는 …… 핵심적 동력"이기도 했다.

비록 전신에 길들여지긴 했으나, 전기 스파크는 여전히 "불확실하고 신비로우며 무형의 존재였다. 이는 하늘에 아직도 살아 있고, 영적 세계와 물질세계를 연결하는 것처럼 보인다"라고 어느 전기 발전 연대기 기록자는 썼다. 당대의 전신 역사학자들은 이 역설을 거듭해서 이렇게 표현했다. "전기의 절대적 위력은 모든 물질 형태 속에, 땅과 공중, 물속에 잠자고 있고, 우주의 모든 부분과 입자 속에 침투해 있고, 새로운 것을 창조하면서도 눈에 보이지 않으며, 분석하기엔 너무 까다롭다." 전기의 잠재력은 무한해 보였다. "전기의 막강한 지배력은 온전히 밝혀지지 않았고, 전기의 엄청난 위력은 절반도 채 파악되지 않았다."[9]

전기란 "파괴를 전하는 재빠르고 날개 달린 전령"이면서 "물질적 창조에 핵심적 에너지"이기도 하다고 에즈라 S. 가넷Ezra S. Gannett 목사는 보스턴에 모인 청중에게 말했다. "우리는 자신이 다루는 것이 무엇인지조차도 확실히 알지 못하지만, 보이지 않고 가늠할 수도 없는 실체, 힘, 혹은 그 무엇이든 간에 우리의 통제하에 놓여, 여느 하인처럼, 아니 바로 노예처럼 우리 심부름을 해 주게 됐다."

환경에 대한 인간의 통제력을 현저하게 증가시켰다는 점에서 전신은 다른 거대한 힘인 증기 기관과 닮았다. 그러나 증기는 전기에 비해 거칠고 물질적이었다. "기차의 덜컹거림이나 괴물 같은 엔진의 요란한 소리에는 시적이거나 위대한 부분이 거의 없다." 어느 대표적인 역사학자는 이렇게 주장했다. "전기는 과학의 시다. 어떤 로맨스, 어떤 소설의 이야기도 경이로움에서 전기의 역사와 업적을 능가하지 못한다." 새로운 전자기학은 앞으로 더 많은 발전과 응용을 약속했다. "아직 드러나지 않은 자연의 힘 앞에 서면 증기 기관의 막강한 힘도 미미한 존재에 불과하게 될 것이다."[10]

"네가 번개들을 내보내서 그것들이 제 길을 가며 너에게 '예, 알았습니다' 하고 말하느냐?"(욥 38:35). 이 성서 인용문은 욥에게 자신의 무지와 나약함을 일깨우기 위해 열거된 불가능한 일 중 하나를 지칭하는데, 19세기의 전신에 관한 글에는 흔히 서문으로 등장했다. 이 구절은 이 저작들이 늘 전달하고자 한 기적의 의미를 잘 표현했다. 전기과학의 가장 경이로운 산물로서 전신은 기적적 결과를 약속했다. 역사학자이자 초창기 전신의 지지자였던 T. P. 샤프너T. P. Shaffner는 과거의 모든 커뮤니케이션 형태의 역사를 다음과 같은 결론으로 매듭지었다. "여호와의 신비로운 목소리이자, 구름의 두려운 전지전능함인 번개를 굴복시켜, 공통의 전령 노릇을 시키도록 하려는 멋진 투쟁을 달성하는 일, 말하자면 고귀한 인간의 고귀한 명령을 세상 구석구석까지 조용히 전파하는 일에 이 모든 것이 어떤 의미가 있을까?"[11]

샤프너를 비롯한 여러 사람이 커뮤니케이션의 성장이라는 측면에서 모든 역사를 재구성하는 수단으로 전신을 파악했다면, 몇몇 사람은 전신이 미래에 초래할 결과에 매료되었다. 이들은 늘 이중의 기억을 언급했다. 하나는 실시간 커뮤니케이션의 원대한 도덕적 효과이고, 다른 하나는 번개 선로 자체의 경이로운 신비였다. '보편적 커뮤니케이션'은 이러한 훈계에서 핵심 구절이 됐다. 전신은 관심사의 통일을 약속했고, 인간이 단일한 정신으로 서로 연결되고 기독교가 전 세계적인 승리를 거두는 미래를 약속했다. "전신은 인간성에서 최고의 요소들을 대변하는 나라에 압도적 권력을 부여한다. …… 문명화한 기독교적인 국가의 수는 상대적으로 미미할지라도, 이 커뮤니케이션 수단에 힘입어 수많은 야만의 무리에 필적하는 수준을 훌쩍 뛰어넘게 된다." 보편적 평화와 조화는 과거 어느 때보다 지금 실현 가능성이 더 커 보인다. 전신이 "지구상의 모든 나라를 생명의 선으로 결집시키기 [때문이다]. 지구상의 모든 나라 사이에 사고의 교환을 위해 그러한 도구가 창조되었기에, 낡은 편견과 적개심은 더 이상 존재할 수 없게 됐다."[12]

전신이 "도덕적 위대함의 혁명"을 약속한 것과 마찬가지로, 도구 자체도 "지금까지 익숙한 그 어떤 것도 일상사로 구현할 수 없는 영원한 기적[인 것처럼 보였다]. 전신은 채택한 속성과 봉사하는 목적을 감안하면 이러한 속성을 갖출 자격이 있다. 지금까지 가능했던 가장 영적인 목적이 아니라면 성취할 목적이란 존재할 수가 없기 때문이다. [그 목적은] 바로 물질의 변형이나 수송이 아니라 사고의 전달이다."

1858년 〈뉴욕 타임스*The New York Times*〉는 "전신은 지금까지 물질을 정신의 영역하에 복속시키게 된 일련의 막강한 발견 중에서도 의심할 여지 없이 으뜸가는 존재다"라고 주장했다. 새로운 전기 테크놀로지는 인간의 자연 지배 능력을 더 진전시켰을 뿐 아니라 인간이 사실상 자연 속에 침투할 수 있게 해 주었다. 모든 물질 형태 속에 잠재하던 민감한 불꽃을 해방시키는 데 성공한 덕분에, 인간은 좀 더 신과 비슷한 존재가 되었다. "자연의 비밀에 파고들어 가면서 인간은 스스로 자연에 필적하는 존재가 된다. 창조적 에너지의 작동에 침투하게 되면서 인간은 스스로 창조주가 된다."[13]

전신을 옹호하면서 나온 거창한 도덕적 주장 근저에는 **커뮤니케이션**이란 모호한 용어에 대한 특수한 이해 방식이 자리하고 있었다. 이 단어는 복잡한 역사를 지녔다. '보편적 커뮤니케이션'을 찬양하는 사람들은 이 단어의 가장 오래된 의미를 염두에 둔 게 분명하다. 즉 의미를 다수에게 공유하게 만드는 (혹은 이에 따라 대상이 공유되는) 행동 명사다. 공통의 참여라는 개념은 커뮤니언communion(영적 교감)을 의미했는데, 이 두 단어의 어원은 똑같이 라틴어 코뮤니스communis에서 유래한다. 19세기 말 어느 시점에 이 의미는 정보와 물질의 전파, 전달 혹은 교환을 포함하는 방향으로 확장되었다. 이러한 의미에서 커뮤니케이션 수단은 도로, 운하, 철도도 포함했다. 따라서 전신은 (정보와 사고의) 커뮤니케이션을 (사람과 물질의) 교통으로부터 분리한 셈이다. 그러나 상호 과정 혹은 공유로서의 커뮤니케이션과, 일방적 혹은 사적 전송으로서의 커뮤니케이션이라는 의미의 양극단 간의 모호성은 해결되지 않은 채 남아 있었다.[14]

보편적 커뮤니케이션의 약속을 찬양한 사람들은 전신을 묘사하면서 종교적 상상과 기적의 의미를 강조했다. 이들은 커뮤니케이션의 기술적 진보를, 커뮤니케이션이란 단어가 갖고 있던 공통의 참여나 커뮤니언이라는 태곳적 의미와 교묘하게 결합했다. 이들은 특정한 메시지의 승리를 당연하게 가정했다. 그렇지만 이들은 또한 '경이로운 도구'

인 새로운 커뮤니케이션 테크놀로지 자체의 창조야말로 아마 무엇보다 가장 중요한 메시지일 것이라고 주장했다.

전신에 대한 헨리 소로Henry Thoreau의 냉소적 시각은 이 주제에 관해 아주 소수의 비관적 표현인데, 새로운 테크놀로지를 위해 제시된 그러한 도덕적 주장을 평가절하하려 했다. 소로는 《월든Walden》(1854)에서 전신이란 적극적인 진보라기보다는 단지 인간을 현혹하는 또 하나의 현대적 개량품, 즉 "개선되지 않은 목적을 위한 개선된 수단"에 불과하다고 주장했다. 또한 "우리는 메인주에서 텍사스주까지 자기식 전신을 서둘러 건설한다. 그러나 메인과 텍사스가 서로 커뮤니케이션할 만한 중요한 일이란 전혀 없을지도 모른다. …… 우리는 대서양을 관통하는 터널을 뚫어 구세계를 신세계와 몇 주 더 가까워지도록 하려 안간힘을 쓴다. 그러나 아마도 활짝 열리고 안절부절해하는 미국인의 귀에 처음 들려오는 소식이란 아델라이드 공주가 백일해에 걸렸다는 이야기가 될 것이다."[15] 메인과 텍사스는 실로 서로 커뮤니케이션할 일이 상당히 많았다는 점에서, 아마 여기서 소로의 평가는 다소 야박했을 수도 있다. 그러나 커뮤니케이션이 천상의 사업이 될 것 같지는 않다는 핵심적 사실은 소로든, 전신을 숭고한 도덕적 세력으로 간주한 사람이든 어렴풋이나마 간파했다.

왜냐하면 전신은 정치와 교역이란 세속적 영역의 변혁 가능성도 제시했기 때문이다. 시공간의 파괴라는 전망은 언뜻 크기가 무한해 보이는 나라에는 특별한 의미가 있었다. 그리고 여기서 처음으로 현대적 커뮤니케이션이 미국의 삶을 어떻게 바꿔 놓을지 묘사하는 데 유기적 은유와 상징이 반복해서 사용되고 있음을 볼 수 있다. 일찍이 1838년 모스는 자신의 작업을 지원하도록 의회를 설득하는 과정에서 20세기적 '지구촌global village' 개념을 예견했다. 얼마지 않아 "이 나라의 모든

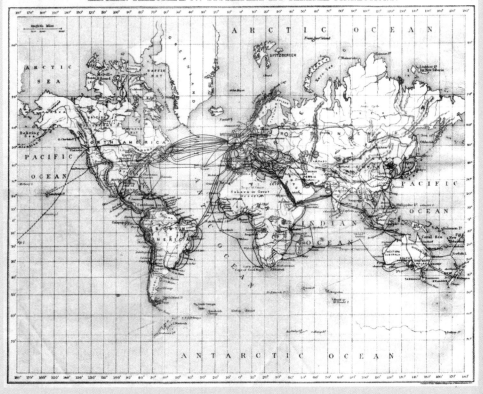

이스턴전신회사The Eastern Telegraph Co.의 전신망 체제. 이 지도는 이 회사의 해저 전신 선로가 20세기 초에 이미 글로벌한 수준의 텔레커뮤니케이션 망을 구축했음을 보여 준다. (출처: A.B.C. Telegraphic Code 5th Edition, via Atlantic-cable)

지상이 저 **신경망**으로 서로 연결되어, 전 국토에서 발생하는 모든 것에 관한 지식을 생각의 속도대로 전파하고, 사실상 전 국가를 하나의 **이웃**neighborhood으로 만들게 될 것이다"라고 모스는 썼다.

"이처럼 엄청난 발견은 우리나라에서 다른 어떤 곳으로도 떠나버리지 않으며, 모두 **여기** 머문다"라고 1846년에 필라델피아의 한 신문은 주장했다. "이 발명품은 극단적 속도로, 심장의 박동처럼 요동치며, 박동을 위한 박동이자 실시간의 박동을 칠 것이다. …… 요컨대 전신은 전 국토를 하나처럼 만들고, 어떤 부분을 건드리든 서로 엉킨 전선처럼 전체가 진동할 것이다." 아니면 1852년 [의사이자 과학자인] 윌리엄 F. 채닝William F. Channing 박사가 표현했듯이, "전신은 조직화한 사회의 신경 체계를 구성하게 될 것이다. …… 전신의 기능은 동물 체계의 감각신경과 비슷하다."[16]

미국인은 대체로 전신이 공화국을 더 밀접하게 결집하는 수단이라며 환영했는데, 수백만 명이 서부로 이주함에 따라 이러한 결집이 필수적인 정치적 고려 사항이 되었기 때문이다. 1845년 하원 예산위원회House Ways and Means Committee는 볼티모어-뉴욕 간 선로에 추가로 연방 예산 지원을 제공하는 법안에 대해 우호적으로 보고하면서, 미국의 방대한 공간을 감당할 수 있는 '보편적 정보 서비스'의 필요성을 강조했다. "공통된 대의제 공화국하에서 살아가는 사람들에게는 빠르고 완벽하면서 철저한 사고와 정보의 상호 커뮤니케이션이 필요하지만, 그처럼 방대한 영역 안에서 이 필요성을 어떻게 구현할지에 의구심을 갖는 애국적인 인사가 많았다. 그러한 의구심은 더 이상 존재하지 않는다." 1853년 역사학자 로런스 턴불Lawrence Turnbull은 서부 외딴 지역에 고립된 사람들에 관해 이렇게 썼다. "거리로는 우리와 수천 마일 떨어져 있지만, 황야의 말 없는 입주자[전신을 말함]의 도움을 받아 이들은 감정으로는 우리와 다시 가까워지고 여전히 우리의 애정 속에 남아 있게 될 것이다."

1852년과 1853년에 출간된 〈미국전신잡지*The American Telegraph Magazine*〉는 "우리의 이처럼 광대한 대륙을 넘어 해외에까지 '번개'를 전파할 '확실한 운명'"에 관해 언급했다. "대서양과 태평양 인근 주 사이의 국토를 횡단하는 군용 도로를 따라 우편과 전신으로 이어지는 상호 커뮤니케이션" 체제를 연방 자금 지원과 보호 아래 건설하겠다는 계획이 나왔는데, 민주당 성향의 편집자인 도널드 맨Donald Mann은 이를 지속해서 홍보했다. 선거 결과, 대통령의 메시지, 정치 연설을 전신으로 전파하는 데 경탄하면서, 맨은 "거대하고 널리 산재한 우리나라의 거의 전 인구는 단지 정치 제도에 의해서만 하나로 결속될 뿐 아니라, 전신과 더불어 정보와 공감의 번개 같은 근접성이 우리를 어디서든 확실하게 '하나의 국민'으로 만들어 준 덕분에 하나로 뭉치게 된다."[17]

상업에 관해 언급하자면, 전신이 이 나라의 교역에 미친 영향은 더 논의할 필요도 없었다. 당연히 전신은 특히 시장 확장을 통해 결국 기업에 횡재를 안겨 줄 것이라고 거의 모든 사람이 생각했다. 이후 전신의 상업적 효용성은 직접 혹은 언론을 통해 바로 원하던 효과를 보았다. 그러나 초창기에는 전신의 정확성, 비밀 보장, 투기꾼에 의해 남용될 가능성에 대한 의구심은 꾸준히 남아 있었다. 빈번히 발생하는 작동 오류, 반달리즘, 사업자 간의 다툼, 신뢰 남용 등은 모두 초기 전신 운용의 현실에서 으레 일부가 됐다. 이 문제들이 좀 더 열렬한 낙관주의자에게는 큰 문제가 아니었으나, 새로운 발명품에 대한 업계의 신뢰를 얻는 데는 실질적인 장애 요인이었다. 1848년 뉴올리언스의 한 신문은 "일반적으로 상업적 이익에 관한 한, 정보 전송에서는 신속성보다는 정규성이 더 중요하다"[18]라고 적었는데, 이는 당시의 이러한 의구심을 잘 요약한 셈이다.

1858년 여름 대서양 횡단 케이블의 성공적인 개통으로 전신에 대한 지적, 대중적 찬양은 정점에 달했다. 미국 전역에서 자발적이기도 하고 계획되기도 한 형태의 축하 행사는 발명품에 대한 이전의 모든 찬양에다 공중이 미국의 테크놀로지에 대해 갖고 있던 가시적 자부심을 혼합한 것이었다. 기술적 성취에 대해 공중이 느낀 그처럼 강렬한 감정은 현재 우리에겐 다소 기이하게 보인다. 분명 오늘날 그러한 반응을 상상하긴 어렵다. 이 최초의 케이블이 개통된 후 몇 주 지나지 않아 작동을 멈췄다는 사실은 중요하지 않았다. 개통 소식에 대한 초창기의 반응은 전신이 공중의 상상력을 강력하게 장악하고 있었음을 드러냈다.

8월 초 케이블의 성공을 알리는 첫 뉴스가 전해지자 자발적인 가두집회가 열렸다. 수많은 도시와 마을에서도 다음에 묘사된 올버니에서 일어난 일과 비슷한 장면이 재연됐다. "군중은 뉴스를 확인하기 위해 신문사와 전신 사무실로 몰려들었다. 공중은 대부분 이 소식에 대해 처음에는 반신반의했으나 보도가 사실이라는 확신이 들자, 마치 모든 사람이 개인적으로 강렬한 관심사인 정보를 받은 듯한 길거리 장면이 연출되었다. …… 사람들은 흥분에 겨워 날뛰었다." 햇불과 불꽃놀이, 군대식 경례, 즉흥적 행렬 등의 장면이 전국에서 벌어졌다. 며칠 후 빅토리아 여왕의 메시지가 전해지자, 무수하게 많은 도시에서 가두집회가 되풀이되었다. 보스턴의 한 목사는 이 반응에 경탄을 표현했다. 그러나 "지난 이틀 동안 우리 도시에서 주된 화젯거리였던 소식에 사람들이 놀라움, 망설임, 의구심, 믿음, 기쁨, 열광 등으로 반응했다는 사실은 이 사업에 관한 관심을 보여 주는 데 충분한 증거다. 그렇지만 이 사업의 실용성은 성공할 때만 비로소 입증할 수 있을 것이다."[19]

뉴욕시에서는 1858년 9월 1일 거대한 행렬이 벌어졌는데, 이 행렬은 역사상 가장 대규모의 공개 축하 행사로 묘사되었다. 노동자 사교 클럽Working men's club°에서 이민자 단체, 절제 운동 단체에 이르기까지 1만 5,000명 이상이 크리스털 궁전에서 배터리파크까지 행진을 벌였다. 국제적 협력에 대한 감사 표시와 더불어 깃발과 연사는 독특하게 미국적인 천재성이 작동하고 있음을 군중에게 끊임없이 환기해 주었다. 그날의 주인공인 사이러스 W. 필드Cyrus W. Field°°는 미국의 대중적 영웅 반열에 올랐다. 어느 짧은 시가 표현했듯이, "[번개라는] 말을 낚아챈 것은 프랭클린의 바늘이었네/모스 교수가 그것을 다루게 되었네."

〈뉴욕 타임스〉는 이 소동을 묘사하면서 전신의 "신성한 혜택"을 언급했다. "이 범접할 수 없는 승리를 생각할 때마다 모든 사람의 마음을 사로잡은 엄청난 기쁨은 어떤 그러한 근원에서 유래하는 게 분명하다. 전신을 숭고하게 만드는 것은 전신이 형이상학적인 뿌리와 관계가 있다는 생각이다."[20] 이 "경이로운 시대의 경이로운 사건," "세계를 연결하는 중추적인 망"의 창조는 숭고한 도덕적 세력이자 동시에 일상생활에도 의미 있는 개입을 하게 될 테크놀로지라는 전신의 이중적 잠재력을 확연하게 입증해 주었다.

● 노동자 사교 클럽은 19세기 중반 영국에서 노동자들의 사적인 사교 클럽으로 시작되었다. 원래 정치, 교육, 여가 등 다양한 활동을 목적으로 표방했으나, 실제로는 노동 계급 남성과 가족에게 술집, 당구장, 게임 등의 여가 공간 제공에 주력하게 되었다. 이 클럽은 대개 회원들의 협동조합 형태로 운영되었다. — 옮긴이

●● 사이러스 W. 필드(1819~1892)는 미국의 기업가로 애틀랜틱전신회사Atlantic Telegraph Company를 설립하고 대서양 횡단 케이블을 최초로 개통시킨 인물이다. — 옮긴이

하지만 전신이 미국 문화에서 독자적인 영향력을 행사한다는 개념은 애초부터 결함이 있는 발상이었다. 1852년 알렉산더 존스Alexander Jones 는 《전신의 역사적 묘사Historical Sketch of the Electric Telegraph》의 서문에서 뉴욕의 상인들에게 바치는 헌사를 적었다. "전신은 공적 언론과 더불 어 지원과 성공 측면에서 이 상인들의 후원에 빚지고 있기에, 이들에게 헌사를 바친다"라는 것이다. 존스는 초창기의 전신 회사가 직면한 경 제적 현실을 정확하게 요약했다. 전신이 파산하지 않고 사업으로 존속 할 수 있었던 데는 개인 간의 메시지 교환보다는 신문과 사업가의 후 원이 더 힘이 됐다. 그러나 존스의 평가는 역사적 등식에서 오직 절반 만을 제시했다. 비록 전신은 언론과 상업적 이해 당사자 덕분에 경제 적으로 존속하긴 했지만, 전신 자체가 언론을 극적으로 변혁시키기도 했다. 전신은 현대적 뉴스 개념과 현재의 뉴스 수집 방법도 낳았다. 따 지고 보면 전신은 주로 언론의 매개를 거쳐 공중의 의식에 영향을 미 쳤다. 따라서 전신의 의미를 둘러싼 문화적 논쟁은 새로운 저널리즘에 의해 제기된 더 광범위한 질문을 포함하는 방향으로 옮아 갔다.

식민지 시절과 건국 초기의 신문은 대개 주간지나 반주간지였는 데, 우편물이나 구전으로 전해진 뉴스를 인쇄했다. 신문이 뉴스를 발 굴해 내는 일은 매우 드물었다. 현대적 유형의 기자와 특파원은 아직 등장하지 않았다. 전국 뉴스와 국제 뉴스는 대부분 신문 간의 '교환' 을 통해 얻었다. 식민지 신문의 뉴스는 대부분 영국의 문제나 영국에 영향을 미치는 유럽의 사건 보도로 구성되었다. 그러나 여러 유럽 국 가 수도의 뉴스가 런던에 도달하는 데는 2주 내지 6주가 걸렸고, 미국 에 도착하는 데는 4~8주가 걸렸다. 따라서 뉴스의 원래 개념, 즉 뭔가

19세기 미국의 페니 신문인 〈뉴욕 선New York Sun〉(1833년 9월 3일 자)과 〈뉴욕 헤럴드The New York herald〉(1875년 8월 5일자). (출처: Library of Congress, Washington, DC)

'새로운' 것이라는 개념은 식민지 신문에서는 변형된 모습으로 나타났다. 시의성에 대한 강조 대신에 단지 사건이 일어난 후 한참 뒤에 사건의 역사적 기록을 남기는 일에 관한 관심이 압도적이었다.[21]

미국 독립 혁명에서 남북 전쟁에 이르는 시기에는 상인용 일간지와 다양한 정치 신문이 미국의 저널리즘을 지배했다. 그러나 1830년대는 새로운 부류의 신문이 등장해 정파지와 상업지를 위협했는데, 이 새로운 부류가 결국 경제적으로뿐 아니라 개념적으로도 지배하게 됐다. 이 시기의 '페니 신문'은 벤저민 데이Benjamin Day의 〈뉴욕 선New York Sun〉, 제임스 G. 베닛James G. Bennett의 〈뉴욕 헤럴드New York Herald〉, 윌리엄 스웨인William Swain의 〈필라델피아 퍼블릭 레저Philadelphia Public Ledger〉가 주도했는데, 뉴스 개념을 혁명적으로 바꿔 놓았다. 이들은 시의성의 요소를 부활시켰고, 가장 중요한 뉴스란 대중이 추구하는 것이라는 오래된 관념에 새로운 생명을 불어넣었다. 이 페니 신문들은 대규모 공중을 대상으로 삼았기에, 뉴스가 더 이상 품위를 추구할 필요도, 심지어 중요성을 강조할 필요조차도 없었다. 이 간행물들은 지역 뉴스와 선정적 뉴스(특히 범죄와 섹스)를 더 강조하는 방향으로 옮아 갔고, 이른바 인간적 흥미human-interest 기사를 발명해 냈다. 판매 부수가 엄청나게 많은 데다 광고 수입도 대단했기에, 페니 신문은 전 세계에서 재빨리 뉴스를 확보하는 데 막대한 비용을 지출할 여력이 있었다. 필연적으로, 뉴스 기능이 사설과 정치 논평을 밀어내고 미국 신문의 핵심 구성 요소가 됐다.[22]

페니 신문은 막대한 비용을 지급하고, 전세 증기선, 철도, 말, 급행 역마차, 해안 경비대, 전송용 비둘기 등 모든 최신 교통과 커뮤니케이션 형태를 활용했다. 그러나 이 모든 형태를 합한 것보다 전신 덕분에 더 빠른 뉴스 전송과 정규적인 대규모 공동 뉴스 수집이 가능해졌다.

모스의 실험 선로 초기에 전신이 전국적 정치에 미친 극적 효과는 전신이 뉴스 전파에 갖는 엄청난 잠재력을 잘 보여 주었다.[23]

두 명의 거물급 페니 신문 소유주는 초창기의 전신 성장에서 두드러진 역할을 했다. 〈필라델피아 퍼블릭 레저〉의 소유주인 윌리엄 스웨인은 최초의 상업적 전신 주식회사인 자기전신회사Magnetic Telegraph Company에 막대한 액수를 투자했다. 그는 최초의 이사 중 한 자리를 역임했고, 이후 1850년에는 이사회 의장으로 취임했다. 〈뉴욕 헤럴드〉의 제임스 G. 베닛은 전신의 가장 든든한 후원자가 되어 전송 사업에 수만 달러를 투자했다. 1848년 첫 주에 그는 자신의 〈헤럴드〉가 1만 2,381달러의 비용을 들여 7만 9,000단어의 전신에 대한 내용을 실었다고 자랑했다.[24] 멕시코 전쟁*이 터지자 공중의 뉴스 수요가 늘어났다. 전쟁 발발 무렵에는 전신망이 130마일(약 209킬로미터)에 불과해, 남쪽으로는 겨우 버지니아의 리치먼드까지만 미쳤다. 베닛 등은 갓 태어난 전신 체제를 보완하기 위해 전신과 동시에 급행 조랑말 노선을 함께 개설했다. 이들은 뉴올리언스와 뉴욕 사이의 거리에서는 정부 우편을 능가했다. 당시 전쟁에서 가장 큰 특종인 베라크루스 함락**소식을 전한 공로는 〈볼티모어 선Baltimore Sun〉에 돌아갔다. 이 신문은 전쟁부보다 먼저 뉴스

● 멕시코 전쟁은 미국과 멕시코가 국경 문제를 놓고 1846~1848년 사이에 벌인 전쟁을 말한다. 멕시코 영토이던 텍사스가 주의 자치권 문제에 불만을 품고 1836년 독립을 선포했고 이후에도 국경 구획 문제로 갈등을 빚었다. 텍사스가 1846년 미연방에 28번째 주로 합병되면서 국경 문제는 미국 연방과 멕시코 사이의 사안으로 번져 결국 전쟁으로 이어졌다. 전쟁 후 미국은 현재 서부의 주 대다수를 획득했고, 멕시코는 영토의 절반 이상을 잃었다. ─ 옮긴이

●● 베라크루스는 대서양의 항구 도시로서 멕시코시티의 관문 도시다. 1847년 3월 9일 미군이 베라크루스에 상륙해 12일 후 점령했다. 미군이 멕시코의 수도인 멕시코시티를 점령하면서 전쟁은 사실상 미국의 승리로 끝났다. ─ 옮긴이

를 받아서 승리 소식을 포크 대통령에게 전신으로 보냈다.[25]

베닛은 정치 연설 보도에서도 선구자가 되었다. 1847년 11월 헨리 클레이Henry Clay는 렉싱턴에서 전쟁 정책에 관해 중요한 연설을 했다. 〈헤럴드〉는 80마일(약 128킬로미터) 넘게 떨어진 렉싱턴과 신시내티 사이에 특송 노선을 마련한 후, 신시내티에서 피츠버그를 경유해 연설문을 전신으로 뉴욕에 타전했다. 그러고는 그다음 날 판에 연설문을 내보냈다. 이 연설문을 손에 넣는 데는 500달러 이상이 들었다. 베닛 자신도 전신이란 주제에 관해 많은 글을 썼다. 그는 모든 신문이 결국에는 전신 뉴스에 의존해 신문을 간행해야 하며, 그렇지 못하면 문을 닫아야 할 것이라고 예견했다. 저널리즘은 그 어느 때보다도 영향력이 더 커질 운명이었다. "신속한 뉴스 유통은 공중의 정신을 더 강하게 자극해 행동에 옮기도록 할 것이다. 중대한 사건 소식을 신속하게 커뮤니케이션 할 수 있게 된다면, 공동체 대중을 자극해 공공 문제에 더 큰 관심을 갖게 유도할 것이다. …… 전 국가가 동시에 똑같은 사고의 영향을 받는다. 따라서 이 땅의 중심부에서 최극단 변방에 이르기까지 한 가지 감정과 한 가지 충동이 조성되고 유지되게 된다."[26]

전신 덕분에 전국의 신문이 체계적으로 공동 뉴스 수집을 할 수 있게 됐을 뿐 아니라 실로 그러한 협력이 절실해졌다. 애초의 AP통신사는 여섯 군데의 뉴욕 일간지로 구성되어 있었다. 1840년대 초까지 공동의 뉴스 수집 시도는 대개 지역 단위 안의 일시적 동맹에 불과했다. 이는 매일매일의 사건을 조직적이고 정규적으로 보도하려는 시도는 아니었다. 뉴욕 신문 간의 치열한 경쟁은 간혹 이러한 휴전 조치에 의해서만 중단됐다. AP는 공식적으로 1849년 '해양 정보' 수집을 목적으로 결성되어 항만뉴스조합Harbor News Association이라는 이름으로 출범했다. 여기에는 이후 엄청난 논란을 초래한 다음과 같은 규정이 포함되어 있었다. "기존의 모든 동업자의 만장일치 서면 동의 없이는 신규 회원을 조합에 허용할 수 없으며, 뉴스는 기존의 모든 동업자 다수의 투표를 거쳐 뉴욕시 외부 신문에만 판매할 수 있다." 2년 후 항만뉴스조합의 7개 회원사는 "전신과 다른 정보 수집과 수신 목적으로" 설립된 전신일반뉴스조합Telegraph and General News Association과 기존 서비스를 합병했다. 1852년에 이르면 AP는 두 가지 복잡한 뉴스 수집 체계를 운영하는 7개 신문사로 구성되었다. 해외 뉴스는 뉴욕 해양 순찰대를 통해 들어왔다. 순찰대는 전달받은 소식을 보스턴과 핼리팩스에서 받은 패킷과 함께 전달했다. 미국 내 뉴스 서비스는 뉴욕시 바깥에서 공동 취재진과 전담 직원을 통해 운영됐다.[27]

전신 네트워크 확장으로 뉴스 통신사가 발전하고 반대로 전신망 역시 통신사에서 도움을 받긴 했지만, 두 집단 사이에는 상당한 알력이 발생했다. 1846년 최초의 노선이 채 완공되기도 전에 자기전신회사는 신문이 최고의 잠재적인 고객이 될 것이라고 판단했다. 이사회에서는 길이가 100단어를 초과하는 메시지에 대해서는 100단어를 넘는 모든 단어의 가격을 정규 요금의 3분의 1로 할인해 주기로 했다. 그러나 신문사들이 외상 계좌를 개설할 수 있도록 허용해 주는 조항을 두었는데, 여러 신문이 지급을 거부하는 바람에 사달이 났다. 신문사 측에서는 툭하면 장시간 지연이나 잦은 오류 탓에 전신 서비스가 엉망이었다고 비판했다.

선로는 끊기거나 혼선을 빚고, 초기 전신 개설에 엄청난 비용은 들어가고, 설비는 부실하고, 운영자는 경험이 부족했으며, 얼마 되지 않는 기존의 선로 이용을 놓고 치열한 경쟁이 벌어진 탓에, 1846~1849년 동안은 언론사나 전신 회사나 혼란 그 자체였다. 더구나 신문사들은 전신 회사가 독자적으로 뉴스 수집 과정에 뛰어들지 않을까 두려워했다. 누가 전신 뉴스를 수집해야 하는지는 아직 확정되지 않은 이슈였다. 운영자들은 때로는 전신을 대중적으로 보급하려는 취지로 신문에 뉴스 메시지를 공짜로 제공하기도 했다. 또한 동부의 운영사들은 뉴욕이나 필라델피아 조간신문 기사를 서부 지역 신문에 전송해 주기도 했다.[28] 이 시기 AP통신사의 결성과 확장은 본질적으로 신생 전신 산업의 불안정한 여건에 대한 대응이었다.

이 양자 사이에서 독립적인 제삼자인 전신 기자가 등장했다. 일찍이 1847년에 소수의 이 직종 종사자들은 도시 간에 상업적 보도를 주고받으면서 신문에 판매했다. 이러한 선구자 중 알렉산더 존스는 이렇게 썼다. "전신국 종사자들이 중요한 지점에서 뉴스를 수집해 전달할 수 있게 될 가망이 없다는 사실이 자명해졌다. 이들은 직업상 사무실의 시급한 임무에 매달려 있었다. 그러므로 전신술이라는 업무에는 전신 기자가 절실하게 필요해졌다." 존스는 뉴스 전송 내용을 축약할 수 있도록 최초의 상업적, 정치적 암호 체계를 고안했다. 약 일 년 동안 이 기자들은 독립적으로 활동하다가 결국 AP통신사에 합류했고, 존스가 초대 총지배인general agent이 됐다.

존스는 1851년 은퇴할 때까지 신생사인 AP를 재정적으로나 조직 차원에서나 탄탄한 기반 위에 올려놓는 데 힘을 보탰다. "우리는 뉴스를 수집해 배포했고, 사업을 수행하는 데 필요한 모든 요금과 기타 비용을 지출했다. 미국과 캐나다의 모든 주요 도시에 기자를 배치해 뉴욕에서 뉴스를 입수하면, 카본지로 대략 8~9부를 복사해 6부는 뉴욕 신문에, 나머지는 다른 도시와 소도시에 다시 전달하곤 했다. 여기다 매일매일 뉴욕의 지역 뉴스나 상업적 뉴스 등등도 추가해야 했다."[29] 존스의 지도하에 AP는 성장하기 시작해, 마침내 19세기의 지리적으로 가장 널리 확장되고 영향력 있는 뉴스 수집 기구가 됐다.

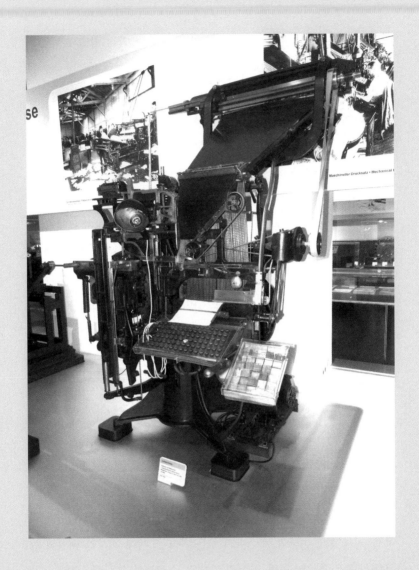

1895년경에 사용되던 라이노타이프 식자기. (출처: 빈기술박물관Technischen Museum Wien)

1880년 미국에서는 대략 235종의 온갖 신문이 간행되었는데, 이는 22,500명당 한 종에 해당한다. 1899년에는 이 숫자가 16,000종의 신문과 4,750명당 한 종으로 늘어났다. "19세기 말에 이르면, 저널리즘은 매일매일 기록하는 세계사이자, 주된 대중 계몽 매체이자, 학자, 현인, 과학자를 위한 보편적 장이 된다"[30]라고 1899년에 어느 언론사학자는 썼다. 전신의 발명과 확산이 정규적이고 공동의 뉴스 수집에 핵심적인 촉매이자 수단이 되었다는 점에서, 전신은 현대 언론의 기술적 토대를 제공한 셈이다. 말하자면 전신은 신문의 주된 역할을 개인의 일기와 정당 기관에서 뉴스 전파자로 변화시켰다.

다른 기술적 발전도 19세기의 언론을 재편하는 데 이바지했다. 1830년대의 증기 인쇄기와 이후 1890년대의 윤전기 덕분에, 인쇄기를 더 빠르고 대규모로 가동할 수 있게 됐다. 1880년대에 개발된 라이노타이프linotype 덕분에 자동 식자가 도입됐다. 1877년의 하프톤halftone 방식으로 시작된 사진제판술photoengraving은 1880년대와 1890년대의 사진 저널리즘과 선정주의에서 중요한 역할을 했다. 그러나 전신은 대규모 뉴스 수집과 현대적인 뉴스 개념으로 가는 길을 닦았을 뿐 아니라, 아마도 현대 저널리즘에서 가장 두드러진 특징인 표준화도 낳았다. 1884년 사이먼 N. D. 노스Simon N. D. North는 미국 신문의 역사와 현황에 관한 센서스 보고서에서 다음과 같이 결론을 내렸다. "전신은 미국의 저널리즘을 균일화하는 효과를 낳았다. 뉴스의 신속한 전송은 저널리즘의 으뜸가며 항상 가장 주된 기능이라 할 수 있는데, 전신은 그러한 기능에 관한 한 지역 신문이 광역 대도시 신문과 어깨를 나란히 할 수 있게 해 주었다."[31]

전신이 등장한 후 언론에서 일어난 변화에 관해서는 광범위한 합의가 존재하긴 했지만, 전신이 미국의 문화에 미친 영향에 관해서는 전혀 의견이 일치하지 않았다. 남북 전쟁 이후 오늘날 우리도 잘 알고 있는 매스 커뮤니케이션의 병리 현상에 관해 처음으로 문헌들이 쏟아져 나왔다. 여기서는 20세기의 매스 미디어에 대한 윤리적, 행태적 비판의 전조도 뚜렷하게 나타났다. 현대 저널리즘의 '신문질newspaperism'과 온갖 병폐에 대한 책망은 신문을 추락시킨 변화에 책임이 있는 주범으로 전신을 지목했다.

런던의 〈스펙테이터The Spectator〉는 지적 세력으로서 전기가 미친 순효과에 의심스러운 눈길을 던졌다. 전기가 초래한 핵심적 결과는 도착적일 정도로 뉴스가 확산하게 된 것이자, "시간 간격을 눈치채지 못할 정도로 모든 곳에서 일어난 모든 사건, 특히 모든 범죄를 기록하게 된 것이다. 정보 수집의 용도로 보면 세계는 마을 단위로까지 축소됐다." 그러나 이는 바람직한가? "모든 인간은 불완전한 정보를 토대로, 성찰할 시간 간격조차 거의 없이, 모든 일에 관해 동시에 생각할 수밖에 없게 된다. …… 조각조각 난 진술문의 끊임없는 확산, 사실에 의해 정당화되지 않는 감정의 끊임없는 자극, 성급하거나 오류투성이 의견의 끊임없는 형성은 결국에는 전신이 대상으로 삼는 모든 사람의 지성을 타락시킬 것임이 틀림없다는 생각이 든다. …… 이처럼 부자연스러운 자극, 이처럼 영구적인 사고 분산"은 전신의 유산이었다.[32]

대서양 건너 미국의 언론 비평가인 W. J. 스틸먼W. J. Stillman은 전신이 "저널리즘에서 문화의 주된 산물을 몰아냈다"라면서 비판했다. "미국은 그 시대 사상의 주기적 표현이자, 당대 삶의 질문과 해답에 관한 적절한 기록이던 과거의 저널리즘을 모든 인간 존재의 시시콜콜한 사항을 수집하고 압축하며 동화시키는 기구로 바꾸어 놓았다. 이처럼 그날의 사건을 쫓아다니는 데 몰두하고, 그 결과 지적인 캐릭터에서 영구적이고 그러므로 핵심적인 중요성을 지니는 것들을 소홀히 하고 무시하게 된다는 점에서 우리는 여전히 앞서가고 있다."[33]

이러한 불평에는 남북 전쟁 이전 저널리즘의 기준에 대한 감상적인 향수가 재생되고 있다. 과거의 개인적 저널리즘에서는 신문이 대변하던 내용을 한 개인의 개성이 철저하게 규정했는데, 그러한 개인적 저널리즘 스타일은 이미 소멸했다. 기자가 편집인을 밀어냈다는 사실은 뉴스가 의견을 압도하게 됐다는 뜻이었다. 이와 동시에 대중 교육에서 언론의 역할은 가파르게 증가했다. "정치, 문학, 종교에서 신문은 무오류의 안내자로 인정받고 있는데," 그 결과는 오직 "지성의 타락"이 될 수밖에 없다. "신문질"은 유독한 분위기를 새로 조성해 "사회의 허파 속에 매일매일 주입"하게 됐다. 거대한 전신 뉴스 수집 체제에 근거하는 현대의 신문은 퇴폐를 조장했다.

[신문 뉴스]의 경솔하고도 시시콜콜한 면은 뉴스를 소비하는 이들의 정신을 나약하게 만들며, 지속적인 사고와 응용 능력을 훼손한다. 뉴스는 독자의 취향을 타락시킨다. 또한 주로 왜곡된 사회관을 제시한다. 독자 눈앞에는 매일매일 전 세계의 끔찍한 사건이 펼쳐진다. 신문은 독자에게 지구상의 사기, 악행, 범죄를 대접하고, 독자를 모든 부류의 비정상적인 것에 몰두하게 한다. 감정이 무감각해지고 양심을 외면할 때만 그러한 글을 읽으면서도 고통에서 벗어날 수 있게 된다.[34]

영향력 있는 신경학자인 조지 비어드George Beard는 문화의 쇠퇴라는 주장을 펼치면서 과학적 감수성을 동원했다. 그는 전신이 당대에 불안감이 급증한 현상을 설명하는 데 도움이 된다고 믿었다. 비어드는 불안감nervousness(신경력nerve force의 부족이나 결핍)과 신경 쇠약neurasthenia(신경의 고갈)을 구분하면서, 이러한 증상은 주로 19세기에 특히 미국의 "정신 노동자" 사이에서 발생했다고 판단했다. 그가 보기에 이 증상의 일차적이고 주된 원인은 "증기력, 정기적 신문, 전신, 과학, 여성의 정신 활동" 등 다섯 가지 사항을 특징으로 하는 현대 문명이었다.

"현대 사회학의 모든 사실 중에서도 북미에서 이처럼 기능적 신경 질환이 등장하고 늘어난 것은 가장 경악스럽고 복잡하고 시사적인 현상의 하나"라고 주장하면서, 비어드는 미국에 만연한 불안감의 비밀을 풀려고 애썼다. 그의 추론은 때로는 모호했고, 징후에 대한 정의는 종종 터무니없이 부정확했다. 그러나 비어드는 현대적 불안 장애의 수수께끼에 대한 해결책은 사회학 자체의 난제에 대한 해결책이 될 것으로 생각했기에, 커다란 지적 모험도 감수했다. 의미심장하게도, 그는 인간의 신경 체제를 전등에 전류를 공급하는 전기 발전기로 비유했다. 그러한 발전기가 생산하는 힘은 한계가 있고 일정 지점 이상으로 확장될 수 없다. 회로에서 전등 숫자가 증가하면, 이에 맞추어 발전기의 용량도 늘어나야 한다.

이와 비슷하게 인간의 신경 체제는 "신체의 모든 장기에 공급되는 신경력의 중심에 있다." 그래서 늘리거나 줄일 수는 있지만 여전히 한계가 있다. 따라서 "현대 문명이 끊임없이 우리에게 요구하듯이 새로운 기능이 회로에 추가되면, 개인차가 있고 삶의 시점마다 다를 수야 있겠지만, 조만간 모든 전등이 활발하게 불을 밝히기에 동력의 양이 부족해지는 시기가 오게 된다. 이때 가장 약한 전등은 완전히 꺼지거나, 좀 더 흔하게는 희미해지거나 미약해진다. 즉 꺼지지는 않더라도 빛이 충분하지 않거나 불안정해진다. 바로 이것이 현대 불안 증세의 근본 원리다."

비어드는 전신이야말로 불안 증세의 직접 원인이라고 주장했다. 비어드는 전신이 신경 장애에 기여한 두 가지 경로를 이론화했다. 첫째, 사업가 계급은 전 세계의 가격 등락에 끊임없이 노출될 수밖에 없다. 그러나 더 넓은 의미에서 보면 실시간 커뮤니케이션이란 새로운 진실이 전파되고 대중화하는 속도가 엄청나게 빨라져, 개개인의 신경 체제 회로에 과부하가 걸리도록 한다는 뜻이다. "우리가 아침 식사를 하면서 읽는 조간신문은 하루 동안 전 세계에서 발생한 슬픔의 역사를 담고 있다. 다소나마 천성이 공감하는 사람이라면 이에 따라 의식적으로든 무의식적으로든 신경을 다소 빼앗기게 된다."[35]

초창기 논평가들이 전신에 대해 엄청난 신뢰를 보인 반면, 19세기 말의 사상가들은 점차 전신과 현대적 신문을 산업 사회에서 삶의 미친 듯한 속도의 징후이자 원인으로 지목하게 됐다. 정기적 신문이 고전적인 문화 개념에 제기한 곤혹스러운 도전 덕분에 현대 커뮤니케이션의 궁극적인 문화적 의미에 대해서도 심각한 의구심이 싹트기 시작했다. 이 질문은 이후 영화가 등장하면서 봇물 터지듯 터져 나왔다. 그런데 정작 성숙한 제도로서 전신의 위치를 놓고 벌어진 정치 투쟁에서는 언론 비평가들이 표현한 도덕적 심각성 문제마저도 완전히 배제되었다.

◆

남북 전쟁 후 수십 년이 지나면서 웨스턴유니온전신회사는 전신 산업에서 기업적 헤게모니를 장악하게 됐다. 이 전신 회사는 뉴스 수집 분야에서 지존인 AP와 동맹 관계를 맺어, 미국의 전신 노선과 뉴스 독점 판매권을 장악한 이중 독점 구조를 공고히 했다. 웨스턴유니온과 AP 간의 담합에 대한 공중의 비판은 19세기 말의 급진적 개혁 정치에 중심적인 광범위한 반독점 정서를 조성하는 데 한몫했다. 전신 개혁에 관해 다양한 정치적 제안이 나오게 된 배경에는 애초에 전신이 공동의 정보 전달자가 되겠다고 다짐한 약속을 지키지 않은 데 대한 배신감이 있었다. 개혁가들은 전신의 제도적 진화 과정을 검토하면서, 전신 초창기에 기회를 놓쳐버린 데 대해 깊은 좌절감을 느꼈다.

일찍이 1838년에 모스는 무분별한 투기의 후유증을 우려하여, 자신의 발명품을 미국 정부에 매각하고자 했다. 그는 연방 정부가 자신의 특허 소유권을 확보하고 개별 회사에 노선 건설권을 부여하는 식의 두 부분으로 된 계획을 제안했다. 정부는 또한 민간 노선과 별도로 독자적인 전신망을 구축하게 될 것이다. 의회는 최초의 시범 노선에는 예산을 지원했으나, 하원 예산위원회(1845)와 우체국장(1845, 1846)의 권고에도 불구하고 모스의 권리를 매입하는 것은 거부했다. 1844년 하원의원 시절 케이브 존슨Cave Johnson은 모스의 예산 지원 요청을 조롱했지만, 2년 뒤 우체국장이 되고 나서는 견해를 바꾸었다. 1846년 존슨은 "그러한 도구가 법에 의해 통제되지 않고 개인 단체나 비법인 회사의 통제하에 있게 될 경우 공동체가 겪게 될 해악, 혹은 그러한 소유에서 개개인이 얻게 될 혜택은 추산이 불가능할 정도다"라고 경고했다. 우체국이 헌법에 따라 정보 전송에 대한 독점적 권한을 보장받았음을 고려할 때, 만약 전신이 개인의 소유하에 있게 된다면 우체국은 결국 전신으로 대체되고 말 것이라고 존슨 등은 우려했다. 우체국이 다른 진보적인 커뮤니케이션과 교통수단을 도입한 것처럼, 설혹 전신을 통째로 인수하지는 못한다 하더라도 독자적인 전선 노선을 개설해야 한다. 따지고 보면 연방 정부는 애초에는 전신을 장려해 놓고는, 전신을 소유하고 이후의 발전 과정을 감독할 기회는 날려 버린 셈이었다.[36]

1850년대에 이르면 신생 전신 산업은 제도적 혼란 상태에 빠졌다. 50개 이상의 전신 회사가 존재했는데, 일부는 다름 아니라 오로지 주식을 판매할 목적으로 운영됐다. 중복 선로가 곳곳에 생겨나, 가까스로 적자를 면하게 된 기업들에게 피해를 입혔다. 특히 서부 지역의 회사들은 싸구려로 급조된 노선, 들쑥날쑥한 요금제, 노선 간 조율 미흡 등의 문제에 시달렸다. 이러한 혼란의 와중에 웨스턴유니온이 출현해, 불과 10년 만에 미국에서 최초의 거대 산업 독점 기업이자 최대 규모의 법인 기업으로 성장했다.

웨스턴유니온은 1856년에 뉴욕·미시시피계곡인쇄전신회사New York and Mississippi Valley Printing Telegraph Company와 이리·미시간전신회사 Erie and Michigan Telegraph Company 등의 두 회사가 합병해 탄생했다. 이 중 후자는 모스의 가장 초창기 후원자인 에즈라 코넬이 통제하던 회사였다. 코넬은 서부의 장거리 노선을 건설하면서 모스의 특허에 따라 소중한 자금 지원을 받았다. 이 특허권은 협상에서 핵심적 항목임이 드러났는데, 이 특허를 통해 웨스턴유니온은 엄청난 권력을 축적하는 토대를 마련할 수 있었다. 역설적이게도, 뉴욕·미시시피회사는 원래 하원 인쇄전신사의 특허권에 따라 설립되었다. 이 회사는 모스 체제의 경쟁사로서, 메시지를 점과 줄이 아니라 글자로 인쇄했다. 그러나 모스의 기계는 훨씬 더 단순했고 철도 노선 용도로 각색하기에도 더 편리했다. 또한 웨스턴유니온이 서부의 철도 회사들과 독점 계약을 맺고 있었으므로 초창기 경쟁사보다 훨씬 더 큰 이점을 누리는 데 보탬이 됐다.

다양한 전신사의 자산과 특허를 사들이고 재건축하고 합병하며, 철도와 독점 계약을 체결하는 식의 공격적 정책을 통해, 웨스턴유니온은 10년 안에 독보적 위치를 달성했다. 1866년 이후 꾸준히 (신주를 발행하는 동시에) 사실상 모든 경쟁사를 집어삼키고 나서, 1909년에 이르러 웨스턴유니온 자체도 새로운 거대 기업인 미국전화전신사American Telephone and Telegraph의 통제하에 들어갔다.[37] 표 1은 이 성장 과정을 예시해 준다.

표 1 웨스턴유니온의 성장(1856~1883)

연도	노선 길이 (마일)	전선 길이 (마일)	기지국 수	메시지 수	이윤($)
1856		550			
1867	46,270	85,291	2,565	5,879,282	2,624,930
1874	71,585	175,735	6,188	16,329,256	2,506,920
1880	85,645	233,534	9,077	29,215,509	5,833,938
1883	143,452	428,546	12,917	40,581,177	7,660,349

1880년에 이르면, 연방 정부 센서스는 이 회사의 "압도적 중요성"을 고려해 미국 전체의 전신 체제와 웨스턴유니온 수치를 비교하는 것이 적절하면서 바람직하리라 판단했다(표 2를 보라).[38]

웨스턴유니온은 전신 산업에서 독점을 구축했을 뿐 아니라 AP와 호혜성 계약을 통해 뉴스 독점 정착에도 기여했다. 웨스턴유니온이 득세하기 전 AP와 전신 회사 간의 관계는 편안한 덕담과 치열한 경쟁자 의식 사이를 수시로 오갔다. 1866년 전에만 해도 이 관계에서 AP는 특정한 전신 회사를 선호하는 방식이나, 신규 노선에 재정 지원을 하겠다는 협박을 구사해 주도권을 쥐고 있었다. 예컨대 1853년 경영난을 겪고 있던 상업전신회사Commercial Telegraph Company는 뉴욕과 보스턴 간의 노선을 4만 달러에 AP에 매각하겠다는 제안을 했다. 통신사는 이 노선 매입을 단번에 거절했지만, 다른 투자자들이 이 노선을 매입해 관리하도록 유도하기 위해 모든 보도를 이 노선으로 송신하는 데 합의했다. 주요 뉴스 중심지 간의 규칙적이고 차질 없는 서비스를 유지하기 위해 AP는 종종 추가 노선 건설, 보수 작업, 소유권 이동 등을 장려했다.

1851년과 1866년 사이에 AP의 총지배인이던 대니얼 H. 크레이그 Daniel H. Craig는 약 30년 후 뉴욕의 7개 회원사가 전신 노선 매입을 거

표 2 미국의 전체 전신 체제와 웨스턴유니온의 비교(1880)

	총계	웨스턴유니온	웨스턴유니온의 점유율
노선 길이(마일)	110,727	85,645	77
전선 길이(마일)	291,213	233,534	80
메시지 수	31,703,181	29,215,509	92
언론용 메시지	3,154,398	3,000.000	91
메시지 판매액($)	13,512,116	12,000,000	89

부한 결정에 아쉬워했다. "이들이 내 희망 사항에 동의했더라면, 웨스턴유니온전신회사는 제대로 성장하지도 못하고 사라졌거나, 설혹 살아 있었더라도 AP가 웨스턴유니온사와 현재뿐 아니라 지난 16년간 맺고 있던 식의 관계가 아니라 AP라는 연에 달린 꼬리 같은 처지가 되었을 것이다"[39]라고 그는 주장했다.

AP는 전신 회사가 조직과 탄탄한 재원을 동원해 단순한 전송 대리자가 아니라 뉴스 수집과 배포사로 변신하려고 한 시도를 적어도 한 차례 이상 저지해야 했다. 1859년 당시 미국에서 가장 강력한 체제 중 하나이자 노바스코샤와 뉴욕 사이의 핵심 노선을 갖고 있던 미국전신회사American Telegraph Company는, 요금 인상 조치와 더불어 모든 AP 메시지를 우선하던 정책을 취소하겠다면서 위협했다. 이 책략은 치열한 홍보전과 미국전신회사의 재편을 거치고 나서야 저지됐다. 그 여파로 최신 해외 뉴스를 전송하던 뉴펀들랜드와 보스턴 사이의 노선은 AP에 임대되었다.[40]

최초의 전신 통신사로서 뉴욕AP는 이후에 등장할 어떤 경쟁사보다도 우위를 점했다. 새로운 도시가 전신 체제에 연결되면, AP는 그 지역 일간 신문을 뉴스 전송 대상 고객으로 삼았다. 1860년에 이르면 AP

를 구성하는 7개 뉴욕 일간지는 연간 20만 달러 이상을 뉴스 수집에 지출했는데, 이들은 이 액수의 절반 이상을 도시 외부의 고객에게서 환수했다. 이들은 미국의 국내외 뉴스 수집을 완벽하게 통제했고, 원하는 뉴스는 모두 확보하고 모든 정책 문제도 해결했다.

1866년 뉴욕AP는 처음으로 또 다른 통신사의 대대적인 도전을 받았지만, 이 갈등에서 웨스턴유니온과 동맹을 맺고 상업적 프랜차이즈식 뉴스 개념으로 무장한 오히려 더 강력한 AP가 출현했다. 1865년에는 뉴욕이 뉴스 수집을 지배하는 데 불만을 품고 웨스턴AP가 설립됐다. 서부 지역의 뉴욕AP 고객사들은 서부와 워싱턴 DC의 사건에 관해 더 많은 뉴스를 공급받길 원했다. 뉴욕 신문들은 뉴욕시의 상업적 관심사에 적합한 뉴스를 강조했다. 서부 지역의 신문 집단은 또한 유럽발 케이블 뉴스 비용이 비싼 데 대해 불평했다. (지속적인 대서양 횡단 케이블 송신은 1866년에 처음 성공을 거두었다. 뉴욕의 AP 고객사들은 케이블 비용의 3분의 1만 지급하고 고객사들은 나머지 3분의 2를 부담했다.)

1867년 초 뉴욕AP와 웨스턴AP 간에 관할 구역 구분과 뉴스 교환을 골자로 하는 협정이 체결되었는데, 이 밖에도 외신과 특별 서비스에 대해서는 웨스턴AP가 뉴욕 소속사에 일정액을 지불하기로 했다. 이는 사실상 뉴스 수집 단체 간에 상대방의 관할 영역 독점을 서로 존중하는 동맹체 결성을 의미했다. 뉴욕AP는 유럽 뉴스, 시장 보도, 워싱턴 DC 송신 기사를 통제했기에 여전히 우위를 점했다. 이러한 휴전 조치는 뉴잉글랜드AP, 서던AP, 뉴욕주AP 등 웨스턴AP를 본뜬 다른 부수 조직이 등장할 수 있는 길을 닦아주었다. 이 단체들은 AP의 군소 파트너 지위 이상을 넘어서지 못했다. 이러한 단체 회원 신분은 외부자의 경쟁으로부터 보호하고 방어할 프랜차이즈나 특권을 쥐고 있는 것이나 마찬가지였다.

웨스턴유니온은 평화를 조성하고 뉴스 수집 과정을 합리화하는 데 핵심적 역할을 했다. 1866년 웨스턴유니온은 또한 마지막 남은 두 거대 경쟁사인 미연방전신회사United States Telegraph Company와 미국전신회사를 집어삼켰는데, 이렇게 해서 총자본이 4,000만 달러가 넘고 미국의 모든 전신망을 사실상 통제하는 대기업이 탄생했다. 웨스턴유니온은 자체 체제의 설비가 특히 빈약한 지역에서 두 군데 통신사용 보도 전송의 부하를 감당하지 못할까 봐 우려했다. 세 당사자인 뉴욕AP, 웨스턴AP와 웨스턴유니온은 각기 다른 두 당사자와 계약을 체결했고, 이를 통해 세 독점사의 존재를 공식화하고 영구화했다. 웨스턴AP의 계약은 지역 단위에 국한되었지만, 뉴욕AP와 웨스턴유니온의 계약은 전국 단위였다. 두 통신사는 웨스턴유니온 이외의 회사 선로를 이용하지 않겠다고 서약했고, 어떤 새로운 전신 회사의 등장도 반대하겠다고 약속했다. 웨스턴유니온은 (시장 보고서 판매를 제외하면) 뉴스 수집 분야에 진입하지 않는다는 데 동의했고, 두 통신사에 특별 할인까지 제공했다.[41]

19세기 마지막 수십 년 동안 내내, AP의 뉴스 독점과 웨스턴유니온의 전신 독점에 대한 비판이 의회, 분노의 팸플릿, 언론에서 몰아쳤다. 비판자들은 두 조직을 싸잡아 자유에 대한 위협으로 끊임없이 몰아붙였다. "정부의 영속화는 국민의 지성 속에서 궁극적으로 보장되어야 한다"라는 점에서 양자 간의 담합은 민주주의에서는 특히 위험했다. 1872년 하원예산위원회는 우편 전신을 도입하는 법안에 대해 우호적으로 보고하면서 양자 동맹에 내재하는 위험을 강조했다. 왜냐하면 미국의 전신 회사들은

통신사들과 동맹을 맺어, 어떤 새로운 혹은 잠재적인 신문도 절대적으로

치명적이지 않은 요금으로 전신을 이용할 수 없도록 방해하고, 이미 전신의 보도를 구독하는 기존 신문은 전신 회사의 절대적인 권력하에 놓이도록 해서 스스로 보호막을 쳤기 때문이다. 통신사 측은 정규적 혹은 특별한 보도 전송에 어떤 다른 경쟁 전신 노선을 이용하지 못하도록 공식적으로 구속되어 있다. 전신 회사 측은 과도한 요금을 지불하지 않으면 경쟁 통신사의 보도와 메시지 전송을 아예 거부한다.[42]

1874년 상원 조사에는 전신 회사와 AP 송신 기사 내용을 비판한 신문에 웨스턴유니온이 뉴스 보도 전송을 차단한 사례가 기록되어 있다.

웨스턴유니온은 뉴스 전송에 지불하는 대가의 일부로 다른 모든 전신 회사를 반대하도록 AP에게 강제했고, 그러고 나서는 신문들 자신도 공중도 변화를 원하지 않는다는 증거로 신문들의 칼럼을 지목한다. …… 전신의 권력은 꾸준히 빠르게 커지고 있어 거의 추정이 불가능할 정도다. 전신은 언론을 통해 여론에 영향을 미치는 수단이자, 미국의 시장을 바꿔 놓는 수단이며, 국민의 관심사에 심각하게 영향을 미치는 수단이기도 하다.[43]

여기서 핵심 이슈 중 하나는 뉴스란 프랜차이즈이며, 다른 상품과 마찬가지로 상업적이라는 AP의 주장을 중심으로 전개되었다. 신문을 창간하려고 시도했다가 결국 지역 AP 회원사들에 의해 뉴스 전송에서 차단당하고 말았다는 이야기도 많이 나왔다. 헨리 조지Henry George●는

● 헨리 조지(1839~1897)는 미국의 정치경제학자이자 언론인이다. 토지 지대 공유를 통해 평등을 구현하는 경제철학과 진보적 사회 이론으로 유명해졌으며, 이후 진보 시대의 여러 개혁 운동을 자극하는 사상적 배경을 제공했다.《진보와 빈곤Progress and Poverty》

1879년 샌프란시스코에서 민주당 성향의 신문을 창간하려 했으나, 그 도시의 AP 회원사들이 그에게 뉴스 판매를 거부했다는 사례는 유명하다. 말하자면 이들은 조지에게 프랜차이즈 부여를 거부한 것이다. 조지는 필라델피아로 가서 자신의 신문에 기사를 공급할 경쟁 통신사를 창설하고자 했다. 샌프란시스코AP의 불만이 나오자, 웨스턴유니온은 서부로 가는 유일한 전신 노선에서 조지의 통신사를 차단했다. 조지의 신문은 망했고, 그는 투자액을 날리고 말았다. 무수하게 많은 AP 고객사가 전신 전송 비용을 분담하고 웨스턴유니온에서 특별 할인까지 받았기 때문에, 실제로는 어떤 경쟁사든 결국 실패할 수밖에 없다고 다른 경쟁 관계 통신사들은 주장했다.[44]

　　AP 고위층은 자신의 조직이 "사업가들의 위대한 호혜적 혹은 협업 단체"라며 반박했다. 1879년 AP 총지배인 제임스 W. 사이먼턴James W. Simonton은 "우리는 뉴스를 거래한다"라고 주장했다. "뉴스에는 재산이 포함되어 있으며, 이 재산은 우리가 뉴스를 수집하고 결집했다는 사실에 의해 창조된 것이라고 나는 주장한다." 1884년에는 AP가 불공정하게 미국의 뉴스를 통제했다는 비판에 반박하면서, AP의 윌리엄 H. 스미스 본부장은 이러한 구상을 더 자세히 설명했다. "AP 회원사들이 동업자를 선택하면서 모든 새 고객에게 문호를 개방하지 않는다는 불만이 나오고 있다. 이 원칙에 무슨 사적 업무가 개입되는가? 건조물 상인이 상업적 대리인의 주문을 이웃과 나누는가? 중개인은 자신이 받은 주문 내용을 경쟁 관계의 중개인에게 제공하는가? 그런데 여기서 다른 사업만큼이나 분명히 사업인 AP에게 이 원칙을 적용해야 한다는 주장이 나왔다." 어느 분노에 찬 상원의원이 표현했듯이, 물론 AP는 "공적

(1879) 등의 저작을 남겼다. — 옮긴이

문제와 국민의 일반적 관심사에 영향을 미치는 부류의 사업과, 단지 시민들의 사적 문제에만 영향을 미치는 사업"[45]을 구분하지 않았다.

이와 비슷하게 웨스턴유니온 회장인 윌리엄 오튼William Orton은 1870년 전신 산업을 조사하는 하원 특별위원회에서 증언하면서 미국의 전신 체제 민영화를 다음과 같이 옹호했다. "단순히 독점이 존재한다는 사실은 아무것도 입증하지 못한다. 유일하게 고려할 질문은 그 문제를 통제하는 사람들이 제대로 관리하는가, 그리고 첫째로 재산 소유주의 이익과 둘째로는 공중의 이익에 부합하게 관리하는가 하는 문제뿐이다."[46]

1866년과 1900년 사이에 의회는 전신 체제 개혁을 위해 설계된 법안 70건 이상을 검토했다. 약 20개의 하원과 상원 위원회가 이 문제를 조사하고 청문회를 개최했으며 보고서도 냈다. 이 과정에서 이들은 엄청나게 많은 양의 증언과 통계치를 수집했다. 1866년 의회는 모든 전신 회사에 우편과 군용 도로를 따라 선로를 건설할 수 있는 권리를 부여하는 법을 통과시켰는데, 다만 이러한 건설은 건설 이후 5년 후에는 언제든 연방 정부가 원한다면 이 회사의 모든 선로와 자산을 매입할 수 있다는 조건으로 허용했다. 5인(정부 대표 2인, 회사 대표 2인, 기존 위원이 모두 동의하는 제5의 중립적 인사)으로 구성된 이사회는 정부가 매입을 희망하는 재산에 대해 평가할 것이다. 이 법은 그 시기 나온 대다수의 개혁 법안의 법적 토대가 됐다.

사실상 이 모든 조치는 두 범주로 분류할 수 있다. 한 가지 부류의 계획은 '우편 전신'으로 알려졌는데, 사적 전신 법인에 허가를 부여하고 재정 지원을 하며, 이 법인이 전신 회사와 계약을 맺도록 하는 방안이었다. 이는 정부가 우편 운송을 위해 철도 회사와 계약을 맺는 것과 비슷하다. 이 방안의 목적은 웨스턴유니온의 경쟁사를 설립하는 데 있었다. 기존의 전신 회사는 1866년 법에 따라 새로운 법인에 시설을 매각할 수 있게 됐다. 우체국장은 전신국을 어디에 설치할지 결정하게 된다. 이 계획의 한 변종은 정부가 자체의 독립적인 전신 체제를 세워 운영해야 한다고 주장했다. 두 번째 좀 더 급진적인 계획은 '정부 체제'로 알려졌는데, 1866년 법에 따라 의회가 모든 전신 노선에 대한 절대적인 소유와 통제를 확보하라고 촉구했다.[47]

전신 개혁가들은 정부가 소유하는 방식으로든 정부가 웨스턴유니온과 경쟁하는 방식으로든 이를 통해 미국의 커뮤니케이션 망을 민주화할 수 있기를 희망했다. 헨리 조지의 공동 사업자인 찰스 A. 섬너 Charles A. Sumner는 이렇게 주장했다. "이 영광스러운 발명품이 인류에게 주어졌기에, 우리는 각기 멀리 외딴곳에 떨어져 있더라도 명목상의 비용만 내면 서로 인사하고 대화를 나눌 수 있게 됐다. 어떤 사악한 독점이 이 은혜로운 역량과 설계를 장악한 후, 터무니없는 요금을 매겨 이를 가장 인색하고 경멸스러운 탐욕의 제물로 삼았다." 요금을 더 저렴하고 균일하게 낮추면, 전신은 단지 사업가와 언론뿐 아니라 모든 계급이 이용할 수 있는 범위 내에 들어올 것이다. 개혁가들은 전신이 우체국의 연장이라 주장하면서 헌법적 차원의 주장도 펼쳤다. 정부는 정보 송신에 대한 통제를 확보해야 한다는 것이다.[48]

19세기 말 특정한 부류의 전신 개혁은 미국 공중의 폭넓은 층에서 지지를 얻었다. 전국그레인지National Grange,● 미국노동연맹American

---

● 미국에서 가장 오래된 농업 관련 사회단체로 남북 전쟁 후인 1867년 결성됐다. 초기에는 철도 운송 요금 인하와 농촌 지역 우편 요금, 곡물 창고 이용료 규제 등 농업 종사자와 관련된 현안에 집중했으나, 금주 운동, 상원의원 직선제, 여성 참정권 확대 등 점차 보편적인 사회적 이슈에도 관여하게 됐다. ― 옮긴이

Federation of Labor,* 대중주의 정당 Populist party,** 노동기사단Knights of Labor*** 등은 모두 정부 전신이 필요하다며 로비를 벌였다. 1890년에는 우편 전신 체제를 요구하면서 200만 명 이상의 서명이 첨부된 탄원서가 의회에 전달됐다. 전국상품거래소National Board of Trade, 뉴욕상품교통거래소New York Board of Trade and Transportation 같은 사업가 집단을 비롯해 수많은 상공회의소도 캠페인에 동참했다. "특정한 한정된 계급들은 이 합병에 반대하지만, 국민 대중은 이를 강하게 찬성한다"라고 1890년에 우체국장 존 와너메이커John Wanamaker는 주장했다. "널리 그리고 더 강하게 떠오르는 공중의 독점 반대 정서를 읽지 못하는 사람은 의도적으로 눈을 감기로 작심한 게 틀림없다."49

그러나 1900년 무렵에는 전신 개혁 운동이 흐지부지해졌다. 이는 부분적으로는 대중주의Populist 운동이 쇠퇴한 탓도 있고, 웨스턴유니온의 강력한 의회 로비력을 상쇄할 만한 역량이 부족했던 탓도 있다. 이러한 로비에는 정부 관리에게 후하게 제공되는 요금 면제 제도도 포

● 한국의 민주노총이나 한국노총처럼 미국의 여러 노동조합을 포괄하는 상위 단체다. 1886년 오하이오에서 창설되었다. 처음에는 주로 장인craft 노동조합 위주로 구성되었으나 1835년 CIO(Congress of Industrial Organizations)가 출범한 후로는 산업 노조도 대거 수용했다. 두 단체는 1935년 합병해서 AFL-CIO가 됐다. ─ 옮긴이
●● 흔히 '대중주의' 정당으로 불리긴 했으나 정식 명칭은 인민당People's Party이며 1887~1908년 사이에 미국에서 활동했다. 주로 급진적인 좌파 성향의 농업 중심적 정책을 추진했다. ─ 옮긴이
●●● 노동기사단은 1969년 미국에서 창설된 노동 단체다. 다양한 업종을 포괄하는 노동자 단체로서 노동자의 사회적, 문화적 지위 향상을 추구하고, 8시간 노동제 등 범노동계 이슈와 가치를 추진했다. 미국뿐 아니라 캐나다, 영국, 호주 등에도 지부를 두었다. 1880년대에 영향력의 정점에 달했다가 이후 급속히 쇠퇴하였다. 백인 노동 계급 중심이긴 했지만, 미국에서 처음으로 등장한 노동자 계급의 대중 조직이었다. ─ 옮긴이

함됐다. 모든 플랫폼에서의 전신을 정부가 인수하는 방안을 강령에 포함한 대중주의자들과 마찬가지로, 전신 개혁가들도 엄청난 배신감을 표현했다. 1844년 의회가 모스의 발명품에 대한 권리를 손쉽게 사들일 절호의 기회가 있었다. 그 대신에 미국은 이 땅에서 "가장 강압적이고, 가장 터무니없고, 가장 부패한 독점"[50] 기업인 웨스턴유니온 발아래에서 고통을 겪었다. 전신의 상황에 대한 그러한 묘사는 흔히 나왔는데, 이런 식의 묘사가 나오게 된 것은 일찍부터 제기되었듯이, 전신의 궁극적인 의미에 대한 도덕적 우려 때문이라기보다는 당시 만연한 반독점 정서와 더 관련이 있었다. 미국 사회에서 전신의 위상에 관한 논의는 순전히 정치와 관련된 영역으로 넘어갔다. 전신은 단지 현대적 산업 사회의 삶에서 정부 규제가 필요한 또 하나의 특징이 되어 버렸다.

1900년에 이르면 전신의 상서로운 약속은 아주 요원한 일처럼 보였고, 마치 스미소니언 박물관에서 먼지를 뒤집어쓰고 있던 원래 모스의 장비처럼 시대에 뒤떨어진 존재에 불과해졌다. 전신은 공유된 자원이라기보다는 사적 독점으로 발전했다. 비록 공용 전달 수단이긴 했으나 정말로 공적인 커뮤니케이션 수단은 아니었다. 전신이 보여 준 제도적 선례들은 미국의 커뮤니케이션, 특히 방송의 미래에도 결정적임이 곧 밝혀진다. 전신의 존재는 일상적 삶에서 직접 체감되진 않았으나, 전신은 결국 전신의 도움으로 창조된 대중 언론을 통해 간접적으로 대다수 사람에게 영향을 미치게 됐다. 전신은 숭고하든 아니든 독립된 도덕적 세력이 될 수 없었다. 새로운 커뮤니케이션 테크놀로지로서 그처럼 보편적인 희망의 자질을 입증한 기술은 결코 다시 나타나지 않을지도 모른다. 그러나 1890년대에 등장할 기미를 보인 더 새로운 미디어는 전신이 커뮤니케이션의 의미를 혁명적으로 바꿔 놓았을 때 제기된 모든 문화적 질문을 증폭하고 확장하게 될 것이다. 실로 사람들의 매일매일 삶에 훨씬 더 직접 영향을 미치는 미디어인 영화는 기존에 확립된 문화의 정의 자체에도 의문을 제기하게 될 것이다.

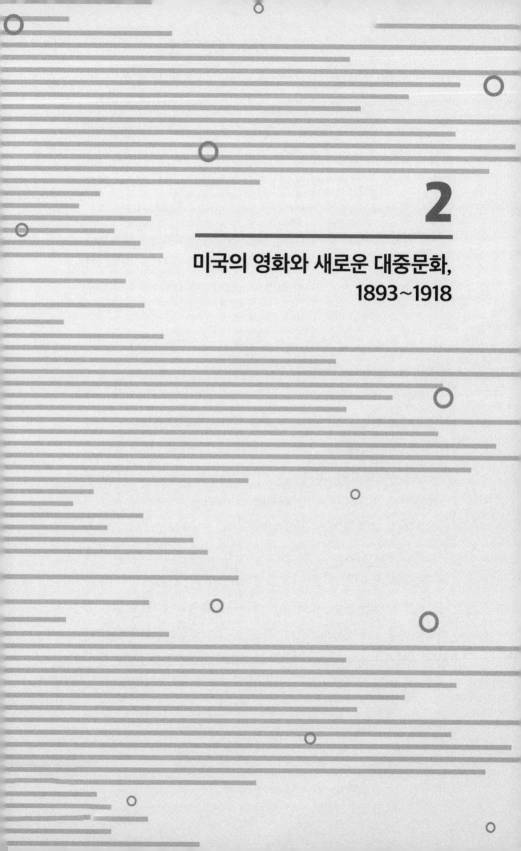

2

미국의 영화와 새로운 대중문화,
1893~1918

전신은 최초의 실시간 커뮤니케이션 기구로서 당대인들을 진정으로 경악하게 했다. 이는 좀 더 완벽한 사회적 결집을 이루는 데 요지부동의 장애이던 시공간을 극복할 수 있게 해 주는 듯했다. 전신은 일상적 삶에서 확실하게 도덕적 영향력을 행사할 순수한 미디어로서 초기의 논평가들에게 강한 인상을 주었다. 교통으로부터 분리된 새로운 커뮤니케이션 수단이라는 단순한 사실만으로도 미국 사회에 거대한 진전이 예견되었다. 보편적인 커뮤니케이션이란 발상뿐 아니라 전신에 대해 과도할 정도로 기대치가 높아지고 보편적 커뮤니케이션의 가능성에 대한 구상까지 나온 이유는 이 미디어 자체에 긍정적인 영향력이 내재한다고 보았기 때문이다. 그러나 기호화한 메시지를 한 지점에서 다른 지점으로 보내고 받는 미디어로서, 전신은 미국의 언론과 상업 체제를 현대화하는 데 가장 가시적 효과를 미쳤다.

영화는 번개 선로에 주어지던 거의 만장일치 수준의 찬사를 누리지 못했다. 전신과 달리, 영화는 순수한 커뮤니케이션 미디어라는 전망을 절대 고수하지 않았다. 전신은 커뮤니케이션의 성격을 바꿔 놓아 신비로움과 경이를 불러일으켰지만, 영화는 수용된 문화 기준 자체와 투쟁해야 했다. 영화는 새로운 커뮤니케이션 테크놀로지 이상의 것을 도입했다. 이는 곧 20세기의 새로운 주요 (그리고 아주 대중적인) 예술 형태가 되었다. 영화는 기호화한 메시지가 아니라 사진과 내러티브라는 친숙한 관용어로 커뮤니케이션을 했다. 영화는 공개된 상영장에 사람들을 결집시켰다. 이러한 상영에서 가장 성공한 사업가는 곧 전 산업을 통제하게 됐다. 근본적으로 도시의 온갖 잡다한 오락물에서 유래했기에 영화는 초기의 관객과 공연자를 주로 대도시 이민자와 노동 계급 구역에서 확보했다.

당대 대중문화가 현대 커뮤니케이션 미디어와 밀접하게 연계되었기에, 영화의 탄생은 핵심적인 문화적 전환점에 해당했다. 영화가 테크놀로지, 상업적 오락, 예술, 구경거리의 독특한 혼합물이라는 사실 때문에, 과거의 문화 엘리트에게는 영화가 아주 낯설고 위협적인 존재로 보이게 됐다. 그러나 이처럼 요소 간의 기이한 혼합물은 특유하게 미국적 자질을 낳았는데, 이 자질은 역설적이게도 미국의 문화민족주의자에게 가장 오래된 꿈 하나를 소환하였으며 아마 성취했다고 할 수도 있을 것이다.

영화가 새로운 대중문화를 창조했다고 주장하기 위해서는, 첫째 남북 전쟁에서 1차 세계 대전 사이의 영미 사상에서 사용된 **문화**라는 용어의 다양한 의미부터 반드시 검토해야 한다. 1871년 에드워드 B. 타일러Edward B. Tylor는 이제는 고전이 된 《원시 문화Primitive Culture》 시작 부분에서 영어로 된 이 용어의 현대적인 인류학적 정의를 다음과 같이 규정했다. 문화란 "인간이 사회 구성원으로 습득한 지식, 신념, 관습, 예술, 법, 도덕 그리고 다른 모든 역량과 관습을 포함하는 복합적 총체"라는 것이다. 하지만 타일러의 정의는 50년 이상이 지나도록 영국이나 미국의 어떤 사전에도 포함되지 않았다. 이 정의는 20세기에 한참 접어들고 난 뒤까지도 어떤 표준적인 백과사전, 참고 서적, 대중적 정기 간행물에서도 인정받지 못했다. 이 개념은 이후 공중에게 친숙해졌고 인류학 이외의 학문에서도 중요해졌지만, 여기서 고찰한 시간 틀에서는 기본적으로 무시됐다.[1]

이 시절 이 단어의 주된 용례는 "문화의 교의doctrine of culture"를 지칭했는데, 이 용례는 다소 뜬구름 잡는 것처럼 보이긴 해도 지지하는 사람에게는 생생한 개념이었다. 이 주제에 관한 대중적, 학술적 담론은 인간 완성이란 윤리적, 영적 이상을 목표로 하는 계발 과정을 다양한 방식으로 서술했다. 영국의 비평 전통, 특히 매슈 아널드Matthew

Arnold의 작품은 핵심 준거점을 제공했다. 아널드가 영향력 있는 글 《문화와 아나키*Culture and Anarchy*》(1869)에서 주장한 바에 따르면, 문화란 "현재 어디서든 세상에서 나온 사고와 지식 중에서 최고의 것을 성취하고, 모든 인간이 친절함과 빛의 분위기에서 살도록 하는 일을 [추구한다]. 그러한 분위기에서는 문화가 스스로 사상을 활용하듯이 인간이 사상을 자유롭게 활용할 수 있는데, 그러한 사상에 의해 풍성해지면서도 거기에 속박당하지 않는다." 영국의 문학자인 존 애딩턴 시먼즈John Addington Symonds 역시 유기적 은유를 강조해, 문화를 "자기 경작, 혹은 뛰어난 인재의 작품으로부터 오랜 세월에 걸쳐 우리에게 전수된 것을 활용해 자아를 갈고 닦는 행위"[2]로 특징 지었다.

아널드는 문화를 종교와 밀접하게 관련지었다. "종교는 하느님의 왕국이 네 안에 있다고 말한다. 마찬가지로 문화는 인간의 완성을 내적 여건 속에서, 우리의 동물성과 구분되는 진정한 인간성의 성장과 지배에서 찾는다." 진정한 문화란 "무엇인가 소유하는 상태에서의 존재보다는 정신과 영혼의 보편적 여건에서의 존재가 되는 것이지, 외향적 환경 속에서의 존재가 되는 것이 아니다"라는 사실로 구별된다. 문화란 단지 교육 이상의 것을 나타냈다. 이는 개개인이 추구하는 더 원대한 목표였다. 시먼즈는 "교육은 재능을 기르고 이끌어 낸다. 문화는 그러한 재능이 발굴되고 나면 더 개선하고 다듬고 확장한다"라고 썼다. 문화는 "이전에 교육받은 지적 역량이 소유자의 의식적 노력에 의해 최대한 발휘되도록"[3] 키워 내는 것이었다.

문화 주제에 관해 미국에서 나온 대다수 글에서 특징은 아널드의 교의를 옹호하는 기조를 띤다는 점이다. 아널드의 《미국의 문명 *Civilization in the United States*》은 미국 중산층의 삶에서 드러나는 속물적 결핍 상태를 비판했는데, 앞의 특징은 부분적으로는 이러한 작품에 대한 반응이었다. 아널드는 미국이 "흥미로운" 문명이 아니라고 했는데, 여기서 아널드가 의미한 바는 미국이 탁월성과 아름다움이 결핍된 상태라는 것이다. 일반적으로 미국인들은 심지어 문제점이 있다는 사실도 깨닫지 못했다. "뛰어난 문명에 관한 한, 이들은 바보들의 천국에서 살고 있다."[4]

대중 잡지에 나타난 미국 중산층의 사상은 영국식 문화의 교의를 대부분 수용했다. 작가들은 적어도 미국인이 자기 나라의 [문화적] 부적절성을 자각하기 시작했다는 사실을 유럽의 비평가에게 입증하는 데 주력했다. 예컨대 1867년에 토머스 웬트워스 히긴슨Thomas Wentworth Higginson은 문화를 다음과 같은 식으로 정의했다. "문화는 인간이 신체적 요구는 단지 부차적이라 여기고 내적 가치의 대상으로 과학과 예술을 추구하게 될 때까지 온전한 인간을 훈련시키고 완성하는 과정이다. 문화는 고급 예술을 유용한 예술보다 더 중시하고, 만약 물질적 안락의 박탈을 통해 더 고귀한 삶을 달성할 수 있다면 기꺼이 그리한다." 문화에 관한 주장에서, 히긴슨은 미국에는 최고 등급의 대학이 존재하지 않고, 미국의 문화는 애석하게도 여전히 국지적인 데 머물고 있다고 주장했다. "진정으로 우리에게 결핍된 것은 지적 목표에 공감하는 분위기다"[5]라는 오래된 불평을 그는 되풀이했다.

다른 필자들은 문화의 교의에서 핵심적으로 여기는 예술과 문화의 소중한 유산으로부터 미국이 다소 뒤떨어진 것처럼 보인다는 사실에 개탄했다. 미국 중산층의 삶은 "이미 사실적이거나 완충적 특징에 의해 특이하게도 완화되지 않은" 상태여서, 미학에 대한 안목이 거의 없는 사람들을 낳았다. 속류 유물론●에 맞선 끊임없는 투쟁에서

● 속류 유물론은 절대적인 경제주의 마르크스주의의 전형적인 한 형태로 상부 구조 현

는, "물질적, 감각적, 혹은 신경질적으로 정서적인 것 이외의 어떤 부류든 가치 있게 여기도록 인간을 가르치거나 자극하는 [것이라면 모두] 문화의 도구라고 부를 수 있다." 1868년에 미국 문화에 관한 글에서, 필라델피아의 내과 의사인 헨리 하츠혼Henry Hartshorne은 미국에 가장 부족한 부분은 "생계의 일상적인 필수 여건에서 자유로운 유한계급"이라고 생각했다. 그러한 계급은 미국이 문화적 진전을 이룩하는 데 전제조건이었다. "진정한 문화란 취향, 지성과 천성의 성숙을 포함하는데, 이는 오직 시간, 평온, 최고 부류의 차분한 교류가 확보될 때만 달성된다"[6]라고 또 다른 비평가는 썼다.

문화의 교의를 옹호하는 사람들은 문화가 수용자인 교육받은 중상층 계급의 손에 점차 끊임없이 타락하고 있다고 우려했다. 과정으로서의 문화 개념은 산물로서의 문화라는 견해, 단순히 전유하거나 사들일 수 있는 대상으로 너무나 쉽사리 전락해 버렸다. 그러나 진정으로 문화에 애정을 갖게 될수록 그렇게 공언하기는 더 어려워지며, 문화를 더 많이 소유할수록 문화의 추구는 더 의식적으로 바뀌게 된다고 이 문화의 교의 옹호자들은 경고했다. 문화 고수자들은 이상적 과정이 단순한 상품으로 바뀌는 현상에 뼛속 깊이 애통해했다. 이들은 이상을 찬양하는 만큼이나 문화의 타락을 비난하는 데 많은 에너지를 소비했다. 왜냐하면 존 애딩턴 시먼즈가 개탄했듯이, "공동의 언어에서 문화가 함축하는 모든 좋은 것은 현학적임, 허식, 미학적 까탈스러움과 융합되는 것처럼 파악되기"[7] 때문이다.

문화의 교의에는 문화란 엘리트의 영역이라는 믿음과, 문화가 거대한 대중에게 확산하는 것을 보고자 하는 욕망 사이의 은밀한 긴장

상은 사회경제적 토대에 직접 대응해 결정된다고 본다. — 옮긴이

이 포함되었다. 영국과 미국에서 모두 문화에 대한 주장에는 계급 전쟁의 망령이 어른거렸다. 분명히 아널드에게는 절망적일 정도로 파편화한 사회인 무정부야말로 문화의 황량한 대안으로 보였다. 지금까지 나온 사고와 지식에서 최선의 것을 퍼뜨리려는 시도는 그 자체가 가장 뛰어난 문화인이라는 표시였다. 이들은 "지식에서 모든 거만하고, 무례하고, 난해하고, 탁상공론적이고, 전문적이며 배타적인 요소를 몰아내려 안간힘을 쓴 사람들"이자, "지식을 인간화하고, 교양과 학식 있는 파당 바깥에서도 실효성을 띠게 만들면서도, 그 시대의 가장 뛰어난 지식과 사상이자 그러므로 친절함과 빛의 진정한 원천으로 남아 있도록 하려고" 노력한 사람들이라고 아널드는 썼다.

이러한 의미의 문화는 위에서 생성되어 아래로 전파되면서 사회의 진정한 결속제가 되었다. 아널드 자신은 학교 장학관이자 적극적인 교육 개혁가로 일하면서, 자신의 이론적 글에서 제시한 원칙을 적용하려 애썼다. 진정한 문화란 개인적, 분파적, 계급적 이해관계를 초월하는 공동체 감각을 낳을 수 있다고 그는 믿었다. 그러나 아널드는 당시의 선거권 확대 운동과 노동 계급 운동을 격렬하게 반대했는데, 이는 현재의 정치적, 경제적 이해관계의 질서와 인간 사회를 혼동한 것이다. "우리의 희희낙락하는 거인"인 민중은 "어디든 내키는 곳이면 행진할 권리, 원하는 곳에서 모일 권리, 들어가고 싶으면 들어갈 권리, 야유하고 싶으면 야유할 권리, 내키는 대로 위협할 권리, 내키는 대로 파괴할 권리"를 [주장하기 시작하고 있었다.] 단언컨대, 이 모든 것은 무정부 상태로 귀결된다." 따라서 아널드는 "저 마음 깊숙이 우러나는 안정된 질서와 안전 감각"을 보호하기 위해 문화를 살펴본 셈이다. "그러한 감각이 없다면 우리 사회는 결코 존립할 수도 성장할 수도 없기 때문이다."[8]

미국의 작가들은 문화와 계급 갈등 사이의 연계 관계를 이에 못지

않게 잘 인식하고 있었다. 1872년 신문 편집인이자 수필가, 그리고 《도금 시대The Gilded Age》를 마크 트웨인Mark Twain과 공저한 찰스 더들리 워너Charles Dudley Warner는 문화와 평범한 일용 노동자 간의 관계 문제를 다루었다. 모교 졸업식에서 축사를 하면서, 워너는 "계급 이익 간의 조정"을 당시의 큰 문제점으로 지적했다. "만약 이 시대의 문화가 스스로 확산할 수단을 찾아 아래로 퍼져나가지 못한다면, 또한 공통된 사고와 감정, 삶의 목표로 적대감을 조정하지 못한다면, 사회는 점점 더 균열하여 갈등하는 계급으로 갈라지고, 상호 오해와 증오, 전쟁만 남을 것이다." 교육받은 인간, 학자, 문화인은 대중에 대한 책임을 진다. "이들의 문화는 문화를 필요로 하는 거대 대중과 공감하지 못하고 있는데, 그러한 공감을 회복해야 한다. 그렇지 않으면 문화는 이 세계의 맹목적인 세력이자, 사회적 무정부 상태를 설교하면서도 그것을 진보로 잘못 이름 붙이는 선동꾼의 수단으로 남게 될 것이다." "여기서 물질적 발전의 강력한 성장을 조성하고 통제하기 위해서, 더 자유로운 장소와 신선한 공기를 확보하려 분투하는 인간 대중의 맹목적 본능을 지도하기 위해서는" 문화를 갖춘 인간이 필요하다고 워너는 결론 지었다. 노동자는 "당신의 문화가 나와 무슨 상관인가?"라며 경멸조로 질문했다. 그러자 워너는 "삽을 쥔 남성이 당신의 문화가 도대체 자신에게 무슨 쓸모가 있느냐고 묻는 질문"을 위협으로 여겼다.

이와 비슷하게 1892년 저명한 오하이오 감리교 목사이자 소설과 시를 쓴 작가인 F. W. 건살루스F. W. Gunnsaulus는 문화의 이상이 사회 혁명을 향한 현재의 추세를 저지하는 데 도움이 되어야 한다고 주장했다. 진정한 문화는 노동자에게 법만큼 신성한 존재는 없다고 가르쳐야 한다. 그리고 "문명의 이름으로 올바른 부의 축적이 이루어졌고 앞으로도 그리될 것이라는 사실을 무지한 인간이 보지 못하게 방해하는 것은 진실에 대한 폭력 행사나 마찬가지다." 문화인은 자본을 겨냥한 노동자의 혁명 성향을 억제하기 위해, 이들의 두뇌를 "고상한 관념과 충동"으로 채워 주어야 한다.⁹

하지만 어떻게 문화의 가치를 떨어뜨리지 않으면서 더 널리 전파할 것인가 하는 문제가 남았다. 문화를 단순화하고 쉽게 만들 수 있다고 가정한다면 이는 큰 실수다. 그렇게 되면 '유사 문화culturine' 혹은 모방 문화가 범람하게 된다. 이 시기에는 영국에서도 미국에서도 작가들은 '대중문화popular culture'라는 어구를 사용하지 않았다. 이들은 우리가 오늘날 대중문화로 지칭하는 현상이 주의를 흐트러뜨리거나 해악을 끼친다고 간주한 게 분명하다. "많은 사람이 대중에게 이른바 지적 양식을 제공하면서, 자신들이 보기에 대중의 실제 여건에 적합하게 가공하고 각색해서 주려고 할 것이다. 흔한 대중 문학은 대중을 이러한 방식으로 대하는 한 가지 사례다"라고 아널드는 경고했다. 앨프리드 벌린Alfred Berlyn이라는 미국인은 "무수한 다수를 위한 문화"라는 제목의 글에서 다음과 같은 생각을 밝혔다. "절대다수의 사람들이 읽는 글이 여전히 거의 전적으로 일간 신문과 주간 신문, 싸구려 중편 소설, 짤막짤막한 정보와 교양류의 잡지, 가장 저렴한 화보 잡지류에 국한되어 있다는 사실은 흔히 관찰할 수 있다." 도처에 널린 싸구려 정기 간행물 문학은 산업 사회 자체의 속도를 표현한 것인데, 이러한 속도는 문화에 심각한 걸림돌이 되었다. "좋은 책과 벗 삼는 일로 효과를 보려면, 사색이 가능한 분위기가 필수적이다. 그런데 현재 일상적 삶의 쉴 새 없는 서두름, 끊임없이 주의를 분산시키는 것들, 변화의 대세화, 도처에 널린 신문 등 이 모든 것은 사건과 관심사의 변화무쌍함으로 사색적 분위기를 해친다."¹⁰

비록 문화의 교의가 교육받은 계급 사이에서는 적어도 바람직한 이상으로서 광범위한 합의를 얻었지만, 미국에서도 이에 이의를 제기하는 중요한 목소리는 늘 있었다. 우선 젊은 랠프 월도 에머슨Ralph Waldo Emerson은 문화가 세련화 과정이라는 발상을 거부했다. 자연의 모든 것은 영적인 갱생에 도움이 된다. 인간은 "어딜 가든 감각을 유도하고 새로운 의미를 부여해 주는 대상을 만나게 된다. …… 문화란 선하고 아름다운 것에서만 유래하지 않고 지엽적이고 더러운 것에서도 탄생한다." 문화는 자연의 모든 매력을 제시해야 한다. "인간 속에서 잠자고 있던 속성은 잠에서 깨어나 서둘러 하루를 시작하게 된다"라는 것이다.

에머슨은 문화의 유기적 은유를 확장해 자기 경작보다 훨씬 더 많은 부분을 포함시켰다. 문화란 고대의 고전을 공부하고 이해하는 일뿐 아니라 미지의 지형, 심지어 위협적인 지형까지도 기꺼이 탐구하고 경험하려는 자세도 포함했다. "문화가 인간에게 미치는 효과란 단지 정원을 다듬고 잔디를 심는 것 같은 행위가 아니라, 무서운 덤불과 넓은 늪지대, 벌거벗은 산, 그리고 땅과 바다의 균형이 빚어내는 다듬지 않은 풍경의 진정한 조화에 대한 안목을 길러주는 행위와 같다." 에머슨이 보기에, 과거의 위대한 작품에 대한 그 어떤 극단적인 존경조차도 자신의 경험에 대한 신뢰를 대신할 수는 없을 것이다.[11]

20세기의 새로운 지식인 세대는 독특하게 미국적인 예술과 사상의 창조를 저해하는 장벽을 논의하면서 에머슨의 태도에 깔린 정신을 공유했다. 문학평론가 반 윅 브룩스Van Wyck Brooks는 자기 또래들이 "지금까지 세상에 나온 최고의 사고와 발언을 알아야 한다는 아널드식의 교의"를 떠올릴 때마다 왜 "무덤과 같은 냉기"를 느꼈는지 의문을 갖게 됐다. 문화의 교의 덕분에 19세기의 미국인들은 물질적 임무에 집중할 수 있게 됐다. "이들의 삶은 모두 역사상 최고의 것들로, 원래의 추악하고 어색한 유기적 관계를 완전히 지운 채로 전 인류의 가장 사치스러운 가재도구로 장식되었다. 천국 같은 조용한 서가에는 과거의 막강한 저작들이 앞다투어 나란히 꽂혀 있었다. 이들이 생각하기에 창조적 삶이란 완성된 사물, 자신의 메시지를 거듭해서 반복하면서 '그대로 머물러 있는' 사물과 동의어가 됐다."

유럽의 텍스트와 고전적 텍스트에 대한 숭상은 문화의 이상을 곡해했다. "문화는 외부의 사물에 대해 습득된 익숙함이 아니라 내적이고 끊임없이 작동하는 취향, 늘 새롭게 반응해서 식별할 수 있는 능력이자, 우리 사고와 감각에 들어오는 모든 것을 꾸준히 판단하는 능력이다"라고 작가 랜돌프 본Randolph Bourne은 주장했다. 아널드와 추종자들은 현재 제대로 된 분별력을 갖추려면 고전을 알아야만 한다고 주장하는 바람에 정상적인 심리적 과정을 뒤집어 놓았다. "그렇다면 우리가 유럽의 문명에 대해 보이는 문화적 저자세야말로 우리 자신이 어떤 진정하게 토착적인 문화도 생산할 수 없게 방해하는 주된 장벽이다."[12]

그보다 50년 전 월트 휘트먼Walt Whitman은 추측건대 새로운 미국 문화에 대해 가장 급진적이고 선견지명이 있는 주장을 한 것 같다. 에머슨과 마찬가지로 휘트먼도 미지의 것과 대면하는 행위의 가치를 강조했다. 브룩스와 본처럼 휘트먼은 과거에 근거한 이상을 추구하는 대신 미래의 가능성에 관해 추론하는 편을 선호했다. 1867년 "민주주의"라는 에세이에서 휘트먼은 토머스 칼라일Thomas Carlyle이 보편적 참정권 주장에 가한 비판을 반박했다. 휘트먼은 짐짓 정치적 토론의 모양새를 취한 채로, 엄청난 과장을 섞어 가며 민주주의의 문화적 전망에 관한 주장을 펼쳤다.

휘트먼은 현재 미국의 미학적 산물에 깊은 실망감을 드러냈다.

[그는] 무수하게 많은 눈치 빠르고 역동적이며 선한 본성의 독립심 강한

시민, 기계공, 사무직, 젊은이를 [만나보면서 "한없는 놀라움"을 느꼈다.] ……
우리의 천재와 재능 있는 작가나 연설가 중에서 실제로 이 사람들과 이야
기해 보거나 그들의 핵심적인 정신과 개성을 파악해 본 사람이 거의 없거
나 전혀 없다는 사실에 낙담과 놀라움을 느낀다. 그래서 가장 광범위한
의미에서 이들의 정신과 개성은 전혀 칭송을 받거나 표현되지도 못한 채
로 있다. …… 이 땅에서 그 자신과 비슷한 정신에 따라 침묵하면서도 반
듯하고 적극적이고 두루 존재하고 저변에 깔린 의지와 전형적 포부를 대
면해 본 작가, 예술가, 강사 등등은 단언컨대 단 한 명도 만나보지 못했다.
이 점잖은 작은 피조물들을 미국의 시인이라 부르는가? 저 무한하게 쏟
아져나오는 저렴하고 급조된 작품에 미국의 예술, 미국의 오페라, 연극,
취향, 시라는 용어를 사용하는가? 이 나라의 절대적인 천재the Genius of
These States의 조롱 섞인 웃음소리가 저 멀리 서부 지역 산 정상 어디선가
메아리처럼 울려 퍼지는 소리가 들리는 것 같다.[13]

휘트먼은 문화의 비전을 "거대한 공동의 저력"의 진정한 표현으
로, 즉 민중의 "무한하게 풍부한 잠재적 힘과 역량"을 개발하는 문화
로 구상했다. "새로운 구상인 미국의 문학이 만약 등장하게 된다면, 모
든 풍성하고 다채로운 형태를 취하되 엄숙하고도 배타적으로 바로 여
기에만 속하는, 오로지 미국의 사상의 산물로서 탄생해야만 한다."

그가 구상한 세상은 약 한 세대 후에 등장했는데, 바로 새로운 커
뮤니케이션 수단인 영화에 의해 실현됐다. 영화는 새로운 부류의 문
화를 낳았는데, 명백하게 대중적 소구력을 지닌 생산물이자 과정이기
도 했다. 이는 사실상 [휘트먼이] 《민주적 전망Democratic Vistas》에서 다음과
같이 주장한 문화적 강령을 떠올리게 했다. "오직 단일한 계급만을 위
해서나 화려한 휴게실이나 강의실용으로 나온 것이 아니라, 실질적 삶,

서부, 노동자, 그리고 농부와 목수, 기술자뿐 아니라 중간층과 노동층의 각계각층 여성의 현실을 염두에 둔 것이다."[14] 그러나 전통적 문화의 교의 신봉자에게 영화의 등장이란 과거 어떤 범주에도 깔끔하게 들어맞지 않는 기이한 현상과 대면하게 되었다는 뜻이었다.

◆

사진 영상 투사 기법은 1890년대에야 현실이 되었지만, 영상을 스크린에 투사한다는 구상은 적어도 3세기 이전으로 거슬러 올라간다. 유럽의 다양한 발명가들은 일찍이 17세기 중반에 "마술 등"(원시적인 환등기)을 설계해서 제작했다. 그러나 19세기 초에 이르러서야 피터 마크 로젯Peter Mark Roget 등이 손으로 그린 것이든 촬영한 것이든 모든 동영상에 기본 개념인 잔상의 원리를 본격적으로 구상하게 된다.

1870년대와 1880년대에 동물과 인간의 동작을 연구하던 여러 과학자는 연구 도구로서 사진에 주목하게 됐다. 이 중에서도 가장 중요한 인물인 프랑스의 에티엔쥘 마레Étienne-Jules Marey와 미국에 거주하던 영국인인 에드워드 마이브리지Eadweard Muybridge는 시각적인 시간 동작 연구를 상당히 진척시킨 영화의 원형을 다양하게 개발했다. 이들에게 자극받아 전 세계의 발명가들도 영상의 환상을 유도할 수 있는 장치 제작을 시도했다. 토머스 에디슨Thomas Edison을 비롯해 이들 발명가 중 대다수는 마레와 마이브리지와 상당히 다른 이유로 영상 작업에 착수했는데, 바로 상업적 오락물로 이윤을 남길 수 있다는 유혹 때문이었다.[15]

초창기 영화 사학자와 언론인은 영화의 발전 과정에서 에디슨의 탁월함을 전설로서 영속화하고 윤색하는 쪽을 선택했다. 사실은 고든 헨드릭스Gordon Hendricks의 치밀하고도 방대한 연구가 보여 주었듯

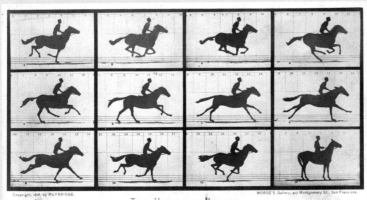

1878년 에드워드 마이브리지가 개발한 영화의 원형. 그는 10여 개의 카메라를 동시에 사용해 달리는 말의 모습을 구현했다.

이, 최초의 영상 카메라(키네토그래프kinetograph)와 시청 기계(키네토스코프 kinetoscope)를 발명한 진짜 공로는 에디슨의 직원이던 W. K. L. 딕슨W. K. L. Dickson에게 돌아가야 한다. 1888년과 1896년 사이에 딕슨은 "영화의 기술이 완성되던 중요한 시기에 에디슨이 진행한 모든 영화 관련 작업에서 중심이 되었고, 여러 사람들이 새로운 미디어의 상업적 활용에 뛰어들었을 때는 영화가 제대로 작동하도록 하는 데 주도적 역할을 했다." 1895년 에디슨은 자신이 영화 개발을 시도한 이유는 "전축이 귀에 해 준 일을 눈에도 해 줄 만한 도구를 고안하기 위해서"라고 실토했다. 하지만 에디슨이 영화에 기울인 관심은 늘 전축에 대한 열정에 비해 부차적이었다.[16]

1892년 영화 카메라가 완성되고, 이후 1893년 작은 구멍으로 들여다보는 방식의 키네토스코프가 발명되면서, 현대적 영화 산업의 무대가 마련되었다. 키네토스코프는 1893년 여름 시카고에서 열린 컬럼비아박람회에서 시범적으로 공개되었는데, 한 번에 한 명씩만 이용할 수 있었다. 관객은 1센트나 5센트 동전을 슬롯에 넣은 후, 실제 크기의 35mm 짧막한 흑백 영상을 시청할 수 있었다. 키네토스코프는 다른 발명가들에게도 영감의 원천이 되었다. 더 중요한 사실은 이 장치가 상업적 이용에 성공한 덕분에 영화에는 재정적으로도 탄탄한 미래가 있다는 확신을 투자자에게 심어줄 수 있었다는 것이다. 1894년 말에 이르면 뉴욕, 시카고, 샌프란시스코를 비롯해 전국의 수많은 도시에 키네토스코프 상영관이 문을 열었다. 키네토스코프는 유럽에도 재빨리 확산되었는데, 에디슨은 영화에 크게 신경 쓰지 않았기에 유럽에서는 심지어 특허를 취득하려고조차 하지 않았다.[17]

이 무렵 키네토스코프용 영화로는 딕슨 - 에디슨 키네토스코프가 유일한 출처였다. 이 초기 영화는 길이가 50피트(약 15미터)에 불과했고,

1895년 샌프란시스코의 키네토스코프 상영관.

상연 시간은 15초 내외에 그쳤다. 1893년부터는 수십 명의 댄서, 곡예사, 묘기를 부리는 동물, 올가미 묘기꾼, 격투기 선수, 온갖 보드빌 배우vaudevillian● 등이 뉴저지의 웨스트 오렌지에 있는 에디슨 복합 단지로 출장왔다. 여기서 이들은 키네토그래프를 향해 포즈를 취했는데, 이 고정식 카메라는 '검은 마리아'라는 이름의 타르페이퍼 구조물 안에 설치되어 있었다. 이 시설은 오로지 영화 제작용으로 지은 세계 최초의 스튜디오였다.[18]

키네토스코프는 1900년 무렵에 이르면 사실상 사라졌지만, 이후의 발명과 투자에 핵심적인 촉매가 되었다. 이 기기가 미국과 유럽 전역에 확산하면서, 다른 카메라와 더불어 좀 더 실용적인 영화용 영사기 제작을 향한 경쟁이 치열해졌다. 1890년대 중반에는 온갖 사람들이 이 임무를 달성하기 위해 미친 듯이 작업에 몰두했다. 1895년경 워싱턴 DC에서 프랜시스 젱킨스Francis Jenkins와 토머스 아맷Thomas Armat은 영사기의 기본 원리를 발견했다. 바로 중간중간 끊기는 동작 필름이 계속 이어져 제시되는 동안 프레임과 프레임 사이의 이동 시간 이상으로 조명을 비춘다는 것이다. 뉴욕에서는 우드빌 라담Woodville Latham 소령과 두 아들이 이녹 렉터Enoch Rector와 유진 로스트Eugene Lauste와 함께 유명한 **라담 루프**Latham loop●●를 고안하는 데 기여했다. 라담 루프

● 보드빌은 원래 19세기 말 프랑스 연극에서 시작된 버라이어티 쇼의 한 형태로서 시와 노래, 발레 등을 혼합한 장르였다. 1880년대부터 미국과 캐나다에서도 크게 유행했는데 프랑스와 상당히 다른 형태로 발전했다. 대개 여러 가지 막으로 구성되면서, 음악, 댄스, 코미디 상황극, 마술, 동물 묘기 등 온갖 형태를 혼합한 형태로 된 쇼였다. 영화가 등장하면서 쇠퇴하기 시작해 1930년대 초까지 명맥을 유지했다. 보드빌 출신의 연예인 중 다수는 이후 영화나 라디오로 진출했다. ─ 옮긴이

●● 카메라가 작동하는 동안 필름의 흔들림과 끊어짐을 방지하기 위해 필름을 장착하는 카메라 게이트 앞뒤에 여유 공간을 두는 설계 방식이다. 이 때문에 대형 릴을 사용할 수 있

1890년대 세계 최초의 영화 스튜디오인 에디슨의 검은 마리아.

의 발명 덕분에 더 긴 필름을 사용할 수 있게 되었다. 1896년 초에는 윌리엄 폴William Paul이 런던에서 **애니마토그래프**animatograph 영사기를 성공적으로 선보였다. 1895년 말 파리에서 프랑스인 오귀스트 뤼미에르와 루이 뤼미에르가 **시네마토그라프**의 상업적 상연을 시작했는데, 이는 카메라와 영사기, 현상기를 모두 하나로 결합한 놀라운 발명품이었다. W. K. L. 딕슨과 허먼 케슬러Herman Casler는 1896년에 **바이오그래프**biograph를 완성했는데, 이는 분명히 당시에는 더 뛰어난 영사기였을 뿐 아니라 이후 아메리칸 뮤토스코프와 바이오그래프 회사American Mutoscope and Biograph Company의 토대가 됐다.[19]

다시 한번, 대중이 의식하기에는 최초의 영사기 발명은 에디슨의 이름과 아주 밀접하게 연상된다. 실제로 1896년 4월 24일 뉴욕에서 처음으로 공개된 에디슨 비타스코프Edison Vitascope의 기초는 기본적으로 토머스 아맷이 발명한 영사기였다. 에디슨 관계자들은 아맷에게 "최단 기간에 최대한 이익을 달성하려면, 이 새로운 기계에 에디슨 씨의 이름을 현저하게 눈에 띌 정도로 부착할 필요가 있다. …… 물론 어떤 질문자에게든 사실을 거짓으로 알려주어서는 안 되겠지만, 실제 진실을 지키면서도 그의 권위가 주는 혜택을 얻어내는 방식으로 에디슨의 이름을 활용할 수는 있다고 생각한다"[20]라면서 설득했다.

영상 투사 기술은 현실화했지만, 어디에 보여 줄 것인가? 니켈로디언nicklodeon●이 유행하기 전인 1895년과 1905년 사이에 영화는 주로

어 긴 영화의 상영이 가능해졌다. — 옮긴이
● 니켈로디언은 1905~1915년 사이에 미국과 캐나다에서 유행했던 최초의 실내 영화 상영관을 말한다. 대개 작은 가게를 개조해 만든 사설 영화관으로, 입장료로 5센트를 받고 운영했다. 5센트를 뜻하는 '니켈nickel'과 고대 그리스에서 실내 극장을 뜻하던 '오디언 odeion'을 합성해서 만든 용어다. 1979년에는 이 용어를 본떠 니켈로디언Nickelodeon이라

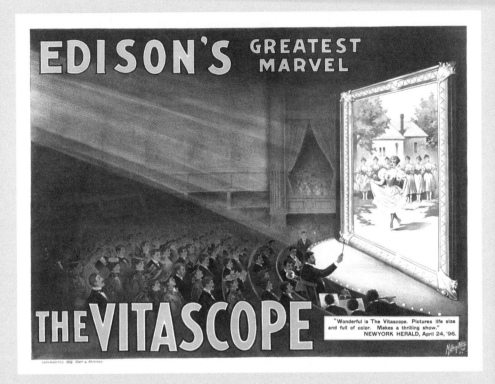

비타스코프 홍보 포스터(1896). 관중석과 스크린 사이에는 소규모 오케스트라가 연주를 하고 있다.

보드빌 공연, 이동 공연, 페니 아케이드penny arcade• 등에서 상영되었다. 영화는 보드빌과 자연스럽게 잘 들어맞았다. 영화는 처음에는 신기하긴 해도 그냥 보드빌 공연의 일부에 불과했다. 1895년에서 1897년에 이르는 시기에 관객은 비타스코프와 바이오그래프, 시네마토스코프의 첫 상영에 글자 그대로 열광했다. 그러나 이 초기 영화들의 진부함과 형편없는 질 때문에 신기함은 곧 수그러들었고, 1900년경에 이르면 보드빌 공연에서 다음 공연을 위해 무대를 정리하는 동안 막간극용으로 영화를 주로 사용했다. 다양한 발명가들이 영사기 사용권 관할 영역별로 상영업자와 계약을 맺거나 연예 사업가에게 기기를 직접 판매했기 때문에, 이 시기에는 이동 영화 상영업자의 활동이 활발해졌다. 뉴잉글랜드 농촌 지역과 뉴욕시 외곽에서 루이지애나와 알래스카에 이르기까지 수많은 외지 업자들이 영화를 극장이나 임시 가설 공연장에서 수익성 있는 볼거리로 만들었다. 마지막으로, 페니 아케이드는 초창기 영화에 세 번째 노출 수단이 되었다. 페니 아케이드 소유자들은 키네토스코프 이용 외에 다른 가능성도 재빨리 포착했다. 아케이드 이용자에는 열성적인 골수 영화 팬도 있었는데, 이들은 아직 보지 못한 영화를 찾아서 여기저기로 옮겨 다녔다. 일부 아케이드 소유주는 자체 영사기를 구입, 임대하거나 제작했다. 그리고는 아케이드 일부에 칸막이를 쳐서 영화를 상영했다. 이들은 보드빌 매니저가 폐기한 필름을 인수해서 사용했다.[21]

는 최초의 어린이용 유료 텔레비전 채널도 탄생했다. ― 옮긴이
● 페니 아케이드는 동전으로 작동하는 오락 기구라는 뜻이다. 1905~1910년경 처음 등장한 용어였는데, 당시 주로 통용되던 1페니 동전에서 유래했다. 이후의 전자오락 기구의 원조라고 할 수 있다. ― 옮긴이

페니 아케이드 기계.

새로운 관객과 더불어 이윤 지향적인 소규모 사업자의 성장이 결합한 결과, 1905년 이후 가게 극장(니켈로디언)이 폭발적으로 증가했다. 늘어나는 수요를 충족하려면 영화 타이틀과 장비 공급이 필요했다. 여러 차례 이어진 개발 열풍 시기 중 첫 번째는 1896년에서 1909년 사이의 기간이었다. 에디슨, 비타그래프, 바이오그래프 세 선구적인 회사가 사실상 영화 장비 생산을 통제했지만, 곧 암시장이 생겨났다. 이 시기에 우후죽순처럼 등장한 회사는 모두 영화 제작자뿐 아니라 장비 생산자도 겸했다. 수많은 회사는 특허권 목록을 구비하고는, 각기 사업을 독점할 법적 권리를 주장했다. 소수의 진짜 발명가와 합법적인 특허 소유자를 제외하면, 장비 절도와 복제가 넘쳐났다. 법정 소송은 제작 우선순위에서 영화에 거의 육박했다. 1909년 10개 메이저 제조사들은 마침내 특허 공동 관리와 인허가 조직인 영화 특허 회사Motion Picture Patents Company를 결성해 일시적인 평화를 되찾았다. 장비 이용과 영화 제작 허가를 10개만 부여하게 한 조치 외에도, 종합영화거래소General Film Exchange를 설립해 허가받은 상영업자에게만 영화를 배포하도록 하고, 각 상영업자는 주당 2달러씩 요금을 지불하도록 의무화했다. 이 합의를 추진하게 된 단기적인 동기는 이윤 합리화 욕망 외에도 초기 영화가 거대 사업으로 발전하게 된 과정에 대한 단서 하나를 준다. 에디슨과 바이오그래프는 특허 투쟁에서 주요 라이벌이었는데, 바이오그래프의 모기지 채권 20만 달러어치를 소유하던 엠파이어신탁회사는 (임원이자 효율화 전문가인) J. J. 케네디J. J. Kennedy를 파견해 협정을 타결하고 투자액을 보호하도록 조치했다.[22]

1909년에 이를 무렵 영화는 제작, 상영, 배급의 구분되는 세 단계를 갖춘 대규모 산업으로 도약했다. 그 외에도 감독, 연기, 촬영, 대본 집필, 후반부 작업 등도 별개의 장인 영역으로 떠올랐다. 하지만 1909년

뤼미에르의 시네마토그라프 포스터(1896).

의 협정은 평화를 정착시키기보다는 또 한판의 치열한 투기 양상을 낳았다. 수많은 독립 제작자와 상영업자가 공개적으로, 격렬하게 특허 회사의 허가제를 비판했기 때문이다. 1914년 독립 제작사와 5년에 걸친 게릴라전을 치른 후 신탁회사는 활동을 중단했다. 1917년 법정은 이 협정에 법적 사망 선고를 내렸다. 혁신적이고 모험심 강한 독립사들이 치열한 전투에서 승리한 덕분에, 여러 획기적인 결과가 뒤따랐다. 이들은 더 고품질의 영화를 제작했고, 다중 릴의 장편 영화를 선구적으로 선보였다. 이들의 주도하에 제작 중심지는 뉴욕에서 할리우드로 교체되었으며, 스타 시스템이 탄생했다. 1차 세계 대전이 끝난 후에는 이들이 미국에서뿐 아니라 전 세계에 걸쳐 영화 산업을 장악했다.[23]

영화사의 모든 측면 중에서도, 1905년과 1918년 사이의 짧은 기간 동안 엄청나게 빠르게 증가한 관객 수만큼 놀라운 일은 없다. 서로 밀접하게 연계된 두 핵심 요인이 이러한 호경기를 가능하게 했다. 첫째, 스토리 영화의 도입과 세련화 덕분에 영상은 이전의 1~2분짜리 길이에서 벗어났고, 상영업자는 더 긴 영화 상영표를 제시할 수 있게 됐다. 1차 세계 대전 무렵 장편 영화로 대체되기 전까지는, 1개 릴에 상영 시간이 각기 10~15분 정도인 웨스턴, 코미디, 멜로드라마, 여행기가 영화 상영표에 표준이 되었다. 조르주 멜리에스George Méliès, 에드윈 S. 포터Edwin S. Porter(《대열차강도The Great Train Robbery》, 1903), 그리고 (1908년에서 1913년까지) 바이오그래프와의 초기 작품에서 D. W. 그리피스D. W. Griffith는 영화를 신기한 구경거리에서 예술로 변모시키는 데 선구적인 역할을 했다.

둘째, 영화 상영 전용관으로 니켈로디언이 등장했다는 사실은 이제 영화가 독자적 오락물로 자립할 수 있다는 뜻이었다. 작은 점포에 영화만 계속 상영하는 이런 극장은 일찍이 뉴올리언스와 시카고에서 시작했을 가능성이 있다. 1902년 토머스 탤리Thomas Tally는 로스앤젤

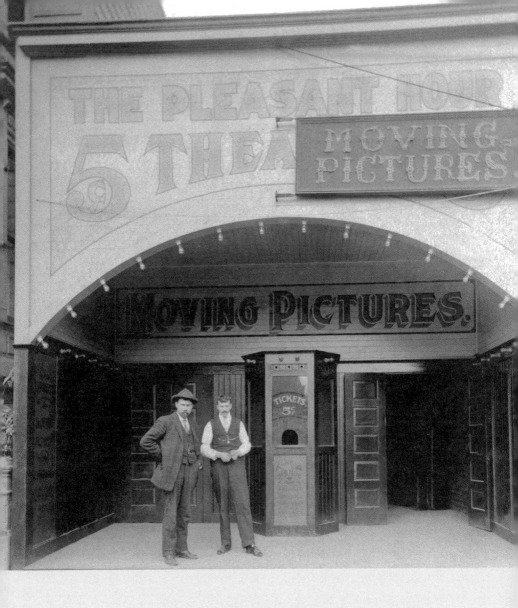

1905년 펜실베이니아주 피츠버그에서 문을 연 니켈로디언 극장. 이 극장은 입장료로 5센트를 받았기에 니켈로디언이란 이름을 얻었다.

레스에서 페니 아케이드를 중단하고 전기 극장Electric Theater을 창업해, 10센트 요금으로 "특히 숙녀와 어린이용의 최신 고급 오락 영화"를 선보였다. 그러나 **니켈로디언**이라는 용어를 처음 사용한 이는 존 P. 해리스John P. Harris와 해리 데이비스Harry Davis로, 이들은 1905년 말 피츠버그에서 도로변 빈 가게를 영화상영관으로 개조해 문을 열었다.[24]

니켈로디언이 성공했다는 소식이 빠르게 퍼지자 이를 모방한 사업자가 도처에 생겨났다. 미국 전역에서 모험심 강한 상영업자들은 페니 아케이드, 빈 가게 공간, 허름한 공동 주택 다락방, 그리고 아무 빈 공간이든 영화 극장으로 개조했다. 이 시절의 공식 통계는 전혀 남아 있지 않기에, 당시의 추정치에 의존할 수밖에 없다. 1907년경 3,000~5,000개소의 니켈로디언이 개설되었고, 입장객은 하루에 200만 명이 넘었다. 1911년 특허 회사의 보고에 따르면, 미국 전역에서 영화 상영 전용관은 11,500곳에 달했고, 추가로 수백 군데가 더 비정기적으로 영화를 상영했다. 일일 입장객 수는 아마 그해 거의 500만 명에 달한 듯하다. 1914년에 이르면 이 숫자는 극장 1만 8,000개, 입장객은 하루 700만 명 이상으로, 총수입은 모두 3억 달러에 달했다.[25]

아마 이 전국적 통계치보다도 좀 더 생생한 (그리고 정확한) 수치는 지역 조사인 듯한데, 이를 보면 특히 대도시에서 영화가 엄청난 인기를 끌었음을 알 수 있다. 표 3은 이 시기 동안 8개 도시에서 영화 관람객 수에 대한 당시의 수많은 추정치 데이터를 요약한 것이다.[26]

비록 소도시와 마을의 데이터는 좀 더 희소하긴 하지만, 그나마 남아 있는 데이터는 '니켈 광풍'이 대도시 중심부에만 국한되지 않았음을 시사한다. 예를 들면 1914년 인구가 6,000명에 불과한 산업 도시인 매사추세츠의 입스위치에서도 취학 아동 중 영화 관람객 수는 상당했다. 초등학교 5학년에서 중학교 2학년까지의 아동 127명 중 남학생

표 3 도시별 영화 관람객 수(1911~1918)

도시	인구(1910)	연도	주당 관람객	극장 수
뉴욕	4,766,883	1911	1,500,000	400
클리블랜드	560,663	1913	890,000	131
디트로이트	465,766	1912	400,000	
샌프란시스코	416,912	1913	327,500	
밀워키	373,857	1911	210,630	50
캔자스시티	248,381	1912	449,064	81
인디애나폴리스	233,650	1914	320,000	70
톨레도	187,840(1915년)	1918	316,000	58

의 69%가 일주일에 한 번 이상 극장에 갔고, 여학생은 55%였다. 고등학생 179명 중 81%가 상영되는 영화를 보러 갔는데, 남학생은 주당 평균 1.23회, 여학생은 1.08회였다. (1910년 인구가 51,678명인) 일리노이주 스프링필드의 1914년 조사를 보면, 조사 대상 857명의 고등학생 중 813명이 정기적으로 영화를 봤다. 남학생의 41%, 여학생의 30%는 적어도 한 달에 7번 관람했는데, 남학생의 59%와 여학생의 53%는 한 달에 적어도 네 번 영화를 관람했다. 1914년 아이오와주의 4개 도시(아이오와시티, 듀뷰크, 벌링턴, 오툼와)에서 실시한 비슷한 조사에서는 고등학생 1,400명을 대상으로 했다. 이 조사에 따르면, 이 공동체에서는 남학생의 30%와 여학생의 21%가 적어도 한 달에 7번 영화관에 갔고, 남학생의 60%와 여학생의 45%는 매달 적어도 네 번 영화를 관람했다.[27]

영화 관람이 이처럼 갑자기 엄청난 인기를 끌게 되자, 대개 일종의 문화의 교의에 의해 가치와 감수성이 형성된 미국의 문화적 전통주의자들은 이에 대해 격렬한 반응을 보였다. 추상적으로는 영화가 많은 전통주의자에게도 앞으로 큰 가능성을 제시했지만, 새로운 대중문화와 이 문화가 시사하는 바를 긍정적 진전으로 수용하는 이는 거의 없었다. 영화에 대한 이들의 고찰은 서로 관련된 세 가지 사항에 집중됐는데, 바로 상영의 맥락, 수용자의 성격, 영화 내용 자체였다.

◆

영화의 인기에 관한 모든 조사와 실로 이 새로운 미디어에 관한 모든 토론 중 상당 부분은 영화를 도시의 상업적 오락이라는 더 넓은 맥락에서 파악했다. 영화는 "최근의 오락 상황에서 가장 놀랄 만한 단일 특징"에 해당했는데, 이러한 상황에는 수많은 페니 아케이드, 댄스 교습소와 댄스장, 보드빌, 풍자극burlesque● 극장, 당구장, 놀이공원, 그리고 심지어 술집까지도 포함됐다. 영화는 도시 길거리 삶의 물리적, 심리적 공간에 깃들었다. 문화적 전통주의자들이 생각하기에, 이 상업적 오락물 반대편에는 시립 공원, 놀이터, 도서관, 박물관, 학교 레크리에이션 센터, YMCA, 교회 주최 레크리에이션 등이 자리 잡고 있었다. 양측 간의 경쟁은 바로 "인간성의 갈등하는 두 측면, 즉 욕망과 의지, 충동과 이성, 성향과 이상" 간의 전쟁이라고 사회학자 에드워드 A. 로스Edward A. Ross는 주장했다. 우후죽순처럼 생겨나는 영화와 다른 상업적 오락물은 따라서 나약함이자 아마도 미국 문명의 가치에서 근본적인

● 풍자극은 기존의 작품이나 대상에 대한 풍자로 웃음을 유발하려는 작품 장르를 말한다. 원래 16세기 유럽 문학에서 유래해 여러 나라에서 다양한 형태로 자리 잡았다. 미국에서는 19세기 중반 대중적 공연 장르로 인기를 끌었으며, 노래, 연기, 춤 등 다양한 형태로 구성되었다. — 옮긴이

변화를 보여 주는 신호일 수도 있었다. "자연 발생적인 놀이에 대한 사랑이 왜 대부분 단순히 수동적 쾌락에 대한 사랑에 굴복하고 말았는가?"라고 리처드 H. 에드워즈Richard H. Edwards 목사는 의문을 던졌다.

"놀이의 도덕적 중요성"을 언급하고 **레크리에이션**이란 용어의 글자 그대로의 의미를 선호하는 사람들은, 상업적 오락물의 홍수를 심각한 문화적 위협으로 느꼈다. 대다수는 오락의 상황이 도시와 공장 노동의 확장으로부터 분리될 수 없다고 규정했다. 1차 세계 대전 이전 로드아일랜드의 프로비던스에서 영화가 엄청나게 유행한 현상을 언급하면서, 프랜시스 R. 노스Francis R. North는 "오락물이 갖는 거대한 유혹의 힘"에 주목했다. "이 오락물은 몇 센트만 내면 …… 평범한 공장 노동자가 결코 꿈도 꾸지 못할 자극적 장면 구경에 빠져들 수 있게 해 주는데, 이는 재빨리 현실에서 비현실로 옮아 가는 것이나 마찬가지다."

상업적 오락물은 시골 사람들도 유혹했다. 일부 필자는 "시골 출신 젊은이가 오락물 이용장의 주 고객이 된다"라고 주장했다. 1914년 [보스턴의 진보적 개혁가이자 작가인] 프레데릭 C. 하우Frederic C. Howe는 이렇게 경고했다. "상업화된 여가는 우리 문명의 틀을 바꿔 놓고 있는데, 바람직한 모습이 아니라 상업적 요구에 따라 그리하고 있다. …… 여가가 문명의 행위자가 되고 그 반대를 원하지 않는다면, 여가는 공동체에 의해 통제되어야 한다."

20세기 초반 수많은 레크리에이션과 오락 관련 조사가 시도했듯이, 이 상황에 대한 과학적 평가가 논리적인 첫 번째 조치로 보였다. 더 나아가, 공적 레크리에이션과 상업적 오락물에 대한 시 차원의 감독 추진은 미국 전역의 자선사업가, 사회복지사, 도시개혁가들이 품고 있던 진보 시대의 기풍과 잘 들어맞았다. "한마디로 현대 도시의 레크리에이션은 공적 관심사가 되었다. 레크리에이션을 산업에서처럼 자유

방임으로 방치하는 것은 더 이상 주 차원의 정책이 될 수가 없다"[28]라고 1912년 러셀세이지재단Russell Sage Foundation의 마이클 M. 데이비스 Michael M. Davis는 주장했다.

초창기 니켈로디언 주변에서 실제로 벌어진 상황은 극장마다 도시마다 달랐다. 대체로 이곳들은 공연을 관람하기에 그다지 유쾌한 장소는 아니었던 것 같다. 1911년 뉴욕시 당국의 영화 상영장 보고서에 의하면, "조사에서 발견된 실재 여건은 싸구려 임시 오락 장소에나 어울릴 법했는데, 이를테면 열악한 위생 상태, 위험할 정도로 인원 초과, 화재나 공황 방지 시설 부실 등"이 밝혀졌다. 악취, 환기 부족, 빈번한 상영 중단 등에도 불구하고, 대다수 극장이 군중으로 미어터지는 것을 조사자들은 확인했다. 극장 매니저들은 공연장을 바삐 돌아다니며 더러운 공기에 탈취제를 건성으로 뿌려 댔고, 화면이 잘 보이지 않아 관객 간에 늘상 난투극과 몸싸움이 일어나도 진정시키는 데는 역부족이었다. 추정컨대 전반적 분위기는 더도 덜도 말고 관객 대다수가 평소 감내하던 허름한 공동 주택의 삶만큼 소란스럽고 더러웠다. 그래도 니켈로디언은 열렬한 이용객들에게 탈출 장소를 제공해 주었다.[29]

니켈로디언 극장의 어둠은 눈 피로와 관련 질병을 유발한다고 일부 의사와 사회복지사는 주장했다. 어느 의사의 표현대로 "눈과 뇌의 극심한 피로, 일종의 명한 '무력감,' 에너지나 식욕 결핍 등"이 그 예였다. 비판가들이 어둠을 비난함에 따라, 건강 문제는 도덕 문제로 변했다. 존 콜리어John Collier는 어느 아동복지학회에서 선언했다. "이는 한마디로 사회적 교류와 예술적 효과를 파괴하는 악이다." 제인 애덤스 Jane Addams●는 "극장의 어둠 자체야말로 많은 젊은이에게는 추가적인

● 제인 애덤스(1960~1935)는 미국의 사회운동가로 아동과 여성의 8시간 노동 준수, 이

매력이다. 이들에게 이 공간은 애정 행각의 매력으로 가득 차 있기 때문이다"라고 주장했다. 니켈로디언의 어둠은 극장이 매춘부 소굴이자 순진한 소녀들이 꼬임에 넘어갈 수도 있는 장소라는 오래된 공포를 강화했다. 존 콜리어는 이런 질문을 던졌다. "어두운 강당에서 모든 사회적 정신이 실종되고 무분별한 행위가 발생하는 경향이 있는데도, 영화 상영이 굳이 어두운 강당에서 이루어져야만 하는가?"[30]

극장 내부가 어둡다면, 극장 바로 외부 공간은 심각할 정도로 경악스러운 수준일 수도 있었다. 현란한 건축과 선정적이고 과장된 포스터는 어느 필자가 표현했듯이 글자 그대로 "심리적 치명타"를 가한다. 학생들에게 배포되는 선정적인 전단은 〈위대한 도시의 유혹Temptations of a Great City〉(1911) 같은 영화를 다음과 같이 생생하게 묘사했다. "술과 여자, 쾌락이 그의 몰락을 가져온다. 젊은 날 방탕의 시작. 멋진 카페 장면, 함정으로 점철된 청춘에 이르는 길, 어둠이 깔린 후의 대도시를 배경으로 펼쳐지는 황금빛 거미줄을 보시라." 극장 바깥에는 전축이나 육성으로 외치는 호객꾼을 배치해 행인들에게 입장을 권했다. 니켈로디언 내부에서 상영되는 프로그램은 극장마다 달랐다. 한 시간짜리 공연에는 한 릴짜리가 여러 편 상영되거나 가수의 노래를 곁들인 화보 슬라이드, 한 편 이상의 보드빌 공연, 화보를 곁들인 강연 등이 포함되기도 했다. 그러나 으뜸가는 볼거리는 영화였다.[31]

1909년 여름 뉴잉글랜드 시골 마을을 거닐면서 경제학자 사이먼 패튼Simon Patten은 "품위 있는 마을을 수호하는 도덕적 기구"인 도서관, 교회, 학교가 모두 폐쇄된 것을 발견했다. 글자 그대로 마을의 이 어두운 면과 반대로, 패튼은 모든 사람이 모여든 밝은 측면을 기술했

민 여성 보호 등을 위해 투쟁했으며, 1931년 노벨 평화상을 수상했다. ─ 옮긴이

다. 패튼은 사탕 가게, 과일과 견과류 판매대, 아이스크림 가게와 나란히 푼돈짜리 극장에 모여든 인파를 발견했다.

을씨년스러운 학교 운동장 반대편에는 니켈로디언으로 들어가는 아케이드 입구가 있었는데, 이 건물은 흰색 회반죽으로 마감했고, 입장권 판매 직원은 붉은색, 흰색, 파란색 등으로 장식한 코끼리가 끄는 마차 위에 당당히 자리 잡고 있었다. 전축은 알아듣기 어려운 말을 되풀이하고 있었고, 길거리를 돌아다니듯이 아케이드 내부를 휘젓고 다니는 군중은 공짜로 제공되는 몇몇 기계에 열중하고 있었다. 여기에는 노동 계급 소녀 무리들도 있었다. 이들은 더럽고 추하고 우울한 공장에서 벗어나 하고 싶은 일을 하면서 기분 전환도 하고 활기도 되찾았기 때문에, 이제는 행복한 "여름날의 소녀"가 되었다.[32]

여기서 드러나는 대비는 상징적 수준 이상의 것이었다. 영화와 다른 상업적 오락물과 직면해 전통적 문화 기구도 재빨리 적응할 필요가 있다고 다른 이들과 마찬가지로 패튼 역시 경고했다. 이 기구들은 "삶의 행복, 안전, 즐거움의 [적극적이고] 구체적인 표현"[33]으로 스스로 변신할 때만 경쟁력을 갖출 수 있을 것이다.

니켈로디언의 공연표 자체에 관해 말하자면, 보드빌이야말로 "영화의 전체 상황에서 단연코 가장 유해한 요소"라는 데는 모두의 의견이 일치했다. 초창기의 영화 상영은 1890년대에 보드빌 공연장에서 처음으로 자리를 잡았다. 그러나 영화 전용 극장이 등장하면서, 상황은 역전됐다. 미국 전역의 상영업자들은 경쟁이 치열한 이 업종에서 고객을 끌어들이기 위해 신기한 구경거리로 영화 상영에 보드빌 공연을 추가했다. 모든 영화 상영장이 보드빌 공연을 계산서에 포함하지는 않았다. 지역의 수요, 연예인의 섭외 가능성과 기타 여건에 따라 공연의 정확한 포맷이 정해졌다. 그러나 보드빌이 미국의 니켈로디언에서 너무 흔해지다 보니 공연에서 가장 혐오스러운 볼거리가 되었다는 데 관객의 의견이 일치할 지경에 이르렀다. 특히 이민자 게토에서는 민족적 색채의 보드빌이 1920년대까지 계속 인기를 끌었기에, 개혁가들은 라이브 공연의 품질에 대해 통제가 불가능하다는 (그리고 검열이 불가능하다는) 사실을 우려했다. 보드빌의 가수, 댄서와 방언으로 된 코미디는 막 성장하고 있던 니켈로디언 열풍을 규제하려던 사람들을 경각케 하고 좌절시키기도 했다.

예컨대 1914년 오리건주 포틀랜드 시장이 위촉한 위원회는 수많은 공연에서 "점잖고 완전히 무해한 영화가 가장 역겨운 부류의 보드빌과 함께 상연된다는 사실"에 대해 불만을 표현했다. "영화에 대해서는 검열이 시행되지만, 청중이 인내하는 한 속어, 농담과 노래로 마음대로 쓰레기를 뱉어 내는 남녀 공연자에 대해서는 전혀 통제가 안 된다"라는 것이다. 1910년 인디애나폴리스의 시민위원회는 지역 영화관의 보드빌 공연이 어떤 무대에든 부적합하다면서 "거의 예외 없이 [보드빌의] 노래는 어처구니없고 감상적이며 때로는 [성적] 암시를 포함하기도 한다"라고 비난했다. 1913년 클리블랜드의 영화 검열관인 로버트 O. 바살러뮤Robert O. Bartholomew는 그 도시의 니켈로디언에서 목격한 일을 믿을 수가 없었다.

다양한 노래의 가사는 많이 수집했지만 차마 이 보고서에는 담을 수가 없었다. 무용수가 종종 야한 신체 동작을 취해 흥미와 박수를 유도하려 애쓰는 모습도 목격했다. …… 어떤 젊은 여성은 관중석의 모든 젊은 남성과 소년을 광란의 도가니로 몰아넣을 정도로 야한 춤을 춘 뒤, 무대 위에 10피트(약 3미터) 길이의 커다란 비단뱀을 데리고 나왔다. 무용수는 처음에는 뱀으로 자기 몸을 감싸더니, 뱀을 어루만지다가 마지막으로는 뱀 아가리에 입을 맞췄다.[34]

관객이 보기에는 그렇지 않더라도 당국자가 보기에, 니켈로디언 보드빌은 대개 저렴한 데다 거의 규제가 불가능했고 사회적으로 혐오스러웠다. 그 결과 영화관에서 보드빌을 몰아내기 위해 미국 전역에서 경찰의 괴롭힘과 엄격한 극장 규제가 가해졌다. 1918년에 이르면 거의 모든 영화 상영업자가 외부 압력과 업계 내부 의견에 부응해 보드빌을 퇴출했다. 1909년 어느 상영업자가 업계 신문에 다음과 같이 적은 내용에 대해 이들은 동의할 수밖에 없었다. "제대로 관리된 영화 전용 상영이 부분적으로 보드빌이 포함된 공연보다는 더 고급이다"[35]라는 것이다.

모든 마을과 도시에서 상영장은 업계의 가장 취약한 지점, 즉 비판가들이 공략하기 쉬운 급소임이 드러났다. 1908년과 1913년 사이에 뉴욕의 경험은 문화적 전통주의자들이 상영 영역에 대한 통제를 시도할 무렵 전국에서 발생한 현상에 대략적인 역사적 모델을 제공한다. 1908년 무렵 뉴욕에는 500군데 이상의 니켈로디언이 등장했는데, 이 중 상당 부분은 허름한 공동 주택 구역에 있었다. 시 조례에서는 (영화를 포함해) 일반 공연용 극장은 좌석이 300석 이하일 경우 25달러 허가비만 납부하면 되도록 규정했다. 정규 극장용 허가비 500달러는 평균적인 상영업자의 형편을 훨씬 초과하는 수준이어서, 이들은 좌석 수가 300석을 넘지 않도록 신경을 썼다. 1908년 12월 23일 열린 논의가 나온 공청회에서 저명한 목사들과 평신도들은 다양한 이유를 들며 조지 매클렐런George McClellan 시장에게 니켈로디언 폐쇄를 촉구했다. 이러한 사유에는 일요일 블루법Sunday blue laws● 위반(일요일은 니켈로디언 업종에 손님이 가장 많은 날이다), 안전 위험, 공동체 도덕성 타락 등이 거론됐다. "인간은 사람들의 도덕으로 돈벌이를 할 자유가 있는가? 아동의 정신 오염에서 이윤을 얻어도 되는 것인가?"라며 J. M. 포스터J. M. Foster 목사는 강력하게 시정을 요구했다. 그다음 날 매클렐런 시장은 모두 약 550군데에 달하는 영화 상영 허가를 모두 취소했다.

상영업자, 영화 제작자, 배급자 등은 크리스마스 때 모여 영화상영업자협회Motion Picture Exhibitors Association를 결성하고 윌리엄 폭스William Fox를 대표로 선출하는 식으로 대응했다. 영화 종사자들은 이 명령에 대해 가처분 조치로 투쟁해 결국 승리를 거두었지만, 이 명령의 메시지는 분명했다. 어떤 형태든 규제가 필요했다. [당시 유력한 영화 상영업자이던] 마커스 로우Marcus Loew는 극장을 조사할 잠재적인 감독관 후보 위촉을 다양한 민간 기구에 요청하기 시작했다. 하지만 뉴욕이 미국에서 처음으로 영화관을 규제하는 종합적 법을 제정하는 데는 수년이 걸렸다. 1913년에 제정된 법에는 화재 예방, 환기, 위생, 비상구, 구조적 요건 등의 조항이 포함됐다. 상영업자들에게 개선 조치를 취할 자금을 마련해 주기 위해, 좌석 수 한도도 300석에서 600석으로 늘어났다. 의미심장하게도 정규 연극 무대의 더 엄격한 요건을 충족하지 않는 한, 모든 보드빌 연기는 영화관에서 금지되었다.[36]

● 블루법은 '일요일법Sunday laws'으로 불리기도 했는데, 북미와 서구 여러 나라에서 일요일에는 안식일 준수를 위해 일부 혹은 모든 영업 활동을 금지시킨 법을 말한다. 뉴욕주에서는 사실상 강제력이 없는 유명무실한 법으로 남아 있다가 1976년 위헌적이라며 폐지되었다. 하지만 일요일 종일 혹은 일부 시간대에 주류 판매를 제한하는 제도는 아직도 일부 시행되고 있다. ― 옮긴이

영화가 새로운 상업적 오락의 무리에 기여하긴 했으나, 다른 오락물과는 분명 거리가 있었다. 영화는 곤혹스러운 역설을 제시했다. 영화가 분명 전통적 레크리에이션 형태와 차이가 있는 것은 사실이나, 댄스 홀과 당구장보다 의심의 여지 없이 더 우월했다. 특히 수용자층의 구성을 감안할 때 영화는 개선의 여지가 매우 컸다. 당대의 관찰자들은 영화가 노동 계급과 새로운 이민자들에게 강력한 호소력을 발휘한다는 섬을 끊임없이 강조했다. 골수 영화 혐오자들은 굳이 강조하지 않더라도 "선정적인 영상의 파괴적 효과"는 너무나 분명하다고 생각했다. 영화의 가능성에 좀 더 낙관적인 사람들은 [언론인] 조지프 M. 패터슨 Joseph M. Patterson의 다음과 같은 견해에 수긍했다. "사회 밑바닥의 문명화되다가 만 존재들의 지각 있는 삶은 극적인 모티브의 도입에 의해 확장되고 변화되어, 문명화된 정상적 존재의 지각 있는 삶을 좀 더 닮게 되었다. 바로 영화가 아동뿐 아니라 이 집단들에게 행사하는 유별난 소구력 때문에, 영화가 어떻게 그리고 왜 그처럼 엄청나게 많은 관객을 사로잡게 되었는지 찾아내야 할 의무가 있다"[37]라는 데 양측은 모두 동의했다.

1911년 뉴욕 극장에 관한 러셀 세이지의 연구는 뉴욕시의 영화 관객 중 72%가 노동 계급이라고 추산했다. 1,000명 남성 노동자의 여가 시간 실태에 관한 1914년의 조사는 영화의 인기야말로 그 조사에서 한 가지 두드러진 사실이라고 결론 지었다. 조사 대상자의 60%가 정기적으로 영화를 관람했고, 가장 노동 시간이 긴 사람이 공연에 소비하는 시간도 가장 많았다. 그리고 수입이 주당 10달러 이하인 사람들이 방문 빈도가 가장 높았다.[38]

대다수의 필자들은 영화에 대한 노동 계급의 반응을 현대 산업 사회의 여건과 직접 연관지었다. 1909년 피츠버그 노동 계급 여성에 관해 고전적인 연구를 한 엘리자베스 B. 버틀러Elizabeth B. Butler는 힘들고 단조로운 공장 노동이 레크리에이션 패턴을 근본적으로 변화시켰다고 판단했다. "무디어진 감각에는 강력한 자극이 필요하다. 생명력의 소진은 조잡하고 폭력적인 자극에 대한 욕망을 유도한다. …… 그러한 여건에서는 육체노동의 문화든 정신노동의 문화든 달성이 불가능해지고, 우리의 일반적 유산의 공유도 현실성 없는 꿈에 그치게 된다." 버틀러는 당시 유행하던 구분을 활용해, 피츠버그의 여성 노동자는 "여가를 이용하는 게 아니라 소비하고 있다"라고 주장했다. 따라서 버틀러는 공장과 가게에서 일하는 2만 2,685명의 여성 중에서 2% 이하만 YMCA, 여성사업가클럽Business Women's Club, 바느질 동호회 같은 레크리에이션 센터에 관여했다는 사실을 발견했다. 영화가 여성의 레크리에이션 생활을 이렇게 강하게 지배하는 것을 보고 버틀러는 강한 인상을 받았다. 그래서 버틀러는 니켈로디언을 방문한 경험을 다음과 같이 생생하게 묘사했다.

어느 토요일 저녁 5번가 행락객 군중 속에서 서 있다 보니, 모든 영화 상영관 입구마다 남녀가 빼꼭하게 밀집되어 있었다. 나는 그날의 장면을 잊지 못할 것이다. 나는 동행인과 함께 영화 한 편을 골라 5센트짜리 입장권을 샀다. 우리가 가는 길은 "현재 상영 중"이라는 표지로 막혀 있었다. 문 가까이 서 있자니, 입장을 기다리는 군중이 긴 통로와 심지어 인도 일부까지 점령하고 있었다. 이들은 즐거움을 얻으려 작정했는데, 이것이 바로 "오락"이라고 이름 붙은 것 중 하나였다. 이들은 무덥고 피곤하고 짜증이 났지만, 우리가 열정이 식어 버려 포기한 한참 뒤까지도 기꺼이 대기할 태세였다.

그들이 입장하려고 줄을 서도록 내버려 두고 우리는 자리를 떴다.[39]

버틀러는 영화가 본질적으로 나쁘다고 믿지는 않았다. 실로 노동에 지친 여성에게 영화가 제공하는 기분 전환은 필수적이었다. "하지만 건설적인 기분 전환의 가능성도 존재해야 한다. 사회적 표현 형태가 될 수 있고, 체력과 수입에 부담이 덜 되며, 신체와 정신에 지속적으로 가치 있는 기분 전환도 필요하다."[40]

이와 비슷하게, 1910년에 펜실베이니아주 홈스테드란 공장 도시에서 90개 가구를 대상으로 조사한 마거릿 F. 바잉턴Margaret F. Byington 역시 영화의 대단한 인기를 확인했다. 홈스테드에서는 니켈로디언이 어떤 부류든 유일한 극장이었다. 피츠버그의 극장은 이동 시간이나 비용 때문에 노동 계급 가구가 이용하기 어려운 곳이었다. "그러므로 많은 사람들은 니켈로디언에서 유일한 기분 전환 거리를 찾는다. 남성들은 직장에서 귀갓길에 몇 분 동안 멈춰 서 삶에서 공장과 가정을 오가는 일 외에 무엇인가를 구경하게 된다. 쇼핑객은 질은 형편없을지라도 음악을 즐기면서 휴식을 취한다. 그리고 어린이들은 니켈로디언에 갈 돈 5센트를 달라고 늘 보챈다. 저녁에는 종종 온가족이 소소한 즐거움을 위해 함께 가기도 한다."[41]

당대의 관찰자들은 영화 관객 분석에서 계급과 종족 요인을 다소 과장했다. 상업적 오락은 이들이 여태 상상했던 것보다 더 상업적이었음이 드러났다. 따라서 비록 노동 계급이 초기 관객의 큰 부분을 이루면서 새로운 미디어에 기본적인 운영 자본을 댔긴 하지만, 중간 계급과 상층 계급을 확보하려는 노력 역시 거의 즉시 시작됐다. 러셀 매릿 Russell Marrit이 보여 주었듯이, "블루칼라 노동자와 그 가족이 니켈로디언을 지탱했을지도 모른다. 충격적인 사실은 영화 관련 인사 중 그 누구도 노동 계급의 지지를 그다지 바라지 않았다는 것이다. 그러한 기대를 전혀 갖지 않은 사람들은 다름 아니라 슬럼가에서 벗어나려 애쓴 이민자 대상 영화 상영업자들이었다." 초창기 보스턴 영화 사업에 관한 매릿의 연구는, 1908년 이후 사실상 모든 신규 니켈로디언 극장이 슬럼 바깥의 비즈니스 구역과, 화이트칼라 쇼핑센터 부근에 문을 열었으며, 이곳에서 이 사업자들은 중산층 고객을 끌어들이길 희망했다는 사실을 보여 준다.[42]

심지어 1914년 이후 장편 영화가 등장하고 화려한 대형 영화관 건설의 물결이 몰아치기 전에도, 당시 일어난 두 가지 사태 진전은 대개 영화 관계자들이 슬럼을 떠나 적극적으로 추구한 중산층 관객 확보와 관련이 있는 것으로 꼽힌다. 예를 들면 시카고에서는 일찍이 1908년에 6만 5,000달러를 투입해 스완 극장the Swann Theater이 주거 지역에 문을 열었고, 이는 즉시 대규모 가족용 사업을 유치하게 됐다. 5센트에서 10센트의 요금을 받고 이 극장은 한 릴짜리 세 편과 여러 편의 화보가 달린 노래로 구성된 80분짜리 프로그램을 운영했다. "이 기관의 정책은 모든 오락물 사업의 성격을 결정할 때 여성성을 항상 중대한 고려 요인으로 파악한다. 상영작은 늘 부인들의 마음에 들도록 세심하게 선정된다." 업계 잡지에는 가격을 더 높게 책정하고, 극장을 매력적으로 꾸미고 위치를 세심하게 선정하며, 더 좋은 영화를 상영하는 등의 수단으로 영화 평판을 높이는 방법에 관한 조언으로 넘쳐났다.[43]

니켈로디언에 몰려든 대규모의 "정신적 미숙아들" — 이민지와 아동들 — 의 존재는 영화가 잠재적으로 미국화와 도덕적 설득 기구라는 주장을 끊임없이 불러일으켰다. 영화가 이민자를 미국화하는 데 기여한다는 발상은 현실이라기보다는 희망 사항에 가깝다. 첫째 이유는 추측건대 초창기에 상영된 대다수의 영화는 유럽에서 제작됐다는 것이다. 미국화 효과의 주장은 영화 검열 도입을 둘러싼 투쟁에서 대개 또 하나의 명분 구실을 한 것으로 보인다.

영화에 의해 개선되는 무지한 이민자와 난폭한 젊은이의 이미지는 사회복지사와 영화에 우호적인 민간 지도자들에게 강력하고도 안심되는 것이었다. 1910년경 나온 "신문팔이 소년의 시각"이라는 제목으로 된 익명의 시는 이러한 감상적 태도를 전형적으로 드러냈다. 이 글은 어떤 신문팔이 소년이 여자 친구의 아버지가 술의 해악에 관한 영화를 함께 보고 난 후 술을 끊는 것을 목격하는 이야기를 묘사하려 했다. 이 시는 거친 아일랜드 악동인 화자에 적합하게 도시 속어로 작성됐다. 진보 시대 상상력의 표준적인 이미지인 신문팔이 소년은 여자 친구 아버지의 다음과 같은 말을 인용한다. "나는 내가 얼마나 쓸모없는 멍청이였는지 전혀 알지 못했네/저 감동적인 영화를 보고 나서야 나는 자신을 돌아보았네." 그러나 진정한 깨달음은 신문팔이 소년이 더 큰 교훈에 관해 성찰해 보는 마지막 연에서 나타난다.

내 눈으로 보는 모든 것을 나는 알고 이해하네
멀리 떨어진 외국 땅을 영화로 볼 때
멋진 남자들과 기네스 맥주의 고향에서 ― 삶을 더 낫게 할 수 있다는 것을 나는 아네
모든 땅과 나라 중에서, 어디를 가든
여기 이 나라가 그 모든 곳보다 낫네 ― 내 말이 장난이 아님을 맹세하네
왜냐하면 영화에서 배웠기 때문이야, 나와 매기가 그랬거든.[44]

특히 영화가 어린이에게 미치는 훨씬 더 중요한 효과는 또래 간 사회화 영역에 있었다. 영화를 보러 다니는 행위는 가정 바깥을 중심으

로 하는 중요한 하위문화를 새로 조성했다. 제인 애덤스는 이러한 사태 전개를 치밀하게 간파했다. 비록 영화와 극장에 대한 공동체 감독에 적극적으로 관여하긴 했지만, 애덤스는 늘 자신의 작업을 유보적인 행동으로만 간주했다. 생애 말년에 이를 때까지 애덤스는 영화의 함의에 대해 양가적인 태도를 유지했다. 애덤스가 시카고의 영화 성장에 대해 드러낸 반응은 심지어 가장 우호적인 전통주의자조차도 영화에 대해 불편함을 느꼈음을 말해 준다.

1907년 봄 〈시카고 트리뷴Chicago Tribune〉의 비판에 대응해 시 경찰 부서는 영화관과 페니 아케이드를 조사하는 책임을 맡은 "싸구려 극장 전담반"을 설치했다. 어느 형사는 밀워키가를 따라 걸으면서 니켈로디언을 세어 보니 1.5마일(약 2.4킬로미터) 거리 안에 18개에 달했다. 아동 관객의 숫자가 대규모라는 사실과, 역겨운 영화, 즉 강도, 살인, 절도, 치마들추기, 침실 장면이 나오는 영화가 큰 비율을 차지한다는 사실에 〈트리뷴〉과 다양한 사회 기관들은 대단히 격분했다. 헐 하우스Hull House•에서 애덤스와 동료들은 빈곤층 아이들이 영화 관람에 대단히 진지하다는 사실을 목격했다. 처음에는 정주 가옥도 추측건대 1907년 초 독자적인 영화 상영소를 설치하여 상업적 상영업자들과 경쟁하려 하였다. "이 시도가 성공한 덕분에 존재 이유가 정당화되긴 했지만, 분명히 이는 수백 군데 가운데 단 하나에 불과했다. 그래서 모든 상영관을 개선

하는 데 주의를 돌리든지, 아니면 우리가 할 수 있는 한도까지 이 방향으로 노력이 성공하도록 지원하는 방안이 더 현명했다."[45]

따라서 헐 하우스는 청소년보호협회Juvenile Protection Association와 구호지원협회the Relief and Aid Society를 비롯해 다른 민간단체와 함께 동참해 경찰이 "청소년들이 비행을 학습하게 되는 5센트짜리 극장, 페니 아케이드, 기타 다른 저렴한 오락 공간"을 검열하는 데 협력했다. 애덤스는 아동들이 어른 동행 없이 극장 출입을 금지하는 조례에 대해 집행이 불가능하다고 주장하면서 반대했다. "필요한 것은 극장에 대한 규제다"라고 애덤스는 단언했다. 배움을 얻을 수 없는 사람들에게도 정규 극장에서 오락을 제공한다는 점에서 이 제도는 유용하다. 경찰 규제에 시민위원회의 노력이 부가된다면 어떤 악영향도 이겨낼 수 있을 것이다.[46]

젊은이들은 변함없이 "일종의 패거리 본능에 따라" 무리 지어 상영관에 드나들었다. "극장에서 보고 들은 것은 유일한 대화거리가 되고, 이들의 사회생활에서 기본적 패턴을 이룬다. 다른 사회 집단에서라면 서적, 여행, 모든 예술로 얻을 상호 이해가 여기서는 극에서 제시하는 주제로 압축된다." 그러나 이 타락한 연극 예술과 거기에 동반하는 조잡한 음악이 어떻게 진짜 연극, 진짜 극장을 대체할 수 있겠는가? 오직 그처럼 [진짜 연극과 극장에서만] 젊은이들은 실제 세계가 제공하는 것보다 더 고상한 삶의 개념에 대한 갈망을 충족할 수 있다."

그것은 불가능한 일이었다. 애덤스는 평생 아마추어 연극을 "놀이 충동"의 필수적인 표현이라며 옹호했다. 수많은 다른 이들과 마찬가지로 애덤스는 상업적 영화 상영의 대안으로 좀 더 확대된 공적 레크리에이션 도입을 주장했다. 놀이터뿐 아니라 애국적이고 종족적인 축제, 포크 댄스, 아동 극장도 여기에 포함된다. 이민 문화 보존에 대한 감수성을 보였다는 점에서 애덤스는 시대를 앞서갔다. 여기서도 애덤스는 영화가 수많은 아동의 정신에서 종족적 유산을 지워 버리는 경향이 있다는 점에 개탄했다. 애덤스의 레크리에이션관은 다름 아니라 개개인의 예술적 표현에 근거한 다문화 커뮤니케이션이라는 비전에 해당했다. 영화에서 정신적 교감을 달성할 수는 없는 노릇이었다. "젊은이들이 자신의 장밋빛 미래를 오직 꿈의 집에서만 예견할 수 있을 것이라 주장하는 것은 이들이 절실하게 필요로 하고 갖출 자격도 있는 진정한 친절과 위안의 세계를 박탈해 버리는 것이나 마찬가지다. 더구나 바깥에 팽개쳐진 우리에겐 권태감과 더불어, 대부분 지적에 웅크리고 있는 어두운 그림자가 드리웠는데, 바로 삶의 가치에 대한 냉소주의다."[47]

◆

비록 문화적 전통주의자들에겐 상영의 환경도 관객의 성격도 계속해서 골칫거리였지만, 이들은 영화가 결코 사라지지 않을 것임을 깨달았다. 보드빌 철폐와 함께 극장에 대한 시 차원의 규제가 공연의 도덕적 분위기를 개선할 수도 있었다. 하지만 저렴한 오락물을 대안적 형태로 대체한다고 해서, 관객의 규모나 이들이 보인 몰입의 강도가 결코 줄어들 리가 없었다. 따라서 영화 자체에 대한 규제가 사회 통제에 핵심 지점으로 남게 됐다.

1908년 뉴욕시에서 니켈로디언 허가제를 놓고 벌어진 투쟁은 바로 영화에 대한 최초의 종합적 검열 시도로 이어졌는데, 영화 산업 자체가 이 시도에서 선두에 섰다. 1909년 3월 뉴욕시의 영화 상영업자와 제작자는 민간 교육 재단인 국민의연구소People's Institute에 전국영화검열국National Board of Censorship of Motion Pictures을 조직해 달라고 요청했다. 국민의연구소가 관리하긴 했지만, 이 기구는 자율 규제 기구였다. 이는

(자체 구성원과 상임이사회를 선출하고) 공식적으로 실제 검열위원을 선출하는 일반위원회로 구성되었다. 본질적으로 전국영화검열국은 영화 산업에서 상영업자와 제작자가 비용을 지불하고 업계 자체적으로 규제를 가하도록 한 여러 방안 중에서 최초로 나온 것이었다. 영화 종사자들은 분명히 공중이 자신의 업종에 가한 비판에 대한 대응 방안을 마련하고자 했다. 모든 상영업자와 제작자의 위상은 상호 의존 상태에 있었기 때문이다. 검열국 설립은 영화를 중상층 계급의 구미에 좀 더 맞도록 만드는 또 다른 중요한 방안으로 간주할 수도 있다. 즉 "총 인구 중 점점 더 많은 사람이 영화를 이용하도록 영화의 평균적 품질을 개선하려는"[48] 조치였다.

여기서 영화의 상업적 현실 때문에 업계는 어쩔 수 없이 문화적 전통주의자들의 협력을 구할 수밖에 없었다. 검열국은 계속해서 영화와 관객의 취향 수준을 제고하는 일을 자체적인 임무로 규정했다. 그래서 검열국의 목표는 검열의 필요성 자체를 제거하는 데 있다고 주장했다. 이 기구는 "영화는 공적 권력이자 사회 통제하에 두어야 할 도덕적, 문화적 영향력이 되었다"라는 전제에서 출발했다. 그러므로 "이 검열관들이 삶의 다양한 활동을 그 사회적 의미라는 더 넓은 시각에서 보는 훈련이 된 교양 있는 남녀로 …… [다시 말해] 뉴욕의 사회적, 다른 공적 삶에서 꽤 저명한 인물, 즉 의사, 변호사, 성직자, 그리고 사실상 모든 부류의 활동에 종사하는 문화인으로 선정되도록" 애썼다.

전국영화검열국은 영화 관객의 경험에서 아주 단순한 심리학이 핵심으로 작동한다고 가정했다. "영화로 교육받은 사람은 가슴과 감각적 인상을 통해 교육받는데, 이러한 교육은 그대로 남아 있게 된다. 모든 관객은 입장료를 지불했고, 그러한 이유로 자진해서 주의를 기울인다. …… 그러므로 관객은 영화에 신뢰를 보내고 마음의 창을 열게 된다. 그리고 영화가 전하는 말을 충분히 납득하게 된다." 검열국의 판단 기준은 대개 섹스, 마약, 범죄, 특히 매춘을 다루는 장면에서 과도한 부분을 삭제하는 일과 관련이 있었다. 기준에서 지역 간 차이를 염두에 두면서도, 전국영화검열국은 "영화의 특정 장면을 허용하거나 금지할 때 미국의 일반적 양심과 지성을 대변해서 행동하려고" 노력했다. 1914년까지 전국영화검열국은 미국에서 제작된 전체 영화에서 95%를 검토했다고 주장했다. 이 기구는 어떤 영화를 통과시키거나, 수정을 제안하거나, 어떤 영화는 완전히 금지하기도 했다. 시장, 경찰서장, 대략 400군데 시민 단체, 그리고 미국 전역의 지역 검열위원회는 검열국의 주간 보고서를 구독했다.[49]

전국영화검열국의 작업에도 불구하고 지역 단위의 검열 기구도 계속 활동했다. 전국영화검열국에 비해 지역 검열관은 자신들이 도덕적 영화와 비도덕적 영화를 구별할 절대적 권리와 역량을 갖추었다는 확신이 더 강했다. 지역 검열국은 흔히 전국영화검열국이 지나치게 관대하다면서 공격했고, 공동체가 검열 권한을 유지할 필요성이 있다고 강하게 주장했다. 이들은 영화를 오로지 잠재적 도덕성의 끊임없는 연쇄적 작동으로만 판단하는 경향이 있었다. 예컨대 오리건주 포틀랜드시의 영화위원회가 마련한 양식에는 영화관 조사관들에게 영화를 판단할 때 다음 기준을 활용하라는 지침이 적혀 있다. 즉 "도덕적 가치를 추정하라: 좋음, 나쁨, 혹은 도덕적 가치가 없음. 악인이 번영을 누리는가? 범죄자의 경로가 수월한가? 악당이 존경 대상이 되는가? 덕성이 환희의 원천으로 규정되는가?" 등이 그러한 기준이다. 펜실베이니아에서는 주 검열관이 '검열국의 기준'을 완전히 부정적인 방식으로만 규정했다. 주 검열국은 펜실베이니아에서 상영을 금지한 수많은 영화 장면을 기술한 믿을 수 없을 정도로 자세한 목록을 작성했다.[50]

주로 영화의 사회적 효과에만 관심을 둔 수많은 사람과 비교해, 영화를 예술 형태로 접근한 필자는 1차 세계 대전 이전에는 소수 집단에 불과했다. 이들은 새로운 대중문화를 미학적 시각에서 다루려 노력했다는 점에서 예언가적 소수파로 두드러져 보인다. 그러나 이들도 "진정한 문화"의 속성에 관해서는 전통주의자와 똑같은 가정을 종종 드러냈다. 처음에는 대다수의 비평가가 영화와 가장 근접해 보이는 예술 형태인 연극과 관련지어 영화를 평가했다. 실로 이 초기 시절에 영화와 연극은 인력 면에서나 리얼리즘과 낭만주의 스타일의 융합 측면에서 서로 좋은 영향을 풍성하게 미치는 쪽으로 변화를 겪었다.[51] 그러나 이처럼 영화를 단지 또 하나의 연극 범주로 판단해야 한다고 고집하는 바람에, 많은 비평가는 D. W. 그리피스, 찰리 채플린, 맥 세닛Mack Sennett, ● 매리 픽포드Mary Pickford, ●● 토머스 인스Thomas Ince ●●● 등 초창기 영화 예술가의 업적을 제대로 주목하지 못했다. 영화가 연극의 표준인 멜로드라마와 익살극을 개선할 여지는 있지만, "코미디와 비극은 완전히 영화의 역량을 넘어서며, 사회극social drama이나 문제극problem play도 영화가

● 맥 세닛(1880~1960)은 무성 영화 시절의 배우이자 제작자로서 '코미디의 왕'으로 불렸다. 초창기 슬랩스틱 코미디의 관행을 개발한 인물로 꼽힌다. ─ 옮긴이
●● 메리 픽포드(1892~1979)는 1910년대와 1920년대 무성 영화 시절 '미국의 연인'으로 불리던 대표적 여배우로서, 초창기 영화 연기의 기틀을 잡는 데 크게 기여했다. 하지만 50년에 걸친 긴 영화계 경력 후반에는 제작자로도 활동해 현대 할리우드 스튜디오의 원조인 픽포드-페어뱅크스스튜디오와 이후 유나이티드아티스트를 설립했으며, 아카데미상 수상 기관으로 유명한 영화예술과학아카데미Academy of Motion Picture Arts and Sciences의 36인 창립 멤버 중 한 사람이기도 했다. ─ 옮긴이
●●● 토머스 인스(1880~1924)는 무성 영화 시절의 제작자로 '웨스턴의 아버지'로 알려졌으며 800여 편의 영화를 제작했다. 최초의 할리우드 스튜디오 설비를 건설했으며, '조립라인'식 제작 체제를 고안하고 제작자의 전문화된 역할을 개발해 영화 제작에 혁신을 일으킨 인물이다. ─ 옮긴이

유나이티드 아티스트 영화사의 주주였던 (왼쪽부터) 더글러스 페어뱅크스, 메리 픽포드, 찰리 채플린, D. W. 그리피스(1919).

마찬가지로 감당할 수 없는 것이다"라고 1917년에 브랜더 매슈스Brander Matthews는 주장했다.

영화는 연극을 가장 걸출한 예술로 만드는 세 가지 요소인 지적 협력, 정서적 소구, 감각 충족을 결합할 수 없기 때문에, 더 수준 높고 중요한 연극 형태에 속하지는 않는다고 매슈스는 주장했다. 그는 영화도 새로운 예술이 될 수는 있을 것이라고 마지못해 인정했지만, 무성 영화는 연극처럼 대사를 활용할 수 없으므로 연극에 결코 경쟁자가 될 수 없다고 보았다. 영화 제작자가 미디어의 한계를 수용하고 독자적 기법을 개발하기 시작함에 따라, "연극과 영화 사이에 드러난 경쟁 관계는 완화될 것이며, 결국 각자 자신만의 특수한 분야를 갖게 될 것"[52]이라고 매슈스는 거만하게 결론 지었다.

연극 비평가들은 대체로 영화를 예술 형태로 파악하는 데 어려움을 겪었는데, 이들의 혼란은 아마 월터 P. 이튼Walter P. Eaton의 저작에서 가장 잘 요약될 것이다. 일찍이 1909년에 이튼은 자신이 보기에 다음과 같이 영화 관객 취향의 성장에 해당하는 현상을 인용했다. "이들은 진짜 드라마, 진짜 배경과 유능한 배우가 출연하고, 일관되고 흥미로운 스토리를 전하며, 아주 잘 전하는 영화를 요구하게 됐다." 유럽의 여러 예술 영화는 이미 연기, 스토리 구성, 드라마적 통일성 등에 대해 사람들의 인식을 높여 주고 있었다. 하지만 이튼이 보기에는 '녹화된 연극'에 대한 가치 인정은 단지 진짜 연극을 진정하게 이해하는 수단에 불과했다. 그는 궁극적으로 영화의 개선을 단지 극장용 연극을 구출하는 한 방안으로만 간주했다. "계획을 잘 세우고 연기를 제대로 한다면, 사회의 저급한 층이 진정한 연극 예술에 대한 감식안을 갖추도록 유도하는 데 영화도 항상 유용한 기능을 수행할 수는 있다. 따지고 보면 진정한 연극 예술이란 실제 남녀가 신이 부여하신 목소리로 말하는 진정한 무대 위에서만 꽃 피울 수 있는 것이다."[53]

4년 후에도 여전히 이튼은 영화와 '진짜'를 구분하고 있었다. '토키 영화'가 현실이 된다고 할지라도 연극 예술에 대한 영화의 위협은 과장된 것이라고 그는 주장했다. 이튼은 "공중의 지성과 취향은 층층을 이룬다"라는 사실을 지적한 후, 영화가 무식한 군중에게 소구력이 있긴 하지만, 진정한 연극은 문화 엘리트의 영역으로 항상 유지될 것이라고 말했다. "토키 영화는 이 사람들에게 심오한 정서적 광채, 섬세한 지적 풍미, 온화한 미학적 충족감을 결코 제공할 수 없다. 그러한 자질은 살아 있고 생명력 있는 연기, 탁월하고 위트가 넘치는 대사, 연극의 모든 복잡하고 서로 뒤섞인 기술적 문제점을 훌륭하게 극복해 냈다는 사실에서 유래한다." 1914년 매슈스는 장편 영화의 인기가 높아지는 것을 보면서 약간의 희망을 품었다. 여기서 그는 좀 더 뚜렷하게 연극과 사진 예술과 관련이 있고 두 시간 이상의 집중력을 요구하는 일관된 내러티브를 발견했다. 〈엘리자베스 여왕Queen Elizabeth〉(사라 베르나르 Sarah Bernhardt* 출연), 〈젠다의 죄수The Prisoner of Zenda〉(제임스 K. 해킷James K. Hackett 주연) 같은 영화, 대규모 극장, 비싼 입장료 등은 영화에 좀 더 고상한 자질을 부여하게 됐다. 이야말로 바로 아돌프 주커Adolph Zukor 같은 독립 영화 제작자들이 노린 것이기도 했다. 그런데도 이튼이 보기에 유명 연극의 장편 영화화는 라이브 공연을 보게 하는 전 단계로서만 가치를 지닐 뿐이었다.[54]

결국 1915년에 이르러 이튼은 영화가 연극에 대한 감식안을 길러

● 사라 베르나르(1844~1923)는 19세기 말에서 20세기 초까지 활동한 프랑스의 유명 연극배우다. 초기 영화에 주연으로 출연한 소수의 연극배우 중 한 명이다. 1912년 개봉작인 〈엘리자베스 여왕〉은 흥행 면에서도 대성공을 거두었다. ─ 옮긴이

사라 베르나르가 출연한 영화 〈엘리자베스 여왕〉(1912).

주는 학교 구실을 해서, 재정적으로 곤경에 처한 정통 무대에 새로운 관객을 육성해 줄 것이라는 이전의 낙관론을 포기했다. 연극은 좀 더 공격적으로 전환해, 사회화된 극장 프로그램을 통해 자신의 관객인 대중을 다시 끌어들여야 한다. 경제적으로는 오직 시 단위 연극 공연장과 극장 분관만이 노동 계급 관객을 놓고 영화와 경쟁할 수 있었다. 진정한 연극이 영화에 적응하기보다는 영화와 투쟁할 시점이 왔다. "영화는 상상력을 둔화하면서 동시에 예술의 낭만이란 환상을 파괴하는 잔인한 리얼리즘을 갖추고 있다. 영화는 지적 내용을 도저히 감당할 수가 없다. …… 모든 시, 모든 음악, 모든 재치 있는 농담, 구어적 세련됨의 품위, 이 모든 것을 영화는 결코 알 수가 없다."[55]

영화 산업이 특허 회사 회원사가 제작한 단조로운 한두 릴 길이의 짧막한 영화에서 벗어나 장편 영화와 스펙터클로 옮아감에 따라, 영화 역시 점차 독자적인 비평거리의 지위를 갖추게 됐다. 1차 세계 대전 시기에 이르면, 점점 더 많은 신문, 잡지, 업계 간행물이 전임 비평가를 두고 최신 영화 예술을 살펴보기 시작했다. 직업 비평가 외에도, 점차 더 많은 지식인과 예술가가 영화가 제공하는 미학적 가능성을 진지하게 숙고하기 시작했다. 영화는 놀라울 정도로 "대중의 일상적 사고"에 침투한 진정하게 대중적인 예술로 보였다는 점에 이들은 흥분했다. 새로운 표현 수단으로서, 영화는 연극보다 강점이 있었다. 영화는 내러티브를 시공간의 제약에서 해방시켰고, 예술가에게 시점을 변경할 수 있는 역량을 더 많이 부여했다. 로버트 코디Robert Coady는 〈토양Soil〉이라는 자그마한 아방가르드 잡지에 기고한 글에서 영화를 "시각적 동작의 미디어"라며 옹호했다. 영화가 그냥 연극을 모방하도록 만들려는 시도에 불과한 미학적 검열은 법적 검열만큼이나 참혹한 결과를 초래할 것이다. "아직 더 탐구해야 할 시각적 동작의 세계, 영화가 이제 막 우리에게 보여 주기 시작한 세계가 남아 있다."[56]

영화 미학에 관해 가장 탄탄한 초창기의 두 논의는 정반대 편 출처에서 나왔다. 하나는 심리학적 접근에 의한 영화 분석의 기원으로 간주할 만하다. 다른 하나는 고전적 미의 개념을 어느 정도 각색해 새로운 민주적 예술에 적용하려 했다. 휴고 뮌스터버그Hugo Münsterberg의 심리학적 연구인 《영상연극The Photoplay》은 영화의 미학적 독립성을 확립하고자 했다. 그러나 하버드대학교 철학과 학과장인 뮌스터버그는 미학적 탐구를 영화의 소구력에 연루된 심리학적 요인에 관한 탐색과 결합하고 싶어 했다. 뮌스터버그의 심리학은 프로이트와 새로운 정신분석학보다는 칸트와 독일 관념론 전통에 더 많은 빚을 졌다.

영화의 심리학에 대한 이해는 영화 미학에 대한 고찰보다 선행해야 하며, 이 점은 영화와 다른 예술 간의 차이를 파악하는 데 핵심적이라고 뮌스터버그는 주장했다. 영화의 다양한 측면은 환상, 예컨대 깊이와 움직임이란 착각에 의존했다. "평면성은 [영화에서] 기술적이고 물리적인 장치에서 객관적인 부분이지만, 우리가 실제로 보는 것의 특징은 아니다." 이와 비슷하게 움직임 역시 관객이 보기에 "진짜 움직임인 듯하지만 …… 자신의 정신에 의해 조성된다." 깊이와 움직임 모두 "영화의 세계에서는 엄정한 사실로서가 아니라 사실과 상징의 혼합물로서 우리에게 다가온다. 이들은 존재하지만 사물 속에 존재하지는 않는다. 우리가 사물에 인상을 부여할 뿐이다."

클로즈업은 "우리의 지각 세계에서 정신적 주목 행동을 객관화했고" 이를 통해 예술에 "모든 연극 무대의 위력을 훨씬 능가하는 수단"을 부여했다. **컷백**cutback(플래시백) 역시 기억이라는 정신적 행동을 객관화했다는 점에서 클로즈업에 버금간다. 영화에서는 **커팅**cutting 기법 덕분에 정신의 관심사에 따라 객관적 세계를 마음대로 구성할 수 있게 됐다. "서로 멀리 떨어져 있어 우리가 물리적으로는 동시에 한꺼번에 참여할 수 없는 사건들이, 마치 우리 의식 속에서 하나로 합쳐지는 것처럼 우리의 시각 영역에서는 융합된다. …… 이러한 내적 구분, 이처럼 대조적인 상황에 대한 지각, 이질적인 경험이 우리 정신에서 이처럼 서로 교류하는 현상은 영상연극에서가 아니라면 결코 구현될 수 없을 것이다." 이 모든 기법은 영화에서 암시 능력을 크게 확대했다. 섬세한 카메라의 예술은 관객의 정서와 태도에 깊숙이 영향을 미칠 만한 잠재력을 엄청나게 갖고 있었다.

일단 영화의 기초적인 심리학을 이해하고 나면, 미학은 자연스레 따라 나왔다. 예술은 현실을 모방하지 않고 초월해야 하며, 사물과 사건을 그 자체로 완벽한 상태로 우리에게 보여 주어야 한다. 영화는 이러한 과업에 아주 적합했다. 영화는 "외부 세계의 형태, 즉 공간, 시간, 인과성을 극복하고, 사건을 내적 세계의 형태, 즉 주목, 기억, 상상력, 정서에 맞게 조정하는 방식으로 인간의 이야기를" 들려주었다. 따라서 인간 행동은 물리적 현상에서 해방되어 정신의 영역으로 전이되었다. 이러한 전이야말로 영화가 엄청난 인기를 누리는 이유도, 영화가 미학적 감정을 부여하는 과정도 설명해 준다고 뮌스터버그는 주장했다.

자신의 미학을 정교화하는 과정에서, 뮌스터버그는 영화를 오직 목적을 위한 수단으로만 수용할 수 있다고 보는 문화적 전통주의자와 상당히 흡사해 보였다. 그는 영화의 가장 큰 임무는 미학적 교육에 있다고 보았다. 뮌스터버그는 영화라는 새로운 예술의 등장을 환영하긴 했지만, 그의 사상은 어떤 점에서는 매슈 아널드를 닮았다. "고상함과 고양에 대한 열망, 의무와 정신적 규율에 대한 신앙, 이상과 영구적 가치에 대한 믿음이 스크린의 세계에 충만해야 한다"라는 것이다. 아마도 새로운 미디어가 왜 그리 강력한지 발견하는 데 몰두한 탓인지, 뮌스터버그는 이 미디어를 다루어야 할 평균인의 역량을 우려했다. "사람들은 여전히 진정한 즐거움과 찰나의 쾌락 간의, 진짜 아름다움과 단순한 감각 자극 간의 큰 차이를 배워야 할 것이다."[57]

시인 바첼 린지Vachel Lindsay는 《영화의 예술The Art of the Moving Picture》에서 "미국 영상연극 비평의 기초"의 틀을 구상하려 시도했다. 이 책은 비평 이론을 구성하는 데 성공했기 때문이 아니라, 린지가 여러 수준에서 영화를 열정적으로 칭송했다는 점에서 인상적이다. 이 책은 진정으로 산문시에 해당했는데, 비전의 폭이라든지, 열정적인 헌신, 순진함 때문에 오늘날 보아도 여전히 훌륭하다. 새로운 예술의 탄생을 지켜볼 수 있다는 데 엄청나게 기뻐하면서, 린지는 영화가 독특하게 미국적인 문화 형태로 진화할 것이라고 예측했다. "전 미국인에게 스크린이라는 거울에 자신의 모습을 비추어 줄 가능성이 드디어 도래했다."

그의 방법은 다양한 영화 유형을 전통적 예술 형태와 비교하면서 범주화하는 것이었다. 따라서 "액션 영화는 움직이는 조각이고, 친밀한 영상연극은 움직이는 회화이며, 화려한 대작 영화는 움직이는 건축이다." 이 비유를 통해 린지는 영화 예술을 정당화할 기회를 얻게 됐고, 이를 통해 영화의 독립성이란 주제도 거듭 역설했다. "미래의 영상연극은 영화의 토대로부터 작성될 것이다. …… 지존인 영상연극은 관련된 다른 모든 미디어에서 불완전하게 표현되던 것을 우리에게 실현해 줄 것이다."

한때 자신의 작품에 귀 기울이는 사람이라면 누구든 작품을 암송해 주고 판매하러 전국을 순례하던 시인에게, "민주주의와 영상연극 사업이 일상적 리듬으로 작동할" 잠재력이 있다는 사실은 어지러울 정도로 놀라운 일이었다. 이전의 예술 형태가 실패한 곳에서도 영화라면 성공을 거둘 수 있을지 모른다. 린지는 자신과 비슷한 생각을 한 사람들의 열정을 환기시켰다. "휘트먼은 우리의 세련된 지식인들에게 민주주의라는 관념을 가져다주었지만, 민주주의 자체가 자신의 민주적인 시를 읽어 주도록 설득하지는 못했다. 조만간 그가 하지 못한 일을 키네토스코프가 할 것이며, 평등 개념의 더 고상한 측면을 대단히 우둔하게 평등한 사람들에게도 안겨 줄 것이다."

린지는 수많은 당대 영화에 관해 논의했지만, 영화의 미래야말로 가장 주목할 가치가 있다고 생각했다. 우리는 모두 출발점부터 함께했기에 혜택을 누리게 됐다. 에디슨은 새로운 구텐베르크가 됐고, 영화의 발명은 상형 문자의 시작만큼 엄청난 진보로 보였다. 언뜻 영화 비평 이론을 개척하려는 시도처럼 보였지만, 린지의 책은 이 수준을 훌쩍 넘어섰다. "수많은 측면에서 미국은 영상 극작가와 제작자 중의 예언자적 마법사들이 자신에게 예비해 놓은 일에 전념하게 될 운명일지도 모른다. 전 국가가 감히 희망하는 것들이 결국에는 달성될 수 있을 것이기 때문이다."[58]

1차 세계 대전이 끝날 무렵, 영화라는 미디어는 새로운 대중문화를 정착시켰다. 이 문화는 오락, 거대 사업, 예술, 현대 테크놀로지의 사후적인 융합으로, 대중 취향에 맞춰 제공되면서도 그러한 취향에서 힘을 얻었다. 새로운 대중문화는 결과물과 과정을 결합한 것인데, 이 중 어느 것도 과거에 통용되던 문화의 교의라는 모체 안에서는 잘 들어맞지 않았다. 영화 예술의 성과는 전통적인 비평 기준으로는 측정할 수가 없고, 독자적인 미학을 필요로 했다. 영화 관람이라는 행동은 수백만 명의 사람들에게 강력한 사회적 의례이자, 동년배와 가족 간의 공유된 가치를 새롭게 경험하고 규정하는 방식이 되었다.

따라서 영화는 더 널리 알려진 전신보다도 훨씬 더 본능적이고 즉각적으로 일상생활에 영향을 미친 커뮤니케이션 미디어였음이 드러났다. 전신은 실시간 정보 전송으로 시공간 지각을 재편했다. 영화는 여가 패턴을 바꿔 놓고 새로운 예술 형태를 탄생시켰다. 그렇지만 새로운 대중문화는 여전히 가정 바깥에서 자리를 잡았다. 1920년대에 이르면, 라디오 방송은 미디어 발전에서 발생한 이 두 가지 혁신적 발전의 영향을 결합하게 될 것이다. 그 결과, 현대 커뮤니케이션의 축적된 위력은 미국의 가정 자체에도 침투하게 됐다.

3

전파로 쌓아 올린 가정

무선에서 방송까지 미국의 라디오,
1892~1940

전신과 영화의 발전은 상대적으로 단순한 역사적 경로를 따라 전개됐다. 이 두 미디어를 창조한 선구자들은 구체적인 문제점에 대한 기술적 해결책을 찾으려 분투했다. 즉 하나는 유선으로 전달되는 부호화된 전기 충격을 이용해 정보를 송신하는 문제였고, 다른 하나는 투사된 동작 사진의 더 완벽한 완성이었다. 이들 미디어가 그 역사 초창기부터 지배적 커뮤니케이션과 문화 개념에 갖는 함의는 놀랄 만한 것이었다.

라디오 방송은 외부 세계를 개별 가정으로 끌고 들어와, 현대 커뮤니케이션에 완전히 새로운 차원을 추가했다. 하지만 라디오의 역사는 이전의 미디어 혁신의 역사보다 훨씬 더 복잡했다. 방송 체제는 한 세대 동안 각기 방치되어 있던 수많은 기술적, 과학적 갈래들을 한데 묶었다. 따라서 전쟁 중 시기를 포함해 1차 세계 대전까지의 무선 테크놀로지와, 이후의 라디오 방송 체제를 구분하는 것이 이치에 맞다. 무선 테크놀로지는 이전의 커뮤니케이션 진보에 필수적이던 것보다 훨씬 더 높은 수준의, 특히 수학과 물리학 부문에서의 과학 지식수준을 전제로 했다. 비록 전 세계의 개별 실험가들이 무선의 진보에 기여하긴 했지만, 이 기술은 궁극적으로 과학 기반 산업과 군이 수행하고 조율한 연구를 통해 기술적 정교함을 달성했다.

라디오 방송은 대규모 전기 장비 제조사들이 개인 소유용 수신기를 판매하기 위해 고안된 마케팅 도구이자 서비스로 시작됐다. 라디오 방송은 일상적 삶의 질 개선이라든지, 예술, 오락, 음악, 교육과 뉴스를 모든 가정에 가져다줄 수 있는 역량 측면에서 엄청난 잠재력을 가졌지만, 이러한 잠재력에는 심각한 모순이 내재했다. 라디오 방송 덕분에, 무선 테크놀로지는 가정이라는 프라이버시 환경에서 공적 영역으로 확산됐다. 그러나 만약 수신기의 소유가 민주적 전망이 있었다면, 송신의 통제권 소유는 어떻게 되는가? 1920년대 동안 라디오의 미래에 관한 논쟁은 구조와 재원 조달 문제에 집중됐다. 전기 관계자들이 이 서비스를 영원히 공급할 것인가? 만일 그러지 못한다면, 누가 비용을 지불하고, 이 서비스를 어떻게 규제해야 할 것인가? 대공황이 시작될 무렵에는 광고가 미국 방송의 토대로 자리 잡았다. 비판가들은 상업적 후원자들이 비용을 지불하는 공짜 방송에 숨겨진 사회적 비용에 대해 우려했다. 한편 라디오에서는 새롭게 찾아낸 프로그램 편성 관행이 안정적으로 정착되었는데, 여기에는 전통적 오락과 뉴스 형태를 혼합한 방식이 정규적인 특징을 이루었다.

돌이켜 보면, 무선 테크놀로지와 라디오 방송에 관한 당대의 평가 중 아주 일부는 지금 우리에겐 다소 공상적으로 보인다. 이는 부분적으로는 오늘날의 방송 미디어가 현재의 구조야말로 가능한 유일한 방안이라는 생각을 끊임없이 내세웠기 때문이다. 그러나 무선 테크놀로지의 의미에 관해 나온 폭넓은 의견이나, 라디오 방송 조직에 관해 나온 다양한 제안을 보면, 현재의 방송 미디어 구현 방식이 영구적일 필요가 없다는 생각이 들게 된다.

과학자들은 전자기식 전신술을 완성하자마자 거의 바로 전선을 제거할 방안을 모색하기 시작했다. 전신의 역사 초기에 독일의 슈타인하일과 미국의 모스 둘 다 전도conduction 방식(흙이나 물을 귀로return circuit로 이용하는 기법)의 전신을 선보였다. 이후 다양한 실험가들이 유도induction 형태의 전신 개발에 성공했다. (한 도체conductor의 전하electric charge가 인근의 다른 도체에도 전하를 유도하는) 정전기 유도 원리를 활용해, 1885년 에디슨은 전선으로 송신한 정상적 메시지 부하를 간섭하지 않고도, 움직이는 기차가 궤도와 나란히 설치된 전신 선로를 활용할 수 있게 해 주는 체제를 개발했다. (전선에 흐르는 전류가 증가 혹은 감소할 때 인근에 또 다른 전류를 유도하는) 전자기 유도 원리를 활용해, 윌리엄 프리스William Preece는 수마

일에 달하는 물 건너 전신 메시지를 보내는 데 성공했다. 1890년대에 영국 우체국의 수석 엔지니어로서 프리스는 나란히 깔린 여러 전선을 이용해, 유선 전신으로 접근이 불가능한 내륙과 소통을 유지하는 실험을 무수하게 수행했다.[1]

이처럼 수많은 작업에도 불구하고, 전도식이든 유도식이든 무선 전신 방법은 뚜렷한 잠재력을 입증하지 못했다. 1880년대와 1890년대 시기 동안 거의 모든 연구자는 이 문제를 물의 장벽을 극복하는, 즉 배와 배 사이, 배와 육지 사이, 섬과 섬 사이의 커뮤니케이션 문제로 접근했다. 에디슨의 괴상한 모토그래프만은 예외였다. 하지만 물을 건너는 용도로는 유도식이든 전도식이든 전신은 심지어 경적조차도 대체하지 못했다. 1892년 하버드의 공학자 존 트로브리지John Trowbridge는 다양한 해상용 무선 전신 계획을 검토해 본 후 다음과 같은 선언으로 결론을 지었는데, 대다수 관찰자는 그의 예측에 동의했다. 즉 그는 "전기를 수단으로 활용해 허공을 통해 이루어지는 무선 전신은 현재로서는 실용성의 요소가 없어 보인다"라고 말했다. 트로브리지가 생각하기에 먼 거리에 걸친 무선 커뮤니케이션 문제는 숙고할 가치가 없어 보였고, 이는 "설혹 실행 가능성이 있다고 해도 아마 결코 사용되지 않을 것이다."[2]

무선 전신술의 궁극적인 과학적 토대는 유도나 전도가 아니라, 공간을 이동하는 전자기파 개념에서 나왔다. 주로 대학에서 훈련받은 영국과 독일의 과학자들이 이 파의 존재와 효용성을 입증하는 데 선구자가 됐다. 1860년대는 19세기의 가장 위대한 물리학자 중 한 명인 제임스 클러크 맥스웰James Clerk Maxwell이 에테르 속의 전자기파의 존재를 수학적으로 예측했다. 빛과 전기 모두 에테르의 진동에서 나온 결과물임을 맥스웰은 입증했다. 양자는 오직 진동률만 차이가 있었다. 그는 전기 진동에 의해 전기파를 생성할 수 있으며, 광파나 음파처럼 탐지할 수가 있을 것이라고 예측했다. 이 전기파는 광속으로 이동할 것이다. 비록 신비롭고 도처에 존재하는 에테르 개념은 이후 과학자들 사이에서 부정되었지만, 이는 맥스웰에게 전자기파의 존재와 행태를 설명하는 데 도움이 되는 편리한 허구 구실을 했다. 20년도 더 지난 후, 하인리히 헤르츠Heinrich Hertz는 전기파를 생성하고 탐지하는 기계를 제작해, 맥스웰의 전자기파 이론을 확증했다. 1888년과 1892년 사이에 헤르츠는 일련의 고전적 실험을 실행해, 전기파가 (소리, 열이나 빛처럼) 반사, 굴절, 압축, 초점 맞추기도 가능하다는 사실을 입증했다.[3]

1890년대 내내 전 세계의 수많은 연구자는 **헤르츠파**Hertzian waves라는 놀라운 현상을 탐구하는 지적 도전에 뛰어들었다. 프랑스의 에두아르 브랑리Edouard Branly와 영국의 올리버 로지Oliver Lodge는 [무선 신호 검출기의 초기 형태인] **코히러**coherer를 완성하는 큰 진전을 이룩했다. 브랑리는 (보통 높은 전기 저항의 성질을 지닌) 유리관 속의 느슨한 금속 가루는 전기 진동이 가해지면 저항성을 상실하고, 응집해서 도체로 변한다는 사실을 발견했다. 로지는 브랑리의 코히러에 초인종 같은 탭퍼tapper 장치를 추가했다. 각각의 연쇄적인 충격은 결맞음coherence과 결깨짐decoherence을 생성했다. 금속 가루 장치가 수동 전신 송신기를 대체했고, 이 덕분에 기록 기구가 메시지를 수신할 수 있게 되었다. 러시아에서는 알렉산드르 포포프Alexander Popov가 수직 전선에 부착된 코히러를 활용해, 대기 교란을 기록하고 폭풍우를 미리 탐지할 수 있도록 설계했다. 그러나 이 과학자 중 그 누구도 정규적인 무선 커뮤니케이션에 헤르츠파를 활용하는 방안을 뚜렷하게 구상하지는 못했다.[4]

하지만 과학계의 다른 인사들은 "에테르 전신aetheric telegraphy"의 잠재력을 대단히 높게 파악했다. 1892년 "에테르 진동이나 전기 광선"에 관한 헤르츠와 로지의 연구에 주목하면서, 영국 물리학자 윌리엄

실용적인 무선 전신을 개발한 전기공학자이자 발명가 굴리엘모 마르코니가 1890년대 최초의 장거리 무선 전신 전송에 사용한 송신기(오른쪽)와 수신기(왼쪽)를 들고 있다.

크룩스William Crookes는 이렇게 썼다.

여기 우리 앞에는 새롭고 경이로운 세상이 펼쳐져 있다. 이는 정보 송수신의 가능성을 담고 있지 않다고 생각하기는 어려운 그러한 세상이다. …… 그러므로 앞으로 발견해야 할 것은, 첫째로 좀 더 단순하고 확실하게 원하는 파장의 전기 광선을 생성하는 수단이고 …… 둘째로는, 어떤 규정된 한계치 사이의 파장에 반응하고, 다른 모든 파장에는 침묵할 정교한 수신기다. 셋째로는, 어떤 원하는 방향으로든 광선 다발을 쏠 수 있는 수단이다. …… 이는 단순히 어떤 공상적인 철학자의 꿈이 아니다. 이를 일상생활의 범위 안에 구현하는 데 필요한 모든 필수 사항은 발견할 가능성이 매우 높다.[5]

젊은 영국 혼혈 혈통인 이탈리아인 굴리엘모 마르코니Gulielmo Marconi는 크룩스의 논문에 자극받아, 헤르츠파에 근거한 진짜 실용적인 무선 전신을 개발했다. 대중의 상상력 속에서, 마르코니는 무선 전신 발명과 가장 밀접하게 연상되는 이름이지만, 이는 지나친 단순화에 불과하다. 마르코니는 무선에서 발명가가 아니라 핵심적인 혁신가로 간주해야 한다. 헤르츠, 로지, 브랑리, 포포프 등이 도입한 장치들을 변형하고 개량하고 장치의 완성도를 높여, 마르코니는 1895년부터 무선 커뮤니케이션에서 가장 실용적인 성과를 달성했다. 대학의 과학자들과 달리, 그는 무선을 어떻게 상업적으로 발전시킬지 명확하게 구상하고 있었다. 처음 시작할 때부터 마르코니는 경영의 재능이 뛰어난 인물들뿐 아니라 최고의 엔지니어들을 조수로 주변에 불러 모았다. 자신의 기술적 기여는 급진적일 정도로 새롭지는 않지만, 마르코니는 모든 프로젝트에 특허를 출원했고, 이렇게 해서 자신의 회사가 지배적 위치를 확보하도록 조치했다. 마르코니는 영국에 있는 외가의 부와 인맥을 잘 활용해, 영국 우체국의 후원하에 방대한 실험을 했고, 1897년에는 영국 자본가들의 지원을 받아 마르코니무선전신회사Marconi Wirelss Telegraph Company를 설립했다. 이 회사는 영국 해안을 따라 들어선 등대와 등선에 무선 장비를 설치하겠다는 계획을 세웠다.[6]

마르코니는 점점 더 먼 곳 사이에 무선 커뮤니케이션을 성공시키면서 대서양 양측의 과학계와 대중 언론의 엄청난 주목을 끌었다. 50년 전, 유선 전신은 그 추동력인 전기의 속성에 관한 다양한 이론에 영감을 주었다. 헤르츠파에 근거한 모든 작업도 에테르의 속성에 관해 좀 더 정교하긴 해도 비슷한 유형의 추론을 불러일으켰다. 특히 저명한 물리학자이자 공학자, 그리고 이후에는 마르코니와 의기투합한 동업자인 J. 앰브로스 플레밍J. Ambrose Fleming은 무선의 중요한 이론적 함의는 메시지 전송 역량보다 훨씬 더 흥미롭다고 주장했는데, 많은 과학자가 그의 견해에 동의했다. "무선의 실용적 용도가 크다는 사실은 의심할 여지가 없지만, 무선은 과학적 견지에서 볼 때 훨씬 더 폭넓은 측면에서 관심을 기울일 만하다. 이는 앞으로 신비로운 에테르의 힘과 위력과 관련해 나올 가능성이 있는 발견에 대해 흥미로운 추론의 전망을 열어 준다는 점에서 그렇다"라고 그는 1899년에 적었다.

수백 년 동안 과학자들은 중력, 빛, 행성의 움직임처럼 온갖 현상을 설명하기 위해 다양한 에테르를 가정했다. 헤르츠의 실험을 통해 확인된 맥스웰의 이론적 작업은, 모든 전자기 현상과 광학 현상을 단일 에테르 내의 기계적 응력mechanical stress 체제로 설명할 수 있음을 입증하는 듯했다. 이처럼 고정된 위치에 한정된 밀도로 되었으며 모든 것을 포괄하는 에테르는, 하나의 물질적 대상이 거리를 통과해 다른 대상에 행사하는 (중력, 빛, 열, 전자기처럼) 지금까지 알려진 모든 힘을 전송하기에는 충분했다. 에테르 가설은 19세기 후반 과학자들 사이에 널리 수용되었다. 1890년대 최초의 무선 장치 개발은 분명 단일 에테르 이론의 권위를 높여 주었다. 그러나 다양한 실험 결과 에테르와 그 속성을 관찰할 수 없음이 드러남에 따라, 물질적 에테르 개념은 더 이상 주장하기 어렵게 됐다. 무엇보다도 1905년에 이르러 아인슈타인의 특수 상대성 이론은, 정지의 절대적 기준을 제공하는 단일 에테르는 존재할 수 없으며, 진공 상태에서 빛의 속도는 어떤 이동성 좌표 체제에 대해서든 항상 똑같다는 사실을 입증했다.[7]

영국의 물리학자이자 무선 개발의 선구자인 올리버 로지는 다음과 같이 에테르에 대한 전형적인 설명을 제시했다. "완벽하게 연속적이고 섬세하며 이해 불가능한 실체로서 모든 공간에 존재하고, 모든 평범한 물질의 분자 사이에 침투해 있으며, 물질 속에 깊이 존재하고 그 수단에 의해 서로 연결되어 있다. 그래서 우리는 에테르를 물체 간의 모든 활동이 수행될 때 의존하는 하나의 보편적 매체로 간주해야 한다." 대다수의 공간에서는 "신축성 있고 거대하며, 에너지로 꿈틀거리고 진동하면서도 전체적으로는 정지해 있는 존재"인 단순하고 변형되지 않은 에테르를 발견할 수 있다. 하지만 여기저기서 힘의 장으로 연결되고 격렬한 운동 상태에 있는 "충전된 에테르 입자"가 존재했다. 이 입자는 물질로 알려졌다. 물리학자에게 에테르 이론은 단순한 통일적 원칙을 제공했다. 에테르는 물질 우주를 이해하는 데 기초적인 범주였다. "이 개념의 모호성은 현재 우리의 지식 상태에서 볼 때 타당한 정도에 불과할 것이다"[8]라고 로지는 주장했다.

그러나 에테르는 중요한 형이상학적 함의도 지니고 있었는데, 이 함의는 새로운 무선 장비의 도움을 받는다면 결국 파악할 수 있을지도 몰랐다. 무선은 어쨌든 인간이 자연의 가장 내면적 비밀에 근접할 수 있게 해 주었다는 느낌은 과거 유선 전신이 유발한 감정과 비슷했다. 무선과 에테르 간의 관계는 "보편적 커뮤니케이션"이라는 오랜 꿈, 즉 전신에 대한 초창기 논평가들이 종교적 측면에서 표현한 꿈을 새롭게 자극했다. 그러나 무선에 관한 토론은 주로 물리학과 생물학에서 은유와 어휘를 끌어왔다.

"에테르 전신"이 어떻게 작동하는지 개념화하고 설명하는 일은 과학자에게 결코 쉬운 임무는 아니었다. "우리는 전류를 하나의 단절 없는 회로를 통해 흘러가는 존재로 간주하도록 훈련을 받았기 때문에, 특히 **전기적인 감각**이 존재하지 않을 때는 전류가 일시적으로 공간 에너지파 상태로 존재한다는 사실을 깨닫기 어렵다." 그러나 아마 앞으로 다가올 "에테르 시대"에는 인간이 전자기파 지식을 통해 새로운 전기적인 감각을 점차 발전시킬 수도 있을 것이다. "우리는 새로운 감각을 키워 나가고 있다. 이는 실로 실제 감각 기관은 아니지만, 새로운 감각 기관과 그다지 다르지 않다. …… 검전기, 검류계, 전화 이런 것들은 섬세한 도구다. 하지만 우리 육체의 감각 기관을 퇴화시키지는 않고, 간혹 놀랄 만한 감수성으로부터 가늠할 만한 거리 안에 들어오기도 한다. 이러한 도구로 무엇을 할 수 있겠는가? 에테르의 냄새를 맡거나 만져 볼 수 있는가? 아니면 에테르와 가장 유사한 존재는 무엇일까? 아마도 유용한 비유는 전혀 없을지 모른다. 그러나 그런데도 우리는 에테르를 다루고, 그것도 면밀하게 다룬다."

아마 보편적 커뮤니케이션의 궁극적 형태인 텔레파시는 보편적 매체인 에테르를 더 잘 이해하면 자연스레 따라 나올지 모른다. 특히 미국의 물리학자인 에이모스 E. 돌베어Amos E. Dolbear는 에테르에서 운동의 종류에 따라 각기 열, 빛, 전기, 자기가 생성되기 때문에, 과학자들은 조만간 에테르를 조작해 뇌파로 사고 이전을 할 수 있게 될지도 모른다고 판단했다. 영국의 과학자 윌리엄 에이어턴William Ayrton은 마르코니에게 이렇게 말했다. 마르코니의 새로운 커뮤니케이션 방법은 "거의 꿈의 땅이자 유령의 땅처럼" 보였는데, "[초자연적] 심리학회에서 계발한 격렬한 상상력 속의 유령의 땅이 아니라, 진짜 물리 법칙에 근거한 실제 원거리 커뮤니케이션"이라는 것이다.[9]

만약 에테르 이론이 물리적 세계와 형이상학적 세계 사이에 걸쳐 있었다면, 대다수의 과학자는 이 사실이 불합리하기보다는 역설적이라고 보았다. 따지고 보면 에테르 이론은 바로 과학자들이 최근 무선 분야에서 이룩한 발견 때문에 더 신뢰성을 얻게 된 것이다. 올리버 로지는 때로는 자연 철학이 비가시적이고 초자연적인 존재에 대한 확신으로 바뀌게 되는 것임이 틀림없다고 말했다.

> 다음 세기나 그다음 세기에 이르러 (전기와 에테르의) 비밀이나 현재 처음으로 합리적 탐구가 이루어지고 있는 어떤 다른 현상의 비밀을 더 깊이 이해하는 날이 온다면, 그 비밀은 마치 단순히 우리 눈앞에서 펼쳐질 물질적 전망이 아니라는 느낌이 들 것이다. 그것은 오래전부터 추구해 오고, 아마도 화가와 시인, 철학자와 과학자 등이 마치 장님처럼 [불완전하게] 파악했으며, 절대적 과학이 아직 탐색하지 못한 우주의 영역을 엿본 듯이 느껴질 것이다.[10]

1902년 마르코니는 무선 전신으로 대서양 건너 신호를 보내는 데 성공해, 무선의 가능성에 대한 열광에 불을 질렀다. 이 시절 두 가지 서비스 영역이 개시됐는데, 하나는 순수하게 상업적인 메시지 송신이었고, 다른 하나는 해양 무선용 장비 판매나 임대였다. 1905년에 이르러서는 오직 마르코니 회사만이 수백 척의 해양용, 상업용 선박을 갖

1907년 리 드 포리스트가 발명한 오디온 진공관 잡지 광고. (출처: *The Electrical Experimenter Magazine*, 1916. 8. vol 4, n 4).

추고 50군데의 육상 기지국을 전 세계에 설치했다. 마르코니 회사는 처음에는 장비를 판매했으나, 곧 전화 회사처럼 커뮤니케이션을 판매하는 정책을 채택했다. 이들은 무선 설비를 임대해 마르코니 회사에서 훈련받은 기사를 두고 오직 마르코니 장비를 구비한 선박이나 육상 기지국하고만 교신하도록 했다.[11]

미국에서는 브리티시마르코니 회사 관계자들이 미국 지사를 출범시켰고, 곧 무선 분야를 지배했다. 이 무렵 미국에서는 정부 후원하에 다른 회사도 서둘러 운영을 시작했다. 미국 기상국은 피츠버그의 전기 엔지니어인 레지널드 페센든Reginald Fessenden을 고용해 일기 예보에 도움을 주기 위한 무선 실험을 실행했다. 1902년 페센든은 전국전기신호회사National Electric Signalling Company를 출범시켜 이후 무선 전신 개발을 주도했다. 또 다른 중요한 미국 무선 발명가인 리 드 포리스트Lee De Forest는 1901년 여러 무선 회사 중 최초의 회사를 설립했다. 이듬해 정부는 드 포리스트를 위촉하고 그에게 절실한 자금을 제공해 시범적인 무선 장비와 기지국을 건설하도록 했다. 이후 드 포리스트는 아마도 1차 세계 대전 이전 시기 미국에서는 탁월하다고 할 수 있는 발명가 반열에 올랐다. 그리고 그의 오디오 진공관은 라디오 송수신에 모두 핵심적인 발명품이었음이 밝혀졌다.[12]

이 시절의 주된 기술적 난관은 '동조syntony'의 완성, 즉 전송기가 다른 수신기를 배제한 채 오직 특정 수신기와 교신하거나 그 반대로 할 수 있도록 무선 장비의 주파수를 맞추는 문제였다. 지점 대 지점 무선 모델은 많은 이들이 간파한 군사적 함의에서 유래했다. 일찍이 1897년 마르코니 자신도 원거리에서 선박의 화약이나 화약고를 폭파시키는 데 무선 전신을 활용하는 식의 군사적 잠재력을 지적했다. 그가 주파수 조율 개선의 시급성을 논의했을 때는 군사적 용도를 염두에 둔 게 분명하다. 다른 이들도 '전자파'로 어뢰의 방향 조정이나 지뢰 발사, 요새 폭파 등에 적용하는 방안의 가능성에 주목했다.[13]

하지만 지점 대 지점 무선 모델은 비군사적 용도도 배제하지는 않았다. 주파수 조정을 더 완벽하게 달성한다면 다양한 부류의 메시지에 대한 보안도 보장할 수 있을 것이다. 따라서 1902년 마르코니의 성공 사례들에 관한 기사를 작성한 레이 스태너드 베이커Ray Stannard Baker는 머지않은 미래에 회사나 심지어 가족까지도 개인용 주파수를 확보하게 될 것이라 예측했다. "거대 전신 회사들은 각자 자체적인 메시지 수신만을 위해 주파수 조율이 가능한 기구를 독자적으로 갖추게 될 것이다. 그리고 전 세계의 모든 중요한 정부들을 위한 특별한 주파수가 마련될 수도 있다. 혹은 아마 (이 체제는 아주 저렴하게 운영될 수 있기 때문에) 거대 은행과 사업체, 심지어 가족과 친지들도 각자 자체적인 비밀 주파수를 보유한 자체적인 무선 체제를 구비하게 될 날이 올 것이다. 다양한 진동 수를 수백만 가지로 변조하면, 주파수는 전혀 부족하지 않을 것이다." 영국의 엔지니어인 윌리엄 에이어턴은 심지어 더 사적인 비전을 제시했다. 결국에는 모든 사람이 자체적인 무선 송신기와 수신기를 소유하게 될지도 모른다는 것이다.

> 어떤 사람이 소재를 알 수 없는 친구에게 연락을 하고 싶다면 커다란 전자기 목소리로 연락해, 수신기가 없는 다른 사람에게는 들리지 않지만 전자기 수신기가 있는 상대방은 들을 수 있게 될 것이다. "자네 어디 있나?" 하고 송신자가 말하면, "나는 탄광 맨 아래층에 있네, 아니면 안데스 횡단 중이거나 태평양 한복판에 있네"라는 작은 답변이 돌아올 것이다. 이것이 의미하는 바가 무엇인지, 매일매일 집안 이 방에서 저 방으로 연락하고, 그다음에는 이 연락이 남극에서 북극까지 확장되는 것을 상상해 보

라. 시끄러운 헛소리가 아니라 듣고자 하는 사람에게만 들리고 원치 않는 사람에게는 절대적으로 조용한 그러한 연락 말이다.[14]

실로 1900년대에는 상당 부분 에이어턴이 상상해 본 대로, 무선의 세계에 핵심적인 새로운 요인이 등장했는데, 바로 아마추어 무선 운영자였다. 미국 전역에서, 상당수의 학생을 포함해 수천 명의 아마추어가 무선 수신기와 송신기를 설치하고 전신 부호를 습득해 스스로 에테르를 차지했다. 여러 가지 유형의 결정체가 저렴하면서도 제작하기 쉬운 전파 탐지기 구실을 할 수 있다는 사실이 발견되자, 1907년 무렵 아마추어 무선 열풍이 불기 시작했다. 1917년에 이르면 8,500명의 아마추어가 전송국을 운영했고, 20만 명에서 30만 명 사이의 아마추어가 수신기를 보유하고 있었다. 아마추어들의 수요를 충당하기 위해 전기 설비와 무선 관련 간행물을 공급하는 소규모 신생 업체가 우후죽순처럼 생겨났다. 아마추어 사이에서 무선 기술이 이처럼 빠르게 보급된 현상은 라디오 진화에도 중요한 영향을 미쳤다. 얼마지 않아, 아마추어들은 해운 서비스나 상업적 서비스 주파수도 간섭하게 되어 전파의 혼란을 부추겼고, 이 때문에 정부 규제가 더 시급하게 필요해졌다. 긴 안목으로 보면, 아마추어 무선 설비는 미래의 연구자와 방송업자에게 소중한 훈련장이 되었고, 이 '아마추어 무선 운영자'는 초기 라디오 방송의 첫 청취자층을 이루게 됐다.[15]

이 시기 무선에 대한 정부 규제는 1904년 루스벨트위원회의 보고서로 시작됐는데, 이 보고서에서는 미국의 무선에 대한 관할을 세 부류로 구분하는 방안을 권고했다. 노동상무부는 상업적 기지국을 감독하고, 전쟁부는 군용 기지국을 담당할 것이며, 가장 중요하게는 해군이 해안 기지국을 통제하게 될 것이다. 비록 법률은 아니지만 이 보고서 덕분에, 무선 분야에서 미 해군의 지배가 정착되고, 해군은 자체적인 체제를 구축하고 수백만 달러를 연구에 투입할 수 있게 됐다. 이후 의회는 선박들이 무선 장비와 기사를 의무적으로 구비해야 한다는 법률을 통과시켰지만, 1912년 라디오법Radio Act이 제정되고 나서야 정부는 무선 규제에 관한 종합적 계획을 수립했다. 이 법은 무선 스펙트럼을 선박, 해안, 아마추어, 정부 주파수로 구분했다. 또한 상무장관에게 광범위하면서도 서로 모순된 권한을 부여했다. 상무장관은 기지국에 파장과 시간 한도를 할당할 수는 있지만 허가증 교부를 거부할 권한은 없었다. 1927년까지 이 법은 라디오의 기본법으로 계속 유지됐다. 이 법이 방송을 언급하지는 않았지만, 바로 방송이 시작되는 시점에는 방송의 기본법 구실을 했고, 이 때문에 1920년대 미국 라디오에 독특한 혼란을 부추기는 원인이 되었다.[16]

무선 전신이 외관상 안정을 찾아가는 듯 보이는 동안, 두 가지 서로 관련된 사태 전개, 즉 하나는 과학적이고 다른 하나는 정치적 요인이 여기에 개입하게 됐다. 바로 무선 전화와 1차 세계 대전이었다. 과학자들은 1900년 전후 무렵부터 무선으로 사람의 목소리를 송신하는 작업을 통해 여러 가지 장애를 극복하려 했다. 바로 목소리의 고음역 화성을 충분히 일관되게 전송할 수 있는 균질의 고주파 전기파를 생성하는 작업이라든지, 음파에 맞추어 전기파를 변조하는 수단이라든지, 목소리에 계속해서 민감하게 반응하는 수신기라든지, 적절한 중계 수단으로 무선 전화와 유선 전화를 연계하는 방안이 이러한 난관에 속했다. 초기의 무선 전화 실험가들은 종종 당대의 실천에 비해 너무 앞서 나간 바람에, 공학의 현실이 자신들의 수준에 맞춰 더 발전할 때까지 수년간 기다릴 필요가 있었다. 1910년에 이르러 페센든과 드 포리스트는 무선으로 목소리와 음악을 전송하는 데 성공해, 우연히 이를 듣게 된 무선 운영자들을 놀라게 했다. 페센든은 인간의 목소리 송신에 필수적인 연속적인 '비감쇠undamped'파 생성에 고주파 교류발전기alternator를 이용하는 데 처음으로 성공했다. 드 포리스트는 수신된 전파를 변조하고 동시에 고출력 파를 생성해 전송하는 데 사용될 수 있는 3요소 진공관, 혹은 **오디온**audion에 특허를 출원했다.[17]

무선 전화의 완성은 주로 여러 대기업과 연방 정부의 연구 개발과 관련이 있었다. 민간 기업과 정부는 심지어 이 프로젝트에 직접 동참하기도 했다. AT&T는 무선 전화가 자칫 잠재적으로 위협적인 경쟁자가 될까 경계하면서 방대한 연구에 노력을 기울였다. 벨 시스템의 실험 연구 책임자인 프랭크 주잇Frank Jewett은 만년에 이렇게 회고했다. "AT&T 회사가 보기에, 전화 기술이 …… 진전을 이룩하고 이 서비스에 투입된 자금을 보호하려면, 항상 라디오에 관해 전면적이고 철저하고 완전하게 이해하고 있어야 한다는 사실은 분명했다." 1913년과 1914년 AT&T는 드 포리스트의 오디온과 관련 발명품의 특허권을 모두 매입했고, 곧 유선이든 무선이든 전화에서 진공관 이용과 관련된 특허와 특허권을 모두 보유하게 됐다.[18]

1915년 미 해군과 AT&T는 공동으로 대륙 횡단 유선 전화와 대양 횡단 무선 전화 실험을 실시해 최초로 성공을 거두었다. 제너럴일렉트릭General Electric(GE) 역시 이 무렵 이 분야에 뛰어들어 장거리 무선용 고주파 전송기 제작과 진공관 완성도 제고에 주력했다. 아메리칸마르코니 역시 진공관과 관련 무선 부품에 귀중한 특허가 있었다. 1차 세계 대전을 계기로 무선은 더 주목받게 됐다. 유럽과 미국의 군대는 항공기, 선박, 보병용 무선 장비가 필요했다. 미국 정부는 참전과 동시에 모든 무선 기지국을 인수하고, 미래의 상황 전개에 특히 중요한 사실로는, 제조사에게 특허 침해를 둘러싼 법적 조치로부터 보호를 약속했다. 따라서 전시 동안 무선 장비 대량 생산의 압력 때문에, 특허의 장벽은 제거되고 무선 연구는 호황을 이루었다. 전쟁을 계기로 무선용 부품, 특히 진공관 제조에서 공동 작업이 널리 시도되었다.[19]

전후 무선의 주된 용도는 대양 횡단과 해양용 커뮤니케이션 분야와 더불어 장거리 전화용 부수 테크놀로지 분야가 될 것이라는 데 기업과 군 연구자들은 의견이 일치했다. 전시에 진공관, 전송기와 다른 무선 장비 제조사이던 GE와 웨스팅하우스는 이 수익성 있는 사업을 평시에도 유지할 방안을 모색했다. AT&T는 전화 서비스 개선에 새로운 무선 테크놀로지를 활용하는 실험을 계속했다. 그리고 아메리칸마르코니는 연방 정부가 모든 기지국을 반환해 줄 것이라 기대하고는 미국의 무선 분야에서 주도적인 세력으로서의 위상을 회복할 것이라 희망했다.

연방 정부 역시 전후 미래의 무선에 강한 관심을 두고 있었다. 윌슨 행정부는 국제 커뮤니케이션 분야에서 영국의 지배력에 도전하고 이를 통해 미국의 상업적 이익을 진전시키기를 희망했다. 무선 기지국에 대한 전시 정부 통제를 영구화하는 법안의 의회 통과가 실패하자, 행정부는 다른 전략을 추진했다. 1919년 브리티시마르코니 관계자들은 전시에 대양 횡단 작업에 활용되던 고출력 무선 전송기인 알렉산더슨 교류 발전기Alexanderson Alternator의 독점적 권리를 사들이려고 GE와 협상했다. 당시 GE는 정부 전시 후원이 끝나자 자금 압박을 받던 상태였는데, 이 영국 회사만이 GE의 유일한 잠재적 고객인 듯했다. 정부가 여기에 개입해 일련의 길고 복잡한 협상 후, RCA(Radio Corporation of America)가 탄생하는 데 산파 노릇을 했다. RCA는 GE를 대주주로 두고 (영국인이 통제하던) 아메리칸마르코니를 인수해, 미국이 세계 커뮤니케이션 분야에서 강력한 지위를 유지할 수 있도록 했다. 정부가 모든 무선 육상 기지국을 통제한다는 방안은 영국인이 어쩔 수 없이 회사를 매각하도록 한 비장의 카드였다.

GE와 RCA는 (RCA의 주식을 대거 매입한) AT&T, 그 자회사인 웨스턴 일렉트릭Western Electric과 동맹을 맺어 그 과정에서 수천 건의 무선 특허를 공동 관리했다. 복잡한 무더기의 상호 허가 협정이 체결된 후, 이 업종에서는 다음과 같이 역할 구분이 이루어졌다. GE는 수신기와 부품을 생산해 RCA를 통해 판매하게 될 것이다. AT&T는 송신기를 판매하고 유선이든, 무선이든 전화 서비스를 통제하게 될 것이다. RCA는 국제 커뮤니케이션을 주 기능으로 삼을 것이다. 정부와 아마추어 체제는 이러한 협정에서 예외로 두었다. 따라서 전시 무선 연구를 통해 정부와 대기업 간에 맺어진 긴밀한 관계는 평화 시에까지 이월되었다.[20]

그러나 방송이라는 새롭고 대체로 예견치 못한 요소는 무선의 세계에 도입된 평화를 거의 즉시 산산조각 냈다. 과학, 아마추어, 군, 대기업 공동체를 막론하고 사실상 그 누구도 방송이 무선 테크놀로지의 주된 용도가 될 것이라 예견하진 못했다. 부호화되지 않은 메시지를 불특정 청취자에게 전송하는 방식은 무선을 대중적 커뮤니케이션 매체로 변화시켰다.

◆

1920년대 초의 '라디오 열병radio mania'은 웨스팅하우스사의 KDKA 기지국이 처음으로 내보낸 정규 방송에 대한 반응으로 시작됐다. 웨스팅하우스 경영진인 해리 P. 데이비스Harry P. Davis는 직원인 프랭크 콘래드Frank Conrad가 차고에서 송출한 아마추어 방송이 피츠버그 지역 언론의 주목을 끌었다는 사실을 발견했다. 어느 백화점은 [자사에서 판매하

늬 무선 장치가 콘래드의 '무선 콘서트'를 수신할 수 있다고 광고했다. 이 광고를 보고 "당시 은밀한 커뮤니케이션 수단으로 무선 전화를 개발하려 추진하던 시도가 잘못된 것이며, 그 대신 이 분야는 정말 널리 홍보 거리라는 생각이 문득 들었다. 사실 라디오는 지금까지 고안된 장치 중 유일하게 실시간 집단 커뮤니케이션이 가능한 수단이었다"라고 훗날 데이비스는 적었다. 1920년 가을 이 회사는 콘래드의 아마추어 기지국을 주 설비의 더 고출력 기지국으로 전환했다. 워런 하딩과 제임스 콕스가 맞붙은 대통령 선거 결과 발표로 시작해, 이 기지국은 아마 겨우 수백 명 정도만 들었을 정규 야간 방송을 시작했다. 전시 라디오 장비 생산이 끝나고 평화가 도래한 후, 웨스팅하우스는 경제적 난관에 빠져 있었다. 웨스팅하우스는 RCA-GE-AT&T 축에서 배제되었기에, 저렴한 수신 장비 판매와 회사 홍보용으로 활용하는 서비스로 방송을 적극 판촉했다. 방송에서 주도권을 장악한 덕분에, 웨스팅하우스는 1921년 봄 대기업 간 무선 그룹 동맹에 참여할 수 있게 됐다. 웨스팅하우스는 RCA 주식 20%를 매입했고, 수신기, 부품 제조에서도 GE와 지분을 나누게 됐다.[21]

KDKA가 서비스를 시작하자마자 수십 군데, 그다음에는 수백 군데에 달하는 방송업자들이 이 분야에 뛰어들었다. 1922년 5월까지 상무부는 330건 이상의 방송 허가를 교부했고, 그해 말 이 수치는 570건에 달했다. 수만 명이 수신 장비와 부속물을 구매하기 시작했다. 이처럼 예기치 않은 수요가 폭증하는 바람에, 라디오 그룹 소속 제조사들은 새로운 청취자와 수많은 방송업자용 라디오 장비 생산량을 맞추려 안간힘을 썼다. 신생사나 종종 정체를 알 수 없는 회사도 우후죽순처럼 생겨나 이 수요를 충족하는 데 힘을 보탰다. 미 전역의 신문과 정기 간행물들은 라디오용 특별 지면을 인쇄하면서 신생 산업의 광고에서 자기 몫을 챙길 수 있기를 바랐다. 1922년에는 약 10만 대의 수신기가 팔렸고, 1923년에는 이 수치가 50만 대를 넘었다. 1923년 라디오 수신기와 부품의 총 판매 수입은 1억 3,600만 달러에 달했다.

초기 방송은 독립된 상업적 기업으로 운영되지는 않았고, KDKA의 선례를 따라 그 대신 기본적으로 상품 판매업의 부수 업체가 되었다. 최초의 방송사업자는 세 가지 종류로 구분되었다. 즉 라디오 장비 판매업자, 신문, 호텔, 백화점처럼 자선과 무료 광고를 지향하는 방송사, 그리고 종교, 교육 기관이었다. 예컨대 1922년에 허가받은 570개 방송사 중에서 라디오와 전기 제조업자가 231개를 소유했고, 신문이 70개를, 교육 기관이 65개를, 백화점이 30개를 보유했다. 이 사업은 폐업률이 높아, 1922년 말까지 이미 94개 방송사가 문을 닫았다. 이 방송사 중 일부는 특허를 소유한 동맹사에서 전송기를 구매했지만, 더 많은 숫자의 방송사는 라디오 그룹을 건너뛰고, 전시에 라디오 훈련을 받은 열성적인 아마추어를 통해 장비를 제작했다.

처음에는 이 모든 방송사가 360미터라는 똑같은 파장으로 운영되었기 때문에, 특히 도심에서는 서로 방송을 간섭해 엉망으로 만들었다. 상무장관이던 허버트 후버Herbert Hoover는 이제는 무용지물이 된 1912년 라디오법의 규정에 따라 네 번에 걸쳐 연례 라디오 회의를 소집했다. 이 회의는 1922년에 시작됐고 어느 정도 규제의 모양새는 갖추는 것을 목표로 삼았다. 방송사업자, 제조사, 아마추어, 연구자들은 점차 방송 스펙트럼을 할당하는 방안을 마련했다. 1923년 회의에서는 방송사를 세 부류로 구분했다. 즉 (이후 '깨끗한 채널'로 불리고, 넓은 영역을 대상으로 하며 간섭이 적은) 고출력, (흔히 시간대를 공유하는) 중출력, (모두 360미터 파장에 의존하는 지역 방송사의) 저출력 등이었다.[22]

이 초창기의 프로그램 편성에는 아주 다양한 자료가 들어 있었다.

1921년경 라디오 방송사 KDKA의 전송실.

1920년대 초에는 정규 프로그램이 드물었고, 방송사 대다수는 축음기 판이나, 지역의 인재가 라이브로 연주하는 대중적이고 가벼운 고전 음악, (아동 대상의 스토리텔링 같은) 토크에 의존했다. 예컨대, 위스콘신대학교의 선구적 방송사인 WHA의 초기 프로그램 일지를 보면, 상상할 수 있는 거의 모든 소재에 관한 라디오 프로그램이 포함되어 있었다. 대개 단발성으로 교수진이 연극 강독을 하거나, 음악 감상, 정원 가꾸기, 전자 기기, 역사 등에 관한 강연을 했다. 그러한 강연은 라디오, 특히 대학교가 운영하는 방송사에서는 주 종목을 이루었다. KDKA 방송사에서는 초보적인 뉴스 보도와 교회 예배의 원격 방송과 함께, 음악 콘서트, 가수, 음반 등이 지배적이었다. 라디오 제조사와 판매업자가 소유한 다른 방송사와 마찬가지로 KDKA는 라디오의 기술적 측면에 관한 강연도 내보냈다. 이 방송은 초기 방송 청취자의 핵심층인 무선 아마추어를 겨냥했다. 이 시기에는 유랑 보드빌 공연자도 라디오 방송에 출연하기 시작했다. 이러한 부류로서 초창기 인물인 가수 웬델 홀 Wendell Hall은 음반과 악보 판매를 향상시키는 수단으로 (종종 출연료도 받지 않은 채) 미 전역의 방송사에서 공연을 했다. 홀은 가는 곳마다 수천 통의 팬레터를 받았는데, 이는 연예인에게 라디오의 홍보력을 입증해 준 예다.[23]

오늘날 우리는 라디오가 곧 방송인 양 여겨지지만, KDKA가 출범한 초기 몇 년 동안 수천 명의 라디오 아마추어들과 무선을 오랫동안 관찰해 온 이들에게는 이 점이 그다지 당연하지 않았다. 1922년까지 미국에서는 1만 5,000명의 아마추어 전송국 운영자가 허가를 보유했고, 이 '아마추어 무선 운영자'는 라디오 분야에서 조직적이고 적극적인 로비 세력을 이루고 있었다. 아마 추가로 25만 명에 달하는 방송 전 단계의 (수신이 가능한) 무선 아마추어와 더불어, 이들은 라디오 산업에 필요한 초기 종잣돈과 청취자를 제공했다. 이들은 최초의 방송사가 등장하기 전에도 또한 이후에도 라디오 장비를 구매하고 최신의 기술적 진전을 따라잡고 있었다. 아마추어들이 보기에, 방송은 단지 라디오로 할 수 있는 여러 가지 응용 방안 중 하나일 뿐이었다. 라디오를 개인들이 아니라 소수의 거대 방송사 중심으로 조직한다는 발상에 이들은 경악했다. 이들은 라디오의 다른 측면은 무시하고 방송 내용에만 관심을 갖는 새로운 라디오 팬을 경멸스럽게 쳐다보았다. 아마추어의 전국 조직인 미국라디오중계리그Amercian Radio Relay League의 광고는 라디오 정기 간행물 독자들에게 '방송 따위에 싫증이 나거든, 우리와 함께 진짜 라디오를 즐기자'라고 촉구했다. 이들이 구상하는 라디오의 미래는 여러 가지 기능을 수행하는 아마추어 무리에 초점을 두었다. 즉 "미 전역의 수천 명의 아이들, 젊은이들, 성인이 동일한 매체를 활용해 서로 대화를 나누는 기능, …… 정기적으로 온갖 기악, 성악 공연이 충실하게 재현되는 콘서트를 청취하는 기능, 대도시의 온갖 중심 기지국이 방송하는 전국 뉴스를 가로채는 기능, 농부들에게 시의적이고 가치 있는 농업 보고서를 수용하는 기능" 등이었다. 그러나 원래 제조업자가 라디오 장비 판매 유인책으로 구상한 방송이 결국에는 방송을 키워 낸 바로 그 사람들을 밀어내고 말았다.[24]

그렇지만 초기의 방송을 들어 보면, 적어도 가족 중 한 사람은 어느 정도 기술적 지식을 반드시 습득해야 한다는 점에서, 방송은 수동적 오락이라기보다는 적극적인 오락이었음을 알 수 있다. 최상의 수신 상태를 유지하려면 끊임없이 배터리, 결정검출기crystal detectors, 진공관을 조정하고 재배치해야 했다. 1924년 로버트 린드Robert Lynd와 헬런 린드Helen Lynd는 계급과 무관하게 미들타운의 모든 주민이 라디오에 빠진 것을 발견했다. "여기서는 숙련도와 창의력이 부유층의 즐거움을 재빠르게 공유하는 마법의 열쇠로서 돈을 부분적으로 상쇄할 수 있다. …… 단지 또 하나의 수동적 즐거움의 수단이긴커녕, 라디오는 상당히 독창적인 조작 활동을 낳았다." 대규모 기지국들이 자유롭게 방송을 내보내는 동안, 수많은 라디오 팬에게 즐거움의 원천은 이 거대 방송사와 수천 명의 아마추어들이 만들어 내는 소음과 잡음 가운데서 깨끗한 음질을 수신하려는 바로 그 투쟁에 있었다. 가능한 한 가장 원거리의 기지국에서 전파를 수신하려 하는 컬트적인 'DX질'●은 여러 해 동안 강하게 남아 있었다. 1924년 새로 취미에 뛰어든 어느 라디오 팬이 적었듯이, 다양한 프로그램은 그에게는 그다지 흥밋거리가 되지 못했다.

> 라디오에서 흥분되는 부분은 무선 커뮤니케이션의 내용이 아니라 교신이란 사실 바로 그 자체에 있어요. 이는 부품들이 끊임없이 일으키는 난관에 맞서 내 재치, 지식, 자원 동원력을 겨루어 보는 스포츠 같은 거거든요. 당신이 상상하는 것처럼 장비를 산 후 마음 내키는 채널에 주파수를 조율해 맞추는 정도의 문제가 아니에요. …… 언젠가는 나도 라디오 프로그램에 아마도 흥미를 갖게 되겠죠. 하지만 현 단계에서 프로그램이란 호출 부호 찾기 막간의 심심풀이일 뿐이에요.[25]

그러나 '오락 제공, 문화 확산, 높은 도덕성 수준 계발과 국가적 통합 촉진'의 잠재력을 갖춘 방송 내용에 대단히 열중하는 그 청취자 비

● 무선 교신 동호인들이 잡음을 극복하고 최대한 원거리 수신, 교신을 달성하려고 온갖 수단을 강구하는 취미 활동을 말한다. 원래 DX는 전신 시절 '원거리'를 의미하는 부호로 사용되었다. — 옮긴이

율은 곧 순수한 매체로서의 라디오에 매료된 층을 압도해 버렸다. 새로운 대중 청취자의 상당한 부분은 소규모 기지국과 아마추어 규제를 요구하기 시작했다. "이미 거대 방송사에서 전송하는 콘서트와 보도를 듣고 있던 사람들은 어느 날 자기 동네의 지직거리는 소규모 송출 장비에서 내보낸 잡담이 넘쳐나고 있음을 깨달았다"라고 1922년 어느 필자는 보고했다. 또 다른 필자는 "방송이 온 나라를 마을 모임으로 바꿔 놓았다. 그러나 의장도 의사 진행법도 존재하지 않는다. 이는 전파에 무정부 상태를 초래할 것이다"[26]라고 주장했다.

누가 비용을 댈 것인가 하는 문제와 함께, 바로 새로운 서비스의 구조를 어떻게 정할 것인가가 방송의 미래에 관한 논의를 지배하게 됐다. 대규모 제조사가 가능한 한 많은 장비를 팔아 치우고 난 후, 그리고 언론이 라디오 호경기에서 가능한 판매 부수와 광고를 다 쥐어짜고 난 후에는, 이 두 가지 재원이 고갈될 것이라는 데는 모두 의견이 일치했다. 이 시절에 제안된 다양한 계획은 정부와 민간이라는 두 가지 주제목하에 묶을 수 있다. 수신 장비 판매 세금이나 인허가 비용으로 재정을 감당하고 라디오를 정부 통제하에 두는 방안에는 방송을 공공시설로 규제할 정부위원회가 필수적일 것이다. 좀 더 제한된 계획은 고정된 비율의 파장을 연방 방송 체인용으로 확보해 놓는 방안이었다. 대안적 정부 통제 형태는 시나 주 단위 수준에서 진행될 수도 있었다. 사실 초창기에 가장 안정된 일부 방송사는 시나 주립대학교에서 설립한 것이었다.

심지어 정부 관여를 반대하는 의견 중에서도 합의는 이루어지지 않았다. 업계 대기업 동맹 내부에서는 심각한 알력이 일어났다. RCA 회장인 데이비드 사노프David Sarnoff는 라디오 제조사와 판매사가 출연한 공동 기금 조성을 선호하는 입장의 주동자였다. 사노프의 견해로는 "방송의 문제점은 근본적으로 전송자 측에 있었다." 모든 의견 중에서도 그는 가장 중앙 집중화되고 독점화된 비전이 있었다. 1924년 사노프는 라디오 방송 연합이 미 전역을 담당하는 이를테면 여섯 군데 "초 고출력 방송사"를 개설하자고 제안했다. "[라디오] 산업은 공중에게 판매되고 그들이 구입한 장비가 얼음 없는 냉장고 신세가 되지 않도록 방송사를 적절하게 유지하고 지탱할 책임을 스스로 져야 한다"라고 그는 주장했다. 반면에 AT&T는 전화의 모델을 따라 방송을 벨 시스템의 독점 서비스로 만들려고 했다. 1923년 AT&T 라디오 담당 부회장인 A. H. 그리스월드A. H. Griswold는 각 공동체의 지도자들이 방송 단체를 결성하자고 제안했다. "그 단체용으로 우리가 방송사를 설립, 소유, 운영할 것이다. 이 단체가 모든 프로그램을 제공하고, '공중'에게 그들이 원하는 것을 주겠지만, 우리는 이 업종에 알려진 최신 시설을 갖추게 될 것이다. …… 방송이 전화 업무이고, 우리는 전화 종사자이며, 그 누구보다도 우리가 그 일을 더 잘할 수 있다는 사실은 변함이 없다."[27]

미국 방송의 토대로 최종적으로 부상한 계획안은 수용자가 아니라 수용자에게 도달하고자 하는 광고주에게 비용을 부담시켰다. 광고주가 라디오 설비를 빌려 사용하는 요금 방송은 AT&T에서 실험적으로 시작됐다. 이 회사는 1922년 뉴욕시의 WEAF 방송사를 대상으로 광고주에게 '시간을 판매'하기 시작했다. 어떤 핵심적인 기술적 장점을 활용해 WEAF는 요금 방송을 광고주와 방송사에 모두 큰 수익을 안겨 주는 서비스로 만들었다. 자체 보유한 방대한 장거리 전화 선로를 이용해, AT&T는 WEAF를 전국의 수많은 다른 방송사와 연결해 최초의 네트워크 방송을 구축했다. 1924년 정당 전당대회 행사와 스포츠 행사 같은 사안의 원격 방송 덕분에, WEAF는 초창기의 가장 중요한 라디오 방송사로 떠올랐다. 벨 시스템의 전화선을 네트워크와 원격 방송에 활용한 사례는 사람 목소리 전송용으로 고안된 유일하게 전국적 선로 체제가 엄청난 위력을 지니고 있음을 뚜렷하게 부각했다.

　AT&T가 이러한 이점을 강하게 추진하는 바람에, 요금 방송은 번창했다. 후원사들은 〈잘 준비된 시간Everready Hour〉, 〈방랑시인 이파나 Ipana Troubadors〉, 〈테이스티 로퍼Tasty Loafers〉 등의 프로그램 비용을 지불하고 직간접인 광고를 내보냈다. AT&T는 네트워크 비가맹사에 대해서는 상업적 방송 선로 제공을 거부했다. 또한 웨스턴일렉트릭에서 장비를 구매하지 않았거나(대대수가 여기 속했다), AT&T의 특허 사용 허가를 받지 못한 방송사업자에게도 선로 제공을 거부했다. 특허 동맹을 포함해서 AT&T 장거리 선로 이용을 거부당한 방송사들은 네트워크와 원격망 연결 대신에 열악한 전신 선로로 고군분투했다.[28]

　상무성은 요금 방송을 지지하고는, WEAF의 실험에 격려를 보내고 이 방송사에 선망 대상인 고음질 채널을 제공했다. 허버트 후버는 라디오 광고에 대해 쏟아진 언론의 비판에 신경이 예민해져, 상무장관으로서 자신의 라디오 정책과 직접 상충되는 공적 입장을 취했다. 여러 연설과 인터뷰에서 후버는 "그처럼 위대한 서비스와 뉴스, 오락, 교육의 가능성이 상업적 목적이란 핵심을 위해, 광고란 잡담에 빠져 익사하도록 방치하는 일은 상상할 수조차 없다"라는 식의 주제를 반복했다. 1924년 광고의 영구적 재원을 어떻게 마련할 것인지 해명해 달라는 압력을 받고도, 후버는 여전히 대답을 망설였다. 그러나 만약 방송사업자가 "라디오를 통해 신발이나 다른 상품 브랜드를 [판매하려 한다면] 라디오 청취자는 사라질 것이다. 사람들이 이를 용납하지 않으려 할 것이다. 상상할 수 없을 정도로 재빨리 라디오 산업을 멸종시키게 될 것이다"라고 그는 주장했다.

그러나 워싱턴의 라디오 회의나 상무성의 일상적 결정에 이르면, 후버는 기술적 문제에서는 거대 라디오 회사의 조언에 크게 의존했고, 다른 형태보다는 상업적 방송사업자를 선호했다. 상무부는 또한 방송사와 할당된 파장의 판매도 허용했는데, 이 때문에 라디오 채널은 사실상 사유 재산으로 전락하고 말았다. 이는 정부가 방송사업자에게 일시적 허가를 부여한다는 원래의 개념을 훼손했고, "전파 교통망에 대한 공중의 권리를 확립"하겠다는 후버 자신의 약속도 깨트리고 말았다.[29]

　　후버는 라디오라는 주제에 대해서는 자신의 공적인 태도를 위장할 필요가 있다고 느꼈을지 모르지만, 광고주들은 자신들의 입장을 노골적으로 드러냈다. 상업 방송의 승리는 미국의 풍토에서 소비 이데올로기의 실질적인 승리에 해당했다. 1920년대 동안에는 소비재 대량 생산의 가속화로, 미국의 산업계에서 광고의 역할도 크게 확대되기 시작했다. 광고주는 단지 상품뿐 아니라 구매를 통한 행복, 구매를 통한 개인적 성취감 등 삶의 방식도 판매했다. 1930년대까지는 라디오 광고가 총 광고 지출에서 그다지 의미 있는 지분을 차지하지는 않았다. 그러나 상업 방송이 라디오의 모델로 신속하고 철저하게 부상했다는 사실은 확실히 광고 윤리의 문화적, 경제적 위력을 반영한 것이다.

　　광고 종사자들은 공격적이고 대담하게 새로운 커뮤니케이션 미디어를 자기 업종의 확장물로 전락시켰다. 이들은 라디오가 가정 내 가족생활의 친밀한 범위 안으로 침투할 수 있는 엄청난 위력이 있음을 깨달았다. "광고 종사자가 판촉 선전물을 퍼뜨릴 수 있는 얼마나 훌륭한 기회인가"라면서, 1927년 초창기 라디오 상품 판매 컨설턴트인 에드거 펠릭스Edgar Felix는 경탄했다. "여기에는 자신의 가정이란 프라이버시 환경에서 우호적이고, 쾌락 추구적이고, 열광적이고, 호기심 많고, 흥미로워하며 쉽게 접근 가능한 수용자가 무수하게 존재했다." 웨스팅하우스의 해리 P. 데이비스는 "방송 광고란 모더니티의 비즈니스 표현 매체다. 광고는 업계가 자신을 표현할 수 있도록 해 주었다. 라디오 덕분에 미국의 비즈니스 종사자는 미국의 거의 모든 가정으로 들어가는 현관 열쇠를 얻었다"라고 주장했다.

NBC의 개발국장인 프랭크 A. 아널드Frank A. Arnold는 신문, 잡지, 옥외 광고 등 세 전통적 광고 매체에 덧붙여 방송을 "광고의 4차원"이라 불렀다. 아널드는 라디오 광고의 이미지를, 가정에 침투한 일종의 심리학적 도둑으로 정교화했다. 4차원 덕분에 비즈니스 종사자들은 이전에는 도달할 수 없던 심리 공간에 침투할 수 있게 됐다.

> 오랫동안 전국 광고주와 대행사는 특정한 시절의 도래를 꿈꿔 왔다. 그 시절이 오면, 어떤 진화된 위대한 가족 매체가 등장해, 가정과 가족의 성인 구성원이 긴장을 풀고 있는 순간 도달해 이들을 논평과 광고 메시지로 인도해 줄 것이다. …… 그러자 라디오 방송이 도래했다. 바로 우리가 숨 쉬는 공기를 활용하고, 아무리 꼭 잠가 두었더라도 문과 창을 통해 전국의 가정으로 들어가는 도구로서 전기를 이용해서 말이다. 이 방송은 어디에 배치됐건 대형 스피커를 통해 뚜렷하게 메시지를 전해 준다. …… 가족 구성원이 모인 가운데, 긴장을 푸는 순간에, 라디오의 목소리는 오락 프로그램이나 광고 메시지를 수용자에게 전해 준다.

1929년 광고 역사학자인 프랭크 프레스브레이Frank Presbrey는 "백화점의 판매대가 전파로 가정에 바로 전달될" 미래의 텔레비전 방송을 예견했다. "매일 아침 일정한 시간에 가정의 라디오 바로 앞에 앉아 매일매일의 가게 뉴스를 들으러 주파수를 맞추는 수십만 명의 여성에게, 백화점 판매원이 컬러 영상과 마이크를 갖춘 카메라 앞에 직물 두루 마리를 펼치거나 다른 상품을 진열하게 되고, 판매 문구를 읊는 날을 상상해 볼 수도 있다."[30]

1920년대 말에 이르면 라디오 세계에서 세 가지 중요한 발전이 이루어지면서, 방송을 상업적 홍보 매체로 보는 광고주의 인식도 합리화된다. 방송이 등장하면서, 특허 동맹 간에 맺어진 원래 협정은 무용지물이 됐다. 1926년 이 회사들은 라디오 세계에서 자신의 역할을 새롭게 규정했다. 새 협정의 핵심은 AT&T가 자체 방송을 포기하고 WEAF 방송사를 RCA에 매각하기로 한 결정이었다. 그 대가로 RCA, GE, 웨스팅하우스는 NBC를 설립해 오로지 방송에만 전념하고 AT&T의 전선망을 임대하기로 계약을 맺었다. NBC는 이처럼 강력한 대기업의 후원을 등에 업고, 뉴욕에 근거한 두 네트워크를 통해 전국 라디오 방송을 제공할 준비를 했다. GE와 웨스팅하우스는 계속해서 라디오 하드웨어를 제조하고 일부 방송사도 운영하도록 되어 있었다. RCA도 여러 방송사를 운영하면서 계속해서 GE와 웨스팅하우스 장비를 판매할 예정이었다. AT&T는 독자적인 장거리 선로 체제 구축을 포기하겠다는 RCA의 다짐을 받아냈다.[31]

정부 수준에서는 1927년 마침내 의회가 종합적인 라디오법을 통과시켰는데, 이 조치조차도 상무부의 규제 권한에 도전한 소송의 법적 판결에 따라 어쩔 수 없이 이루어졌다. 1926년 가을 검찰총장의 의견에 따라, 후버 장관은 계속해서 허가를 부여했지만 파장, 출력, 시간 공유 일정을 배당하는 업무는 중단했다. 방송사는 원하는 채널은 무엇이든 자유롭게 이용할 수 있게 됐고, 그 결과 나타난 난맥상 때문에 의회는 조치를 취할 수밖에 없었다. 1927년 라디오법에 따라 일시적으로 연방라디오위원회Federal Radio Commission가 설치되어 새 법의 모호한 언어에 구체적인 의미를 규정하는 업무를 맡게 됐다.[32]

마지막으로, 수신기 시장의 변화 덕분에, 가정용 오락의 중심으로 서 라디오의 인기가 높아졌으며, 이에 따라 라디오 청취의 성격도 바뀌게 됐다. 1920년대 초기에는 제조사들이 주로 방송사 간의 거리를 최대한도로 높일 수 있도록 수신기를 제작했다. 하지만 1925년부터는 음질과 외관에 더 신경을 쓰기 시작했다. 라디오는 전 가족의 마음에 들도록 설계된 하나의 가구처럼 됐다. 부품을 표준화하게 되자, 온갖 제조사의 부품 뒤범벅으로 헷갈려하며 골머리를 썩는 일은 없어졌다. 1928년 라디오 판매업자는 전류를 동력으로 하는 장비를 내놓기 시작했다.[33]

1920년대에는 라디오 방송이 급격히 성장해 10년도 채 안 되는 동안 거대 산업이 출현했다. 1930년에 이르면 600군데 이상의 방송사가 1,200만 이상의 가정에 방송을 내보내고 있었는데, 이 수치는 미국 가정 전체 숫자의 약 40%에 해당했다. 그해에는 판매업자들이 거의 400만 대의 라디오를 판매했고, 이용 중인 장비 숫자는 1,300만 개에 달했다. 상업 방송으로의 이행은 신속하게 진행됐다. 1925년에는 가장 큰 비율의 방송사(235개 사, 혹은 전체의 43%)가 상업 방송에 종사했고, 여기에는 상대적으로 강력한 방송사 대다수가 포함됐다.[34]

1920년대 말이 되면, 미국 방송 체제의 특징을 이루는 모든 요소를 라디오에서 볼 수 있게 됐다. 전국 네트워크의 편성을 지배하는 상업 방송업자와 광고주 간의 동맹, 라디오 장비 제조업자 간의 과점, 취약하고 행정적 관리 수준에 그치는 연방 규제 유형. 그리고 미국의 가정에 수신기가 널리 확산되어 점차 가족생활의 중심 구실을 하게 된 현상이 이러한 특징에 해당한다. 1930년대에는 라디오의 의미에 관한 논의도 라디오 테크놀로지에서 벗어나 이제 전파로 쌓아 올린 가정ethereal home 으로 정기적으로 전달되는 라디오 메시지 내용으로 초점을 옮겼다.

◆

광고주와 상업적 방송사업자 간의 동반자 관계는 라디오 프로그램 편성에 중요한 한계와 제약을 설정하게 됐다. 아마도 일찍이 미국의 정치적, 경제적 체제가 겪은 가장 심각한 위기인 대공황 시기 동안, 상업 방송은 방송에서 허용하는 정치 논쟁의 범위를 엄격하게 제한했다. 방송이 공공 서비스라는 기업적 찬가가 반복되는 데 환멸을 느낀 비판가들이 보기에, 미국 라디오 내부의 근본적인 모순은 격동의 1930년대 동안 더 적나라하게 드러났다. 하지만 프로그램 편성과 전송에서는 원하는 방송 내용을 즉시 창작할 수 있을 정도로 대기업 헤게모니가 철저하게 장악하지는 못했다. 이른바 라디오의 '황금시대' 동안 방송 오락물과 뉴스는 지속적인 문화적 긴장을 반영해 독특하게 혼합적인 특성을 띠게 됐다. 즉 한편에는 이윤 동기의 요구가 자리 잡고, 다른 편에는 전통적 대중문화 형태의 영향력이 여전히 부분적으로 남아 있었다. 라디오의 방송 내용은 방송 구조에 의해 강제된 제한된 정치적, 문화적 척도에 순응해야 했다. 그러나 이 라디오 방송 내용은 유토피아적 충동, 방대한 사회적, 공간적 거리 정복의 가능성 등을 환기시키는 중요한 특징도 포함했는데, 이는 무선 테크놀로지와 초기 방송에 따라다니던 요소였다.

경제 위기는 라디오를 애먹이는 대신에 실제로는 오히려 다양한 방식으로 라디오의 확장을 가속화했다. 불황기에 엔터테인먼트계에서 퇴출된 인재들이 라디오로 유입된 덕분에 라디오는 프로그램 제작에 엄청난 도움을 받았다. 보드빌, 음반 산업, 이민자 민족 대상 극장과 합법적 극장 등은 모두 불황으로 고통을 겪었고, 이 때문에 수많은 공연자가 방송으로 몰려들었다. 재정적으로 탄탄한 전국 네트워크들은 새로

1920년 8월 '디트로이트 뉴스 라디오폰Detroit News Radiophone'(호출 부호 8MK) 방송사에서 방송 준비 중인 모습.

운 인재 유치를 놓고 경쟁을 벌였고, 이를 통해 전국적 수용자를 추구하는 광고주에게 매력적인 창구를 제공했다. (CBS는 출범 시점부터 여러 차례 컬럼비아음반사Columbia Phonograph Company와 파라마운트영화사Paramount Pictures의 재원을 지원받아, 1928년 등장해 NBC 방송망에서 세 번째 전국 네트워크가 됐다). 점점 더 많은 개별 방송사들은 재원이 절실해지자 생존 수단 차원에서 상업 방송이자 네트워크 가맹사로 전환했다. NBC 소유의 두 네트워크에 가맹한 방송사들은 지속적으로 (비후원) 프로그램을 채택해 방영할 때 비용을 지불했다. NBC는 이 방송사들이 후원이 붙은 네트워크 프로그램을 채택할 때는 보상을 주었다. CBS는 이와 차별화된 계획을 개발했는데, 가맹사가 편성표 어디에든 후원 네트워크 프로그램을 선택할 경우, 그 대가로 네트워크는 가맹사에 편성표의 모든 지속적 프로그램을 무료로 제공했다. 이런 식으로 해서 CBS는 개별 방송사가 프로그램을 수용할 것인지에 대한 불확실성 없이 네트워크 후원사에게 시간을 판매할 수 있게 됐다. 이 계획 덕분에 CBS는 큰 성공을 거두었고, 더 오래된 NBC 경쟁사들과 어깨를 나란히 할 수 있게 됐다.[35]

이제 프로그램 편성은 방송 초창기에는 없던 정기성과 전문직주의를 달성했고, 청취자는 후원사로 프로그램을 식별하기가 훨씬 더 쉬워졌다. 전국적으로 프로그램이 방영되는 회사는 시간당 수천 달러를 네트워크에 지불했다. 1939년에는 연간 라디오 광고 총액이 1억 7,100만 달러에 달했고, 8,300만 달러가 전국 네트워크 몫으로 돌아갔다. 식품 음료, 의약품, 담배, 자동차 제품이 라디오 광고 이용에서 선두를 달리는 업종이었다. 네트워크 가맹사는 방송사 중 소수에 불과했지만, NBC와 CBS는 곧 거의 모든 고출력 방송사와 고음질 채널을 소유하거나 통제하게 됐다. 1937년 NBC와 CBS는 전체 685개 방송사 중 210개사를 소유하거나 통제했지만, 이 수치는 와트 기준으로 미국 방송의 총출력에서 88% 이상을 차지했다.

정부 영역에서 보면, 허약한 규제 기구는 계속해서 상업 방송업자들에게 우호적이었다. 연방라디오위원회는 1934년 연방통신위원회 Federal Communications Commission가 상설 기구로 창설될 때까지 연간 단위로 갱신되는 기구로 권한을 유지했다. 1927년 라디오법은 '공익, 편의성, 필요성'을 허가 교부 기준으로 채택했는데, 이는 공공 설비 관련 법에서 빌려온 구절이었다. 연방라디오위원회는 광고주를 특수 이해관계자에서 배제하는 입장을 꾸준하게 취했다. 이 기구는 상업 방송사를 선호하고, 이른바 '선전 방송국'이라 이름 붙인 방송, 특히 노동 조직이나 교육 기관이 운영하는 방송을 부정적으로 대우했다. 따라서 연방라디오위원회는 '공익, 편의성, 필요성'을 상업 방송사업자의 요구를 의미하는 구절로 전락시켰다.[36]

상업 방송사업자는 청취자를 고객이 아니라 라디오 소비자로 규정했다. 오직 후원사와 그 광고대행사만이 방송사업자와 직접 관련된 관계자로 대우받았다. 대행사는 대개 자율적인 라디오 부서를 통해 거의 모든 후원 네트워크 프로그램을 제작했다. 어느 방송 광고 선구자가 이 추세를 묘사했듯이, 대행사는 단지 방송사 설비를 방송사업자로부터 임대했을 뿐이다. 대행사는 "인쇄 광고용으로 계획과 카피, 예술을 준비하듯이, 프로그램을 기획하고 예술가를 고용하며 문안을 작성했다." 상업 방송사업자는 후원사를 위해 어떻게 하면 가능한 한 많은 수용자를 포획할지만 궁리하면 됐다. NBC의 프랭크 아널드가 1931년에 지적했듯이, "방송은 '보편적 프로그램을 구성하는 것은 무엇인가?'라는 질문에 해답을 찾기 위해 계속 시도되는 실험으로 가득 차 있다."[37]

방송은 프로그램 내용에 대한 통제를 넘겨주는 근본적인 실수를 범했다고 다양한 비평가들은 비판했다. 광고대행사는 오직 한 가지, 고객을 만족시키는 데만 관심이 있었다. 따라서 "방송 매체의 더 큰 의미에 관해 조금이나마 남아 있던 이상주의는 사라졌다." 수용자는 자신의 의지를 오직 부정적으로만 표현할 수 있다. 프로그램에 대해서는 직접적 의견을 전혀 제시할 수 없다. 미첼 도슨Mitchell Dawson이 지적했듯이, 방송사업자는 "더 나아가 셀 수 없이 많은 소수파 집단으로 된 이질적인 수용자를 염두에 두고 있어야 한다. 이들은 조금만 불쾌하다고 느끼면 벌 떼처럼 일어나 덤벼들 태세가 되어 있다. …… 어떤 상업 방송사든 공중의 일부라도 외면할 수는 없다. 이 회사의 이윤은 가능하면 많은 수용자가 우호적으로 반응하는 데 달려 있기 때문이다." 한때 광고 카피라이터였다가 사회주의자가 된 제임스 로티James Rorty는 상업 라디오 비판가들의 공통된 정서를 표출했다. 라디오의 문제점은 미국 경제의 문제점이 반영됐다. "[방송 전파를 실어나르는] 에테르는 이 '사업가 중심 문명'이 갖고 있는 사회적, 정치적, 문화적 비정상성이 기괴하게 확대되어 투사되는 거대한 거울이 되었다"[38]라고 그는 1931년에 썼다.

노골적이든 교묘하든 정치적 검열은 출발 때부터 상업 라디오의 특징이었다. 1926년 언론인이었다가 라디오 논평가로 전환한 H. V. 칼텐본H. V. Kaltenborn은 자신의 첫 방송 경험에 관해 묘사했다. 그는 1930년대의 대단히 중요한 추이를 지적했다. "라디오는 기성 질서를 반대하는 어떤 사실에 대해서든 방송을 허용하는 데 대단히 소극적이었다. 라디오의 영향력은 변화보다는 안정화를 향해서 발휘됐다. 어디든 최고의 방송사는 거대 기업 소유다. 이 대기업들은 공적 당국과 공중 전반의 선의에 의존하기에, 방송사는 이들의 심기를 건드리는 모험을 극단적으로 꺼린다. …… 라디오는 현재 통제를 받기 때문에, 독립적 사고를 도발하거나 자극하는 그 어떤 것이든 '지나치게 논쟁적'이라며 거부한다."

네트워크나 방송사가 발언 전에 원고를 요구할 경우, 수정을 요구하거나 그냥 출연을 취소해 버릴 수도 있다. 소수 정당 후보자는 심지어 선거 유세 발언용 시간조차 구매할 수 없는 일도 허다하다. 공공시설이나 은행 비판, 전쟁 반대 같은 주제, 그리고 사실상 어떤 비정통적 경제관도 검열의 손길을 초래했다. 만약 1930년대에 어떤 사람이 라디오 뉴스에만 의존했다면 그 시기의 핵심적 움직임, 즉 조직적 노동 봉기에 관해서는 전혀 아는 게 없었을 수도 있다. (1930년대 중반에 50만 와트의 출력으로 방송을 해) 미국에서 가장 고출력 방송사였던 신시내티의 WLW는 다음과 같은 명시된 정책을 따랐다. 즉 "우리 방송사에서 방영되는 어떤 뉴스 방송에든 파업을 언급하지 말아야 한다"라는 것이다. NBC는 '공적 신뢰와 믿음'을 해칠 수도 있는 프로그램을 종종 취소하곤 했다. 그런데도 윌리엄 그린William Green ●을 자체 노동자문위원회Advisory Council Committee on Labor 의장으로 자랑스럽게 지목했다. 그린은 노동 운동에서 가장 보수적인 부문을 대변해, 공황에 대한 NBC의 대응을 다음과 같이 칭송했다. "곤경에 빠진 인간에게 신체적, 정신적 골칫거리를 잠시나마 잊을 수 있게 도와준다면, 공동체 삶의 심리는 강화되고, 국가적 복지에 위협으로 간주해야 할 사회 불안의 정신도 완화된다."[39]

라디오에 가장 필요한 것은 경쟁이라는 데 비판가들은 의견을 모

● 윌리엄 그린(1873~1952)은 미국의 노동 운동 지도자로서 1924~1952년 사이에 AFL 위원장을 지냈다. 노동조합 운동에서 경영진과의 대결보다는 협력에 초점을 두고, 대외적으로는 노동 입법 등을 통한 제도 개선에 주력한 인물이다. 노사 관계에서 상호 호혜를 원칙으로 표방해 생산성과 임금 인상을 연동하는 소득 정책에도 동의하는 등의 조치로 급진적 노동 운동 측에서 비판을 받기도 했다. 루스벨트 대통령 시절인 1933년 전국경제회복기구National Recovery Administration 산하 노동자문위원회 위원으로 활동하기 시작해, 이후에도 여러 정부 기구에서 노동자 대표로 활약했다. ─ 옮긴이

았다. 라디오의 병폐를 치유하는 가장 흔한 처방은 정부의 인수가 아니라, 영국의 BBC처럼 정부에 의해 별도로 운영되는 네트워크였다. 이러한 유형의 네트워크에 방영되는 프로그램에 대한 통제는 수용자나 그 대표에 의해 더 민주적으로 결정될 수도 있다. 네트워크 광고 대행사 측을 가장 강경하고 적극적으로 비판하는 집단은 '교육 방송'에 대한 요구를 중심으로 결집했다. 영화에서 경험한 바와는 달리, 교육 기관도 초기 라디오 방송에서 의미 있는 역할을 했다. 하지만 1930년대에 이르면, 이 기관들의 방송사는 영향력과 허가를 대부분 잃었다. 전투적 개혁가들의 우산 조직인 라디오에 의한 전국교육위원회National Committee on Education by Radio는 모든 라디오 채널의 15%를 교육 기관 방송용으로 할애하도록 하는 법안을 통과시키려고 적극적인 로비를 펼쳤다. 그러나 상업 방송 관계자들은 격렬하게 이들의 시도를 반대했고 결국 저지하는 데 성공했다.[40]

설혹 교육자나 연방 네트워크 옹호자가 시도에 성공했다손 치더라도, 과연 상업 방송사업자의 영향력을 상쇄할 수 있었을지는 의심스럽다. 이전의 어떤 커뮤니케이션 미디어와도 달리, 상업 라디오는 1930년대의 일상생활에서 영구적인 일부를 이루었다. 라디오는 오락과 뉴스 프로그램을 통해 "바깥에 존재하는" 세상과 사적 영역을 연결 짓는 바람에, 가정의 필수품이 되었다. 광고의 절박함 때문에, 편성되는 프로그램은 마치 새로운 것인 듯한 느낌을 끊임없이 제시해야 했지만, 그 내용은 과도할 정도로 전통적인 문화 형태에 의존했다. 표 4는 1930년대 초와 말에 네트워크 라디오 편성의 대략적인 윤곽을 제시한다. 네트워크 프로그램 편성의 총량 증가가 두드러진다는 사실 외에도, 이 표를 통해 문화적 형태로서의 라디오에 일어난 가장 중요한 전개 사항을 세밀하게 관찰할 수 있다.[41]

특히 코미디언이 진행하는 버라이어티 쇼는 네트워크 라디오의 첫 번째 중요한 스타일이 되었다. 보드빌 포맷에 크게 의존하는 이 쇼는 1930년대 내내 인기를 끌었다. 다수의 스타는 이 형태를 텔레비전에서도 계속 적용했다. (에디 캔터Eddie Cantor, 에드 윈Ed Wynn, 프레드 앨런Fred Allen, 조지 제슬George Jessel 같은) 코미디언일 수도 있고 (앨 졸슨Al Jolson, 루디 밸리Rudy Vallee, 케이트 스미스Kate Smith처럼) 가수일 수도 있는 이 의식의 장인들은 활동의 중심점이자, 후원사 상품과 손쉽게 동일시되는 수단 구실을 했다. 거의 모든 버라이어티 스타는 보드빌이나 정규 연극 무대에서 오랜 경험을 쌓았다. 스튜디오 청중의 활용은 보드빌에 필요한 인간적 상호 작용을 다시 조성했다. 오랫동안 보드빌과 풍자극에서 일부이던 종족적, 지역적 스테레오타입과 사투리 이야기는 라디오에도 손쉽게 이전되었다. 그러나 연기자를 볼 수는 없기 때문에, 눈으로 보는 개그는 당연히 불가능했고, 단발성 농담이나 코미디언과 반듯한 남성 간의 농담 주고받기를 중시하게 됐다.

코미디는 라디오에게 최초로 진정하게 전국적인 흥행 성공작인 〈아모스와 앤디*Amos n' Andy*〉를 선사했고, 이 프로그램은 1928년 전국을 휩쓸었다. 프리먼 고젠Freeman Gosden과 찰스 코렐Charles Correll 모두 라디오에 뛰어들기 전 민스트럴minstrel●과 야외 축제 행사carnival circuit에 오랫동안 몸담았다. 〈아모스와 앤디〉의 등장인물은 남북 전쟁 이전 민스트럴 쇼 캐릭터의 직계 후손이었다. 거만하고 으스대는 사이비 지식

● 민스트럴은 미국에서는 1830년대에 공연 막간의 익살극 형태로 시작되어 남북 전쟁 전후에 크게 유행한 무대 공연 쇼의 하나였다. 얼굴을 검게 칠한 백인이 연출된 춤과 음악, 촌극을 섞어서 공연했는데, 흑인에 대한 스테레오타입에 근거해 웃음을 자아내려 했다는 점에서 인종주의라는 비판을 많이 받았다. 19세기 말에 이르면 쇠퇴해 보드빌 쇼에 밀려났다. ─ 옮긴이

표 4 저녁과 낮 시간 네트워크 라디오 편성 현황*

프로그램 유형	저녁 시간				낮 시간			
	1931 (310)	전체 중 비율(%)	1940 (453)	전체 중 비율(%)	1931 (152)	전체 중 비율(%)	1940 (538)	전체 중 비율(%)
버라이어티	43	14	80	18	8	5	46	9
아마추어			4					
어린이					8		4	
코미디	9		32					
컨트리			12					
일반	16		16				42	
혼합	18		16					
음악	174	56	115	25	34	22	56	10
콘서트	62		28		4		10	
뮤지컬 버라이어티	75		59					
대중성	37		24		30		46	
음반			4					
드라마	47	15	103	23	14	9	349	65
코미디	18		21				5	
다큐멘터리			4		10		19	
일반			14		4			
라이트*	20		24					
연속극							305	
스릴러	9		40				20	
토크	46	15	155	34	96	63	87	16
포럼	5		13					
일반	14		38		96		68	
인간적 흥미			10				4	
뉴스와 논평	13		56				10	
퀴즈와 패널			30					
종교	14		5				5	
스포츠			3					

* 수치는 표시한 시즌 동안 전국 라디오 네트워크에서 한 주당 방영된 저녁과 낮 시간 프로그램 시간을 15분 단위의 숫자로 환산한 것이다. 15분 단위로 환산한 전체 숫자는 괄호 안에 표시했다.

●　라이트 드라마light drama란 진지한 스토리를 가벼운 코미디풍으로 다룬 드라마 장르를 말한다. 영화 〈터미널The Terminal〉(2014)이 전형적인 예다. — 옮긴이

인인 앤디는 민스트럴의 화자를 많이 닮았다. 이 인물의 역할은 아모스로 대표되는 단순하고 촌스러운 '어릿광대역endman'을 지휘하고 통제하는 일이었다. 고젠과 코렐은 얼굴을 검게 칠하는 스테레오타입을 단순히 재생하는 수준을 훌쩍 넘어섰다. 이들은 민스트럴의 전통을 라디오에 각색하는 데 성공했다. 이들 두 사람은 오직 자기 목소리만 활용해 수많은 다양한 캐릭터와 상황을 잘 재현해 냈다. 사실상 수백만 명의 청취자가 기꺼이 공유하는 완전히 새로운 세계를 발명한 셈이다. 이 쇼가 짤막한 익살뿐 아니라 상황적 농담에 의존하게 된 것 역시 방송에 아주 적합한 새로운 유머 형태를 지향했다. 바로 정기적인 시추에이션 코미디였다.[42]

1930년대에 음악 프로그램은 저녁 프로그램 편성에서 절반 이상이다가 4분의 1로 떨어져 급격한 감소세를 보였다. 모든 부류의 라이브 음악, 특히 재즈와 가벼운 고전 음악은 1920년대 라디오의 주 종목이었다. 2차 세계 대전이 끝난 후 음악 프로그램은 다시 한번 라디오의 중추를 이루게 됐는데, 이번에는 디스크자키가 전축으로 음반을 트는 형태였다. 이 마지막 변화는 네트워크 라디오가 쇠퇴하고 지역 편성의 르네상스가 도래하면서 뒤따라 일어났다. 이 변화는 어떤 점에서는 음악의 전성기이던 1920년대 여건을 부활시킨 셈이다.

표 4의 수치는 음악 프로그램에 할당된 시간의 급격한 감축을 보여 주지만, 이 미디어가 미국의 음악 형식에 미친 영향은 측정하지 못한다. 라디오는 컨트리 웨스턴, 블루스처럼 이전에는 고립되어 있던 부류의 미국 포크 음악을 홍보하고 상업화하는 데 다른 어떤 미디어보다도 큰 역할을 했다. 아티스트와 수용자에게 모두 라디오는 미국 포크 음악의 다양하고 풍부한 광맥을 고립시켰던 완강한 지리적, 인종적 장벽을 무너뜨렸다. 라디오는 모든 유형의 미국 음악들이 믿을 수 없을

정도로 서로 풍부하게 자양분을 공급하게 하는 과정을 가속화했다.

드라마 분야에서는 낮 시간 연속극, 혹은 '솝오페라soap opera'의 엄청난 성장이야말로 1930년대의 가장 중요한 단 한 가지 프로그램 현상임이 밝혀졌다. 주로 가정에서 일하는 여성을 겨냥한 이 연속극은 1940년에 이르면 그 자체로도 모든 네트워크 낮 시간 프로그램의 거의 60%를 차지했다. 솝오페라는 대개 수많은 나약하고 우유부단한 친구와 관계자에게 조언과 힘을 보태 주는 강력하고 따뜻한 캐릭터(《엄마 퍼킨스*Ma Perkins*》, 〈그냥 평범한 빌*Just Plain Bill*〉, 〈헬런 트렌트*Helen Trent*〉, 〈클라라 루와 엠*Clara Lou and Em*〉)를 중심으로 전개됐다. 여기서 사건은 그다지 중요하지 않고, 캐릭터 전개만이 절대적으로 중요했다. 비결은 계속해서 상황을 질질 끌면서도 청취자의 충성심을 확보하기에 충분한 정도의 서스펜스를 유지하는 데 있었다.

당시 연구에 따르면, 평균적인 솝오페라 팬이 6.6편의 시리즈물을 정기적으로 청취했다. 허타 허조그Herta Herzog는 100명의 팬을 인터뷰한 후, 일시적인 정서적 해방감뿐 아니라 "사고와 행동 방식을 습득하는 현실 모델"을 제공한다는 점에서 "[솝오페라의] 이야기는 수많은 청취자의 삶에서 떼놓을 수 없는 부분이 되었다"라고 결론 지었다. 어떤 점에서 솝오페라에서는 정말로 중요한 일은 일어나지 않는다. 한두 회를 빼먹었다고 해서 청취하지 못하게 될 만큼 핵심적인 일은 적어도 솝에서는 전혀 일어나지 않는다는 것이다.[43]

범죄, 액션, 서스펜스를 강조한 이른바 심리 스릴러(《서스펜스*Suspense*》, 〈내면의 성소*Inner Sanctum*〉, 〈그림자*The Shadow*〉)는 이 시기 저녁 시간 라디오에서 인기를 끌었다. [스릴러는] 음악과 특수 음향 효과를 정교하게 활용해 효과를 높였다는 점에서, 라디오를 극적인 미디어로 완벽하게 활용한 셈이다.

1930년대 말에는 진지한 드라마가 잠깐 동안 번영을 누렸다. 사실 이는 지나고 나서 생각해 보니 그런 일이 일어났던 것 같다. 1936년 CBS는 [광고가] 팔리지 않고 남은 시간을 때우는 용도로 후원사 없이 컬럼비아 워크숍Columbia Workshop을 시작했는데, 이는 상업적 성공 덕분에 가능해진 부산물이었던 셈이다. 광고 대행사 커넥션과 무관하게, CBS는 인상적인 일련의 드라마 프로그램을 만들어 냈는데, 이는 아마 라디오 드라마의 미학적 정점에 해당했을 것이다. 아치볼드 맥레이시 Archibald MacLeish, 노먼 코윈Norman Corwin, 아치 오볼러Arch Oboler가 라디오용으로 집필한 대본이나, 오슨 웰스Orson Welles가 〈머큐리방송극장 *Mercury Theater of the Air*〉●용으로 각색한 오리지널 운문극verse dramas는 라디오에서 이후 필적할 상대가 없는 창작의 소용돌이를 낳는 데 기여했다. 파시즘에 관한 우화인 맥레이시의 〈도시의 몰락*Fall of the City*〉과 웰스의 유명한 〈우주 전쟁*War of the Worlds*〉 방송은 기존의 믿음을 흔들어 놓고 당일의 현안을 다룰 수 있는 라디오의 엄청난 위력을 입증했다. 맥레이시는 다음과 같은 식으로 라디오를 통해 미국의 시가 부활하는 날을 상상했다. "귀는 수용하고, 수용하고 믿고, 수용하고 창조한다. 귀는 시인의 완벽한 청중이자, 그의 유일하게 진정한 청중이다. 그리고 이처럼 완벽한 친구에게 공적으로 접근할 수 있게 해 주는 것은 라디오이자 오직 라디오뿐이다." 하지만 전체 프로그램 편성과 관련지어 보면, 이 드라마들은 단지 잠시 미학적 결실을 거둔 실험에 불과했다. 이

● 〈머큐리방송극장〉은 미국 CBS 라디오 네트워크에서 1938년 7월 11일부터 12월 4일까지 매주 1시간짜리로 방영된 생방송 라디오 드라마 시리즈다. 주로 고전 문학 작품을 대본으로 삼았고, 오슨 웰스가 제작, 진행을 맡고, 머큐리 극단이 연기를 담당했다. 유명한 〈우주 전쟁〉도 이 시리즈에서 방영되어 화제가 됐다. ― 옮긴이

〈머큐리방송극장〉 리허설 당시 오슨 웰스가 두 팔을 들고 연출하고 있고, 음악 감독 버나드 허먼(뒤쪽 가운데)이 CBS 라디오 오케스트라를 지휘하고 있다.

적으로 충분히 탄탄하지 못했다.[44]

1930년대 말에 이르면, 라디오 뉴스는 사건을 직접, 즉시 보도할 수 있는 미디어 역량을 철저하고 때로는 놀랄 정도로 활용하는 독립적 세력으로 부상했다. 네트워크 뉴스와 논평 프로그램은 회수가 1940년에는 세 배 이상으로 늘어나, 모든 네트워크 저녁 프로그램의 약 14%를 차지했다. 1939년에 〈포춘Fortune〉이 실시한 조사에 따르면, 미국인의 70%는 가장 주된 뉴스원으로 라디오에 의존했고, 58%는 신문이 제공하는 뉴스보다 라디오가 더 정확하다고 생각했다.[45]

신문과 라디오 간의 관계는 단순하고 적대적이지는 않았다. 방송이 탄생한 이래, 양자의 상호 작용은 다음과 같이 공생적 성격을 띠었다. 라디오 관계자들은 신문에 널리 광고를 실어 새로운 미디어를 홍보하는 데 신문을 활용했다. 수십 명의 발행인이 신문을 홍보하기 위해 라디오 방송사를 시작했다. 유나이티드 프레스United Press 통신사와 고객 신문사는 1924년 선거 결과 수집에서 WEAF 네트워크와 협력했다. 1930년대 초 내내, 발행인들은 라디오를 대하는 정책에서 계속 의견이 서로 엇갈렸다. 가장 첨예한 이슈는 AP가 정규 뉴스 기사를 라디오 방송사에 제공해야 하는가 하는 문제였다. 1933년 CBS의 컬럼비아 뉴스 서비스Columbia News Service 출범에 깜짝 놀라, 발행인들은 네트워크사, 주요 통신사, 방송사 대표자 회의를 소집했다. 1934년 초 이들은 비공식적 합의에 도달했다. 네트워크들이 뉴스 수집 사업을 철회한다는 서약의 대가로, 신문-라디오 보도국Press-Radio Bereau이 라디오 방송사에 건당 길이가 30단어를 넘지 않는 간략한 일간 보도를 제공하도록 했다.

그러나 라디오뉴스협회Radio News Association와 범라디오통신사 Transradio Press Servie 같은 신규 독립 통신사의 압력으로 협정은 곧 파기되었다. 이 들는 저널리즘의 옹호자들은 신문-라디오 보도국의 제약에 불만을 품은 독립 방송사에 뉴스를 판매해 호황을 누렸다. 이 통신사들의 성공은 라디오마다 더 많은 뉴스 제공의 욕망이 있음을 드러냈다. 기존의 통신사가 방송사에 뉴스를 판매하기 시작하고 네트워크마다 독자적인 뉴스 취재 부서를 설립하게 되면서, 신문 – 라디오 보도국은 문을 닫았다.[46]

대공황, 뉴딜, 임박한 유럽의 위기로 제기된 복잡한 정치적, 경제적 이슈는 미국인 사이에 뉴스 갈증을 일으켰다. 이에 대한 한 가지 반응은 라디오 뉴스 평론가 형태로 나왔는데, 이 평론가는 일반적 뉴스 상황의 배경을 분석하는 일을 전문으로 담당했다. 이 평론가들은 후원자를 끌어들이는 데 성공했고, 버라이어티 쇼 진행자처럼 청취자가 상품과 동일시하기도 수월한 대상이었다.

라디오 뉴스 보도는 구체적으로 해당 매체를 위해 작성되기 때문에, 긴박감과 현장감을 더 강하게 갖추고 있었다. 예를 들면, 아래 기사의 두 리드를 비교해 보라. 이 기사는 둘 다 1939년 4월 UP통신사가 유럽 정치 상황에 관한 기사로 작성한 것이다. 첫 번째는 신문용 기사다.

런던, 4월 26일 (UP) — 네빌 체임벌린Neville Chamberlain 수상은 오늘 대영제국이 6개월간의 군사 훈련을 위해 20~21세의 모든 남성을 징집할 것이라고 밝혔다.

징집은 정부가 하원에서 도입할 법안에 의해 규정될 것이라고 수상은 말했다. 이 밖에도 이 법은 어떤 예비역이든 모두 소집할 권한을 정부에 부여할 예정이다.

하원의 발표는 아돌프 히틀러 총통의 금요일 연설에 대한 답변이자, 영국이 공격에 맞서 싸울 준비가 됐음을 세계에 알리는 경고이기도 하다.

그다음으로 라디오 버전의 리드는 다음과 같다.

대영제국은 아슬아슬하게 균형을 이루던 유럽의 평화를 보존하려는 절
박한 조치로 오늘 수백 년의 전통을 깨뜨렸습니다.
　　체임벌린 수상은 영국이 의무 군 복무로 군대를 증강할 것이라고 발
표했습니다. 6개월의 훈련을 위해 20세와 21세 사이의 모든 남성을 징집
하기 위해 즉시 법안이 도입될 것입니다.
　　체임벌린의 결정은 히틀러에게 제국의회 연설의 강도를 낮추도록 하
기 위한 극적인 막판 시도입니다. 그러나 베를린에서 오는 소식은 이 시도
가 실패할 것임을 시사합니다.[47]

　　뮌헨 위기 덕분에 라디오 뉴스의 전성기가 도래했다. 유럽에 파견
된 네트워크 논평가들은 전례 없는 24시간 생방송으로 상황을 보도했
다. 뉴욕의 논평가들이 즉각적인 분석을 제시하는 동안, 청취자는 히
틀러, 체임벌린과 다른 주요 인사들의 생생한 목소리를 들었다.[48]
　　아마 미래용으로 가장 중요한 뉴스 프로그램은 신생 잡지 〈타임
Time〉의 홍보 수단으로 1931년 시작된 〈시간의 행진March of Time〉[*]일 것
이다. 〈시간의 행진〉은 한 주 동안의 뉴스 리뷰로 자처하면서, 핵심적
뉴스 사건을 실감 나게 재현했다. 여기서는 유명 라디오 성우들이 동원
되어 휴이 롱Huey Long,[*] 베니토 무솔리니Benito Mussolini, 프랭클린 D. 루

● 〈시간의 행진〉은 시사 잡지 〈타임〉의 후원으로 제작되어 1931년에서 1951년까지 극
장에서 방영된 뉴스 영화newsreel다. 이 뉴스 영화는 주로 라디오 뉴스 시리즈에 근거해 제
작됐다. ― 옮긴이
● 휴이 롱(1893~1935)은 미국 민주당에서도 좌파 포퓰리즘 성향에 속하는 정치인이었
다. 불과 35세에 루이지애나주 주지사로 당선되었고, 상원의원으로 재직 중인 1935년 암살

1938년 극장용 뉴스 영화 〈시간의 행진〉 중 '나치 독일의 내부'편 상영을 알리는 극장 간판.

스벨트Franklin D. Roosevelt와 다른 유명 인물들의 역할을 재연했다. 지금까지 이런 프로그램은 전혀 없었다. 이후의 〈시간의 행진〉 뉴스 영화와 마찬가지로 뉴스 보도를 극적 장치와 결합하는 기법은 장차 텔레비전 뉴스의 세련된 기법의 전조가 됐다. 〈시간의 행진〉은 방송에서 뉴스와 오락, 사실과 환상 간의 가장 노골적인 융합에 해당했다. 이는 그날의 거대한 공적 이슈를 또 하나의 화롯가 드라마로 변질시켰다.

최초의 무선 탐색이 이루어진 후 50년도 지나지 않아, 라디오 방송은 미국 사회의 바로 핵심에 자리 잡고, 경제적, 정치적, 문화적 과정에서 떼놓을 수 없는 일부가 되었다. 라디오는 성숙된 상태에 이른 후 애초에 무선 테크놀로지가 불러일으킨 유토피아적 비전을 달성하게 된 게 아니라 이 충동을 광고 이해관계자용으로 전유하는 데 성공했다. 소비의 이데올로기는 우리가 소유한 것으로는 결코 충분하지 않다는 기초적 메시지를 반복했다. 이 이데올로기는 주로 신화적 과거, 즉 잃어버린 공동체, 잃어버린 친밀성, 잃어버린 자신감 등에 대한 호소를 통해 상품에 대한 욕구를 창조했다. 소비재는 사라진 것을 되돌려주어 우리를 행복하게 만든다고 약속했다. 상업 방송은 광고주의 메시지를, 라디오의 새로운 가정 환경용으로 역사적으로 구체성을 띠게 된 더 오래된 대중문화 형태에 접목했다.

무선 테크놀로지에 대해, 실로 모든 새로운 커뮤니케이션 수단에 대해 좀 더 유토피아적인 태도를 취하는 사람들은 모든 테크놀로지의 진화 환경이 되는 더 넓은 사회적 맥락에 그다지 신경을 쓰지 않는다.

당했다. 같은 당의 루스벨트 대통령의 뉴딜 정책이 지나치게 온건하다고 비판해 유명해졌다. 포퓰리즘적인 빈곤층 수호자이자 파시스트 성향의 선동가라는 극단적 평가가 따라다니는 논쟁적 인물이다. ― 옮긴이 그러나 현재 사적 전송과 공적 수용 사이에 발생한 왜곡을 어떤 식으로든 바로잡고자 한다면, 이 태도는 다시 반성해 볼 필요가 있다.

2부

현대 커뮤니케이션 이론가

4

새로운 공동체를 향해?

찰스 호턴 쿨리, 존 듀이, 로버트 E. 파크의
사회사상에 나타난 현대 매스 커뮤니케이션

전신을 시작으로 새로운 커뮤니케이션 미디어가 연쇄적으로 등장하면서, 이 미디어가 미국인의 삶에 지니는 의미를 놓고 온갖 예측과 추론이 쏟아져 나왔다. 1890년대는 미국 사상가 삼총사가 처음으로 현대 커뮤니케이션 전체를 사회 과정에서 하나의 세력으로서 종합적으로 고려해 보는 작업을 시작했다. 찰스 호턴 쿨리Charles Horton Cooley, 존 듀이John Dewey, 로버트 파크Robert Park는 각기 최근 미디어 테크놀로지에서 일어난 모든 진전에 엄청난 의미를 부여했고, 각자 파악한 함의를 더 폭넓은 사회사상의 중심부에 배치했다. 전체적으로 보면 이들은 현대 커뮤니케이션을 본질적으로 광범위한 도덕적, 정치적 합의를 미국 사회에 복원해 주는 매개체로 해석했다. 바로 19세기를 흔들어 놓으며 균열시켰던 산업화, 도시화, 이민에 의해 사라질 위기에 처했다고 이들이 믿었던 합의였다.

복잡하게 얽힌 전기적, 지적 갈래가 이 이론가들을 서로 이어 주었다. 모두 1859년과 1864년 사이에 태어나, 안정된 소도시의 진취적인 프로테스탄트 성향의 환경에서 자라났다. 미시간대학교의 젊은 철학 강사로서 듀이는 다른 두 사람이 학생이던 시절 이들의 관심사를 형성하는 데 큰 영향을 주었다. 이후 미국 사회학에서 서로 아주 다른 길을 개척하게 되는 파크와 쿨리에게 듀이는 사회가 철저하게 유기체라는 관점을 전수했다. 따라서 사회는 자연법칙의 지배를 받으며 다윈의 유전학적 발생론의 방법을 적용해 연구할 수 있는 대상이었다. 파크와 쿨리는 모두 이후 듀이가 사회에 대한 허버트 스펜서Herbert Spencer식의 유기적 은유를 비판한 데서 강한 인상을 받았다고 회고했다. 듀이의 공식에서 사회란 개별 구성원의 이익 이상을 위해서 존재했다. 그리고 듀이가 개인의 자유를 사회 책임과 조화시키는 데서 커뮤니케이션의 역할을 강조한 것은 파크와 쿨리 자신이 커뮤니케이션을 사회학적 분석의 핵심적인 범주로 정교화하는 작업에도 도움이 되었다.

　세 사람은 이후 비인쇄 매체인 영화와 라디오의 효과도 고려하게 되긴 하지만, 처음으로 이들의 사고를 커뮤니케이션으로 유도한 것은 19세기 말 저널리즘에서 일어난 혁명이었다. 1880년과 1900년 사이에 신문은 오늘날 우리에게 익숙한 대규모 조직과 기술적 진전 단계에 도달했다. 편집 기능의 전문화, 공동 뉴스 수집의 합리화. 사진제판술 완성, 고속 인쇄기, 전국 광고 급증 덕분에 이 시기는 미국 저널리즘 역사에서 분수령을 이루었다. 널리 모방업체를 낳은 조지프 퓰리처Joseph Pulitzer의 '뉴 저널리즘'은 개혁을 추진하는 십자군 운동과 인간적 흥미 위주의 기사, 선정적인 폭력, 섹스, 스캔들 보도를 결합했다. 윌리엄 랜돌프 허스트William Randolph Hearst와 이후 그를 모방한 신문들은 개혁을 시도하는 체하지도 않았다. 그 대신 가장 현란하고 요란스러운 기법으로 판매 부수를 끌어올리는 데 집중했다. 이 시기에는 이전의 좀 더 차분한 간행물과 경쟁하기 위해, 풍부한 화보와 대중 소설을 실은 저렴한 신생 잡지가 우후죽순처럼 생겨났다.

　듀이는 "약간의 신문 비즈니스를 가미해 철학을 다소 변화시키길" 희망했다. 그는 파크를 비롯한 동료들과 협력해, 비록 실패하기는 했지만 새로운 종류의 신문을 출범시키려 시도했다. 바로 현대 저널리즘의 기법을 적용해 사회 과학에서 나온 최신의 발견을 널리 알리는 신문이었다. 이 시도가 실패한 후, 듀이는 과학적, 철학적 탐구 결과를 뉴스 미디어로 널리 알린다는 이상을 계속해서 전파했다. 파크는 사회부 기자, 홍보 대변인, 대학교 사회학자의 경력 사이를 오갔다. 그는 인쇄된 사실이 공중에 어떻게 영향을 미치는지와 관련된 철학적 측면을 연구하기 위해 저널리즘을 그만두고 하버드와 베를린에서 대학원 공부를 시작했다. 쿨리는 개인적으로 새로운 저널리즘으로부터 초연한 상태였다. 그럼에도 불구하고 사회 질서에서 커뮤니케이션의 역할에 대한 자신의 좀 더 성찰적인 검토의 계기를 당대의 미디어에서 일어난 변화에서 발견했다.

서로 배경도 공통되고 감수성도 유사하다는 점을 감안할 때, 쿨리, 듀이, 파크가 모두 전반적으로는 현대 커뮤니케이션의 전망을 낙관적으로 추정하면서도 어떤 해결되지 않는 긴장감을 공통적으로 갖고 있었다는 사실은 놀랍지 않다. 세 사상가 모두 파크의 표현대로 미디어의 "지칭적referential" 기능, 즉 사상과 사실의 커뮤니케이션에 대한 선호를 일관되게 드러냈다. 따라서 이들은 듀이가 "조직화된 지성"이라 부른 것을 공중에게 전파하는 데 현대 커뮤니케이션이 갖고 있는 엄청난 잠재력에 초점을 맞추었다. 그러나 미디어의 "표현적expressive" 기능 — 감성과 감정의 커뮤니케이션 — 에 대해 꾸준히 남아 있는 불안감은 이처럼 좀 더 확장된 시각을 늘 따라다녔다. 이들은 조직화된 지성의 광범위한 확산에 기반을 두고 폭넓은 토대에 근거한 여론이 현대적 이익 사회gesellschaft를 저지할 수 있을 것이라 희망했지만, 새로운 미디어의 표현적 측면이 이익 사회를 오히려 강화할까 우려했다. 따라서 이들은 현대 미디어가 초래한 새로운 대중문화에 대해서는, 적어도 자기들이 보기에는, 현대적 삶의 피상성과 긴장을 강화할 뿐이라는 점에서 유보적 태도를 취했다.

이 사상가 세대는 현대 커뮤니케이션 연구를 하나의 새로운 연구 분야로 확립했다. 동시에 세 사상가는 새로운 미디어 자체를 미국 사회가 직면한 사회 문제에 대한 잠재적으로 중요한 해결책으로 규정했다. 그러나 이들은 이 미디어가 자신의 생애 동안 어떻게 실제로 발전하고 작동하는지 연구하기보다는 새 미디어가 어떻게 미국인의 삶을 개선할 수 있을 것인지에 대한 추론을 선호했다.

◆

"진정한 사회학은 체계적인 자서전이다. 사회의 전체 조직과 진보는 정신 속에 존재하며, 나를 비롯해 나와 비슷한 사람들은 사회가 우리에게 어떤 의미가 있는지 알게 되는 한도까지만 사회를 이해할 수 있다"[1]라고 찰스 호턴 쿨리는 1902년 일기에 써 놓았다. 이 발언은 쿨리가 미국의 사회사상에 기여한 부분을 상당히 자세히 보여 줄 뿐 아니라, 그의 개인적 삶이 그의 사상을 어떻게 형성했는지 이해할 필요성도 부각해 준다. 당시 신생 사회학 분야에서는 사회적 – 문화적 영향을 배제하고 유전과 개인주의를 강조하던 사회학에 대해 비판적인 진영이 늘어나고 있었는데, 쿨리도 그중 일부였다. 쿨리는 허버트 스펜서의 사회학 이론에서 개인의 자유를 지지하는 부분과 사회의 유기체적 성격에 대한 통찰을 드러내는 부분 사이에서 중요한 틈새를 발견했다. 쿨리는 자신의 저작에서 인간이 어떻게 사회화되는가 하는 문제를 탐구해 이 틈새를 메우려 했다. 쿨리의 저작에서는 세 가지 주요 주제를 추출할 수 있는데, 바로 자아와 사회의 유기적 통일성, 정신적 현상으로서의 사회, "일차 집단primary groups"의 교의다. 여기에 근거해 쿨리는 현대 커뮤니케이션의 호혜적 위력을 믿게 됐지만, 때로는 이 새로운 미디어에 대한 꺼림직함이 이처럼 전형적인 진보 시대의 철저한 낙관론을 관통했다.

쿨리는 1864년 미시간주 앤아버에서 원래 서부 뉴욕 출신의 조합교회주의Congregational● 가족의 여섯 자녀 중 네 번째로 태어났다. 그해

● 조합교회는 캘빈주의 성향의 개신교 일파로 회중교회라고 불리기도 한다. 프로테스탄트 교회 초기의 정신에 충실해 직업 성직자의 존재를 부정하고 모든 교인이 성직자라는 신

쿨리의 부친인 토머스 매킨타이어 쿨리Thomas McIntyre Cooley는 미시간 주 대법원 판사로 임명되어, 훌륭한 법조인 경력의 정점에 도달했다. 야망이 크고 열정적이며 경쟁심이 강한 그의 아버지는 가난한 농촌 배경에서 자기 직업의 최정상에까지 올라섰다. 소극적이고 내성적인 젊은 찰스는 일찍부터 고압적인 아버지를 어려워했다. 그의 일기와 편지를 보면, 쿨리가 8세와 20세 사이에 건강 악화로 고생했음을 알 수 있다. 만성 변비에다 언어 장애, 심각하게 소심했던 쿨리는 극도로 차단된 내면생활에서 위안을 얻었다.

수년 후 그는 이 내면생활이 그의 신체적 어려움의 원인은 아닌가 하는 생각이 들었다. "어린 시절 내내 나의 야망과 실제 상태 사이의 격차는 매우 컸고 때로는 고통스럽기도 했다. …… 좀 더 열정적인 삶은 늘 꿈속의 삶에 불과했다. 나는 행동은 적게 하고, 독서는 많이 했으며, 상상은 무한하게 했다. 나는 거의 모든 시간을 압박감 상태나 무감각 상태에서 보낸 것 같다. 즐거움 속에서 보내는 시간은 거의 없었다." 젊은 시절 그의 명상과 상상은 곧 일기 형태를 취하게 됐는데, 그는 40년 이상 이 글을 상당히 규칙적으로 썼다. 쿨리는 노년에 이르러 이 글이 그다지 따뜻한 기록은 아니지만, "내 삶을 장악하고 통제하려는 치열한 시도"였다고 말했다. 더 나아가 그는 자신의 사회학이 "내 일기의 연장, 확대, 입증"[2]이라고 믿었다.

건강이 나빴기 때문에, 쿨리는 미시간대학교에서 학부 과정을 마치는 데 7년이나 걸렸다. 재정이 넉넉한 부모 덕분에, 쿨리는 미국 전역과 유럽으로 긴 여행을 다닐 수 있었다. 1890년 26세에 공학 학위

념에 따라 행동했다. 따라서 교회 운영의 모든 사안에서도 일부 장로가 아니라 전체 교인의 집단 의견에 따라 자율적으로 결정하는 것을 원칙으로 했다. ─ 옮긴이

를 받고 졸업하게 됐을 무렵, 쿨리는 주간상무위원회Interstate Commerce Commission(ICC)와 워싱턴 DC의 센서스국Bureau of the Census을 포함해 이미 다양한 일자리를 거쳤는데도, 여전히 어떤 직업도 정하지 못했다. 부모의 기대에 충족하고 스스로 성공도 성취하고자 하는 조바심에서, 그는 빅토리아 시대 중간 계급 젊은이들에게 흔한 진지하고 고통스러운 자아 성찰을 거쳤다. 쿨리는 스스로 "올바른 학자a scholar in righteousness"가 되고 싶다는 것은 알았지만, 구체적으로 어떤 분야를 택할지는 확신이 없었다. 1890년 여름 그는 이렇게 적었다. "나는 일말의 진실을 끈기 있게 가려내는 일을 맡은 사람 중 한 명이다. …… 나는 진리를 발견하고 수호하는 사람이 될 것이며, 내 일에 더 적합한 사람이 되고 싶다. 나는 더 많은 지적 진실성, 더 체계적이고 철저한 사고 습관을 갖게 되길 빈다."[3]

그해 가을 쿨리는 앤아버로 돌아가 사회학이란 신생 분야에서 대학원 공부를 시작했다. "이를테면 1870년과 1890년 사이에 사회학을 시작한 우리 중 거의 모든 이는 스펜서에 자극을 받아 시작했다는 짐작이 든다"라고 쿨리는 만년에 회고했다. 처음에 쿨리는 허버트 스펜서의 저작 중 두 가지 서로 관련된 측면이 특히 흥미롭다고 생각했다. 즉 사회와 유기체 간의 유사성과 "사회란 수많은 개인에게 붙인 집단적 이름에 불과하다"라는 관념이었다. 《사회학 원리The Principles of Sociology》(1876)에서 스펜서는 여러 비유를 들어가면서 사회가 유기체 세계를 많이 닮았다고 주장했다. 사회와 유기체는 모두 구조와 기능이 점진적으로 분화될 뿐 아니라 생애 내내 성장을 계속한다. "사회적 결합이 어느 정도 영구성을 띠게 되자마자, 사회 전체와 사회 각 구성원 사이에 작용과 반작용이 시작되어, 한쪽이 다른 쪽의 성격에도 영향을 미칠 정도가 된다. 전체가 개별 단위에 행사하는 통제는 개별 단위의 활동과 정서, 사고를 사회적 필요성과 일치하도록 내내 틀 짓기하는 경향이 있으며, 이 활동, 감정, 사고는 변화하는 환경에 의해 변화되는 한 사회를 자신들과 부합하도록 다시 틀 짓기하는 경향이 있다."

그러나 쿨리는 개인과 사회가 상호 작용하는 방식에 관한 스펜서의 설명이 부적절하다고 판단했다. "감정은 사회 조직에서 점진적으로 개발되고, 개인은 사회에서 감정을 도출하게 되기 마련인데, [스펜서는] 그러한 자체적인 조직과 역사를 갖추면서 지속되는 사회적 삶"이란 개념을 전혀 제시하지 못했다고 쿨리는 이후에 썼다. 쿨리에 따르면, 스펜서의 과정 개념은 사회적이지 않고, (유전을 강조하는) 생물학적이며 개인적 개념이었다. 그러므로 이 개념은 인간 퍼스낼리티의 발전을 설명하지도, 자아와 사회가 서로 보강하는 복잡한 방식을 포괄하지도 못한다. 쿨리의 사회학적 이론과 사회심리학 작업 중 상당 부분은 개인이 사회와 맺는 정교하고 다면적인 관계를 풍부하게 채우는 일과 관련이 있었다.[4]

의미심장하게도 쿨리가 학생이던 시절 미시간의 젊은 강사 존 듀이의 사상 역시 처음에는 스펜서 비판으로 시작됐다. 쿨리는 1893년과 1894년 듀이의 정치철학과 윤리 강의를 수강했는데, 여기서 듀이는 "사회란 스펜서가 파악한 것보다 더 철저한 의미에서 유기체라고 주장했다." 듀이는 이 시기에 이미 유기체와 환경 간의 상호 작용, 정신에 의해 매개되는 상호 작용을 강조해 새로운 심리학 발전에 기여했다. 《비판적 윤리이론 개요 Outlines of a Critical Theory of Ethics》(1891)에서 듀이는 이 개념을 "개인이 자신의 사회적 위치에 관한 법칙을 발견하고 그 법칙에 순응하게 됨에 따라 누리게 되는 자유의 성장으로서의 도덕적 삶"이란 개념으로 옮겨 놓았다. 쿨리는 듀이가 제시한 스펜서식의 사회 과정에 대한 대안뿐 아니라 그의 개인적 캐릭터에도 감명받아 이

모든 사상을 흡수했다.[5]

쿨리는 1894년 미시간에서 박사 학위를 마친 후 독자적으로 성숙한 단계의 사회학을 완성해 가기 시작했다. 다른 곳에서 오라는 수많은 제안에도 불구하고 나머지 생애 내내 그는 조용하고 평온한 앤아버에 머물렀다. 쿨리는 학내 정치에서 초연하고, 다른 사람들과의 관계에서 변함없이 수줍어하면서, "괴테가 자신의 자아에 침잠하는 즐거움이라 부른 느낌"을 강하게 체험하게 됐다. 그는 1929년 사망할 때까지 자신의 성격인 외골수의 내향성을 반영하는 사회학을 만들어 내는 데 만족했다.

커뮤니케이션에 대한 쿨리의 관심은 일찍부터 시작됐다. 제목이 "교통이론The Theory of Transportation"(1894)이라고 잘못 붙인 박사 학위 논문에서, 쿨리는 현대 사회의 진화란 "목적의 통일, 공통된 목적에 비추어 활동 간의 전문화. 사회 부문 간의 상호 의존성 증가"를 의미한다고 주장했다. 미국의 산업에서, 도시에서, 모든 사회생활에서, 쿨리는 핵심적 메커니즘에 의해 인도되는 통일을 향한 움직임을 간파했다. "바로 단어의 가장 폭넓은 의미에서 커뮤니케이션, 관념의 커뮤니케이션, 시점과 시점 사이와 장소와 장소 간에 이루어지는 물리적 상품의 커뮤니케이션이었다. 이것들은 사회를 한데 묶어 주는 갈래들이며, 모든 통합은 이러한 커뮤니케이션에 의존한다." 학위 논문의 외관상 주제인 교통은 신체의 순환 체제에 비유되는, 커뮤니케이션의 물질적 수단이었다. 교통을 강조하게 된 점은 아마 쿨리가 이전에 주간상무위원회에서 수행한 통계 작업에서 유래했을 것이다. 그러나 쿨리가 진정으로 관심을 기울인 부분은 인간의 신경 체계와 비슷한 '정신적 커뮤니케이션' 메커니즘이었다. 훗날 회고했듯이, 쿨리는 곧 관심사를 전환했다. "나는 모든 부류의 언어와 언어 전송과 기록 수단을 포함하는 정신적 메커니즘에 관해서도 성찰해 보지 않을 수가 없었는데, 이 메커니즘의 기능은 교통과 유사했고 심지어 사회 과정과도 더 밀접한 관련이 있었다."[6]

쿨리는 "사회 변화의 과정"(1897)이란 논문에서 바로 커뮤니케이션(즉 '정신적 커뮤니케이션')의 의미를 추적했다. 인류가 다른 피조물보다 우월한 것은 자연의 신축성과 관련이 있었다. 특유하게 인간적인 범주인 사회 변화의 과정은 [인간의] 모방과 공감, 지적 역량에 의존했다. 쿨리는 최근 심리학적, 사회학적 연구의 추세가 개개인의 행동과 성격을 형성하는 데서 사회적 요인이 이전에 파악한 것보다 훨씬 더 크다는 결론으로 옮아 가고 있다고 주장했다. 사회 변화의 윤곽은 사회 환경의 진화에 달려 있고, "기존의 커뮤니케이션 체제가 환경의 도달 범위를 결정한다. …… 사회란 인간이 서로 영향을 미치는 범위의 문제이며, 이러한 발생 범위는 커뮤니케이션 문제이기 때문에, 커뮤니케이션의 역사는 모든 역사의 토대가 된다." 커뮤니케이션 메커니즘에는 "동작, 말, 글, 인쇄, 편지, 전화, 전신, 사진과 예술 과학의 기법, 즉 인간의 사고와 감정이 다른 사람에게 전달되는 모든 경로가 포함된다."

커뮤니케이션 역사에서 쿨리는 모든 역사와 확신컨대 그 역사에 뒤따르는 도덕적 진보를 조직화하는 방안을 발견했다고 생각했다. 특히 지난 50년 동안, 우연히도 최근의 커뮤니케이션 개선과 동시에 일어난 지식과 공감 확장에 의해, 사회가 서로 협력하는 총체로 옮아 가는 의미 있는 움직임을 보였다고 쿨리는 주장했다. "오늘날에도 사람들이 이전에 못지않게 사회적 영향에 의존하지만, [이전처럼] 주변에서 우연히 발생하는 특수한 영향에 의존하는 일은 더 적다. …… 수백만 가지의 환경이 우리를 유혹한다. 독점적 자리를 놓고 치열한 경쟁이 벌어진다." 새로운 커뮤니케이션 수단 덕분에 모든 영향 요인은 더 많은 사람에게 재빨리 전달되고, 이들이 그러한 영향 요인을 접할 가능성도 더 커졌다. 사회 변동 과정은 커뮤니케이션 상태에 의해 결정되는 것처럼, "영향 요인 간의 경쟁과, 사고와 행동의 적절한 혁신 전파를 통해" 발생한다고 쿨리는 결론 지었다.[7]

이 논문을 집필했을 무렵, 쿨리는 자신의 성정에서 핵심 구성 요소라고 본 것을 일기에다 적었다. "내 성격에서 구석구석 존재하면서 나를 구속하는 요소는 내 행동과 생각에서 조화와 완벽함을 요구한다는 점이다. 아무리 큰 조각일지라도 나는 조각들에는 계속 관심을 기울일 수가 없다. 이 조각들을 전체로 묶든지 아니면 그대로 내버려 두든지 해야 한다. 통일성이 결핍됐다는 느낌은 끊임없는 불안과 불만의 원인이 된다." 실로 그의 주 저작 세 편의 핵심에는 모든 삶과 사회를 유기적인 총체로 해석하려는 시도가 깔려 있었다. [이 총체는] "말하자면 여러 형태와 과정의 복합체인데, 각 형태나 과정은 서로 상호 작용에 의해 생명을 유지하고 성장하기도 한다. 이 총체는 너무나 통일되어 있어, 한 부분에서 일어나는 일은 나머지에 영향을 미친다."[8]

쿨리는 첫 저서인 《인간 본성과 사회 질서*Human Nature and the Social Order*》(1902)에서 자신이 윌리엄 제임스William James와 제임스 마크 볼드윈James Mark Baldwin에게 빚을 지고 있음을 스스럼없이 인정했다. 쿨리는 제임스의 "사회적 자아"라는 교의와 볼드윈의 "개인적 성장의 변증법"을 좀 더 자세하고 완벽하게 설명하고자 했다.[9] 쿨리는 자기 자녀들과 광범위한 문학적, 역사적 출처에 대한 관찰에 철저하게 의존했다. 쿨리는 스펜서식의 완전히 자율적이고 독립적 개인 개념을 정교하게 논박하는 데 이 모든 것을 동원했다. 쿨리는 양식, 공감과 적개심 같은 감정, 리더십 자질, 실로 인간 퍼스낼리티의 전체가 어떻게 해서 사회적 주고받기 과정을 통해 발전하는지 보여 주었다.

쿨리는 자신의 사회학적 연구의 자료를 정신에서 찾았다. "직접적인 사회 현실은 개인적 생각이다. …… 사회가 성립하려면, 분명히 사람들이 어디선가 함께 모여야 할 필요가 있다. 그리고 이들은 개인적 생각을 갖고 모인다." 따라서 쿨리가 보기에, 개인과 사회는 주로 상상력 속에서 연구해야 하는 대상이다. "사람들이 상대에 대해 서로 갖고 있는 상상력은 사회의 엄정한 사실이다. 그리고 …… 이 사실들을 관찰하고 해석하는 일이 사회학의 주목표가 되어야 한다." 쿨리의 "거울 자아looking-glass self" 개념은 자아란 유아 시절부터 오직 타인과의 끊임없는 교류를 통해서만 형성된다는 믿음에서 탄생했다. 우리의 자아 이미지는 다른 사람들이 우리에 대해 갖고 있는 이미지에 의해 형성된다. "서로 상대에게 거울이 되어/지나가는 타인을 반영해 주네."[10]

쿨리는 실제 사회화 과정을 설명하기 위해, 사회를 보는 이처럼 정신주의적인 시각에 독창적인 상징을 덧붙였는데, 바로 일차 집단이었다. 쿨리는 일차 집단을 "친밀한 면대면 교류와 협력으로 특징되는" 집단으로 정의했다. "이들은 여러 가지 의미에서 일차적이지만, 주로 개인의 사회적 성격과 이상을 형성하는 데 근본을 이룬다는 점에서 그렇다." 가족, 아이들의 놀이 집단, 이웃, 노인층의 공동체 집단은 기본적으로 어떤 사회에서든 똑같다고 쿨리는 생각했다. 그러한 집단은 "일차적 이상"의 보편적인 저장고였다. 우정, 충성심, 준법성, 개인의 자유 같은 속성이 그 속에서 번창했다.[11]

쿨리의 유기체주의와 그가 사회 개념을 개인적 사고의 집단적 측면으로 파악한다는 점을 감안할 때, 커뮤니케이션이 왜 그처럼 핵심적 범주였는지 분명해진다. 1890년대의 초기 저작에서 쿨리는 커뮤니케이션의 역사적 동학에 초점을 맞추고는, 긴 시간에 걸쳐 발생하는 사회 변동의 모든 장치를 움직이는 동력으로 커뮤니케이션을 파악했다. 그의 후기작, 특히 《사회 조직*Social Organization*》(1909)과 《사회 과정*Social*

Process》(1918)은 유토피아적 미래 전망에 관해 숙고했다. 쿨리는 "인간관계가 존재하고 발전하도록 매개하는 메커니즘, 즉 모든 정신의 상징과 더불어 이 상징들을 공간을 통해 전달하고, 시간 속에 보존하는 수단"이라는 아주 폭넓은 커뮤니케이션 개념을 고수했다. 그러나 그의 관심은 점차 현대 커뮤니케이션으로 옮아 갔는데, 이는 그가 이 커뮤니케이션을 사회적 구원의 수단으로 보았기 때문이다.

쿨리는 19세기에 초래된 현대 커뮤니케이션의 시대가 미국에서 진정하게 민주적인 공동체의 가능성을 현실화했다고 믿었다. 다음 네 가지 요인이 이러한 공동체를 구분했다. "표현성, 혹은 공동체가 전달할 역량이 있는 사고와 감정의 범위. 기록의 영구성, 신속성 혹은 공간의 극복. 확산 혹은 모든 계급의 인간에 대한 접근 기회" 등이 그렇다. 일차 집단에서는 동작과 말이 보장해 주던 것을 현대 커뮤니케이션 수단은 전체 사회에 보장해 줄 수 있다. 현대적 삶의 심리학을 변화시키고, 인간 본성이 "사회적 총체에서 표현될" 수 있는 역량을 증가시켜, 이 새로운 형태들은 좀 더 인간적인 사회와 도덕적 진보의 시대로 가는 길을 열어 주었다. "현대적 커뮤니케이션은 사회가 권위, 신분, 관습에 근거하기보다는 점점 더 고도의 인간 역량, 지성과 공감에 근거해 조직될 수 있게 해 준다. 이는 자유, 전망, 무한한 가능성을 의미한다"[12]라고 쿨리는 자신 있게 썼다.

따라서 고전적 소도시 진보 시대인인 쿨리는 "최근 커뮤니케이션 기계의 경이로운 개선"에서 그의 이상적인 환경을 국가 전체에 투사하는 수단을 발견했다. 그는 개인이 자의식적이고 자신의 직업에 헌신하면서도 자신과 직업을 더 크고 즐거운 전체의 일부로 느끼게 되는 사회를 상상했다. "이러한 의미의 유기적 사회가 아직 실현되지 않았더라도, 우리는 적어도 그러한 사회의 근저가 되는 기계적 조건을 갖추었다."[13]

커뮤니케이션에 관한 그의 모든 저작에서 쿨리는 현재 커뮤니케이션이 작동하는 방식보다는 그 진화나 미래의 영광에 관해 더 편안히 사변에 잠기곤 했다. 예를 들면 쿨리의 일기는 그가 커뮤니케이션 이론을 주변 현실과 조화시키려 고군분투하는 모습을 보여 준다. 쿨리는 1898년 봄에서 여름 초까지 내내 신문에서 스페인과의 전쟁 뉴스를 열심히 따라 읽었다. "나는 전투 설명들에 골몰하다가, 그냥 이 설명들이 좀 더 비슷한 품질이고, 그래서 더 흥미롭고 매력적이었으면 하고 바라게 된다." 그러나 7월 말에 이르면, 그는 더 이상 신문 읽기를 즐기지 않게 된다. "나는 신문의 전쟁에 대한 생각과 감정을 수용해 공감하고는 속물이 된 것 같은 느낌이 든다. 이런 이유에 다른 사유도 있어, 나는 내가 보기에도 나약하고 초라하고 무능한 듯하다. …… 나는 전쟁도 싫증 나고 신문 읽기도 지겹다."

쿨리는 계속해서 신문과 간행물 읽는 데 시간을 낭비한다며 자책했는데, 신문을 읽는 바람에 스스로 "관능성, 허영심, 사소한 일에 대한 집착"의 느낌이 강해졌다고 느꼈기 때문이다. 여러 잡지를 구독하긴 했지만, 쿨리는 대다수의 정기 출간물을 "모방과 암시 현상이고, 필자는 개개인으로보다는 집단적으로만 흥미롭다"라며 무시했다. 쿨리는 이 간행물들을 언급하면서 "상상력 속에서 우리가 [손쉽게] 간접적인 학살과 폭력 속에서 살고 있다"라는 데 경악했다. "여성 괴롭히기는 물론이고 폭력적이고 무도한 행위에 관해 읽는다는 사실로, 나는 무의식적으로 침략자의 느낌이 되어 희생자의 느낌보다는 피에 대한 갈증과 정욕 속으로 빠져들게 된다." 스스로 마음의 평화를 위해, 쿨리는 정기 출판물 영역과 거리를 두고 작업했다. "성공적인 신문과 잡지 글쓰기의 특징인 역동성은 나에게는 마치 조잡한 바니시 광택 같은 효과를 준다. 이러한 글은 눈길은 끌지만 사색을 채워 주지는 못한다. …… 내가 하고자 애쓰는 부류의 작업이 대중 잡지 독자 마음에 들 것 같지는 않다." 따라서 쿨리는 자신을 그렇게 동요시킨 매스 미디어를 통해 자신의 야망이 실현되어야 하는 일은 없기를 바랐다. "나는 명성을 간절히 바라고 또 바란다. 그러나 진정한 것, 현자의 마음속에 살아 있기를 바라지, 대중적 인기를 원하지는 않는다"[14]라고 쿨리는 실토했다.

쿨리는 당시의 긴장과 불안의 분위기를 현대 미디어 탓으로 돌렸으며, 이에 대한 잠정적인 설명도 제시했다. 미디어를 통한 사회 환경의 확장은 "개인적 이미지, 감정, 충동의 급속하고 무수한 흐름"을 낳았다. 이러한 변화는 수많은 사람들에게 "캐릭터를 약화시키거나 붕괴시키는 과도한 자극"을 초래했다. 쿨리는 흔히 이 문제점을 초기 사회학 연구에서 공통적이던 병리학적 용어로 기술했는데, 자살, 정신 이상, 신경 쇠약, 마약 중독 등이 그러한 용어였다. 이보다 덜 심각하지만 "정신력이 가장 강한 사람을 제외하고 모든 이에게 아주 일반적으로 초래되는 [효과는] 일종의 상상력의 피상화, 충동 분산으로 보인다. 이 증세는 개인적 상상의 흐름이 행렬처럼 지나가는 것을 지켜보면서도 이를 조직화하고 지도할 힘이 결여된 상태를 말한다." 이처럼 시시콜콜한 이미지 단편으로부터 정신적 고갈과 분산을 막는 방어책으로 쿨리는 개인의 도덕적 힘을 강화해야 한다고 강조했다. 빅토리아 시대식의 캐릭터 강조와 자기 통제 강조가 쿨리의 방어선이었다. 병리학 어휘나 그가 제시한 주의 사항을 보고 있자면, 쿨리는 도처에 존재하면서 집요하게 자극하는 현대 커뮤니케이션의 현실보다는 그러한 커뮤니케이션의 추상적 실체를 다루는 일에 더 능숙하다는 사실을 깨닫게 된다.[15]

쿨리는 기껏해야 현대 미디어의 물결과 함께 부상하는 새로운 대중문화의 가치에 관해 의문을 품는 데 그쳤을 뿐이다. 쿨리는 현대 커뮤니케이션에 대한 신뢰를 유지하면서도 이를 평생 견지한 예술에 대한 헌신과 조화시키기 어려워했다. "나는 그 어떤 혹은 모든 예술 형태보다는 예술이란 개념 자체를 더 사랑한다"라고 쿨리는 1927년에 썼다. 그는 의식적으로 신고전주의적 성격을 띤 미학을 주장하면서 이상을 표현하는 예술을 찬양했고, 자신이 보기에 당대 문학과 예술의 취약성에 해당하는 특성도 뼈아프게 자각하고 있었다. "달리 표현하자면 **시끄러운** 시대다. 신문, 광고, 암시의 전반적인 강조가 소음 효과를 미치고 있어, 사람들은 이야기를 전하려면 목소리를 높여야 한다고 느끼며, 신들의 속삭임은 포착하기 어렵게 됐다." 그는 혼란에 빠진 예술가들이 창작한 현대 예술 작품에 드러나는 "어떤 숨 가쁨과 자신감 결여"에도 개탄했다. 쿨리는 영화, 대중 소설, 전축 음반, 그리고 이후에는 라디오도 발췌해서 살펴보았다. 그러나 쿨리는 그 형태들을 연구할수는 있어도 즐길 수는 없었다.[16]

쿨리는 새 대중문화가 가장 고상한 예술 형태를 포함하지는 않는다 하더라도 여전히 시급한 욕구를 충족했음을 인정했다. "수백만 명의 피상적이고 훈련되지 않은 감정에 호소하는 베스트셀러나 영화는 전혀 없는 것보다는 낫겠지만, 우리가 추구하는 예술은 아니다." 제인 애덤스와 마찬가지로, 쿨리가 생각하는 대중문화 버전은 모든 마을과 이웃에서 "더 생생한 공동체 정신" 부활의 촉구를 포함했다. 이 공동체 정신은 "신문, 대중 문학, 드라마, 영화 등을 통해 우리에게 영향을 미치면서, 공적 지도와 공식 제도의 채널" 바깥에서 순환하는 더 대규모 공유 문화에 균형을 잡아줄 것이다. 그는 "대중 예술에서의 상응하는 발전이 이루어지지 않고도 민주주의가 널리 풍성하게 성장하는 것"은 상상조차 할 수 없었으며, 그냥 "대중의 형편없는 취향"이라며 깎아내리기는 너무나 태평스러운 방안이라고 생각했다. 하지만 고상한 전통의 제약 때문에, 쿨리는 당시의 새로운 미디어가 가져온 대중문화의 만개를 긍정적으로 평가할 수도 없었다. 그는 찰리 채플린과 버스터 키튼Buster Keaton의 예술도, 래그타임ragtime*과 재즈도, 잭 런던Jack London** 같은 작가의 대중 소설의 진가도 간과했다.

생애 거의 말년에 쿨리는 사태가 분명 개선될 것이라는 이전의 믿음으로 되돌아갔다. 쿨리는 1926년 일기에 이렇게 썼다.

> 우리 시대에 새로운 점이 있다면 값싼 신문, 영화, 라디오 등 피상적 사고와 감정을 유발하는 조직이 엄청나게 성장했다는 사실이다. (아마도) 피상적 삶은 이전보다 더 끈질기게 남아 있지만, 더 다채롭고 그다지 헷갈리지도 않는다. …… 우리의 정신적 삶은 우리 조상 때보다는 더 생기 있고 다채롭고 더 두루 일체화되었으며, 아마도 지향하는 깊이는 더 얕고 차분함은 덜 하다. 그러나 삶의 더 큰 문제점에 대처할 역량이 더 부족하다고 말할 만한 근거는 없는 듯하다.[17]

쿨리는 늘 진보의 필연성이라는 안전판으로 되돌아갔다. 그는 "진보의 현실은 믿음의 문제이지 입증의 문제가 아니다"라고 기꺼이 실토했다. 진보는 도덕적 범주이기에, 진보가 일어났는가 하는 질문은 도덕적 판단 문제였다. 유아독존론에 가까운 사회 개념과 더불어 이러한

● 래그타임은 19세기 후반에서 20세기 초반 미국 남부 흑인이나 크리올 집단에서 유행한 춤곡을 말한다. 음악으로서는 미주리주 세인트루이스를 중심으로 다양한 흑인 음악에서 영향을 받아 발전한 음악 장르를 말한다. — 옮긴이
●● 잭 런던(1876~1916)은 미국의 소설가이자 사회평론가다. 어린 시절부터 사회 밑바닥 생활을 통해 사회 불평등 문제에 눈을 떴고, 자연스럽게 사회주의자가 되었다. 자전적 경험을 바탕으로 많은 소설을 썼다. 《강철 군화》(1908) 등의 소설과 《나는 어떻게 사회주의자가 되었나》(1903) 등의 평론집을 남겼다. — 옮긴이

믿음 때문에, 오늘날 쿨리는 기이하고 심지어 부적절해 보이기까지 한다. 하지만 그는 자아와 사회의 정신적 통일에 관한 초월적 믿음 때문에, 미국 사상에서 에머슨류의 전통으로 분류되어야 마땅하다. 쿨리의 사상은 자아와 초월적 영oversoul 사이의 모든 장벽 제거에 몰두하는 에머슨, 세계를 "영혼의 그림자 혹은 **다른 나**"[18]로 묘사한 에머슨과 아주 흡사하다.

현대 커뮤니케이션의 가능성에 매료되는 바람에, 쿨리는 자신의 생애 동안과 이전에 미국의 미디어가 발전해 오는 동안 드러낸 가혹한 현실을 보지 못했다. 쿨리는 커뮤니케이션에서 발명과 기계적 진보가 복잡한 제도로 변화하고, 그 제도의 산물로 등장하기도 한 과정을 전혀 탐구하지 않았다. 그는 상업주의의 바벨탑에 대한 혐오를 신문과 방송의 경제 구조와 연결하지 못했다. 쿨리는 새로운 미디어의 대기업 집중화 추세를 고찰하지도, 이 추세가 지역, 공동체 기반의 문화 활동에 어떤 영향을 미치는지 검토하지도 않는 편을 선택했다. 쿨리는 어쨌든 [현재의] "기계적 여건"이 미래에는 진정하게 "유기적인 사회" 구현의 토대가 될 것이라는 식으로 밝혀, 현대 커뮤니케이션에 관해 자신이 취한 입장에 함축된 역설적 모순을 결코 해결할 수도 없었다.

그런데도 쿨리는 새로운 커뮤니케이션 미디어가 어떻게 행동과 문화를 바꿔 놓는지를 설명하려는 최초의 시도에 성공했다. 수년이 지난 후 경험적 연구자들은 현대 커뮤니케이션과 개인 간의 매개 과정을 입증하는 데 도움을 얻기 위해 쿨리의 일차 집단 개념으로 되돌아갔다. 한때 현대 미디어가 어떤 식으로든 직접적으로 잔혹하게 수동적 개인을 공략한다고 믿은 적이 있었다. 그러나 경험적 연구자들은 가족, 친구, 놀이 집단과 동료 집단이란 사회적 맥락이 그러한 식의 현대 미디어 모델과 맞지 않는다는 사실을 발견했다. 오늘날에도 이처럼 복잡한 상호 작용에 대해서는 결코 완벽하게 이해하지 못하고 있다. 그러나 쿨리는 처음으로 이를 가늠하기 위해 진지한 시도를 한 인물이다.

◆

현대 커뮤니케이션이 쿨리의 사상에서 바로 중심부를 차지했다면, 존 듀이의 저작에서는 주변 요인으로 등장한다. 듀이의 길고 생산적인 경력에 비추어 보면, 이는 실로 사소한 주제로 보일 수도 있다. 하지만 커뮤니케이션의 성격과 이용은 초창기 미시간대학교 시절부터 1930년대에 이르기까지 듀이의 직업적, 개인적 삶에서 두드러진 관심사로 남아 있었다. 듀이는 경력 내내 창조적 긴장에 이끌려, 사회 문제에 대한 정치적, 철학적 해결책 사이를 오갔다. 커뮤니케이션에 관한 듀이의 사고는 이처럼 더 큰 미해결의 갈등을 반영했다. 특히 그가 사회적 이슈에 몰두했던 무렵에는 현대 커뮤니케이션의 개혁적 잠재력에 흥분했다. 새로운 미디어는 탐구의 성격과 그 미디어의 정치적, 사회적 용도에 어떤 함의가 있었나? 새로운 미디어를 통해 공공화된 '조직화된 지성'은 미국에서 '위대한 공동체great community'를 구현하는 데 어떻게 기여할 수 있을 것인가?

그러나 커뮤니케이션에 관한 그의 사고에는 또 다른 측면도 있었다. 형이상학적, 미학적 사변의 일환으로, 듀이는 또한 커뮤니케이션 과정의 도덕적 의미에 대한 미묘하고 암시적인 탐구도 수행했다. 비록 듀이는 그 어떤 저작에서도 정치적, 윤리적 강조를 서로 통합하는 데 철저하거나 성공적이지는 못했지만, 자신의 커뮤니케이션 이론에서 두 접근 방식을 계속 서로 비교해 보면서 적용했다.

듀이는 1859년 버몬트주 벌링턴의 안정되고 안락한 가정에서 태어나 자라났다. 그의 가정을 주도한 인물은 경건한 복음주의 개신교도인 모친 루시나 리치 듀이Lucina Rich Dewey였다. 어린 듀이는 조용하고 내성적이었지만 일찍부터 자의식이 강한 아이였다. 버몬트대학교를 졸업한 후 여러 해 동안 고등학교에서 교편을 잡았지만, 이 시기 동안 철학과 심리학 책을 두루 섭렵했다.[19]

70세 되던 해에 쓴 자전적인 글에서, 듀이는 일찍이 존스홉킨스대학교의 대학원생으로 헤겔 철학에 매료되었던 시절을 회고했다. 그는 이 관심을 전향 경험에 비유했다. 19세기 말에는 신학과 철학 연구가 서로 밀접한 관련이 있었다는 사실에 비추어 볼 때, 이 비유가 그리 억지스러운 것은 아니었다. 비록 새롭고 전문직 지향적이던 존스홉킨스 대학원은 본질적으로 인격 형성의 장소라는 대학의 오랜 이상을 파괴하는 역할을 하긴 했으나, 듀이는 여전히 종교적 신앙과 소명 추구라는 개인적 이슈를 상당 부분 마음속에 품고 있었다. 조지 S. 모리스George S. Morris의 지도하에 듀이는 마치 쿨리의 "유기체주의" 발견처럼 헤겔 철학에서 완결적 총체성을 발견했다. "[헤겔 철학은] 통일에 대한 욕구를 제공해 주었는데, 이러한 통일의 욕구는 의심의 여지 없이 강렬한 정서적 갈망 대상이면서도 지적 주제만이 충족할 수 있는 것이었다. …… 하지만 헤겔이 제시한 주체와 대상, 물질과 정신, 신성과 인간 간의 종합은 단순한 지적 공식이 아니었으며, 엄청난 이완, 해방으로 작동했다."[20]

1884년과 1894년 사이에 듀이는 미시간대학교에서 학생들을 가르쳤다. 그리고 심리학, 윤리학, 인식론 등 여러 철학 분야에서 주목할 만한 기여를 하기 시작했다. 처음에는 (1887년의 책 《심리학》에서 반영되었듯이) "생리 심리학"을 미시간대학교 철학과의 공식 교리 구실을 하던 헤겔식 관념론과 융합하려 시도했다. 그러나 제임스와 다윈의 영향을 받으면서, 곧 자신의 이후 입장인 도구주의instrumentalism로 옮아 가기 시작했다. 듀이는 제임스의 '객관적 심리학'에서 정신은 환경과 분리된 실체가 아니라 유기체가 주변 세계와 상호 작용하는 객관적 과정이라는 사실을 깨달았다. 듀이는 적응하는 종개념을 다윈주의 생물학에서 배워 사상에 적용했다. 그는 결국 탐구 방법이란 주로 인간 종이 환경에 맞춰 적응하도록 하려는 데 목적이 있다고 규정했다. 하지만 미시간대학교에 재직하는 동안 듀이는 여전히 관념론의 범주와 어휘 안에 머물면서 주로 윤리 문제에 관심을 두었다. 듀이는 윤리 관련 글에서 실험적 관념론 이론에 도달했는데, 이는 "진정한 관념은 행동의 **잠정적 가설**working hypothesis이다"라는 전제에 입각했다. 그의 과학적 윤리 체제 모색은 다음과 같이 이후의 좀 더 정교한 도구주의를 예고했다. "그렇다면 도덕 이론이란 어떤 행동을 지배하는 조건과 관계에 대한 분석적 지각이다. 이는 곧 **관념 속의** 행동이다."[21]

이 시기 동안 윤리적, 정치적 문제 간의 경계선이 흐려지게 되면서, 듀이는 철학 문제를 사회 문제로 옮겨놓기 시작했다. 이러한 변화에 핵심적인 부분은 듀이가 '조직화된 지성'이라는 새로운 관심사, 즉 "사고 뉴스Thought News"라는 새로운 부류의 신문을 간행하려는 매력적이지만 결국 실패한 시도였다. 1890년대 초 듀이는 그에게 부상하던 사회적 양심에 산파역을 해 준 범상치 않은 존재에다 다소 신비에 싸인 인물인 프랭클린 포드Franklin Ford의 영향하에 있었다.

프랭클린 포드라는 인물에 관해서는 알려진 바가 거의 없다. 그는 열정이 넘치면서도 공상적인 인물로서, 소규모의 무리를 자신의 거창한 계획에 끌어들이는 데 재주가 있었다. 포드는 1880년대 동안 뉴욕에서 신문기자로 일하면서, 상업지인 〈브래드스트리츠Bradstreet's〉에 글을 썼다. 그는 이 신문이 변함없이 재계 가십, 사설, 광고 등만 제공하는 데 좌절감을 느꼈다. 그는 신문사를 연구소로 바꾸고 투자자에게 개방해, 전문가가 비즈니스 여건을 취재하는 비용을 대도록 하는 방식을 희망했다. 포드는 1887년 〈브래드스트리츠〉를 그만두고 다른 사람들을 자신의 계획에 동참시키려고 전국을 돌아다니면서 다양한 뉴스센터와 신문을 방문하였다. 포드는 1888년 어느 날 앤아버에 도착했는데, 듀이가 그의 이야기에 흥미를 기울였다. 듀이에 따르면 그 후 4년동안 두 사람은 "정보와 그 배포의 사회적 의미를 실질적인 질문으로" 연구했다. 포드는 듀이의 도움을 받아 자신의 구상을 발전시키고 체계화하여 1892년 〈행동 초안Draft of Action〉이라는 팸플릿으로 발간한 듯하다.

언론 개혁, 신디컬리즘, 어설픈 사회주의의 흥미로운 혼합물로서 〈행동 초안〉은 포드의 다소 불명료한 비전을 설명한 글이었다. 그의 글에 깔린 전제는 새로운 커뮤니케이션 수단(인쇄기, 전신, 자동차) 덕분에 뉴스를 상품으로 취급할 수 있게 되었다는 주장이었다. 포드는 철학자, 사회과학자, 개혁가 역시 〈브래드스트리츠〉나 AP와 똑같은 기술적 수단을 사용해 '정보를 거래하는 비즈니스'에 진입해야 한다고 제안했다. 사회적 결집으로 가는 길, 새롭고 더 정의로운 사회를 조성하는 방법은 "정보의 조직과 사회화를 통할 때 성립한다. …… 여기서 정보가 통일되지 않으면, 메인에서 캘리포니아까지 단일한 정신이 확보될 수 없다면, 이 나라는 도덕적 의미에서 파탄이 나야 마땅하다"[22]라고 포드는 주장했다.

많은 시간이 지난 후, 듀이가 포드에게 소개한 로버트 파크는 포드가 듀이를 비롯해 다른 친구 무리에게 불어넣은 열정과 개혁의 열망을 회고했다. 파크는 이렇게 회상했다.

신문은 철학적 통찰과 과학적 정확성, 현재 사건의 추이를 갖춘 채, 단지 보도를 한다는 사실만으로 엄청나고 즉각적인 변화를 초래하도록 되어 있다고 믿는 집단이 우리 중에 있었다. 일단 신문이 주식 시장과 구기 경기를 보도할 때와 똑같은 정확성으로 정치적, 사회적 사건을 보도할 역량과 의지를 갖추는 지점에 도달했다면, 우리가 기대한 것은 거의 조용하고 연속적인 혁명이나 다름없었다.[23]

포드는 새로운 정보의 처리 조율을 위해 거대하고 중앙집중화된 정보 삼각대형의 조성을 제안했다. 모체 조직에 해당하는 뉴스협회News Association는 전국적 정치 신문인 〈뉴스북 The Newsbook〉, 더 소규모의 지역 일간지인 〈타운 The Town〉, 그리고 특수 광고지인 〈매일매일의 필수품 The Daily Want〉 등 여러 일반적 신문을 발간할 것이다. 포드의 열정적 산문이 묘사했듯이, "이 세 신문은 모두 사회적 영역에서 국가의 기관이 된다. 이 신문들을 통해 모든 수집되는 사실은 일반적 관심사에 비추어 제공된다. 이른바 사회학에 관해 글을 쓰는 대신, 우리는 더 나아가 사회학적 신문을 발간한다. 즉 우리가 사실의 상태에 관한 보도에 착수할 때는 그 사실 속에 구현된 사회적 유기체를 파악하는 일을 하는 것이다. 사회주의의 원칙은 분업이다. 정보의 조직화를 통해 이를 정신적 영역에서 달성한다면, 사회주의는 도래한 셈이다." 이 신문들은 더 놀랄 만한 이야깃거리를 제시하기 때문에, 당대의 신문을 "능가하는 센세이셔널리즘out sensationalize"이 될 것이다. "사회적 사실은 센세이셔널한 존재다. 뉴스는 새로운 것이다. 솔직히 유일한 센세이션은 새로운 아이디어다. 따라서 우리는 최고도의 센세이션으로 진입하는 길목에 서게 되는데, 이러한 센세이션은 바로 조직화된 사회 기구의 진실성과 관련된 것, 그리고 그다음에는 개인의 복지와 관련 것이다."[24]

두 번째 기구인 계급뉴스회사the Class News Company는 개별 계급이나 사회 집단과 관련된 사실을 수집해서 판매하게 될 것이다. 포드는 〈곡물 뉴스〉, 〈과일 뉴스〉, 〈화학약품 뉴스〉와 같은 주간지와 일간지의 창간을 제안했다. 마지막으로 세 번째 기구는 소박하게 포즈Fords라고 불렸는데, 주문을 받아 개인, 은행 혹은 기업에게 정보를 판매할 것이다. 이 세 갈래 뉴스 구조는 탐구의 조직화에서 나오는 실제 산물이 될 것이다. 포드는 다음과 같이 적었다. "우리는 새로운 문학의 탄생, 즉 탐구가 매일매일의 사실, 운동 중의 사회적 총체를 향한 진전을 이룩하는 한가운데에 있다. 이제는 단순히 타락한 개인적인 문학 대신에 우리는 삶의 책에서 새로운 읽을거리를 확보한다. 새로운 문학이란 미국에 관한 보도, 미국이 어떤 일을 했는지에 대한 보도다."[25]

포드의 기이한 계획은 이 시기에 무수하게 속출한 미국의 질병에 대한 유토피아적인 만병통치약이나 유별난 처방과 함께 비슷한 부류로 분류할 만하다. 그러나 듀이는 포드가 여러 수준에서 매우 흥미롭다고 보았다. 윌리엄 제임스와 주고받은 편지에서, 듀이는 포드와의 만남을 "개인적으로 멋진 경험"으로 묘사했다. 그는 자신이 포드와 나눈 대화에서 얻은 내용을 제임스에게 신이 나서 들려주었다.

[포드와 나눈 대화 주제는] 정보와 그 배포의 사회적 영향력이었다. 여기서 내가 깨달은 바는 첫째 관념론의 진정한 혹은 실천적 의미에 대한 자각이었는데, 바로 철학이란 정보와 외부 세계가 **관념 속에서** 혹은 주관적으로 통일된다고 주장하는 일이었다. 만약 정보가 관념 속에서 진실이라면 궁극적으로 그 주관적 표현의 조건을 확보해야만 하기 때문이다. 두 번째로, 르네상스와 종교 개혁 이래로 갈수록 커진 지적 세력이 완전히 자유로운 움직임을 요구한다면, 그리고 전신과 인쇄기를 물리적 수단으로 삼아 중앙집중화된 방식의 자유로운 탐구를 통해 모든 다른 이른바 권위층들의

권위를 요구한다면, 나는 엄청난 움직임이 임박한 것이라고 믿는다.[26]

달리 말해 관념론의 '절대 이성'을 오늘날의 세계에 유용한 도구로 옮겨 놓을 기회가 생긴 것이다. 현대 커뮤니케이션의 엄청난 물리적 잠재력과 함께 과학적 탐구는 사회 질서를 극적으로 개선할 수 있을 것이다. 아니면 듀이가 《비판적 윤리 이론 개요》(1891)에서 자신이 포드에게 진 빚을 스스럼없이 인정하면서 선언했듯이, "현재의 의무는 정보의 사회화, 즉 정보가 사회적 실천에 미치는 영향에 대한 자각이다."[27]

듀이는 제임스에게 보낸 서신에서 자신이 포드의 "이론적 발견"과 "실천적 프로젝트"라 이름 붙인 문제에 관심을 기울여 보라고 권유했다. 실천적 프로젝트는 정보 혁명의 서막을 알리는 신호로 구상되었는데, 바로 "사고 뉴스: 사실 탐구와 기록의 저널"이었다. 1892년 봄 포드와 듀이는 신문을 창간하기 위한 계획을 입안해, 대학과 지역 언론에 소동을 불러일으켰다. 두 사람이 3월에 작성한 회람 자료는 이 프로젝트를 다음과 같이 묘사했다.

이는 신문이 될 것이며 신문의 기능 수행을 목표로 삼을 것이다. …… 여론의 홍수 속에서도 사실 이상을 넘어서지 않는 저널 하나가 들어설 여지는 있다고 믿는다. 그러한 저널은 과거의 겉치레로 치장하기보다는 사고를 보도할 것이고, 단지 사실에 뒤따르게 되는 개인적 과정에 불과한 것을 장황하게 늘어놓는 대신에 사실 자체를 설명할 것이다. 그리고 철학적 관념 자체를 논의하지 않고 그 관념을 사고의 움직임을 해석하는 도구로 활용할 것이다. 과학, 문학, 정부, 학교, 교회 문제를 인간의 살아 있는 삶의 일부이자, 따라서 공통된 관심사의 일부로 취급할 것이며, 단지 기술적 관심사의 부문에 맡겨두지 않을 것이다. 새로운 탐구와 발견은 과도하게 많은 전체 덩어리 그대로 제시하는 대신 순수한 결과로 보도할 것이다. 책이든 잡지든 사고에 새롭게 기여하는 것이라면, 후원자나 검열자의 관점이 아니라 뉴스 자체의 관점에서 주목할 것이다.[28]

두 사람은 그해 4월부터 적어도 한 달에 한 번 신문을 발간한다는 계획을 세웠다.

특히 포드는 이 계획을 오래된 정치적 꿈의 실현으로 여겼기에, 이 사업을 좀 더 진지한 관심사로 여겼던 게 분명하다. 하지만 성난 지역 언론에게 비판을 받은 것은 지명도가 훨씬 더 높은 듀이였다. 지역 신문은 기존의 신문에 대한 비판에 심기가 불편했다. 포드는 "사고 뉴스"에 관해 요란스럽게 떠들었다. "사회는 유기체라는 진술문은 오래전에 나왔고 진술문으로 수용되었다. 이제는 가시적이고 실제적인 존재인 사실을 지칭하고. 실제로 움직이는 관념을 보여 주는 일이 남았다. …… 그것이야말로 사고 뉴스가 하고자 하는 일이다."[29] 그러나 〈디트로이트 트리뷴*Detroit Tribune*〉의 1면 사설은 듀이를 거세게 비판했다. "상당히 불투명한 사업 내용으로 판단해 보기에는 존 듀이 교수의 '사고 뉴스'는 아마 신문들이 이미 다룬 뉴스를 싣게 될 것이다. 20 대 1의 확률로 ……. 이 신문의 사고는 오로지 그 편집자의 사고가 될 것이다."[30]

듀이는 포드의 허풍과 그에 대한 반응에 당황해, "그가 계획한 것은 혁명이 아니었다"라는 제목의 후속 인터뷰에서 이전의 입장에서 한발 물러섰다. 듀이는 자신의 취지가 이 신문 프로젝트에 추종자들이 부여한 거창한 의미로 [잘못] 해석됐다고 주장했다. "사고 뉴스"는 저널리즘을 혁명적으로 바꿔 놓기 위해 설계된 것은 아니었다고 듀이는 말했다. "철학을 도입해 신문 비즈니스를 변화시키려 하는 대신, 원래 구상은 철학에 약간의 신문 비즈니스를 도입해 철학을 다소나마 변화시키자는 취지였다."[31]

이 인터뷰 후, 포드는 두 사람이 결별해야 할 때라는 사실을 깨달은 게 분명하다. 듀이와 포드가 이후에 만난 적이 있는지 기록은 전혀 남아 있지 않다. "사고 뉴스"는 한 번도 발간된 적이 없다. 오랜 세월이 지난 후 듀이는 "이는 우리에게 수단도 시간도, 나아가 수행할 역량도 분명히 없는 의욕이 과잉된 프로젝트였다. …… 당시로서는 아이디어는 앞섰으나, 그 아이디어를 구상한 사람들의 성숙도에 비해 너무 앞서 나간 것이었다."[32]

이렇게 해서 분명히 듀이 자신이 저널리즘에 직접 관여하기에는 기질상 적합하지 않다는 사실을 깨달은 바로 그 순간, 듀이를 사로잡았던 포드의 마법은 사라졌다. 듀이의 최우선순위는 철학이었다. 1920년대와 1930년대에 듀이는 현대 커뮤니케이션의 정치적, 사회적 함의에 관한 고찰로 되돌아갔다. 하지만 이 무렵에 이르면, 듀이는 또한 그의 형이상학이라는 맥락에서 커뮤니케이션 문제를 파고들기 시작했다. 그의 사상에서 이 측면을 보면, 듀이는 미국 사상에서 새로운 커뮤니케이션 테크놀로지에 영적인 의미를 부여해 온 끈질긴 전통을 확장하고 설명한 셈이다.

친밀한 의례로서의 커뮤니케이션 과정과, 기술적, 물질적 진보의 관점에서 본 커뮤니케이션 간의 긴장은 듀이의 책 《민주주의와 교육》(1915)에 나오는 유명한 다음 구절에 잘 표현됐다. "사회는 송신**에 의해**, 커뮤니케이션**에 의해** 계속 존재할 뿐 아니라 송신 **속에**, 커뮤니케이션 **속에** 존재한다고 말해도 좋을 것이다. 공통, 공동체, 커뮤니케이션이란 단어 사이에는 언어적 연계 이상이 존재한다. 인간은 서로 공통적으로 보유한 것들에 힘입어 공동체 속에 살아간다. 그리고 커뮤니케이션이란 이들이 사물을 공통적으로 소유하게 되는 방식을 말한다."[33]

1890년대에 듀이가 커뮤니케이션에 매료된 부분은 속도, 힘, 효율성을 개선한 현대적 기법에 집중됐다. 그리고 듀이는 이 기술들이 과학적 탐구에 도움을 제공할 잠재력에 매료됐다. 그러나 만년에는 참여와 공유를 유도할 수 있는 커뮤니케이션의 역량에 거의 신비적인 자질을 부여했다. "모든 사안 중에서도 커뮤니케이션은 가장 경이롭다. ……. 커뮤니케이션의 과실이 참여, 공유가 되어야 한다는 사실은 심지어 성찬식조차도 비교가 되지 않을 정도로 경이로운 일이다"라고 듀이는《경험과 자연*Experience and Nature*》(1925)에서 주장했다. 커뮤니케이션은 글자글대로 참여 당사자들을 변화시키고 확장했으며, 경험을 공동 소유물로 만들었다.[34]

커뮤니케이션은 "독특하게 도구적이고, 독특하게 궁극적이다." 이는 듀이가 도구와 목적 사이의 긴밀성, 이론과 실천 간의 통합적 연계성을 완강하게 고수한다는 사실을 가장 뚜렷하게 보여 주는 예 중의 하나다. 커뮤니케이션이란 "자칫 압도적일 수도 있는 사건의 압력에서 우리를 해방시켜 주고, 의미가 있는 사물의 세계 속에서 살 수 있게 해 준다는 점에서 도구적이다. 커뮤니케이션은 공동체에 소중한 대상과 예술의 공유이자, 영적 교감이라는 의미에서 의미를 고양, 심화, 공고화해 주는 공유라는 점에서 궁극적이다." 커뮤니케이션의 두 절반이 경험 속에서 현실화할 때, "공통된 삶의 방법이자 보상인 정보가 존재하고, 애정, 존경, 충성심을 받을 만한 대상인 사회도 존재하게 된다."[35]

《경험으로서의 예술*Art as Experience*》(1934)에서 듀이는 의례, 미학, 현대 커뮤니케이션이 공유하는 공통의 기반에 대한 분석을 살짝 암시했는데, 바로 대중 예술이었다. 아쉽게도 듀이는 이 책의 사랑스러운 통찰을 커뮤니케이션을 의례로 보는 시각과 결합하여, 상당히 풍성한 결과를 낳을 수도 있었을 법한 영역으로 확장할 기회를 놓쳐 버리고 말았다. 이 책에서 듀이는 미학적 경험과 일상적 삶의 사건 사이의 연속성을 복원하려 시도했다. 그는 예술 작품을 "인간과 인간 사이에 유일하게 완벽하고 방해받지 않은 커뮤니케이션 미디어"로 보았다. 균열과 장벽의 세상에서 예술 작품은 진정한 참여 감각을 조성하는 데 가장 근접했다. 예술은 공유된 의례로서의 커뮤니케이션을 탁월하게 표현한 것이었다. 예술을 높은 진열대 위에 올려놓고는 어떤 고상한 이상적 영역으로 밀어내 버리는 이론은 이 관계를 파괴하고 미학적 경험에 대한 더 나은 이해를 차단한 셈이다.

그 결과는 더 철저한 대중 예술의 득세였다고 듀이는 관측했다. "오늘날 평균적 인간에게 가장 활기를 띤 예술은 그가 예술로 여기지 않는 것들, 예를 들면 영화, 재즈 음악, 만화 등이다. …… 왜냐하면 그가 예술로 간주하는 것들이 박물관과 갤러리로 밀려나고 나면, 그 자체로도 즐거우며 참을 수 없이 강한 경험의 충동은 일상적 환경이 제공하는 그러한 경로를 찾아나설 것이기 때문이다."[36] 듀이는 새로운 커뮤니케이션 미디어에 의해 창조, 변형, 혹은 단지 대중화된 예술, 즉 대중 예술에 대한 분석을 더 심화시키지는 않았다. 그러나 대중 생산과 상업주의의 수요에 의해 형성되었으나 가장 오래된 공동체적 작업 형태인 음악, 연극, 민담, 춤에 확고하게 뿌리 박고 있는 이 예술들이야말로 듀이의 미학 이론을 지탱하는 것이었다. 이 예술은 도처에 보급되고 쉽게 접근할 수 있으며 공유된 과거와도 연결되기에 우리에게 가장 두드러지고 핵심적인 예술 일부를 제공해 주는데, 바로 최선의 경우 일상적 삶에서 경험의 공동체를 크게 확대해 주는 예술이다.

하지만 듀이는 정치 개혁과 현대 커뮤니케이션 간의 연계에 대한 고찰을 포기하지는 않았다. 사실은 이를 더 완벽하게 발전시켰다. 이 시기의 다른 많은 이처럼, 듀이도 정치 영역에서 전문가의 더 큰 역할을 옹호했다. 그러나 다른 일부 인사와 달리, 듀이는 이 전문가들을 정치적 병폐에 대한 만병통치약이라 여기지 않았다. 듀이는 월터 리프먼 Walter Lippmann 같은 필자들을 비판했다. 리프먼은 "조직화된 정보"라는 구절을 협소하게 해석해, 사실을 의사결정권자가 이해하기 쉽게 만들 수 있도록 '전문가 조직'을 설치한다는 뜻으로 보았기 때문이다.《여론Public Opinion》(1922)에서 리프먼은 여론에 관한 전통적인 민주주의 이론과 "전지전능한 시민omnicompetent citizen" 개념을 격렬히 비판했다. 리프먼은 현대 커뮤니케이션이 도처에 존재하는 "사이비 환경pseudo environment"을 조성하는 바람에, 평균적 시민이 사실에 근거해 정치적 판단을 내릴 수 있는 역량을 위축시켰다고 주장했다. 그는 공중과 세계 전반 사이에서 전문가가 중재 역할을 하는 방식에 신뢰를 보냈다. 오로지 "통계학자, 회계사, 회계 감사관, 산업 카운슬러, 온갖 종류의 엔지니어, 과학적 관리자, 인사 행정가"만이 "보이지 않으면서 가장 놀랄 정도로 난해한 환경"[37]을 이해할 수 있게 만들어 줄 것이다.

　듀이는 리프먼의 영향력 있는 저작을 검토하면서 공중을 정보에 해박한 소수 행정가 집단으로 대체하려는 시도를 거부했다. "뉴스 사건을 그 저변을 흐르는 여건에 대한 지속적 연구와 기록에 비추어 다룰 가능성은 남아 있다. 사회과학, 사실에 대한 접근, 문학적 전달의 예술 간의 결합은 달성하기 쉬운 일은 아니다. 그러나 이를 달성하는 것만이 사회적 삶의 지성적 지도라는 문제점에 대한 유일하게 진정한 해결책이다. …… 여론의 계몽은 내가 보기에 여전히 관리와 감독자들의 계몽보다는 우선되어야 할 것 같다."

　"사고 뉴스" 모험을 시도한 지 30년이 지난 후에도 듀이는 여전히 새로운 종류의 언론을 희망했다. 바로 현대적 커뮤니케이션 수단, 사회과학 기법, 예술적 제시를 결합해 사회적, 정치적 움직임을 지속적이고 체계적이며 효과적으로 설명해 줄 언론이었다. 그러한 언론은 급속하게 현대적 정부의 핵심 부분으로 떠오르고 있는 온갖 전문가 조직에 대한 중요한 견제 장치가 될 것이다. 1890년대처럼 듀이는 이러한 언론이 아마 선정적 언론과 경쟁할 수도 있을 것이라고 주장했다. "이는 지적 문제일 뿐 아니라 예술적 문제이기도 하다. 왜냐하면 이는 공적 영향을 미치는 모든 행위를 발견, 기록, 해석하는 과학적 조직뿐 아니라 탐구 결과를 흥미로우면서도 비중 있게 전달하는 방법을 전제로 하기 때문이다."38

이 질문들에 대한 더 완벽한 논의는 정치적 사안, 현대 커뮤니케이션, 탐구 방법 간의 관계에 관해 듀이가 가장 야심 차게 진술한 책인 《공중과 그 문제점들*The Public and Its Problems*》(1927)에서 제시되었다. 공중이란 개인 간의 사회 활동의 부산물("결합 행동conjoint behavior")이며, 국가란 이 공유된 관심사 보호를 목적으로 관리들에 의해 조직된 공중이다. 국가의 활동 범위는 ("자연권"이나 "양도 불가능한 신성한 권위"처럼) 어떤 정치철학에 의해 사전에 결정되어서는 안 되며, 핵심적 실험에 의해 결정되어야 한다고 듀이는 주장했다. 특히 개인에 대한 찬양에 근거한 민주주의 이론은 그 이론이 형성되었을 때 이미 퇴조 중인 개념이었다는 점에서 쓸모가 없어졌거나 적어도 심각한 수선이 필요한 상태에 있다. 왜냐하면 기계 시대는 결합 행동의 간접적 결과의 범위를 엄청나게 확장, 증폭, 강화하고 정교화해서, 공동체 기반보다는 비개인적 기반 위에서 "그처럼 방대하고 강력한 행동 통일을 조성했기 때문이다. 따라서 그 결과로 나타난 공중은 스스로 정체를 규정할 수도 식별될 수도 없다." 공중이 너무 많을 뿐 아니라 공중은 너무 분산되고 흩어져 있다.

일단 이 점을 파악하고 나면, 핵심 문제는 어떻게 하면 위대한 사회를 위대한 공동체로 바꿔 놓는가 하는 문제가 되었다고 듀이는 말을 이어갔다. 사회는 전례 없이 훌륭한 커뮤니케이션이란 물리적 기구를 보유하게 되었지만, 이 기구와 부합하는 사고와 열망은 아직 커뮤니케이션되지 않았으며, 따라서 보편화하지도 않았다. 어떤 식으로든 의미를 완벽하게 커뮤니케이션할 방안을 고안해 내야 한다. "우리의 바벨 탑은 언어로 되지 않고 기호와 상징으로 되어 있는데, 이러한 것이 없으면 경험의 공유가 불가능하다." 현대적 커뮤니케이션 수단에 걸맞는 기호와 상징을 발견할 때에만 공중을 복원할 수 있을 것이다. 상호 의존적인 활동의 결과에 대한 진정한 공동의 관심은 이렇게 해서 욕망과 노력을 자극하고 이를 통해 행동을 지도하게 될 것이다.

분명히 전신, 전화, 라디오, 특급 우편 배달, 인쇄기 같은 물리적 커뮤니케이션 수단은 "탐구와 그 결과의 조직화라는 지적 단계"보다 훨씬 더 앞서 발전해 버렸다. 이 무렵에 이르면 듀이는 이 두 단계가 어느 정도 손쉽게 서로 보강하게 될지에 대해 덜 낙관적이었던 듯하다. 그는 그런데도 사회과학을 미학적으로 전달되는 일간 신문에 접목해 줄 재구성된 언론이라는 과거의 비전을 되풀이했다. "가장 고도의 난해한 부류의 탐구와 섬세하고 민감하고 생생하며 반응적인 커뮤니케이션 예술은 물리적 전송과 유통 장치를 장악해 생명을 불어넣어 주어야 한다." 듀이는 쿨리가 말한 일차 집단에 특징인 면대면 식 친밀성의 중요성을 평가절하할 수는 없었다. "자유롭고 완전한 상호 커뮤니케이션이라는 의미에서 위대한 공동체는 가능하다. 그러나 이러한 공동체가 지역 공동체를 구성하는 모든 자질을 결코 갖출 수는 없다." 지역의 동네 환경은 인쇄된 단어에 구전 커뮤니케이션을 추가로 제공해 줄 것이다. 소규모 공동체와 대규모의 조직화된 지성은 진정하게 해방적인 사회적 지성을 위해 상호 보완하는 관계에 있어야 한다.[39]

듀이는 풍부하고 다층적인 커뮤니케이션 패러다임을 제시해 주었다. 하지만 듀이의 모델이 큰 영감을 주기는 해도, 듀이가 자신의 생애 동안 부상하고 있던 현대 커뮤니케이션의 세력에 대한 분석을 더 진척시키지 못했다는 점은 유감스러운 일이다. 사적 소유의 커뮤니케이션 미디어를 어떻게 하면 진정한 공동의 전달체로 변환시킬 것인가 하는 문제에 듀이는 평범한 상식이나 힌트를 제시하는 정도에 그쳤다. 이러한 침묵은 듀이의 사상 내부의 더 큰 내적 갈등을 반영한 것인데, 말하자면 생애 내내 사회적 계획에 대해 양가적 태도를 취했다는 점에서 유래한다. 듀이는 이론과 실천 사이에 어떤 형태로든 남은 거리를 해소하려는 욕구가 있었으나, 결국 추진할 정치적 용기는 발휘하지 못했고, 현재의 사회적, 정치적 갈등 현실을 다루는 일도 거부했다.[40]

뉴스 영역에서 듀이는 언론을 사적 이윤 추구 기업으로 전락시킨 사적 통제에 대해서는 수긍했다. 대공황 시기 동안 듀이는 언론 자유의 가치가 어떻게 너무나 흔히 그냥 "기업이 사적 이윤을 위해 마음대로 사업을 추진할 수 있는 권력" 구실을 하게 되었는지 목격했다. 라디오를 고찰하면서 듀이는 단지 귀와 눈 사이의 균형이 임박했음을 칭송했을 뿐이다. "모든 사회 문제에서 대중은 눈으로 본 것보다는 귀로 들은 것을 따르기" 때문에, 듀이는 라디오가 장차 사회의 교육 개선에 중요한 요인이 될 것이라고 믿었다. 하지만 그는 미국 방송의 진화에서 상업적 광고의 역할을 논의하지 못했다. 오직 나약하게, 라디오는 "개인의 수중에 있을 때에도 엄청난 공익에 영향을 받는다"[41]라고 언급할 수 있었을 뿐이다.

현대 커뮤니케이션에 관한 초창기의 모든 이론적 비전 중에서는 듀이가 범위가 가장 넓었다. 쿨리와 마찬가지로 듀이는 복잡한 산업 사회에서 새로운 미디어가 이웃 공동체 가치를 재건할 만한 잠재력이 있다며 큰 희망을 표현했다. 조직화된 정보와 과학적 탐구를 공적으로 달성할 수만 있다면, 전통적인 정치적, 도덕적 의무감을 복원할 수도 있을 것이라 듀이는 굳게 믿었다. 그러나 물리적 전송과 배포 장치를 어떻게 변혁시킬 것인가 하는 험난한 정치적 문제에서 후퇴해 버리는 바람에, 듀이는 점차 좀 더 안락한 정체성으로 도피하게 됐다. 바로 커뮤니케이션 과정의 형이상학적 복잡성에 몰두하는 커뮤니케이션 철학자라는 정체성이었다.

◆

미시간대학교에서 젊은 듀이의 가장 열성적인 제자 중 한 명인 로버트 파크는 스스로 한 세대 학자 전체를 '시카고학파' 사회학의 가장 영향력 있는 구성원으로 길러 냈다. 쿨리와 달리 파크는 학계 생활과 다른 경력 사이를 오갔다. 파크는 50세가 될 때까지 대학에서 아무런 지위도 갖고 있지 않았지만, 도시, 인종 관계, 커뮤니케이션 사회학에 참신한 접근 방식을 제시했다. 자신의 몇몇 영향력 있는 글을 통해, 또한 수많은 학생의 작업 지도를 통해, 1, 2차 세계 대전 사이의 미국 사회학에 상당히 강력한 영향력을 행사했다. 그의 글은 오랜 언론인과 홍보 대리인 경험에서 얻은 이해, 제임스와 듀이 철학에 대한 철저한 천착, 유럽 사회 이론가, 특히 독일 사상가들의 저작에 대한 몰두 등을 결합한 것이다. 그 결과로 나온 혼합물은 사회적 합의 조성과 유지에서 현대 커뮤니케이션이 갖는 중요성에 대해 독특하게 미국적인 전망의 한 변종을 낳았다. 쿨리와 듀이가 서로 비슷한 전망을 표현하긴 했지만, 파크의 시각 역시 자신의 좀 더 코스모폴리탄한 경험과 자신의 더 큰 사회 이론의 핵심에 있는 이중성을 반영해 까다롭고 역설적인 뒤틀림을 포함하고 있었다.

쿨리가 출생한 해인 1864년에 펜실베이니아에서 태어난 파크는 곧 가족과 함께 미네소타주 시골로 이사를 갔다. 그곳에서 파크의 부친은 미네소타 변경 지역에서는 잘나가는 상인으로 자리 잡았다. 어린 파크는 마을의 다른 편에서 노르웨이와 스웨덴 이주민들과 시간을 보내는 것을 즐겼다. 생애 내내 이민자 문화에 관심을 갖게 된 것은 소년 시절 지역 스칸디아비아인에 대한 영웅 숭배와 더불어 시작된 게 틀림없다. 파크는 집에서는 어머니와 가장 친밀했다. 파크는 자신이 "수줍음 많고 감상적이며 낭만적인 소년"이었다고 회고했다. 남아서 가업을 잇기를 바란 아버지의 반대에도 불구하고 파크는 집을 떠나 미네소타대학교에 입학했다. 그러나 파크는 변방 지역 학교에서 부실한 교육을 받은 탓에 대학 생활에 아직 준비가 덜 된 상태였다. 공부 습관을 개선해야겠다며 작심하고, 그는 대학 입학을 다시 한번 시도해 이번에는 1883년 미시간대학교에 입학했다.[42]

앤아버에서 파크는 듀이의 강좌를 여섯 번 수강했고, 막 모습을 갖추기 시작한 듀이의 도구주의에도 열렬하게 호응했다. 도구주의란 "사고와 지식은 행동의 부산물이자 도구로 간주해야 한다는 발상이다." 1887년에 대학을 졸업한 후 파크는 저널리즘을 직업으로 선택하면서 "지적 전위"의 삶을 갈망했다. 그는 11년 동안 미니애폴리스, 디트로이트, 뉴욕, 시카고에서 기자로 일했다. 파크는 경찰 출입처를 담당했고, 유행병, 알코올 중독, 마약 거래, 범죄 조직을 취재했으며, 전반적으로 도시 생활의 어두운 이면을 깊이 관찰했다. 작은 마을 출신인 파크는 도시 생활에 관한 철저하고 거의 관음증적 호기심을 자신의 기자 임무에 적용했다. 그는 길거리를 휘젓고 다니며 날카로운 관찰력을 발휘했지만, 뉴욕의 지인이자 동료인 제이컵 리스Jacob Riis처럼 개혁적 기질은 갖고 있지 않았다.

그렇지만 사회 밑바닥을 지속적으로 접하면서, 파크는 어떤 종류의 저널리즘을 적용하면 사회 여건을 실제로 개선할 수 있을까 궁금해졌다. 1890년경 듀이는 파크를 프랭클린 포드에게 소개해 주었는데, 포드는 이 젊은 언론인에게 깊은 인상을 주었다. 파크는 포드 동아리의 헌신적인 구성원이 되었다. 파크는 이후 "사고 뉴스" 일화야말로 자신이 부커 T. 워싱턴Booker T. Washington●과 일하기 전까지는 사고에 영향을 미친 가장 중요한 요인이었다고 회고했다. 파크는 새로운 부류의 저널리즘 개념, 즉 자신이 직접 목격한 도시 병리를 초래한 심층적 세력의 명쾌한 이해를 추구한다는 저널리즘에 매료되었다. 그러한 저널리즘이라면 병리를 교정하는 모든 사회 행동에 선행해야 할 지식을 제공할 수 있을 것 같았다.[43]

"사고 뉴스"가 출범에 실패한 후, 파크는 1898년까지 저널리즘 경력을 이어나갔다. 이 무렵에 이르자, 여론의 좀 더 이론적인 이해에 대한 갈증이 그가 지녔을지도 모르는 개혁 경향을 밀어냈다. 파크는 철학을 공부하러 하버드대학교에 진학하면서, "우리가 뉴스라 부르는 부류의 지식의 성격과 기능에 대한 통찰 얻기"를 목적으로 삼았다. "그 밖에도 나는 뉴스의 영향으로 발생하는 사회의 행태를 엄정하고 보편적인 과학의 언어로 기술할 수 있는 근본적인 시각을 갖추고 싶었다." 파크는 윌리엄 제임스, 조사이어 로이스Josiah Royce, 조지 산타야나George Santayana와 함께 철학과 심리학을 공부하고 석사 학위를 취득

● 부커 T. 워싱턴(1856~1912)은 미국의 해방 노예 출신의 교육자이자 사회운동가였다. 인종 차별이 극심하던 미국 남부에서 흑인의 지위 향상을 위해서는 단기적인 법적 평등과 통합 추구보다는 실용적인 직업 교육 확대를 통해 흑인의 경제적 기회 확대가 급선무라고 주장해 유명세를 얻었다. 그의 온건한 노선은 흑인 운동가에게 비판을 많이 받았으나 이후 흑인 운동의 토대를 닦은 인물로 평가받는다. ― 옮긴이

했다. 그 후에는 독일 베를린으로 가서 게오르크 짐멜Georg Simmel에게 자신의 유일한 공식 사회학 강좌를 들었다. 1903년 박사 학위를 마치러 미국으로 돌아오기 전, 하이델베르크대학교에서 빌헬름 빈델반트 Wilhelm Windelband 지도하에 '집단 심리학'이란 신생 과학도 공부했다.[44]

파크의 박사 학위 논문인 〈군중과 공중The Crowd and the Public〉(1904)은 미국식 집단행동과 여론 이론을 향한 최초의 탐색이었다. 파크는 유럽의 '군중 심리학' 전통을 따르고 독일어로 논문을 집필하긴 했지만, 오래된 문제에 미국의 시각을 가미하는 데 성공했다. 그는 귀스타브 르봉Gustav LeBon, 스키피오 시겔레Scipio Sighele와 다른 보수적 유럽 사회 이론가들이 규정한 대로 군중의 성격과 사회적 배경을 분석하고 수용했다. 고도로 정서적이고 비합리적이며 참을성 없는 '정신적 흐름'에 의해 식별되는 군중은 '공동 의식common consciousness'의 가장 저급한 형태에 해당했다. 파크는 공중을 변화무쌍한 집단행동의 또 다른 형태로 제시했는데, 이는 합리적 담론에 관여한 사람들로 구성된 것이 특징이었다. 파크는 군중과 공중의 격차를 최소화하면서, 사회 과정의 태생적 단계로서 이 두 형태 간의 유사성을 강조했다. "이미 존재하는 관심사 가운데서 새로운 관심사가 뚜렷하게 등장할 때마다, 군중이나 공중이 동시에 발전하게 되며, 이처럼 집단이나 그중 어떤 개인 간의 연합을 통해 새로운 관심사를 대변하는 새로운 사회적 형태가 창조된다. …… 군중도 공중도 스스로 총체로 인식하지 않으며, 스스로 행동을 결정하려 시도하지도 않는다. 규제도 없고, 의식적 통제도, 자의식도 존재하지 않는다."

그러나 두 집단은 각기 상호 작용 양식에서 차이가 있었다. 군중은 감정, 공감, 본능에 근거했고, 공중은 사고와 이성에 의존했다. 파크는 공중을 대안적인 집단행동 형태로 제시하였고, 이를 통해 자신의 학문적 배경인 보수적인 유럽 사회학 전통과 거리를 두었다. 현대 세계는 전통적 공동체의 대안적 범주로 군중 이상의 존재를 제시한다고 파크는 주장하는 듯했다. 그런데 현대 커뮤니케이션 덕분에 여론의 확장과 정교화는 가능해졌지만, 파크는 아직까지 현대 커뮤니케이션이 이 가능성을 사실로 구현하는 데는 실패했다고 판단했다.

저널리즘은 여론을 가르치고 지도하기보다는 흔히 단지 "집단 주목을 통제하는" 메커니즘임이 드러났다. 이러한 방식으로 형성된 의견은 "비성찰적 지각에서 도출된 판단," 즉 "정보를 수용하면서 직접, 즉시" 형성된 의견을 닮았다. 저서 말미에서 파크는 자신이 가치 판단을 내리려는 게 아니라 오직 양자를 공식적으로 구분하고자 했을 뿐이라고 주장했다. 그러나 이는 의례적 부정에 불과해 보인다. 실로 파크가 공중을 다른 덜 매력적인 집단행동 형태로부터 분리한 것은 이후 듀이, C. 라이트 밀스C. Wright Mills 등의 사상에서 [본격적으로] 발전된 중요한 미국식 전통의 출발점에 해당했다.[45]

박사 학위를 마치고 난 후 파크는 다시 한번 좌불안석 상태가 됐다. 원래 신문사로 되돌아갈 계획이었으나, 그 대신 콩고개혁협회Congo Reform Association의 홍보직을 맡게 됐다. 이 일자리를 통해 파크는 부커 T. 워싱턴을 만나게 됐고, 9년 동안 워싱턴의 개인 비서관 역할을 했다. 파크는 홍보 대리인과 동시에 터스키기Tuskeegee의 연구* 조정관 역할을 함께 맡아, 수년 동안 남부를 돌아다니면서 흑인의 삶과 인종 관계를 조사했다. 1914년 시카고대학교 사회학자인 W. I. 토머스W. I. Thomas

---

* 로버트 파크는 1905~1914년 사이에 터스키기전문대학교Tuskegee Institute에서 홍보담당자로 일하면서 현재 미국 남부의 흑백 관계의 형성 과정과 체제에 관한 연구를 수행했다. ― 옮긴이

가 파크를 같은 대학 사회학과로 초빙했다. 파크는 50세 나이에 마침내 대학의 사회학과에 자리 잡고는, 신생 학문의 척도와 방법론을 규정하는 데 주력했다. 그는 주로 사회 전체를 연구하는 방법 문제에 관심을 두었는데, 바로 사회의 시간을 초월한 형태적 과정은 무엇인가 하는 문제였다. 파크는 사회 문제에 초점을 두는 구체적인 연구를 학생들에게 맡겼다.

두 차례 세계 대전 사이 기간 동안 가장 영향력 있는 사회학 교재였던 (1921년 E. W. 버제스E. W. Burgess와 공저로 출간된) 《사회학이란 과학 입문Introduction to the Science of Sociology》에서 파크는 이 분야를 "집단행동의 과학"으로 정의했다. 여기서 파크는 "사회 통제는 사회의 핵심적인 사실이자 핵심 문제다"라고 덧붙였다. 파크는 사회 질서가 등장하는 원천이 되는 네 가지 이상적 사회 과정을 순차적으로 규정했다. 경쟁competition은 가장 초보적이고 생물학적 상호 작용 형태로서 경제 질서를 낳는다. 갈등conflict은 그다음으로 고도의 단계에 해당하는데, 여기서 경쟁자들은 의식적으로 서로 경쟁자나 적으로 규정한다. 수용accommodation은 적대성의 중단을 의미했고, 여기서 "갈등은 잠재적 세력으로 잠복하긴 하지만 노골적인 반작용으로서는 사라진다." 마지막으로 동화assimilation는 복잡한 상호 침투와 융합 과정으로, 여기서 "사람들이나 집단은 다른 개인이나 집단의 기억, 감정, 태도를 습득하고 자기 경험을 공유함으로써 다른 이들과 함께 공통의 문화적 삶으로 포섭된다."[46]

파크와 학생들은 도시를 가설을 검증하는 실험실로 활용했는데, 도시 속에서 모든 사회 진화의 소우주와 사회 해체의 장소를 발견했다. 파크는 '인간 생태학human ecology'이란 개념을 발전시켰고, 공생적 생태 공동체라는 생물학적 개념을 인간에게 적용했다. 그는 인간에게 독특한 사회 과정을 더 잘 파악하기 위해, 특히 도시의 공간적 패턴을 추적하는 데 '생명의 질서biotic order' 개념을 활용했다. 그러나 딱히 생존 투쟁에서 유래하지 않은 사회관계인 '도덕 질서'는 그를 가장 애먹였다.[47]

경쟁이 생명 공동체의 근본적인 조직 원칙으로서 분화와 개인화를 보장해 주는 것과 마찬가지로, 커뮤니케이션은 인간 사회에서 기본적인 상호 작용 형태였다. 쿨리로부터 파크는 모든 사회 성장에 맞추어, 말에서 방송에 이르기까지 이루어지는 커뮤니케이션 형태의 역사적 확장이라는 개념을 취했다. 파크는 커뮤니케이션 과정의 속성에 관해서는 듀이를 자주 인용했다. 이렇게 해서 파크는 다음과 같이 쿨리와 듀이의 커뮤니케이션 정의를 결합했다. "커뮤니케이션이란 한 개인이, 어떠한 의미에서 그리고 어느 정도까지는, 타인의 태도와 시각을 취할 수 있게 되는 사회 심리적 과정이다. 이는 인간 사이에 단순히 생리학적이고 본능적인 질서 대신에 합리적이고 도덕적 질서가 확립되는 과정이다."[48] 그러나 현대의 커뮤니케이션이 실제로 어떻게 진화했는지에 관해 파크는 쿨리나 듀이보다 더 철저하게 분석했다. 파크는 특히 언론이 도시 성장이나 이민과 관련해서, 어떤 사회적·문화적 제도 역할을 하는지에 관해 선구적 연구를 수행했다.

파크는 현대 신문에서 일어난 가장 엄청난 변화를, 신문의 주 강조점이 사설에서 뉴스로 극적으로 옮아 가게 된 시점으로 지목했다. 최초의 변화는 1830년대와 1840년대 '페니 신문'의 등장과 함께 발생했다. 그 시기 이후로 "생존 투쟁은 판매 부수를 놓고 벌어지는 투쟁이었다." '황색지'는 신문 진화에서 또 하나의 거대한 전환점에 해당했다. 이 변화는 19세기 말에 일어난 극적인 도시 팽창과 밀접하게 연계되어 있는데, 이 신문들은 한때 뉴스와 픽션 사이에 존재하던 엄격한 경계를 무너뜨렸다. 인간적 흥미 기사의 등장은 뉴스 자체의 성격을 변화시켰고, 뉴스에 시공간을 초월하는 상징적이고 보편적인 풍미를 가미했다. 파크 자신도 원초적인 열정에 호소하는 뉴스를 작성한 적이 있는데, 바로 "도시 프롤레타리아 공중의 오락과 교육을 위한 일종의 대중문학"[48]이었다.

이민자 덕분에 읽기 쉬운 황색지와 타블로이드 판매 부수는 폭증했지만, 이와 별도로 나름대로 중요한 신문도 생겨났다. 파크는 수십 군데의 유대어, 폴란드어, 일본어, 이탈리아어와 기타 외국어로 된 신문을 검토했고, 그 결과 이 신문이 이전의 모국에서는 글을 읽지 않던 사람들이 읽기 습관을 기르는 데 도움이 되었다는 사실을 발견했다. 토착 미국인들이 이 신문들을 억압하거나 통제하는 데 반대하면서, 파크는 이 신문들이 종족 문화를 보존하고 독자들에게 모국어를 통해 좀더 코스모폴리탄한 세계관과 접촉하게 하는 역할을 한다고 강조했다. 따라서 외국어 신문은 "이전의 유산으로부터 새로운 충성심을 배양하고," 이민자들이 미국의 삶에 더 수월하게 적응하는 데 도움이 됐다.[49]

거의 생애 말년인 70대에 이르러, 파크는 1890년대에 골몰하던 좀더 철학적인 질문들로 되돌아갔다. 그는 독자적인 "지식 형태로서의 뉴스" 문제와 위기 시에 현대 미디어의 사회 통합력 발휘 문제에 관해 성찰했다. 윌리엄 제임스의 "익숙한 지식knowledge of acquaintance"(비공식적 지식)과 "대상에 관한 지식knowledge about"(합리적, 체계적 지식) 간의 구분으로 시작해, 파크는 지식의 스펙트럼에서 뉴스의 위치를 발견하는 일에 착수했다. 뉴스는 기본적으로 스쳐 가는 특성을 지니기에 단명하지만, 여론과 정치 활동 일반의 형성에 핵심적인 요소로 규정됐다. 뉴스의 발간은 시사적 사건에 정당성을 부여했다. 하나의 지식 형태로서 뉴스는 역사학, 사회학, 문학, 민속에도 기여했다. 현대적 커뮤니케이션 수단, 특히 라디오는 뉴스 보도의 범위, 속도, 숫자를 확장했다. 따라서 현대적 삶에서 "일부 다른 지식 형태, 예컨대 역사학과 비교해, 뉴스의 역할은 중요성이 감소하기보다는 오히려 더 커졌다. 근년에 일어난 변화는 너무나 빠르고 극적이어서, 현대 세계는 역사적 시각을 잃어버린 듯하고, 우리는 내가 묘사한 바대로 '허울뿐인 현재specious present' 속에서 하루하루를 살아가는 것처럼 보인다."[50]

1941년 유럽의 위기를 언급하면서, 파크는 언론이란 단지 공중에게 이슈를 일깨워주는 수준을 넘어서야 한다고 주장했다. 신문은 "공동체를 부추겨 행동하도록 유도해 토론을 종결짓는 정치적 힘과 집단적 의지를 갖추어야" 한다. 뮌헨 사태와 프랑스 함락 같은 위기 동안 뉴스 유통은 시급성을 띠게 됐다. 파크는 다음과 같이 지적했을 때 이미 미국의 참전이 불가피했음을 깨달았는지 모른다. "공동의 의지와 공동의 목적을 갖고 방대한 군대와 전 국민을 조직하거나 활성화하고 무엇보다 움직이게 하는 과업은 믿을 수 없을 정도로 복잡하지만, 현대의 커뮤니케이션 수단을 동원한다면 불가능하지는 않은 과업이다."[51]

뉴스는 커뮤니케이션의 두 가지 주된 기능 중 하나에 불과했다. 파크는 커뮤니케이션의 두 가지 이상형을 "지칭적referential" 차원과 "표현적expressive" 차원으로 묘사했다. 지칭적 기능에서는 관념과 사실이 커뮤니케이션되고, 표현적 기능에서는 감정, 태도, 정서가 표면화한다. 커뮤니케이션은 전체적으로 사회 집단의 결집, 합의, 완전성을 가능하게 했다. 그리고 경쟁을 수정하고 유보 조항을 부가하여 생명계에 한계를 가하는 도덕적 질서를 창조했다. 커뮤니케이션이란 통합 유도와 사회화의 원칙인 반면, 경쟁은 개인화의 원칙이었다. 그러나 커뮤니케이션은 고립된 문화들을 서로 접촉하게 하여 경쟁을 악화시킬 수도 있고 실제로 빈번히 그렇게 하기도 했다. 하지만 파크는 커뮤니케이션이 문화적 상호 작용 과정을 통해 친밀성과 이해를 강화하고 생물계적 질서를 도덕적 질서로 대체해, 궁극적으로는 경쟁에 따르는 사회적 긴장을 완화할 수 있을 것이라고 주장했다. 또한 "이 과정들을 촉진하거나 방해하는 명백한 조건은 주로 물리적인데, 현대에 와서는 문자, 인쇄기, 라디오 등 기술적 장치에 의해 이 조건들이 점진적으로 극복되었다."[52]

그러나 파크는 대다수의 긍정적 속성을 커뮤니케이션의 지칭적 측면에 귀속시켰다. 파크는 쿨리나 듀이보다도 더 현대 미디어의 표현적 측면의 구현에 우려했다. 파크는 커뮤니케이션의 상징적이고 표현적 형태가 지칭적 부류보다 분명히 열등하다고 여겼고, 쿨리와 듀이가 그랬던 것처럼 심지어 이 유형이 예술적 표현의 절박한 갈증을 충족한다는 점도 인정하지 않았다. 파크는 영화와 연재소설이 사회 통제의 전통적 억제력을 훼손하는 경향이 있어 "도덕을 타락시키는" 요인들이라고 생각했다. 그는 커뮤니케이션의 표현적 측면을 논의할 때 "전복적 문화적 영향력"과 "사회 해체" 같은 구절을 종종 사용했다. 초기 영화 비판가들처럼 점차 새로운 미디어를 중심으로 조직화되고 있던 현대적 여가의 경향에 대해서도 비판했다. "이 불안감과 모험에 대한 갈증은 대부분 창의적이지 못하다는 점에서 황폐하고 환각에 불과하다. …… 미국의 삶에서 가장 큰 낭비는 경솔한 여가 사용에서 일어나고 있는 게 아닌가 하는 의구심이 든다."[53]

파크가 커뮤니케이션을 통한 문화적 상호 작용이라는 자신의 이론적 원칙이 바로 표현적 기능을 통해 미국의 삶에서 어떻게 작동하는지 파악하지 못했다는 사실은 정말 역설이었다. 미국의 대중문화는 이전에는 낯설고 소외된 문화 집단과 형태가 현대 미디어를 통해 진입하면서 다시 지속적으로 그리고 강력하게 활기를 띠게 됐다. 흑인과 농촌 백인 음악, 종족성 연극 전통, 유럽 이주민 영화 제작자와 감독, 저항 문화

작가와 만화가 등은 현대 커뮤니케이션에 의해 확산한 덕분에 미국 주류에서 대대적인 물결을 낳은 주변 문화의 몇 가지 예일 뿐이다. 이 문화들 자체가 모두 과정에 의해 상당 부분 변형되었다는 사실은 파크의 변증법적 커뮤니케이션 모델이 옳았음을 보여 줄 뿐이다. 커뮤니케이션은 초기의 갈등 단계들을 거치고 나면 관용, 동화, 심지어 친밀성을 촉진한다.

저널리즘과 더불어 저널리즘 개혁의 희망을 포기하고 난 후, 파크는 프랭클린 포드가 "빅 뉴스"라 부른 것의 자취를 따라 사회학자를 "일종의 특별한 기자"로 특징 지었다. 이 용례는 아마 은유적 이상의 의미였을 것이다. 파크는 아마도 평생에 걸친 뉴스에 대한 집착과 헌신 때문에, 지칭적 측면을 오염시키지 않는 한 현대 커뮤니케이션의 표현적 기능을 진지하게 고찰하는 것을 거부했다. 양자 간의 경계가 흐려지고 있다고 자각했음에도 불구하고, 파크는 합의의 위력과 지식 형태로서 뉴스의 역사적 중요성에 대해 계속해서 지적인 신뢰를 보냈다.

◆

쿨리, 듀이, 파크는 모두 일종의 진보 시대 감수성을 사회적 세력으로서의 현대 커뮤니케이션에 관한 추론에 적용했다. 이들이 소재를 다룰 때 전반적으로 자신감 있고 낙관적인 세계관은 가정법 뒤로 한 발 물러섰다. 미디어가 어떤 모습으로 변할 것인가 하는 질문의 저변에는 미디어가 미국의 공적 풍토에서 통일과 민주적으로 달성된 합의를 촉진할 것이라는 광범위한 가정이 깔려 있었다. 이 학자들이 새로운 미디어의 표현적 측면에 대해 느낀 불안감은 지속적이었으나 이들의 작업에서는 사소한 주제에 불과했다. 현대 커뮤니케이션의 잠재력 중에서 어두운 측면은 문화 영역에 있었다. 세 사람은 모두 새로운 미디어가 전통적인 문화의 이상에 심각한 도전을 제기한다고 느꼈지만, 이를 철저하게 탐구하기보다는 그 가능성을 안절부절하며 수긍하는 데 그쳤을 뿐이다. 실로 그들의 생애 동안 전반적으로 미디어 테크놀로지와 제도가 실제로 발전하는 양상을 검토하지 못했다는 사실 때문에, 미디어의 이해에 대한 이들의 기여도는 제한적이었다.

이와 같은 취약성은 쿨리에게서 가장 두드러졌는데, 이는 아마 그의 더 거창한 사회사상이 신학에 너무나 가까웠기 때문일 것이다. 쿨리는 원래 이 주제의 방대함에 끌려 사회학 분야에 입문했다. 19세기말 사회학은 현대 세계에서 통일체와 총체를 규정하는 매력적인 기회를 제공했는데, 이는 이전에는 주로 종교가 수행하던 과업이었다. 만약 더 일찍 태어났다면 쿨리는 그 시기 사회학이란 '소명'을 선택한 다른 많은 이들처럼 아마 성직자가 되었을 것이라고 단정해도 괜찮을 듯하다. 따지고 보면 그의 세속적 철학도 강하게 종교적 색채를 띠었다. 쿨리는 가장 중요한 저작인 《사회 조직》의 제목에 나오는 개념(사회 조직)을 "가장 단순한 상호 교류로 존재하지만 무한한 성장과 적응이 가능한, 정신적 혹은 사회적 생활의 분화된 통일"로 정의했다. 좀 더 정교한 정의를 시도하는 일은 쓸데없는 짓이라고 그는 항변했다. "우리는 그냥 눈을 뜨고 쳐다보기만 하면 조직을 파악할 수 있다. 만약 그렇게 하지 못한다면 어떤 정의를 제시해도 소용이 없을 것이다."[54] 현대 커뮤니케이션의 미래 역할에 대한 쿨리의 믿음은 이처럼 무아지경성 사회학적 비전과 똑같은 가정에 근거했다.

듀이와 파크는 쿨리보다 좀 더 역동적인 지적 발전 과정을 보여 주었다. 원래 이들이 새로운 미디어에서 특히 매력을 느낀 부분은 주로 현대 언론과 지식 진보 사이의 흥미로운 연계 부분이었다. 뉴스의 정확성이 더 강화되면 기본적 사회 과정을 점차 더 잘 파악하게 되는 결과로 이어질 수도 있을 것이라고 이들은 믿었다. 현대 미디어를 통해 최신의 지적 발견이 확산하면, 공적 담론의 이해도 수준도 엄청나게 개선될 것이며, 이렇게 해서 사상의 자유로운 움직임을 통해 정치적 합의도 보장될 것이다. 듀이는 정보에 해박한 여론은 정치 개혁과 '위대한 공동체' 달성에 토대가 될 것이라는 생각을 집요하게 고수했다. 그러나 그는 그러한 목적을 달성하려면 미디어 제도를 어떻게 재구성해야 하는지에 대해 아무런 단서도 제시하지 않았다. 만년에 이르러 듀이는 커뮤니케이션 과정 자체의 형이상학적 성격에 관한 탐구를 새로 시작하면서, 이 과정과 의례, 커뮤니케이션 사이의 유사성을 강조했다. 듀이의 커뮤니케이션 연구에서 이 부분은 현대 미디어의 잠재적 소구력을 파악하는 수단으로서 오늘날에도 여전히 가장 가치 있는 요소로 남아 있다.

파크는 미디어의 개인적 경험이 가장 풍부했고 미디어의 역사와 작동 방식에 관해 가장 많이 연구했지만, 세 사람 중 확장성은 가장 적었다. 듀이와 달리, 파크는 에너지를 학술 영역으로 돌리게 되면서 초창기에 대규모 수용자에 대해 가졌던 관심을 사실상 포기한 것으로 보인다. 시카고대학교의 연구 사업가로서, 파크는 지금 현대 사회학의 특징을 이루는 협소하게 규정된 경험적 부류의 연구를 권장했다. 하지만 현대 커뮤니케이션에 대해서는 그러한 부류의 연구를 결코 장려하지 않았다. 경험적으로 근거한 사회학의 탄생을 지켜보면서도, 파크는 늘 전직 신문 기자로 남아 있었다. 그의 스승인 듀이는 "약간의 신문 비즈니스를 철학에 도입해 철학을 다소 변혁시키고자" 하는 욕망에서 "사고 뉴스" 사업에 뛰어들었다. 이와 대조적으로 파크는 자신의 이전 직업에 일종의 철학적, 역사적 이해를 도입하는 데 주로 관심을 두었다.

그다음 세대 동안 커뮤니케이션 연구는 경험적 연구 쪽으로 결정적으로 옮아 가 버렸다. 미디어가 미국 사회에서 실제로 어떻게 작동하는지, 특히 미디어가 개인의 행동에 어떤 효과를 미치는지에 대한 주목이 미디어의 잠재력에 대한 이전의 사변적 관심을 대체해 버렸다. 1930년대 말에 이르면, 현대 미디어에 대한 이처럼 새로운 접근 방식은 본격적으로 궤도에 오른다. 하지만 애초에 진보 시대 세대가 주장한 도덕적 관심사를 무시해 버리는 바람에, 커뮤니케이션 연구에서 행태주의적 접근 방식의 발전과 적용에서 심각한 모순이 등장하게 됐다. 왜냐하면 선구적 이론가들이 미디어가 실제로 어떻게 작동하는지 제대로 검토하지 못했다면, 행태주의 접근 방식은 궁극적으로 미디어의 실제를 낳는 데 기여한 미디어의 욕구와 수요에 대해 사실상 무비판적 관계를 맺고 있었다는 한계가 있었다.

5

경험적 미디어 연구의 등장

행태 과학으로서의 커뮤니케이션 연구
1930~1960

1930년대 말에 이르러 새롭고 점차 정교해진 연구 기법을 강조하는 적극적으로 경험적인 정신이 미국의 현대 커뮤니케이션 연구에서 특징을 이루게 됐다. 진보 시대 미디어 이론가들의 철학적 접근과 가정법에서 탈피하려는 변화는 미국 사회과학이 점차 경험적 분석으로 쏠리게 되는 더 큰 추세와 같은 시기에 일어났다. 새로운 사회과학 혼합 분야로서 커뮤니케이션 연구의 등장은 현대 미디어의 영향을 검토하기 위해 갓 출현한 온갖 전략들을 통합하려는 시도에 해당했다. 미디어와 수용자의 경험적 연구는 관찰, 실험, 귀납적 가설 검증 등에 의존했는데, 전반적으로 1940년경 분야의 선구자들이 고안한 "누가 무엇을 누구에게 말해 어떤 효과를 얻었나?"라는 구절을 지침으로 삼았다. 현대 커뮤니케이션의 과학적으로 측정 가능한 행태적 효과 평가를 강조하는 추세는 커뮤니케이션 연구에서 방법론, 학문 분야, 제도 간에 서로 풍부한 지적 자양분을 제공하는 자극제가 됐다.

이 분야에서 이른바 '정상 과학'을 수행하는 과정에서, 미국 사회과학자들은 현대 미디어의 작동과 기능 그리고 미디어가 수용자에게 미치는 행태적 효과에 관한 지식을 크게 늘려 주었다. 하지만 경험적 연구 축적에서 유래한 중요한 이론적 기여는 흔히 현대 커뮤니케이션의 효과를 축소하는 경향이 있었다. 이는 직접적인 행태적 효과의 원인을 미디어 노출로 돌리기에는 어려움이 있음을 말해 준다. 커뮤니케이션 과학은 데이터를 마케팅, 투표 연구와 실험 연구에 크게 의존하기에, 사회 통제와 미학과 관련된 더 폭넓은 질문을 담론에서 사실상 제거해 버렸다. 하지만 1940년대에 이르러 이 간과된 이슈들에 관심을 둔 사상가들이 경험적 전통과 행태주의 패러다임에 반대하는 목소리를 냈다. 그렇다면 이 경험적 접근 방식의 기원과 발전 과정을 자세히 검토해 보면 유용할 것이다. 궁극적으로 별도의 자의식적인 커뮤니케이션 연구 분야를 낳게 한 네 가지 연구 영역을 정리해 볼 수 있다.

선전 분석은 세계 대전 종전 후에 중요한 활동으로 새로 등장했다. 위대한 전쟁(1차 세계 대전) 시기 동안 선전은 모든 전투 요원들의 군사적 노력에 중요한, 대대적인 과학적 시도이자 정교한 예술로 바뀌었다. 현대 커뮤니케이션의 최신 형태를 활용해 각 나라는 선전을 정부 활동의 정규적 특징으로 만들었고, 이 경향은 전쟁이 끝난 후에도 이어졌다. 선전은 불길한 함축적 의미를 갖게 되었다. 이는 불완전한 진실과 커뮤니케이션 채널의 교묘한 조작에 근거한 정파적 소구를 의미했다. 전후에는 자서전, 폭로 기사, 대중적 기사 등이 쏟아져 나오면서 선전의 기만적 위력이 어느 정도 강한지, 현대 미디어가 얼마나 쉽사리 통제되어 교묘한 선전용으로 악용될 수 있는지에 대한 믿음이 강화되는 데 기여했다. 선전에 관한 학술 연구는 이러한 공포를 출발점으로 삼았다.

예를 들면 해럴드 라스웰Harald Lasswell의 선구적 저작인 《세계 대전 기간의 선전 기법*Propaganda Technique in the World War*》(1927)은 다음과 같은 지적으로 시작했다. "자신을 속이고 타락시킨 듯한 미지의 간계에 당혹스럽고 불안해하고 분노하는 사람이 이전의 그 어느 때보다 더 많은 시대에 우리는 살고 있다. 이 현상은 흔히 비판의 대상이자, 그러므로 관심과 토론의 대상이며, 마지막으로는 연구 대상이 된다." 라스웰은 선전의 메커니즘, 전술, 전략을 분류하려 하면서, 선전을 "의미 있는 상징, 스토리, 루머, 보도, 그림, 그리고 다른 사회적 커뮤니케이션 형태에 의해 의견을 통제하는 것"으로 정의했다. 이 무렵의 다른 선전 연구 역시 현대 미디어가 어떻게 작동했으며, 다양한 나라에서 특히 전시 동안 어떻게 선전 목적에 악용될 수 있었는지에 주목했다.[1]

선전 분석과 관련되면서도 다소 더 광범위한 분야인 여론 연구 역시 이 시기에 호황을 누렸다. 월터 리프먼은 특히 유력한 저서《여론》(1922)과《유령 공중Phantom Public》(1925)에서 선전 분석과 비슷한 관심사를 다루었다. 말하자면 사람들이 점차 실제 세계에 관한 지식에 의존해 행동하지 않고, 현대 미디어를 통해 커뮤니케이션되어 도처에 존재하는 '사이비 환경'에 대응해 행동한다는 문제가 이들의 관심사였다. 리프먼은 '전능한 시민' 개념, 즉 모든 개인은 모든 공적 문제에 관해 해박한 정보에 근거한 의견을 갖추어야 한다는 발상을 비판했다. 그는 이 개념이 고전적인 민주주의 이론의 핵심이라고 보았다. 그러나 원래 형태의 민주주의는 "사람들의 머릿속에 있는 그림이 바깥 세계와 자동적으로 일치하지 않기 때문에 발생하는 문제점과 진지하게 대면한 적이 없었다." 리프먼은 미국 언론에 대한 최초의 분석 중 일부를 수행했는데, 언론의 작동 방식, 경제적 토대, 신문과 영화의 검열과 스테레오타입의 성격 등이 이에 속한다. 요컨대, 그는 왜 "내부의 그림이 인간으로 하여금 외부 세계를 다룰 때 그렇게 흔히 엉뚱한 방향으로 유도하는지" 밝혀냈다. 결국 리프먼은 "의사 결정을 내려야 하는 사람들에게 드러나지 않은 사실을 알기 쉽게 전해 줄 독립적인 전문가 조직"이 필요하다는 정교한 정치적 주장을 제시했다. 이는 또한 이처럼 문제의 소지가 점차 커지는 환경에 대한 조율되고 객관적인 분석에 따라 여론을 조직화하고 해석하는 사회과학자로 언론을 대체해야 한다는 탄원이기도 했다.[2]

1937년 〈계간 여론Public Opinion Quarterly〉의 창간은 새로운 분야의 성장과 학제적 성격을 보여 준 사건이었다. 창간호 서문에서 편집자들은 과거 리프먼의 호소와 비슷한 관점에서 새 저널의 목적을 다음과 같이 설명했다.

사람들 사이에 리터러시가 보급되고 커뮤니케이션 수단이 경이로울 정도로 개선되면서, 전 세계에 새로운 상황이 조성되었다. 지금까지 정치 풍토에서는 상대적으로 소규모 공중의 의견이 늘 핵심 세력이었지만, 지금 우리는 역사상 처음으로 거의 모든 곳에서 대중의 의견이 정치적, 경제적 행동의 최종 결정 요인이 되는 상황에 직면하고 있다. …… 학계는 가설 검증 수단이자, 사고와 분석의 엄밀성 제고 수단으로 새로운 과학적 접근 방식의 가능성을 개발해 나가고 있다.[3]

세 번째 새로운 탐구 경로는 현대 미디어 연구에서 사회 심리학적 접근 방식을 활용했다. 이 초기 시도 중 가장 종합적인 연구는 영화가 어린이와 성인에게 미치는 효과를 다룬 페인기금Payne Fund 연구였다. W. W. 차터스W. W. Charters의 지도하에 페인기금은 1930년대 초에 12차례에 걸쳐 수행된 일련의 연구에 연구비를 제공했다.《영화와 청소년 Motion Pictures and Youth》(1934)에서 차터스는 연구 중 의미 있는 결과를 요약하고 다소 기계적인 공식에 따라 전반적인 설계를 제시했다. 즉 일반적 영향력 × 콘텐츠 × 관람자 수 = 총영향력이라는 공식이었다. "요컨대 만약 영화의 일반적 영향력을 확인하고, 만약 콘텐츠와 어린이 관람객 수를 집계했다면, 영화의 총영향력은 일반적으로 이 세 요인을 곱한 수치가 될 것이다." 별도로 출간된 각 연구는 관람객 수, 영화 콘텐츠, 정보 파지information retention, 수면과 건강에 미치는 효과, 청소년 비행과의 관계, 정서 효과 등 이 등식에서 한 부분씩을 다루었다. 이 연구들은 네 가지 기본적 연구 기법을 적용했는데, 수면과 건강에 미치는 효과를 검증하는 생리학적 실험, 태도와 신념을 측정하는 서면 검사, 영화 콘텐츠를 더 넓은 사회에서 수용된 도덕적 기준과 비교하는 등급 척도rating scales, 영화가 행동에 미치는 효과를 판단하기 위한 인터뷰와 영화 "자기 기술지autobiographies" 기법 등이었다.

　　모든 연구는 영화의 효과 평가에서 사회 경제적 배경, 교육 수준, 가정생활, 이웃, 성별, 연령 등의 차이 같은 개인별 차이의 중요성을 지목했다. 그럼에도 불구하고 몇 가지 정적인 상관관계가 확인됐다. 이 중 가장 주목할 만한 연구는 빈번한 영화 관람을 무단결석, 비행, 일반적인 반사회성 행동과 연결 지었다. 거의 모든 연구에서 영화의 영향력은 "뚜렷하게 원인이나 효과로, 혹은 사전 조건의 악화로 나타났다"라고 차터스는 보고했다. 이 중 가장 논란이 많았던 연구인 《영화와 행동Movies and Conduct》(1934)에서, 사회학자 허버트 블루머Herbert Blumer는 어린이들이 작성한 영화 "자기 기술지"를 수집해 분석했다. 블루머는 영화가 젊은 팬에 대한 "정서적 장악"을 통해 효과적으로 작동하며, "이들을 너무나 강력하게 장악하는 바람에 젊은이들이 독자적인 추론에 의해 이를 떨쳐 버리려는 시도조차 거의 불가능한 지경이 된다"라고 결론을 내렸다. 모든 연구자는 상황이 복잡성을 띤다는 사실과, 다른 문화적 영향력에서 영화의 영향력만을 추려내 지목하는 일이 어렵다는 사실에 조심스레 주목했다. 하지만 책이나 기사에서 대중화되고 선별적으로 인용되는 바람에, 페인기금 연구는 영화와 영화 산업에 대한 격렬한 공격의 빌미가 되었다. 페인기금 연구의 해석 방법을 둘러싼 정치적 이전투구는 결국 실제 연구 결과 자체를 덮어 버리는 효과도 낳았다.[4]

　　네 번째이자 아마도 가장 중요한 관련 분야는 마케팅 연구였다. 20세기 초반 발행인, 광고주, 제조사들은 구매 습관과 광고의 효과성을 분석하기 위해 소비자 서베이를 실시하기 시작했다. 1920년대에 이르면, 독립된 시장 조사 기관이 이 과업의 상당 부분을 넘겨받아, 비용을 지불한다면 어떤 고객과도 서비스 계약을 맺곤 했다. 시장 조사는 표본 추출 기법을 상당히 정교화했고, 1930년대에 이르면 이 방법은 소비자 조사뿐 아니라 정치적 선호도 조사에서도 널리 사용되었다.

상업 라디오 방송이 성장하면서 마케팅 연구의 진전도 가속화했다. 신문이나 잡지와 달리 라디오는 정기적 배포라는 측면에서 측정할 수 없는 불특정 대중 수용자를 대상으로 했다. 라디오는 어떻게 해서든 광고주에게 자신의 가치를 입증해야 했다. 우후죽순처럼 늘어나는 라디오 수용자의 기초적인 인구학적 속성을 수집하는 데 마케팅 기법이 두루 활용되었다. 즉 누가, 언제 라디오를 청취했고, 이들이 어떤 상품을 구매했는가 하는 정보였다. 전화 조사와 이후에는 A. C. 닐슨A. C. Nielsen의 (수상기에 직접 부착된) "오디오미터audiometer"에 의한 과학적 표본 추출에 근거해 프로그램 청취율을 조사했고, 점차 이에 따라 광고 요금과 프로그램 콘텐츠 자체도 정해졌다. 닐슨은 식품과 의약품 유통업체 시장 조사자로 경력을 시작했다. 다양한 청취율 조사 서비스는 네트워크, 방송 광고주, 개별 방송사, 광고 대행사, 탤런트 기업의 구독료로 유지됐다.[5]

선전 분석, 여론 분석, 사회심리학, 마케팅 연구 등 이 네 가지 경험적 성향의 분야는 공통 관심사에 다양한 시각을 가져다주었다. 1933년 대통령최신사회동향연구위원회President's Research Committee on Recent Social Trends가 사용한 용어를 따르자면, 이 "대중적 인상 기구들은 …… 수많은 개개인이 똑같은 커뮤니케이션을 동시에 수용하고 이에 따라 영향을 받게 해 주는 기구"[6]였다. 1940년대까지 그러한 특정 용어가 널리 사용되지는 않았지만, 신문과 정기 간행물, 영화, 라디오 방송은 모두 이러한 의미에서 매스 미디어였다.

1930년대 말에 이르러 사회과학자들은 점차 이 공통분모를 새로운 연구 분야를 조직화하는 데 중심이 될 만한 주제로 여기게 됐다. 이들에게는 통합된 연구 영역으로서의 커뮤니케이션 연구라는 구상이 여러 가지 이유로 매력적이었다. 이는 새로운 환경에서 행태적, 태도적 변화 문제를 경험적으로 연구할 좋은 기회를 제공하였다. 미디어 산업 자체에서 풍부한 자금원과 손쉽게 계량화가 가능한 방대한 데이터를 언제든 구할 수도 있었다. 이 밖에도 미디어와 공적 정책 간의 관계는 특히 임박한 전쟁 위기와 관련해 시급한 연구 과제가 되었다.

행태 과학의 수요와 민간 정책 결정권자 간의 결합은 비엔나 출신 심리학자로서 1935년 미국에 정착한 폴 F. 라자스펠트Paul F. Lazarsfeld의 방대한 작업 덕분에 아주 효과적으로 달성되었다. 5년 후 공적 정책과 커뮤니케이션에 대한 행태주의적 접근 간의 관계는 일군의 사회과학 자들이 작성한 "매스 커뮤니케이션 연구Research in Mass Communication" 라는 영향력 있는 제안서에 잘 표현됐다. 라자스펠트의 초기 작업과 1940년 제안서를 살펴보면, 정확히 커뮤니케이션 연구가 어떻게 결성 되었고, 행태주의 모델이 새로운 분야의 지침으로 어떻게 대세를 장악 하게 됐는지 알 수 있다.

◆

특히 경험적 사회 연구의 성장이라는 점에서 20세기 사회과학의 중심 인물 중 한 명인 폴 F. 라자스펠트는 1901년 비엔나에서 태어난 유대계 오스트리아인이었다. 그는 비엔나대학교에서 응용수학으로 박사 학 위를 받았고, 1925년 그곳에서 심리학과 통계학을 가르치기 시작했다. 1927년 라자스펠트는 심리학 연구를 사회, 경제적 문제에 응용하도록 설계한 부속 연구소를 설립했다. 그다음 여러 해 동안 청년의 직업 선 택, 실업에 의해 황폐화한 마을의 삶, 지역 투표 패턴 분석, 마케팅 서베이 등의 주제에 관해 다양하고 폭넓은 연구를 주도했다. 초기 작업부터 라자스펠트는 자신의 특수한 관심사를 주로 방법론적 목표의 관점에서 규정했는데, 바로 통계 분석을 선택의 전 과정에 대한 기술과 결합하려는 목표였다. 이 방법론적 갈래야말로 비엔나연구소에서 살펴본 수많은 주제를 한 데 묶어 주는 공통점이었다.[7]

하지만 라자스펠트 자신은 유럽의 인본주의 전통인 '행동Handlung' 분석 안에서 작업한다고 여겼다. 이 접근 방식은 비엔나대학교 심리학과에 있는 라자스펠트의 스승들 사이에서 특히 두드러졌다. 이는 심리학을 행동 연구, 즉 사람들이 가능한 대안 중 어떤 선택을 내리는지에 관한 연구를 중심으로 심리학을 체계화해야 한다고 제안했다. 이 접근은 사람들의 행동 양식을 설명할 때 반드시 개인의 의식에 비추어 파악해야 한다고 본다는 점에서 당대의 급진적 행태주의와 달랐다. 유럽의 행동 연구에서는 세 가지 부분이 중점적으로 발전했다. 이 중 한 가지는 어떤 행동이 시작될 무렵 작용하는 광범위한 목적이나 동기화를 확인하려 했다. 두 번째는 이 목적에서 발생하는 구체적인 의도와 이 의도를 변형해 성공적으로 실행하는 방식에 초점을 두었다. 마지막으로는 어떤 행동을 최종적 결과로 유도하는 듯한 다양한 영향 요인들에 관한 연구였다.[8]

1930년대 초에 이르면, 라자스펠트는 자신의 작업과 연구소의 작업을 점차 마케팅 연구 쪽으로 전환한다. 여기에는 두 가지 동기가 있었다. 시장 연구는 재정난에 허덕이는 연구소에 절실한 재원을 제공해 주었다. 나아가 라자스펠트는 심리학의 **행동** 전통의 틀 안에서 방법론적 관심사를 추구할 거대한 기회를 시장 연구와 '구매 행동' 연구에서 발견했다.

널리 읽힌 시장 조사 관련 초기 발간물에서 라자스펠트는 두 가지 부류의 수용자를 염두에 두었다. 사업가와 시장 분석가에게는 "심리학적 행동 분석이야말로 시장 조사에서 으뜸가는 기법"임을 입증하고자 했다. 이 기법은 소비자 행동을 예견하고 통제하는 데 필요한 지식 개선에 가장 합리적인 전략이라고 그는 주장했다. 라자스펠트는 "구매 행동의 심리학적 좌표"를 설계하고, 구매를 둘러싼 동기, 상황, 영향 요인의 전개 양상을 확인해, 구매 행동의 틀을 세심하게 그림과 도표로 도식화했다. 시장 행동이 어떻게 동기화하고 구매 결정은 어떻게 정해지는지에 관해 체계적으로 파악할 수 있게 해 주는 최고의 기법은 "시장 조사에서 무수하게 많은 구체적인 절차와 해석 속에서 갈피를 잡을 수 있게 해 주는 소중한 수단"이었다. 자신의 두 번째 수용자인 심리학자들에게 라자스펠트는 시장 조사의 원자료야말로 이론적 구성물을 개발하는 데 풍부한 자료원이라고 주장했다. 시장 조사는 특히 동기화 영역에서 심리적 과정의 섬세한 특징을 조명하는 데 사용될 수도 있었다.[9]

라자스펠트는 1933년 록펠러재단의 유럽 파견 펠로우 자격으로 처음으로 미국을 방문했다. 그는 2년 동안 미국 전역을 순회하면서 마케팅 세계에서, 그리고 학계 심리학자와 사회학자, 초창기 정치 투표 연구자들과 부지런히 인맥을 쌓았다. 그의 일차적 목표는 자신이 곧 돌아갈 예정인 비엔나연구소에 미국의 연구 기관과 기업이 연구비를 지원하도록 하는 데 있었다. 그러나 1935년에 이르자 모국인 오스트리아의 정치 상황 악화로 라자스펠트는 미국에 재정착할 수밖에 없었다. 잠깐 동안 뉴어크대학교에 자신의 연구소를 재건하려는 시도를 거친 후, 라자스펠트는 1937년 록펠러재단의 기금으로 신설된 프린스턴라디오연구소Princeton Office of Radio Research 소장으로 임명됐다. 1939년에 이르러 라자스펠트는 자신의 프로젝트와 함께 컬럼비아대학교로 이적한다. 여기서 그는 사회학 교수로 임명되고 라디오 프로젝트를 응용사회연구소Bureau of Applied Social Research로 전환한다.

라자스펠트의 초창기 미국 체류 기간은 상당 부분 임시변통과 직장 이동으로 채워졌다. 그러나 연구소에서 수많은 연구를 조율하고 관리할 수 있는 경영자형 학자로서의 명성과 경험 덕분에, 그는 수많은 다른 이주민 학자들에 비해 상대적으로 수월하게 새로운 환경으로 옮겨갈 수 있었다. 라자스펠트는 회고록에서 자신이 생각하기에 그의 주된 기여는 "미국 대학교에서 사회조사연구소를 확장하고, 연구소의 지배적인 연구 스타일을 개발한 일"이라고 적었다. 경험적인 행동 연구에는 연구 기회가 생길 때마다 데이터를 수집해서 분석하는 훈련이 된 공동 연구진이 필수적이었다. 라자스펠트는 1935년에 기본적으로 뉴어크연구소를 새로 발명한 셈이었다. 왜냐하면 그가 동료에게 보낸 편지에서 적었듯이, "매년 나의 방법론적 경험이 늘어난다는 확신을 가질 수 있도록, 그리고 말하자면 아시다시피 연구의 주 관심사도 성장할 수 있도록 다소 다양한 연구를 수행하고 싶었기" 때문이다. 1937년 선구적인 프린스턴라디오연구소 소장직을 제안받았을 때, 그는 이 기회에 뛸 듯이 기뻐했다. "라디오는 실질적으로 어떤 부류의 연구 방법이든 시도할 수 있고 만족스럽게 적용해 볼 수도 있는 주제"였기 때문이다. 따라서 라자스펠트는 자신의 방법론적 관심사와 연구소 구조를 미국 최초의 종합적인 라디오 연구에 가져와 적용했다. 라자스펠트는 그 후 1940년대 커뮤니케이션 연구 분야 형성에 누구보다도 더 큰 영향을 미쳤다.[10]

록펠러재단은 라디오 프로젝트의 목표를 라디오가 사회에 미치는 효과라는 식으로 의도적으로 모호하게 남겨두었다. 라디오 프로젝트의 두 부소장인 심리학자 해들리 캔트릴Hadley Cantril과 (나중에 네트워크 회장이 되는) CBS 연구자 프랭크 스탠턴Frank Stanton은 주력 대상으로 삼을 일련의 좀 더 구체적인 문제점을 선별했는데, 다양한 청취자 유형의 삶에서 라디오의 역할, 라디오의 심리적 가치, 사람들이 라디오를 좋아하는 다양한 이유 등이 이에 속했다. 이들의 원래 계획에는 주로 캔트릴과 고든 올포트Gordon Allport가 《라디오 심리학*The Psychology of Radio*》(1935)[11]에서 수행한 부류의 실험실 실험이 필요했다. 그러나 라자스펠트는 책임을 맡고 나자, 이 프로젝트를 훨씬 더 광범위한 부류의 사업으로 전환했다. 그 후 수년 동안 그는 라디오 콘텐츠와 수용자의 인구학적 속성을 분석하는 수많은 연구를 지휘했다. 그는 주로 프로그램 청취율 조사, 투표 서베이, 네트워크 연구 부서의 데이터에 의존했다. 그러나 이 데이터를 단지 프로그램의 흡인력 비교에 사용하지 않고, 청취자의 사회적 차이를 검토하고 이들의 취향을 사회적 계층화 간의 상관관계를 산출하는 데도 활용했다. 라디오와 인쇄 매체 수용자의 비교 연구를 계기로 라자스펠트는 일반적인 커뮤니케이션 연구 학문이란 개념에 더 다가서게 됐다. 네트워크, 발행인, 마케팅 기업과의 수많은 상업적 계약은 이 프로젝트에 보충적 재원과 중요한 원자료를 제공해 주었다.

프린스턴 라디오 프로젝트는 여러 핵심적인 요약 간행물로 결실을 맺었다. 이 간행물들은 프로젝트가 산출하는 무수하게 많은 연구 결과 가운데서도 프로젝트가 어떤 일정한 방향을 유지한다고 록펠러재단에 설득할 수 있도록 설계됐다. 1939년 초 라자스펠트는 〈응용심리학 저널*Journal of Applied Psychology*〉 특집호를 편집해서, 여러 프로젝트 결과로 나온 라디오 연구를 모아 실었다. 심리학과 마케팅에 관한 이전의 글에서처럼, 라자스펠트는 두 가지 수용자를 대상으로 설정했다. 하나는 라디오의 효과를 증가시키고 싶어하는 사람들로 구성되었는데, 바로 광고주, 교육자, 연예인, 여론 형성자였다. 이들은 모두 표준적인 문제점과 직면하고 있다고 라자스펠트는 판단했는데, 바로 자신의 메시지를 전파로 어떻게 전달해, 수용자가 받아들이도록 할 것인가 하는 문제였다. 그리고 심리학자들에게 새로운 연구에 합당한 몫을 인정받으려면, 자신이 갖고 있는 지표, 질문지, 검사지, 실험 설계의 목록이 라디오 연구를 좀 더 효과적으로 이용하고자 하는 사람들에게 유용하다는 사실을 입증해야만 했다.

라자스펠트는 방법론적 문제에 가장 큰 관심을 지속적으로 기울였다. 라디오 연구는 다양한 주제 간에 연결 고리를 제공할 가능성이 있었다. "현재 수많은 연구는 각자 범죄학, 시장 연구, 혹은 사고 예방 등 다양한 제목하에 수행되기 때문에 서로 연계성이 희박하다. 그러나 어느 날 '행동 연구' 분야가 진화해, 이처럼 수많은 연구 간의 상당한 방법론적 유사성이 더 뚜렷해진다고 해도 놀라운 일은 아닐 것이다." 특집호에 실린 짤막한 연구들은 주로 측정 장치 개발 문제를 다루었다. 예컨대 지표 문제"는 "라디오 성향"의 지표 구성과 대중음악과 광고에 대한 태도의 도표화 문제를 검토했다. "프로그램 연구"는 광고의 효과성 측정 방안을 제시했다. "설문지 기법"은 실행 가능성이 높은 설문지 구성을 다루었다.[12]

저널의 두 번째 특집호는 1940년 말에 등장했는데, 비슷한 노선을 따라 구성되었다. "라디오는 이제는 전 국가를 실험 상황으로 만들었다. 어느 정도는 중앙집중적으로 통제되는 산업이 다양한 자극을 제공하고, 그러한 자극에 대한 반응을 모든 인구 집단별로 연구하고 비교할 수 있게 되었다"라고 라자스펠트는 썼다. 나아가 지난 수년 동안 수많은 라디오 연구가 방송 이외의 영역도 어느 정도 다루었다. "라디오 연구는 머지않아 고립된 상태에서 벗어나 더 폭넓은 부류의 커뮤니케이션 연구로 통합될 것이다. …… 재원과 연구 기관의 통합을 향한 추세가 발생할 것이다. …… 응응심리학자는 경쟁적인 상업적 목적으로 이루어지면서도 동시에 과학적 목표와도 융합된 이러한 시도들의 자연스러운 조정자가 된다."[13]

라디오 프로젝트에 의해 수행된 연구에 근거한 라자스펠트의《라디오와 인쇄물*Radio and the Printed Page*》(1940)은 그 분야의 공고화를 향해 내디딘 핵심적 발걸음에 해당했다. 이 책은 라디오 수용자를 인구학 요인, 소득, 교육 범주에 따라 세분화한 후, 라디오를 청취하는 수용자와 인쇄물을 읽는 수용자를 비교했다. 저소득 인구 층위는 인쇄물이나 이른바 진지한 혹은 교육적 방송물을 거의 접하지 않았다. 라디오는 광범위한 대중에게 정보를 전파했으나, 교육 프로그램을 거쳐 전한 정보는 없었다. 뉴스원으로 인쇄물보다 라디오에 의존하는 성향은 낮은 교육과 소득 수준과 직접적인 상관관계를 보였다. 라자스펠트는 마지막 장에서 "우리는 라디오가 경이로운 기술적 진보를 나타내면서도 모든 사회 문제에서 강한 보수적 경향을 띠는 미디어라는 그림을 떠올리게 된다"라고 지적하면서 라디오의 사회적 결과에 관해 일부 더 큰 일반화를 제시했다. 일반적으로 라디오는 사회적 비판을 요구할지도 모르는 우울한 소재를 회피하고, 소외를 방지하기 위해 수용자의 편견에 영합하며, 논쟁과 특수화된 프로그램을 기피했다. "미국의 방송은 상품을 판매하기 위해 행해진다. 라디오의 다른 가능한 효과는 대부분 상업적 효과를 가장 강하게 표현하게 해 주는 기이한 부류의 사회적 메커니즘에 파묻혀 드러나지 않게 된다"[14]라고 라자스펠트는 독자에게 환기해 주었다.

현대 미디어, 특히 라디오 산업의 상업적 욕구는 통합된 커뮤니케이션 연구 분야를 향한 추세를 더 부추겼다. 공공 정책의 수요도 이 경향을 상당히 강화했다. 임박한 국제 위기 때문에, 현대 커뮤니케이션과 사회의 관계에 대한 이해는 정치적 합의 달성에서 아주 중요했다. 이러한 목적을 지향하면서, 다양한 학자 집단이 록펠러재단 후원하에 모여 '매스 커뮤니케이션 연구'에 관한 주장을 압축해서 담은 제안서를 작성했다. 1940년에 작성된 이 문서는 오직 사적 회람용으로 나왔지만, '최신 경향'의 개관이자 이 분야의 발전에 관한 정확한 예측으로 역사적 중요성을 띤다.[15]

미국이 변화하는 세계에 적응하고자 한다면, 이 적응은 오직 공중의 동의를 얻을 때만 달성할 수 있다. 이러한 동의를 확보하려면 공중의 사고에 관한 지식과 더불어, 공적 문제와 관련해 이 사고에 어떻게 영향을 미칠 수 있을 것인지에 대한 전례 없는 지식이 필수적이라고 제안서에서는 주장했다. 매스 커뮤니케이션이 어떤 효과를 미치며, 미칠 수 있는지 측정하는 연구는 공공 정책과 관련해 특히 중요해질 것이다. "지금까지 커뮤니케이션 연구 기법은 시장 연구, 광고, 선전, 홍보, PR 등의 분야에서 오랫동안 개발되고 적용되었다. 이 기법들을 활용하는 연구는 **민간** 정책에 대단히 중요한 사실을 생산한다. 기법 자체는 **공적** 정책을 지원하는 데도 원용할 수 있으며 그렇게 활용되어야 마땅하다."

제안서는 커뮤니케이션 연구의 주제를 네 가지 의문문 범주의 모형으로 축소시켰는데, 바로 누가, 무엇을 누구에게 말해 어떤 효과를 얻었나 하는 질문이었다. 이 범주 중에서는 마지막 것이 가장 핵심적으로 보였다. "영향력의 지속 기간이 짧거나 지속적이면 어떤 심리적 효과를 낳는가? 개인행동에서는 어떤 효과가 발생하며, 아니면 …… 삶의 방식이나 심지어 사회 제도의 변화로 나타나는 효과는?" 1940년에는 주어진 커뮤니케이션이나 일련의 커뮤니케이션과 관련해 이러한 질문에 해답을 시도하는 구체적인 연구들에 대한 요구가 생겨났다. 이 해답들은 "매스 커뮤니케이션의 이용에서나, 공익에 맞게 이루어지는 커뮤니케이션의 현명한 통제에서나 실질적인 효용성을 갖게" 될 것이다.

연구에 동원 가능한 다섯 가지 주요 기법은 이미 다른 영역, 특히 시장 연구 영역에서 성공적으로 적용된 기법들이었다. 여기에는 설문 조사나 짤막한 인터뷰, 패널 조사 혹은 동일한 응답자를 대상으로 시차를 두고 반복해 인터뷰하는 기법, 집중 인터뷰, 공동체 연구, 체계적인 내용 분석 등이 포함되었다. 이 각 연구 절차를 설명한 후, 비망록은 커뮤니케이션 영역에서 전국적인 연구소의 필요성을 강조했다. 이 연구소는 "연구의 계획, 지도, 감독을 [제공하고] 어떤 개별 프로젝트를 다른 관련 프로젝트와 조율해 줄" 수 있는 조직이 될 것이다.[16]

매스 커뮤니케이션 연구의 그처럼 철저한 통합은 심지어 전시 동안에도 결코 실현되지 않았다. 그러나 네 가지 질문 도식 ─ 누가 무엇을 누구에게 말해 어떤 효과를 얻었나 ─ 은 미국 커뮤니케이션 연구의 범위와 문제를 규정하는 지배적인 패러다임이 되었다. 행태주의 커뮤니케이션 과학은 커뮤니케이션을 본질적으로 설득 과정으로 설명하는 다소 협소한 모델에 국한되게 되었다. 일련의 질문에서 '왜'를 생략한 것은 어떤 사회 집단이 미디어를 통해 커뮤니케이션된 메시지를 통제하는지와 관련된 이슈 탐구를 꺼리는 경향을 반영했다. 커뮤니케이션 연구를 정책 문제에 실용적으로 적용하는 작업을 강조하는 경향 때문에, 그러한 이슈는 다소 관련성이 없는 문제가 되어 버렸다. 이 전통에서 작업하는 대다수의 연구자들은 미국 미디어의 조직과 상업적 토대를 기본적으로 자명한 기정사실로 수용했다. 미디어가 구조화된 방식을 비판하는 사람들이 보기에, 논란의 여지가 많은 '왜'는 반드시 제기해야 할 문제였다. 실로 '왜'라는 요인을 간과하는 경향 때문에, 숫자는 적지만 목소리가 큰 소수파는 결국 지배적인 연구 모델을 폐기하게 됐다.

그럼에도 불구하고 전시뿐 아니라 전후 시기에까지 네 가지 질문 모델은 커뮤니케이션 연구에서 가장 영향력 있는 지침이 됐다. 미디어의 내용 분석(무엇)과 수용자 구조와 관심사 연구(누구에게)는 계속 더 정교해졌고, 사적 결정과 공적 정책 결정을 더 긴밀하게 연계시키게 됐다. 2차 세계 대전을 계기로 매스 미디어의 설득력과 미디어가 의견, 태도, 행동을 직접 변화시킬 수 있는 잠재력에 대한 관심도 더욱 커졌다. 이것이 바로 패러다임의 효과 측면의 본질이었고, 전후 시기 동안 이 분야의 중심적인 질문으로 지속됐다. 1960년에 이르면 미국의 사회과학자들은 이전 세대의 경험적 작업에 근거해, 매스 커뮤니케이션의 '효과'가 미국 사회에서 작동하는 방식에 관한 이론적 합의에 도달한다.

◆

2차 세계 대전으로 발생한 긴박감 때문에, 경험적 매스 미디어 연구에 연방 정부 자금이 쏟아져 들어왔다. 여론이 두루 전시 체제를 지지하도록 동원하는 과정에서, 현대 커뮤니케이션은 이제는 성숙 단계의 영화와 방송 산업까지 포함하게 되어 [1차 세계 대전 시기인] 1917년에 그랬던 것보다 미국의 삶에서 훨씬 더 널리 보급되고 지속성도 띠게 되었다. 현대의 미디어가 사회적, 정치적 풍토에 어떻게 영향을 미치는지 더 잘 이해하기 위해, 전시 체제는 대학, 마케팅, 여론 조사 회사, 그리고 미디어 자체의 연구에 남아 있던 모든 제도적 장벽을 사실상 제거했다. 실로 정부 자체가 주요한 커뮤니케이션 연구 센터가 되었다. 그 결과 이루어진 내용 분석과 수용자 연구의 상당수는 구체적으로 독일의 선전의 성격과 성과, 영국의 전시 커뮤니케이션 체제, 그리고 미 정부 전시 정보부Office of War Information가 시민의 사기 진작을 위해 구사한 수단 등 전쟁 관련 문제를 다루었다. 다른 연구들은 상업적 미디어 방영물 — 예컨대 라디오의 낮 시간 연속극 — 을 군사적 투쟁과 좀 더 관련성을 띠도록 하는 방안을 제안했다.[17]

내용 분석과 수용자 연구는 비군사적 맥락에서도 진전을 이루었다. 경험적 연구는 수용자를 사회적 배경에서 묘사하는 방안의 완성도를 계속 높여 갔다. 이러한 연구는 행동과 태도의 특징을 소득, 성별, 연령, 직업과 관련 지어 세부적으로 분석했다. 이 시기에 수용자 연구에 대한 새로운 일반적 접근 방식이 부상했는데, 말하자면 미디어 내용에 대한 '이용과 충족uses and gratifications'식 검토였다. 여기에는 수용자 구성원이 주관적으로 해석하는 미디어 내용 소비 분석도 포함됐다. 이러한 유형의 분석은 좀 더 일반적인 설문지를 보완하기 위해 심층 인터뷰도 활용했다.

대학 기반의 경험적 연구와 미디어 산업의 정책적 수요 간의 밀접한 관계는 1940년대 동안 더욱 강화됐다. 예를 들면, NBC는 프로그램 정책 변경으로 어떻게 하면 더 많은 수용자를 끌어들일 수 있는지 판단하기 위해 1944년에 오전 프로그램 편성을 재검토했다. 응용사회연구소(BASR)는 '청취자 유형론'을 개발하기 위해 설계된 일련의 연구를 수행했다. NBC-BASR 연구는 두드러진 심리적 특성별로 청취자 유형을 분류해, 청취자들이 각자 다양한 청취 패턴에서 어떤 충족을 도출하는지 확인했다. 이 연구는 프로그램 정책 변경이 가장 성공적인 효과를 거둘 수 있는 조건 목록으로 결론을 맺었다.[18]

매스 미디어의 설득 효과에 대한 집중은 아마도 전시 체제의 핵심 유산이라 할 만한 효과를 낳았다. 이러한 작업에서 새로 등장한 주요 연구 전략은 이른바 실험적 접근이었다. 군 오리엔테이션 영화 — 〈우리는 왜 싸우는가Why We Fight〉 시리즈 — 의 효과를 검증하는 일군의 연구는 전쟁 이전 시대에 유행하던 서베이와 현장 조사 기법과 상당히 달리 엄격하게 통제된 실험 절차를 고안했다. 전쟁부의 정보교육과에서 수행한 이 연구는 영화가 그 수용자에게 미치는 효과 분석에 국한됐다. "이 영화를 평가하는 데 사용된 '효과성'의 주요 기준은 이 영화가 정보 전파에 성공했는지, 제시된 해석의 방향으로 의견을 변화시키는 데 성공했는지, 군인들의 복무 동기를 강화하는 데 성공했는지였다." 연구자들은 이 영화가 전쟁 발발에 이르게 되는 사건들에 관한 사실적 지식을 군인들에게 증가시키는 데 두드러진 효과가 있었음을 발견했다. 하지만 의견 변화는 덜 빈번했고, 일반적으로 사실적 정보 변화보다는 덜 두드러졌다. 마지막으로, 동기 강화가 오리엔테이션 프로그램의 궁극적 목표였는데도, 영화는 군인으로서의 복무 동기 측정을 위해 마련된 항목에는 아무런 효과를 미치지 못했다.[19]

전시 동안 시작된 실험적 연구는 경험적 연구에서 완전히 새로운 방향을 낳는 계기가 됐는데, 바로 설득 커뮤니케이션의 효과를 결정하는 기본적인 심리학적 변인 추출을 강조하는 연구였다. 응용 연구와 대조적으로, 실험 연구자들은 "어떤 특정한 설득 커뮤니케이션 유형의 효과가 증가하거나 감소하는 조건을 구체화하는 과학적 명제"를 개발하려 하였다. 이처럼 기초 연구를 응용 연구와 의식적으로 분리한 것은 실험심리학자들의 더 큰 관심사를 반영했다. 이들은 고도의 정신적 과정에 대한 이론적 이해를 확장하는 데 목표를 두고 있었기 때문이다. "커뮤니케이션 상황에서 심리학적 실험을 포함하는 그러한 연구는 기억, 사고, 동기화, 사회적 영향의 과정을 이해하는 데 기여할 수 있다."[20]

실험적 접근에서는 미디어 효과 연구가 일상생활의 사회적 맥락

2차 세계 대전 당시 미군의 오리엔테이션 영화 〈우리는 왜 싸우는가〉.

에서 분리되었다. 하지만 이와 동시에 미디어와 설득 문제를 좀 더 자연적인 배경에서 연구하는 새로운 조사 기법도 등장했다. 개선된 서베이 접근 방식은 통제된 실험 상황에서 설득의 심리적 과정을 탐구하기보다는 사회에서 실제로 작동하는 설득 과정의 복잡성을 그대로 드러냈다. 이러한 노선을 따라 이루어진 최초의 혁신적 연구는 폴 라자스펠트, 버나드 베럴슨Bernard Berelson, 헤즐 고뎃Hazel Gaudet의 《국민의 선택The People's Choice》(1944)이었다. 600명의 응답자 집단과의 반복된 인터뷰에 근거해, 저자들은 대통령 선거 과정에서 매스 미디어가 정확히 어떻게 정치적 태도에 영향을 미치는지 발견하고자 했다. 하지만 선거 커뮤니케이션 노출에 관한 질문에 대해, 패널 구성원들은 라디오나 인쇄 매체보다는 소규모 정치 토론을 더 빈번하게 언급했다. 이 예상치 못한 반응에 근거해, 연구자들은 고전적 '2단계 흐름two-step flow' 커뮤니케이션 효과 모델을 구성하게 됐다.

이 연구는 특히 선거 기간 동안 입장을 변경했거나 늦게서야 결정을 내린 사람들에게는 개인적 관계가 의견 결정에 잠재적으로 더 큰 영향을 미친다는 사실을 밝혀냈다. 영향과 정보는 "흔히 라디오와 인쇄 매체에서 의견 지도자opinion leaders에게 흘러가고, 여기서 다시 인구 중 덜 적극적인 부문으로 흘러간다." 연구 설계는 원자화되고 파편화된 대중 수용자라는 그림에 따라서 개인적 영향력을 예상치 않았기에, 이 결과는 상당히 놀라웠다. 전후 시기에는 2단계 흐름 가설에 자극받아, 매스 커뮤니케이션과 개인 커뮤니케이션 사이에 이루어지는 소규모 집단의 매개를 검토하는 연구가 잇따라 등장했다.[21]

이 연구들 중 가장 종합적이고 중요한 연구는 엘리후 카츠Elihu Katz와 폴 F. 라자스펠트의 《퍼스널 인플루언스Personal Influence》(1955)였다. 이 책 1부는 매스 미디어 효과 연구에서 새로운 방향에 관한 이론적 개관을 제시했다. "대중 설득 과정에 대한 전통적인 이미지는 미디어의 자극과 그 결과 발생하는 의견, 결정, 행동 사이를 매개하는 요인으로서 '사람들'의 여지를 마련해 주어야 한다." 집단 내부 사람들 간의 대인 관계("사회측정학적 연계 관계sociometric connections")에 관한 지식은 미디어 효과를 기본적으로 이해하는 데 새로운 미개척지였다고 저자들은 주장했다. 2부는 일리노이주 디케이터 지역에 거주하는 800명 여성의 일상생활에서 개인적 영향의 흐름에 관한 연구 결과를 제시했다.

흥미롭게도 저자들은 원래 어느 전국 뉴스 잡지의 마케팅 조사 요청에 대한 해답으로 연구 설계를 구상했다. 여기에는 가구별 마케팅 습관과, 옷과 화장품의 패션 취향, 영화 관람 빈도, 지역 정치 사안에서 의견 구성 등이 포함되어 있었다. 이 연구는 이 영역들의 여론 지도자를 확인한 후, 이 개인들을 군집성, 생애 주기별 위치, 사회적 지위 등에 따라 교차 분석했다. 디케이터 연구는 '영향의 흐름'을 추적하고, 의사 결정에서 매스 미디어와 사람들의 상대적 권위를 비교하려 했다는 점에서 훨씬 더 개선된 통계적 정교함을 보여 주었다. 이 조사가 커뮤니케이션 연구에 주는 함의는 뚜렷하다고 카츠와 라자스펠트는 주장했다. 응답자는 집단 맥락에서 연구해야 한다. "한 개인의 대인 관계적 환경에 관한 지식은 매스 미디어에 대한 노출과 반응을 이해하는 데 기본"[22]이기 때문이다.

미디어 효과 이해에서 개인적 영향을 새롭게 강조한 것은 찰스 호턴 쿨리가 고안한 일차 집단 개념의 재발견에 해당했다. 이 전통의 재발견은 1930년대에 시작된 다른 사회과학적 연구 프로젝트의 맥락에서 이루어졌다. 이 중에서 호손Hawthorne 공장의 노동자 연구●가 가장

● 하버드대학교의 엘튼 메이요Elton Mayo 등이 1924~1932년 사이에 호손 웍스 공장에

유명했다.[23] 커뮤니케이션 연구에서 매스 미디어와 수용자 간의 핵심적 완충 지대로 대인 관계에 부여한 역할은 모든 사회 과정에서 면대면 관계의 우선성을 강조한 쿨리의 주장을 떠올리게 했다. 사실상 이 개념은 대중 수용자라는 개념 자체에 의문을 제시하게 됐다. 1953년 커뮤니케이션 연구 현황과 '대중' 개념에 관해 나온 중요한 개관 논문에서, 엘리엇 프리즌Eliot Friedson은 미디어 이용을 순전히 개인적이고 비구조화된 행태로 간주해서는 안 된다고 주장했다. 이 행위는 대개 가족, 친구, 지역 공동체를 포함하는 집단 활동이었다. 그는 수용자 연구 데이터를 활용해 미디어 내용 선택이 주로 사회적 습관에 의해 결정되고, 관람은 대부분 집단 단위로 이루어진다는 사실을 입증했다. 매스 미디어는 전형적으로 "국지적 삶의 패턴에 흡수되기 때문에, 집단 구성원들이 마련한 여가 활동에서 수많은 중심점 중 일부에 불과하게 된다"[24]라고 프리즌은 주장했다.

대중 수용자 문제를 넘어서, 경험적 커뮤니케이션 연구의 축적된 증거는 대중 사회의 성격과 현실을 놓고 전후에 벌어진 더 큰 논쟁에서 핵심 역할을 했다. 이른바 대중 사회 이론의 비판가들은 주장의 근거로 커뮤니케이션 연구의 서베이와 실험 전통의 권위를 활용했다. 여기서 대중 사회 논쟁을 자세하게 논의할 수는 없지만, 대중 사회 이론이라는 개념 전체가 인위적이고 거짓된 구성물이자, 반대자들이 만들어 낸 지적 허수아비에 불과했음을 주목할 필요가 있다.

서 수행한 여러 연구를 말한다. 연구 결과 작업 환경이나 물질적 보상보다는 소속감, 사기, 인정 등 사회적, 심리적 조건이 생산성 향상에 더 큰 영향을 미치고, 조직 내의 비공식적 조직과 소통이 중요한 요인임을 밝혀냈다. 이 연구는 당시에 지배적 경영 이론이던 과학적 관리론 대신에 심리적, 사회적 인간관계를 중시하는 이론이 부상하는 계기가 되었다. — 옮긴이

사회학자 레온 브램슨Leon Bramson은 미국과 유럽의 사회사상에서 대중 사회 이론의 역사와 영향을 비판적으로 추적했다. 그가 '전형적' 대중 사회 이론가를 다음과 같이 묘사했을 때, 추측건대 이 점을 부지불식 간에 드러낸 셈이다. "그는 자신의 세계관의 토대를 이루는 낭만주의, 실존주의, 마르크스주의, 정신분석학을 혼합해 어떤 암울한 그림을 그려내게 됐다." 브램슨 외에도 에드워드 실즈Edward Shils와 대니얼 벨Daniel Bell 등의 다른 비판가들은 엄청나게 다양한 사상가 집단을 대중 사회 이론가로 뭉뚱그렸는데, 일부만 언급하자면 호세 오르테가 이 가세트José Ortega y Gassett, 카를 만하임Karl Manheim, C. 라이트 밀스, 한나 아렌트Hannah Arendt, 에리히 프롬Erich Fromm, 허버트 마르쿠제Herbert Marcuse, 빌헬름 라이히Wilhelm Reich, 드와이트 맥도널드Dwight McDonald 등이 여기에 속했다. 브램슨에 따르면 이들을 한데 결집하게 해 준 특징은 "위계적으로 질서화된 사회를 선호하고, 개인주의적 자유주의를 적대시하고, 사회적 이동성의 대가와 문화적 소수파의 침투를 강조하며, 자신들의 몇몇 판단의 초과학적 특성을 강조한다는 점이다." 《사회학의 정치적 맥락*The Political Context of Sociology*》(1961)에서 브램슨은 다음과 같이 이들이 분명 부인했을 만한 사항 때문에 대중 사회 이론가들을 책망했다. "내가 동의할 수 없는 부분은 이들은 자신의 이론이 순수하게 과학적 분석의 결과라고 주장한다는 점, 이들은 대중 사회와 전체주의 간의 관계에 대한 자신의 판단, 그리고 함축적으로 산업화와 민주화의 결과에 대한 판단이 과학적이라고 단정한다는 점에 있다."[25]

인위적으로 단선적 대중 사회 이론을 조성하고 난 후, 브램슨과 다른 비판가들은 미국 커뮤니케이션 연구의 경험적 전통에서 나온 연구 결과를 그 이론을 부정하는 '과학적' 증거로 제시했다. 브램슨의 주장에 따르면, 경험적 전통에서 나오는 핵심적 사실은 "고립되고 익명이고 분리된 대중 속 개인의 이미지를 거부하고, 사회적 맥락 안에서 매스 미디어의 메시지를 수신하는 개인 개념을 선호하게 된다는 점"이었다.

"미국, 대중 사회와 매스 미디어"(1960)라는 긴 논문에서 레이먼드 바우어Raymond Bauer와 앨리스 바우어Alice Bauer 역시 이 주제를 더 정교화하면서, 대중 사회 이론의 다음과 같은 여러 주요 전제는 커뮤니케이션 연구의 결과에 의해 도전받게 되었다고 주장했다. 즉 현대의 대중 사회는 일차 집단의 붕괴를 초래해, 매스 미디어에 비해 비공식적 커뮤니케이션의 영향을 최소화하게 됐다든지, 매스 미디어 수용자는 원자화되고 고립되고 익명이고 분리되었다든지, 매스 미디어 자체는 막강한 위력을 행사하면서 대중 속에 고립된 개인들의 태도와 행동을 조작할 수 있게 되었다든지 하는 전제가 그 예다. 사실상 "수많은 흥미로운 논문 제목, 추론적 일반화, 무수한 훌륭한 실험 연구의 존재에도 [불구하고] 미국 사회 전반에서 매스 미디어의 효과를 입증하는 경험적 증거는 거의 없다"라고 두 사람은 주장했다. 이들의 결론은 다음과 같다.

> 지금까지 개인적 특성이 커뮤니케이션 노출에 영향을 미친다는 사실을 말해 주는 데이터는 방대하게 존재했지만, 현장의 조건에서 매스 커뮤니케이션이 개인적 특성에 미치는 영향을 확인해 주는 확실한 데이터는 설혹 있다손 치더라도 매우 부실한 상태다. 현재의 지식 상황을 감안하면, (구체적으로 반박하는 정보가 없기에) 어떤 경우에든 도달할 수 있는 합리적 결론은 커뮤니케이션 행동과 관련 인물의 개인적 특성 간의 상관관계는 커뮤니케이션의 효과에 대한 증거라기보다는 선택적 노출의 결과라는 것이다.[26]

1960년에 출간된 조지프 T. 클래퍼Joseph T. Klapper의 《매스 커뮤니케이션 효과*Effects of Mass Communication*》는 미디어 효과에 관해 이론적으로 일관된 명제군을 제시하려는 충동이 가장 종합적이고 권위 있는 형태로 표현된 것이다. 클래퍼는 미디어가 개인에게 미친 측정 가능한 효과를 다룬 경험적 연구를 철저하게 검토한 후, 그에 근거해 일련의 "점진적 일반화emerging generalizations"를 제시했다. 이 중 가장 중요한 일반화는 다음과 같은 제안으로 되어 있다. "(1) 매스 커뮤니케이션은 **통상적으로는** 수용자 효과의 필요 충분한 원인 역할을 하지는 않고, 매개적인 요인과 영향의 연결망 속에서 또한 그러한 연결망을 통해 기능한다. (2) 이 매개 요인들은 기존의 조건을 강화하는 과정에서 매스 커뮤니케이션을 전형적인 기여 세력으로 만들지만 유일한 원인으로 만들지는 않는 식으로 작동한다." 클래퍼는 커뮤니케이션 연구의 새로운 방향인 "현상적 접근phenomenistic approach"을 옹호했다. "이는 본질적으로 매스 커뮤니케이션을 수용자 효과의 필요 충분한 원인으로 간주하는 경향에서 벗어나, 미디어를 총체적 상황에서 작동하는 여러 영향 요인 중 일부로 간주하는 시각으로 옮아 가는 것이다."[27]

"경험적 증거에 입각한 이론이라는 여전히 요원한 목표"는 어떤 커뮤니케이션 상황에서든 연루되는 수많은 영향 요인의 역할을 고려하는 지속적 연구에 의해서만 도달할 수 있을 것이라고 클래퍼는 주장했다. 이는 커뮤니케이션 연구를 점진적으로 성숙해 가는 행동 과학으로 간주하는 모든 연구자가 공감한 주제였다. 연구의 과학적 기준을 더 고도의 엄밀성과 정확성의 수준으로 올릴 때만 비로소 사회과학자들은 커뮤니케이션에서 원인-효과의 연쇄를 규명할 수 있을 것이다. "'커뮤니케이션 과학'의 임무는 커뮤니케이션 과정에서 핵심적인 변인들을 확인하고, 각 요인이 다른 요인과 상호 작용하는 패턴을 결정하는 일이다."[28]

정교하고 심지어 고상하기까지 한 수많은 커뮤니케이션 과정의 다변량 모델은 1960년 이래로 번창했는데, 모두 커뮤니케이션 연구를 '진정한' 행동과학에 가깝게 만들겠다는 목표가 있었다. 사회화 모델, 기능적 분석, 매스 미디어와 사회 체제, 이용과 충족 접근은 이 중 단지 일부에 해당한다.[29] 텔레비전의 엄청난 성장은 완전히 새로운 데이터 출처가 됐고, 좀 더 정교한 연구 절차 개발을 촉진했다. 그러나 텔레비전이 인간 행동에 미치는 효과를 측정하려는 새로운 연구 역시 전통적 관심사 중 다수를 재탕하고 재구성했을 뿐이었는데, 범죄와 폭력의 효과, 어린이에 미치는 효과, 수용자 수동성과 도피, 수용자 충족에서 작용하는 인구학적 변인 등이 그러한 관심사였다.[30]

커뮤니케이션 연구를 행동 과학, 즉 경험적 연구 결과에 비추어 사회에서 인간 행동의 법칙을 발견하려는 데 목적을 둔 과학으로 방향 설정한 것은 오늘날에도 여전히 막강한 위력을 발휘하고 있다. 이 점은 이 전통에 따라 수행되고 있는 무수한 연구를 보더라도 알 수 있다. 그러나 1940년대 말에 이르러, 미국의 지성계에서 이 전통에 반발하는 중요한 이론가들이 등장하기 시작했다. 그동안 행태주의 접근 방식은 과학의 주류인 양 행세해 왔는데, 이 이론가들이 함축적이든 직설적이든 제기한 비판은 대안을 제시하면서 주류의 편향을 상당히 교정하는 효과도 낳았다.

◆

영화 분석은 자의식적으로 독립된 연구 분야로 떨어져 나가면서, 함축적으로 행태주의 커뮤니케이션 연구 접근 방식의 방법과 목표를 강하게 비판했다. 이들은 영화를 다른 매스 커뮤니케이션 형태의 내용과 분리해서, 영화에 비판적 언어 창조가 요구되는 예술적 진실성을 부여했다. 그러나 이 언어에서 지배적인 은유는 여전히 영화를 생산하는 사회를 영화가 어떻게 반영하는지를 보여 주는 작업과 밀접하게 연계되어 있었다. 전후의 연구는 영화가 수용자 행동에 미치는 효과를 계량적으로 측정하기보다는, 영화가 어떤 사회나 역사적 시기의 집단적 무의식에서 근본적이고 지속되는 패턴을 어떻게 드러내는지 설명하려했다. 이 중 가장 영향력 있는 연구는 비평 도구로 정신분석학과 문화인류학에 크게 의존했다.

지그프리트 크라카우어Siegfried Kracauer가 쓴 독일 영화의 심리학적역사서인 《칼리가리에서 히틀러까지From Caligari to Hitler》(1947)는 이러한연구 유형의 원형 구실을 했다. 독일 출신 이주민인 크라카우어는 독일 영화를 분석해 보면 "1918년에서 1935년까지 독일에서 지배적이던심층적인 심리적 성향"을 찾아낼 수 있으며, 히틀러가 어떻게 해서 집권할 수 있었는지 단서를 얻을 수 있다고 주장했다. 그는 한 나라의 영화는 다음과 같은 두 가지 이유로 그 나라의 정신적 풍토를 다른 미디어보다 더 직접적으로 드러낸다고 주장했다. 즉 영화는 집단 제작인데다, 익명의 다수를 소구 대상으로 삼는다는 점이었다.

"영화가 반영하는 부분은 표면적인 신조라기보다는 심리적 성향, 말하자면 어느 정도는 의식의 차원 아래로 확장되는 집단 사고방식의 심층적 층위다. …… 중요한 부분은 통계적으로 측정 가능한 영화의 인기라기보다는 영상적, 내러티브적 모티브의 인기다. 이러한 모티브의 거듭된 반복은 이 모티브가 내적 충동의 투사라는 사실을 드러내 준다." 크라카우어는 국가적 캐릭터를 역사보다 우선하는 것이 아니라 "특정 시기 사람들의 심리적 패턴"을 추적하고 있다고 주장했다. 하지만 이 책은 종종 스크린에 나타난 속성을 '독일의 집단 정신' 내부의 투쟁으로 연결 짓는 거창한 주장으로 빠지기도 했다. 영화에 반영된 중심적 갈등은 혼란을 향한 충동 대 권위를 향한 충동 간의 대결이었다. 이러한 과도함에도 불구하고 크라카우어의 저작은 개별 독일 영화에 대한 극도로 정교한 미학적 분석이자, 시간 경과에 따른 주제의 발전에 대한 해석만으로도 충분히 결점을 만회한다. 크라카우어는 또한 전시 동안 나치 선전 영화에 관한 귀중한 연구도 내놓았다.[31]

이 전통을 따른 최고의 저작들에서는 영화의 시사점에 대한 거창한 주장이 상당히 완화된 채로 나타난다. 전시 동안 의회도서관 소장 영화 큐레이터이던 바버라 데밍Barbara Deming은 크라카우어에게 강한 영향을 받아 그의 방법을 1940년대 미국 영화에 적용했다. "정말로 영화가 시대를 보여 주는 경향은 거울이 우리 모습을 비추듯이 나타나는 것은 아니고, 그보다는 꿈이 보여 주는 양상과 비슷하다"라고 데밍은 주장했다. 데밍은 "우리가 영화관에서 경험한 동일시의 진짜 속성을 꿰뚫어 보려면, 우리가 모두 영화관에서 구매해 온 꿈"을 해독해야 한다고 제안했다. 《자신으로부터의 도피Running Away From Myself》(1950)는 1940년대의 영화 주인공들이 공통적으로 겪는 곤경에 초점을 맞추어 집단적 꿈에 대한 묘사를 끌어냈다. 데밍이 보기에 이 주인공들은 그 시기의 대중적 불안감을 반영해, 믿음의 심층적 수준에서 일어난 위기의 변종을 표현했다. "투쟁의 목적을 찾지 못하는 주인공, 스스로 삶을 꾸려나가는 데 좌절한 주인공, 성공을 달성하지만 공허하다고 여기는 주인공, 이전의 삶과 결별하지만 결국 갈 곳을 찾지 못하는 반항아 등은 모두 행복에 대한 비전이 자신을 기만하는 데 슬퍼한다." 이 강박적인 꿈의 패턴은 진정한 악몽으로 전시뿐 아니라 1940년대의 평화 시 영화에서도 확인된다.[32]

마사 울펜스타인Martha Wolfenstein과 네이선 라이티즈Nathan Leites의

《영화: 심리학적 연구Movies: A Psychological Study》(1950)는 아마도 영화 연구에서 가장 확실하게 정신분석학적이라 할 만한 접근 방식을 내놓았다. 이들은 깊숙이 존재하되 표면적으로 잘 드러나지 않는 열망, 공포, 소원의 단서를 찾아내기 위해 영화에서 현재적인 꿈과 잠재적인 꿈의 내용을 모두 분석했다. "어떤 문화에서 흔한 백일몽은 대중적 신화, 스토리, 연극, 영화의 부분적으로는 원천이자 부분적으로는 그 산물이기도 하다." 저자들은 "수백만 명의 영화 관객의 의식에 반복해서 침투한 백일몽을 …… 찾아내기 위해 당대의 미국 영화들을" 살펴보았다. 이들은 연인 간, 부모와 자식 간, 살인자와 희생자 간의 어떤 주요 관계를 다루는 방식을 비교문화적으로 연구하면서 영국, 프랑스, 미국 영화를 모두 포함했다.

　미국 영화에서 주요한 플롯 구성은 외부의 위험과 맞서 승리를 거두는 일의 중요성을 강조했다고 이들은 결론 지었다. 거짓된 겉모습의 심리적 투사와 부정은 미국 영화의 특징인 금지된 판타지의 틀을 규정했다. "거짓된 겉모습만 보면 여주인공은 난잡하고, 주인공은 살인자이고, 젊은 부부는 불법적 사안을 수행하며, 두 남성 친구들은 한 여성과 사귄다. 이 장치 덕분에 우리는 죄의식을 강하게 느끼지 않으면서도 영화가 제시하는 욕망을 충족할 수 있어, 상충되는 두 가지 일을 동시에 달성할 수 있게 된다. 우리는 자신의 동일시 대상인 캐릭터가 아무 잘못이 없다는 사실을 안다." 미국 영화에 잠재하는 전제는 단순히 소원 때문에 죄의식을 느낄 필요는 없다는 사실이라고 울펜스타인과 라이티즈는 주장했다. 주인공은 거짓된 겉모습의 그림자에서 벗어나 등장한다. 진짜 변하는 부분은 모두 주인공에 대한 다른 사람의 인식뿐이다.[33]

　전후 영화 연구의 성숙은 지배적인 커뮤니케이션 연구 모델에 대한 함축적인 비판에 해당했으며, 다른 좀 더 노골적인 의문 제기도 이 시기에 표현됐다. 미국 사회과학자들은 경험적 연구의 한계에 관해 좀체 의문을 표현하지 않았지만, 두 명의 저명한 예외적 인물은 로버트 린드와 C. 라이트 밀스였다. 1940년 "매스 커뮤니케이션 연구"에 관한 제안서 공동 서명자 중 한 사람인 린드는 사회과학에서 경험주의를 옹호하는 동시에 경험주의가 갖는 매혹적인 성격에 대해서 경고했다. 1939년 린드가 무분별한 경험주의의 위험성을 묘사한 부분은 특히 커뮤니케이션 연구에도 예언자적으로 시사하는 측면이 있었다. "그러한 연구를 수행하게 되면, 대개 연구자는 현재 작동 중인 체제 내부의 위치에서, 그 체제의 가치와 목표를 잠정적으로 수용한 채, 데이터 수집과 추세 정리에 착수하게 된다. …… 소요 시간은 늘어나고 데이터는 결코 모두 수집되지 않으며, 상황은 변화한다. 그리고 '객관적' 분석가가 그 상황에서 기록해야 할 부분이 더 많아짐에 따라, 자신의 연구 대상인 제도가 작동 기준으로 표방하는 가정의 그물망에 더 깊이 빠져들게 되는 경향이 있다." 통계적 정교화 강화에 초점을 맞춘 채, 사안이 어떻게 작동하고 변하는지 경험적으로 세밀하게 기술하는 방식은 종종 우리에게 "'우리의 제도는 어느 방향으로 가고 있으며, 우리는 이 제도가 어느 방향으로 가길 원하는가'와 같은 골치 아픈 질문들을 제기해야 하는 부담"[34]을 연구자에게 덜어 준다.

이와 비슷한 정신에 따라, C. 라이트 밀스 역시 사회학에서 지배적인 연구 방법에서 한 발짝 물러서려 했다. 그는 오늘날 사회과학자의 일차적 수용자가 공중에서 고객으로 옮아 간 변화를 불길하다고 보았다. 이에 따라 발생하는 문제점은 '성찰의 관료화'였는데, 이는 연구소가 독립적이고 비판적 성향인 사회과학자의 지적인 자리를 위협하게 된다는 것이다. 의미심장하게도 밀스는 연구 스타일로서의 '추상화된 경험주의'를 비판하면서 폴 라자스펠트의 저작에 초점을 맞추었다. 밀스는 사회학자의 역할을 모든 사회과학용 방법론자, 즉 "도구 제작자"라고 보는 라자스펠트의 인식을 문제 삼았다. 라자스펠트가 보기에, 사회학자는 체계도 없고 개인 단위로 작업하는 사회철학자와 관찰자를 잘 발달된 경험적 사회과학자의 팀 조직으로 전환시켰다. 새로운 경험적 사회과학자는 새로운 연구 영역에 과학적 절차를 적용하는 사람이었다. 그러나 사실은 이 연구들의 주제 선정을 유도하는 그 어떤 원칙이나 이론도 없었다. "만약에 절대적인 방법을 활용한다면, 엘미라에서 자그레브와 상하이에까지 흩어져 있는 그 연구 결과가 모두 합쳐져 마침내 인간과 사회에 관한 '잘 발달하고 조직화된' 과학이 탄생할 것이라고 단순히 가정될 뿐이다. 실제로는 그렇게 될 때까지 다음 연구를 계속하게 될 뿐이다"라고 밀스는 썼다.

경험적이라는 용어를 당대의 개인에 관한 일련의 추상화되고 통계적인 정보를 의미하도록 제한하는 바람에 사회과학의 범위는 심각하게 제한되었다. "방법론적 금기에 장악된 사람들은 흔히 통계적 의례의 미세하고 촘촘한 기계를 거치지 않았을 경우, 현대 사회에 관해 어떤 발언이든 거부한다. …… 그러한 작업의 상당 부분은 그 대변인의 말대로 '과학의 엄정한 요구에 대한 헌신'보다는 — 우연히도 상업적, 기부금적 가치를 갖게 된 — 단순한 의례 따르기로 변해 버렸다고 나는 이제 확신한다"[35]라고 밀스는 말했다.

그러나 경험적 접근 방식에 대한 가장 잘 발전된 비판은 미국 망명 시절의 프랑크푸르트 사회연구소●에서 나왔다. 이 비판은 1930년대

● 1930년대 이후 독일 프랑크푸르트대학교 사회연구소를 중심으로 활동한 마르크스주의 성향의 학자들을 프랑크푸르트학파라 부른다. 이들은 소비에트 마르크스주의의 유물론과 결정론을 비판했다는 공통점은 있으나 '학파'로 규정하기에는 입장과 접근 방식이 다

에 프랑크푸르트 집단이 발전시킨 '비판 이론'의 확장이었는데, 1940년 대와 1950년대 미국의 대중문화 분석에 적용된 것이다. 여기서 핵심적 인물은 막스 호르크하이머Max Horkheimer, T. W. 아도르노T. W. Adorno, 레오 뢰벤탈Leo Lowenthal이었다. 이들은 경험적 전통이 규정한 매스 미디어의 효과에 관한 질문, 곧 설득적 효과 이슈를 더 광범위한 의식 문제, 즉 문화적 가치 이슈보다 하위에 두었다.

비판 이론은 총체성의 어떤 한 가지 측면을 분석하더라도 사회적 총체성 전체를 고려해야 한다고 주장했다. 그렇게 하지 않는다면 그 결과 전체의 한 가지 측면을 왜곡해서 과도하게 강조하는 결과가 되고 말 것이다. 이는 마르크스주의 용어로는 '물신숭배'에 해당한다. 사회적 연구는 현재를 역사적으로 해석해야 할 뿐 아니라 미래의 잠재력 측면에서도 분석해야 한다. 프랑크푸르트 연구소는 '가치 중립적' 부르주아 사회과학의 외관적 특징인 '존재'와 '당위'의 분리를 거부했다. 비판 이론은 진리 자체를 위한 진리를 추구하지 않고 그 대신 사회 변동을 초래하려고 하였다.

프랑크푸르트 이론가들은 사회 연구에서 총체적 접근을 옹호했지만, 동시에 모순의 성급한 종합도 경계했다. 헤겔식의 '정체성 이론'은 주체와 객체의 통일을 찬양했지만, 모국 독일의 정치적 사건들이 암울하게 보여 주었듯이, 주체와 객체는 여전히 불일치 상태였다. 프랑크푸르트 사상가들은 프롤레타리아 혁명이 가능한 역사적 계기를 채 파악

양했다. 히틀러 집권 후 연구소는 제네바로 옮겼다가 1935년 미국 뉴욕의 컬럼비아대학교로 이주해 활동했다. 현대 자본주의에 대한 이들의 분석은 미국 활동기에 전 세계에 널리 알려졌다. 종전 후 대다수는 독일로 돌아갔으나 마르쿠제, 뢰벤탈 등은 미국에 남아서 활동했다. — 옮긴이

하지도 못한 채 놓쳐 버린 것은 아닌지 우려했다. 따라서 이들은 지배적 정치 질서에서도 가까스로 살아남은 비판적인 사회적, 문화적 세력들인 '부정'의 보존을 강조했다. 사회적 총체성은 긍정적이고 현 체제 지향적인 요소들과, 부조화하고 잠재적으로 전복적인 반대를 모두 포함하는 변증법적인 총체성이었다. 1940년대에 이르면 점차 프랑크푸르트 집단은 '긍정적 문화'에 저항하는 비판적 요소들을 보호할 필요성이 있다고 주장하게 됐다. 이러한 요소로는 개인 철학자, 이론의 보호, 그리고 중요하게는 대중문화의 홍수에 위협당하는 예술과 '고급문화'의 전통 보존 등이 있었다.[36]

프랑크푸르트학파의 시각에서 보면, 매스 커뮤니케이션과 대중문화에 관한 전통적인 경험적 연구는 두 가지 수준에서 부적절했다. 첫째 이 접근 방식은 사회적 총체성을 염두에 둔 채 연구를 설계하지 않았다. 둘째, 문화적 문제를 경험적으로 검증 가능한 범주로 환원시킨 것은 전적으로 부적절했다. 레오 뢰벤탈은 대중문화의 역사적 시각을 구상하면서 커뮤니케이션 연구의 이른바 객관성에 대한 불만들을 정리했다. "경험적 사회과학은 일종의 응용된 금욕주의가 되어 버렸다. 이는 엄격하게 강제된 중립성의 분위기 속에서 외부 세력이나 충동과 복잡하게 얽힌 부분을 외면한다. 의미의 영역 진입도 거부한다. …… 사회적 연구는 매스 미디어를 포함해 현대적 삶의 현상을 액면 그대로 수용한다. 이는 그 현상들을 역사적, 도덕적 맥락에 배치하는 과업을 거부한다."

뢰벤탈은 효과, 내용 분석, 수용자 계층화라는 표준화된 범주들은 주로 "편의성 조작의 도구"인 시장 조사에서 도출되었다고 주장했다. 경험적 커뮤니케이션 연구는 소비자의 선택이 추가적 분석의 출발점인 결정적 사회 현상이라는 잘못된 가설하에서 고군분투했다. 비판적 연구는 이와 다른 전제에서 출발했다고 뢰벤탈은 지적했다. "우리는 먼저 이런 질문을 던진다. 사회의 총체적 과정 안에서 문화적 커뮤니케이션의 기능은 무엇인가? 그러고 나서 우리는 다음과 같은 구체적인 질문을 던진다. 어떤 것이 사회적으로 강력한 기구의 검열을 통과하는가? 공식적, 비공식적 검열의 엄명하에서 생산은 어떻게 진행되는가?" 요컨대, 이것들은 행태주의 모델에서는 무시하는 부류의 질문들이었다.[37]

T. W. 아도르노가 라자스펠트의 라디오연구소에서 보낸 불편한 체류 기간은 뢰벤탈이 기술한 방법론적 충돌을 구체적으로 예시해 주었다. 1930년대 라디오 프로젝트용으로 제출한 일련의 논문에서 아도르노는 상당수 당대 음악의 '거짓된 하모니,' 라디오 심포니 음악의 도착증, 미국 대중음악의 미학적 파산 등의 질적인 이슈를 탐구하려 했다. 음악, 라디오, 사회 간의 관계에 대한 통찰을 추구하면서, 아도르노는 자신의 아이디어가 검증 가능한 가설로 옮길 수 없는 것임을 깨달았다. 아도르노는 문화 현상을 계량화된 데이터로 변형하라는 압력에 저항했다. 청취의 심리적 퇴행과 특정 고전 음악 연주가와 작품의 물신화 같은 이슈를 고찰하면서, 주체의 반응이 마치 일차적이고 최종적인 사회학적 지식의 원천인 양 그 반응에서 출발하는 것"은 아도르노가 보기에 완전히 잘못된 것이었다. 그는 나중에 다음과 같이 회고했다. "'문화를 측정'하라는 요구에 부닥쳤을 때, 나는 문화야말로 그것을 측정할 수 있다는 사고방식을 배제하는 바로 그 조건일 수도 있다는 생각이 들었다. …… 나의 생각을 연구의 틀로 옮겨 놓는 과업은 원을 네모로 만드는 것이나 마찬가지였다."[38]

프랑크푸르트학파의 영향은 전후 대중문화의 함의를 놓고 벌어진 열띤 논쟁에서도 확인할 수 있는데, 가장 두드러지게는 데이비드 리스먼David Riesman과 드와이트 맥도널드의 저작에서 그렇다. 그러나 이 영역에서 망명 [독일] 학자들의 저작 중 상당 부분이 1960년대까지 영어로 번역되지 않은 채 남아 있었음을 유념할 필요가 있다. 호르크하이머와 아도르노의 가장 완벽한 진술문인 "문화 산업"(1944)이라는 논문이 여기에 속한다. 여기서 이들은 어떻게 현대의 미디어가 정치적, 경제적 지배를 문화 영역으로 확장하고, 예술을 타락시키며 개인의 의식을 통제하는 기술적 도구가 되었는지에 대해 아주 가차 없는 공격을 가했음을 볼 수 있다. 이들의 비판 저변에는 현대 대중문화의 등장은 파시즘 자체의 효과적인 위장막이었다는 말 없는 확신이 자리 잡고 있었다.[39]

비판 이론은 다름 아니라 문화 영역을 산업과 정치 영역으로 드러내 놓고 연결 짓는 방식을 통해 미국의 대중문화 논쟁에 가장 큰 영향을 미쳤다. 그러나 대중문화와 매스 미디어에 대한 프랑크푸르트 이론가들의 압도적으로 비관적인 평가에는 나름대로 특별한 역설이 없지 않았다. 왜냐하면 이 경우 이들의 평가는 결정적일 정도로 비변증법적 시각이었기 때문이다. 이들은 예술과 대중문화를 양극단에 배치했다. 하나는 자발적 개인의 영감에 찬 산물이었고, 문명의 최후 도피처였다. 다른 하나는 지배를 목적으로 위에서 집행되는 가짜의 물화된 산물이었다. 이들은 대중의 진정한 욕망과 유토피아적 충동, 매스 미디어의 내용과 이용에 나타나는 욕망과 충동의 표현 간에 아무런 상호 작용의 여지를 남겨두지 않았다. 이는 단지 비변증법적일 뿐 아니라, 미국 20세기 문화사의 커다란 부분을 외면한 것이기도 하다. 그런데도 이들이 (1960년대에 재발견되고 부활되었듯이) 정치, 문화, 의식이라는 가능한 한 가장 광범위한 틀 안에서 미디어 효과를 이해하려 한 것은 지배적인 경험적 접근에 가치 있는 이론적 대안을 제공해 주었다.

매스 미디어의 효과에 관한 연구는 오늘까지도 계속해서 번창하고 있다. 그러나 통합된 행태 과학으로서 커뮤니케이션 연구의 미래는 그 선구자들이 원래 꿈꾸었던 것보다는 훨씬 더 제한적인 것으로 보인다. 1941년 라자스펠트가 언급했듯이 커뮤니케이션 연구를 "행정적 연구" 과학이라고 부르는 것은 아마도 납득이 갈 것이다. 라자스펠트는 그러한 연구는 "공적 혹은 사적 특성을 지니는 일종의 행정 기구에 봉사하도록 수행되어야"[40] 한다고 말했다. 커뮤니케이션 연구는 마케팅과 광고에 예속된 상태에서 실로 고도의 엄밀성과 예측력 수준에 도달했다. 그 결과 미디어 자체, 특히 방송의 의사 결정 과정에서 중심적 위치를 차지하고 있다. 그러나 이러한 과학은 가치와 의미 영역을 다루는 데는 확실히 부적절하다. 커뮤니케이션은 현대 미디어의 기술적 정교화를 갖추었는데도 불구하고 여전히 인간 활동으로 남아 있다. 바로 감각적이고 무한하게 다양하고 흔히 모호하며, 물리학에서 발견되는 부류의 법칙에 완강하게 저항하는 그러한 인간 활동이다.

미디어용 공적 정책을 둘러싸고 지속되는 논쟁에 '과학적 연구 결과'를 주입하려 시도하는 동안 이러한 부적절성은 두드러지게 나타난다. 예컨대 방송 산업은 텔레비전이 소비 행태에 영향을 미칠 수 있는 역량을 사적 고객인 상업 광고주에게 끊임없이 재확인해 주어야 한다. 이 영향은 사실상 미국 방송 구조 배후에 깔린 근본적인 가정이다. 하지만 폭력적 프로그램이 아동에게 미치는 영향처럼 텔레비전의 공적 소비자의 복지 관련 이슈에 관해서는, 이 산업은 미디어 효과가 무시할 만한 수준이라고 주장하는 연구 문헌을 강조한다. 텔레비전 폭력이나 오로지 어린이 대상 광고 같은 문제에 관한 청문회는 불가피하게 미디어의 '과장된' 혹은 '입증된' 효과를 증언하는 과학 전문가 행렬로 전락하게 된다.

미국 문화 주류 외부의 사상가들은 커뮤니케이션 연구에서 지배적인 행태주의 모델의 대안을 모색해 왔다. 이 모델이 의미 영역 탐구나 커뮤니케이션과 사회 질서 간의 관계에 관한 탐구에는 결함이 있음이 드러났기 때문이다. 프랑크푸르트학파가 간헐적으로 시행한 이 방향의 시도는 미국의 매스 미디어와 대중문화에서 문화적 국외자들이 철저하게 소외되었음을 보여 주었다. 이와 비슷한 소외 때문에 두 명의 캐나다인 사상가인 해럴드 이니스Harold Innis와 마셜 매클루언 Marshall McLuhan은 커뮤니케이션 미디어의 속성에 관한 이론적 연구를 추구하게 됐다. 하지만 이들의 경우, 무엇보다 미국 미디어의 근접성에 의해 촉진된 문화 제국주의의 잔혹한 현실이 조국의 문화적 정체성 자체까지도 위협하는 듯했다. 이니스와 매클루언은 행태주의 모델을 거부하고 표준화된 경험적 기법도 회피하면서 지금까지 나온 것 중 가장 총체적이고 급진적인 버전의 미디어 이론을 제시했다.

6

메타역사, 신화와 미디어

해럴드 이니스와 마셜 매클루언의
북미식 사상

가장 급진적이고 정교한 북미의 미디어 이론을 보려면, 두 명의 캐나다인인 해럴드 이니스와 마셜 매클루언의 저작을 살펴보아야 한다. 이 두 사람은 커뮤니케이션 미디어의 형식적 특성을 역사 과정, 사회 조직, 변화하는 감각 지각 배후의 가장 중요한 동인으로 간주하는 일군의 추론 중에서 양 날개에 해당한다. 적어도 부분적으로는 이니스의 커뮤니케이션 저작은 전후 세계에서 싹트고 있던 미국의 문화적, 경제적 헤게모니에 대한 캐나다인의 의식적인 비판으로 시작됐다. 이러한 비판적인 시각은 매클루언의 초기 저작에서도 두드러졌다. 물론 미국 문명에 대한 매클루언의 부정적인 평가는 이니스와는 뿌리가 다소 달랐다. 두 사람은 캐나다인으로서 미국에서 지배적이던 커뮤니케이션 연구의 행태주의 전통에서 제약을 덜 받았다. 경제사학자인 이니스와 문학비평가인 매클루언은 모두 경력 말년에 커뮤니케이션 연구 분야에 뛰어들었고, 이때 근본적으로 새로운 미디어 분석 방식을 갖고 왔다.

이들의 저작 전체에서 미국의 파워, 특히 미국의 기술력이라는 잔혹하고 언뜻 불가항력적인 사실은 핵심적인 준거 구실을 했다. 이니스와 초기 매클루언의 저작에서 미국 미디어와 미국 사회는 캐나다 문화에 보이지 않는 위협으로 다가온다. 매클루언의 후기 저작은 이를 찬양한다. 이들의 글은 미국의 여러 지적 전통과 밀접한 친화성을 드러낸다. 소스타인 베블런Thorstein Veblen의 산업industry과 비즈니스business라는 이분법에 강하게 영향을 받은 탓에, 이니스가 생애 말년에 가까웠을 때 수행한 미디어 이론 탐구는 부분적으로는 테크놀로지와 가격 체제 간의 지적 연결 고리를 구성하려는 시도로 간주할 수도 있다.

매클루언의 후기 저작과 더불어 그의 엄청난 대중적 인기는 레오 막스Leo Marx가 표현했듯이 "기술적 숭고함의 레토릭"이 계속해서 발휘하는 강력한 매력을 우리에게 환기해 준다. 이니스와 매클루언 모두 찰스 호턴 쿨리와 로버트 파크의 저작을 강하게 연상시키는 다양한 기술결정론을 신봉했다. 매클루언이 유기적 통일체의 토대로 미디어를 강조한 것은 쿨리뿐 아니라 새로운 커뮤니케이션 테크놀로지가 개발될 때마다 이를 둘러싸고 발생하던 대중적 흥분도 연상시킨다. 19세기와 20세기의 미국 사회사상 중 상당수가 미국의 물질적 생산의 엄청난 진전에 의해 조성된 대격변에 초점을 맞춘 반면, 이니스와 매클루언은 소비, 여가, 정신의 산업화처럼 물질적 생산과 동시에 발생하는 문제점들을 다루는 도구를 미디어 연구에서 모색했다.

이니스의 커뮤니케이션 관련 작업은 매클루언에게 미친 영향을 통해 알려진 것 외에는 대부분 소개되지 않은 채로 남아 있다. 그리고 매클루언에 의한 이니스의 변용은 대단히 선별적이고 왜곡된 것이다. 매클루언이 미국의 미디어 제국주의를 반대하는 열렬하고 고독한 목소리인 이니스의 제자로 자처하긴 했으나, 매클루언의 지속적인 유산은 아마 미국 커뮤니케이션 산업과 광고주의 기득권 체제를 정당화하는 역할이라고 해도 좋을 것이다. 이니스의 미디어 이론 분야 외도는 일시적이고 불완전했으나, 미래의 연구와 분석에 주는 풍부한 시사점으로 가득 차 있다. 매클루언 자신은 단지 '탐색'했을 뿐이라며 항변했지만, 일반적으로 알려진 것보다 더 폐쇄적이고 정태적인 미디어 이론을 만들어 냈다.

두 사람의 사상은 역사적으로 평가할 필요가 있다. 이 사상은 변화하는 지적, 정치적, 도덕적 시각들에서 등장했고 그러한 시각들에 영향을 받아 형성되었기 때문이다. 하지만 매클루언의 경우, 그의 사상을 인물 자체의 역사적 현상과 분리하기 다소 어렵다. 가장 진전된 커뮤니케이션 이론가로서, 이니스와 매클루언은 역사적으로 평가해야 하지만, 현재와 미래의 미디어 이해에 주는 기여도와 지속적으로 관련지어서도 판단해야 한다.

◆

언뜻 보면, 해럴드 이니스의 경력은 아주 판이한 두 사상가의 저작을 포괄하는 듯하다. 첫 번째 이니스는 저명한 경제사학자이자 경제 이론가, 두 차례 세계 대전 사이에 캐나다만의 독특한 정치경제학 구축에서 중심적인 인물이었다. 이 이니스는 방대한 일차 자료 연구, 캐나다 지리에 관한 철저한 경험적 지식, 캐나다 역사에 대한 통합된 접근 방식을 만들어 내기 위한 상상력 넘치는 융합 등을 모두 결합한 인물이다. 곧 경제 성장에서 이른바 주산물staples 명제가 그의 업적이다. 이와 대조적으로 후기의 이니스는 고대 세계에서 현재에 이르기까지 커뮤니케이션의 역사와 정치경제학에 몰두했다. 그가 철학적이기도 하고 역사적이기도 한 이러한 추론을 마음껏 펼치기 위해서는, 미개척 영역으로 사고의 완전한 재전환이 반드시 필요했다. 여기서는 후기의 이니스가 일차적 관심사다. 그렇지만 여러 주제는 경제 연구와 커뮤니케이션 연구를 통합한 것이기에, 적어도 초기 저작의 개요를 추적할 필요가 있다.

이니스는 1894년 온타리오주 남부의 시골에서 태어나 엄격한 침례교도 부모의 작은 농장에서 어린 시절을 보냈다. 가족들은 이니스가 성직자가 되길 바라며 어렵사리 학비를 마련했다. 어린 이니스는 신학 공부를 거부했을 뿐 아니라 세례조차 거부했다. 그럼에도 불구하고 이니스는 생애 내내 양심과 관련된 문제에서는 강한 개인주의 의식을 유지했고, 신실한 부모의 가르침대로 교회와 국가의 분리를 철저하게 신봉했다. 이니스는 교육에 목말라 했다. 14세 때 그는 가장 가까운 주립 고등학교에 다니기 위해 편도 20마일(약 32킬로미터)의 거리를 통학하기 시작했다. 1912년에는 토론토에 소재한 맥매스터대학교에 입학했다. 이니스는 한동안 매니토바주의 외딴 평원에 있는 공립 학교에서 학생들을 가르치기도 했는데, 이 경험은 캐나다 서부를 직접 볼 수 있는 교육적인 선구자 구실을 했다. 그는 1916년에 학사 학위를 받은 직후 캐나다군에 징집되어 프랑스 전선에 파견됐다. 그는 얼마 지나지 않아 중상을 입고 캐나다로 돌아왔다. 1918년에는 맥매스터대학교에서 경제학 석사 학위를 받았고, 시카고대학교 박사 과정에 진학했다. 1920년에 캐나다 퍼시픽 철도의 역사에 관한 논문으로 박사 과정을 마쳤다.[1]

시카고대학교에서 이니스는 직접 만나지는 못했으나 자신의 삶에 지적 영향을 미친 핵심 인물 중 한 명을 처음 접하게 되는데, 바로 소스타인 베블렌이었다. 베블렌은 수년 전 이미 시카고를 떠났지만, 젊은 교수진 사이에는 여전히 우뚝 솟은 거물처럼 존재감을 발휘하고 있었다. 이니스는 신고전주의 경제학의 수용된 교의에 대해 베블렌이 퍼부은 우상 파괴적 공격에 엄청난 감동을 받은 젊은 세대의 학생 중 한 명이었다. 이니스는 전쟁을 겪은 후 대학 생활에 만족하지 못하는 성난 젊은이가 되어 있었다. 이러한 경험 덕분에 이니스는 또한 캐나다 민족주의 의식이 투철해졌고, 표준적인 경제학은 캐나다 상황을 설명하는 데 완전히 부적절하다는 믿음도 굳혔다. 이니스는 시카고대학교의 베블렌 공부 모임에 열심히 참여하면서 베블렌의 흥미로우면서도 이단적인 저작을 모두 접하게 됐다.[2]

베블렌이 신고전주의 경제학에 가한 비판은 경제 법칙이 보편성을 띤다는 인식, 즉 시간을 초월해서 모든 장소에 적용된다는 통념에 도전한 것이다. 베블렌은 신고전주의 사상가들이 경제 개념의 단순한 '분류학taxonomy'을 구축하고는 현재의 불평등한 부의 분배 배후에 있는 도덕적, 정치적 함의에 전혀 의문을 제기하지 않는다면서 비판했다. 베블렌은 경제 상황이 '정상적 균형normal equilibrium'을 향한 내적 경향이 있으며, 경제 행위자의 합리적 조정자로서 시장의 작동에 의해 유도된다는 정통적 견해에 반대했다. 인간의 동기화에 대한 심리학적 설명으로 신고전주의 경제학자들은 합리주의의 단순한 '쾌락주의 셈법'에 의존했다. 즉 인간은 항상 고통을 피하고 행복을 달성하기 위해 합리적으로 행동한다는 가정이었다. 요컨대, 이들은 베블렌이 설명이 필요하다고 생각한 바로 그 문제들을 당연시했다.

베블렌은 시간 경과에 따른 인간의 제도와 습관의 복잡한 발전 과정을 추적하는 데 관심을 두는 '진화 과학'으로 경제학을 재구성하려 했다. 그는 궁극적으로 인간의 '솜씨 본능instinct of workmanship'에서 유래하는 기술 성장 단계에 특히 주목했다. 베블렌의 도식에서는 수작업에서 기계 산업에 이르기까지 테크놀로지 발달은 인간의 생존과 안락함을 위한 재화를 더 많이 생산해 냈다. 현대의 기계 과정은 체계적이고 규율화되며 합리화된 절차 아래서 작동했다. 그리고는 이 습관을 기계로 작업하는 사람들에게도 집행했다. 기계 과정의 부분들은 표준화되고 상호 의존적이었는데, 이는 곧 통합되고 효율적인 생산 방법이라는 뜻이다. 그러나 이 과정은 그냥 가격으로 측정되는 이윤 달성만을 목적으로 삼는 비즈니스 종사자에 의해 작동됐다. 이러한 목적을 위해, 비즈니스 종사자들은 산업 생산의 합리적 작동 방식과는 반대되는 습관을 장려했는데, 과시적 소비, 투기, 소모적인 경쟁 등이 여기에 속한다. 그 결과 발생하는 모순은 심각한 불황을 재촉했고, 이윤 극대화를 위해 생산 역량 훨씬 아래로 생산 수준을 유지했다.[3]

젊은 이니스는 베블렌이 신고전주의 정통파와 결별한 것과 그가 대안적 접근을 제안한 데서 영감을 얻었다. 베블렌이 사망한 해인

1929년 이니스는 베블렌의 저작을 개관하는 논문을 발표했는데, 여기서 베블렌의 이론을 응용할 가능성이 있는 주제들을 제안했다. 이니스는 베블렌의 과학적 측면에 강한 매력을 느꼈는데, 바로 "제도와 단체의 성장과 쇠퇴에 관한 법칙의 존재를 주장한 [베블렌이었다]. …… 베블렌은 표준화된 정태적 경제학의 경향에 맞서 건설적인 해방 전쟁을 벌였다. 완성된 경제 이론 교과서를 갈망하는 학생이 점점 더 증가하는 대륙에서 그처럼 표준화된 정태적 경제학은 너무 위험하다."

이니스는 베블렌 저작의 중심에서 기계 산업과 산업 혁명의 영향을 기록한 정교한 주장을 발견했다. 남북 전쟁이 끝난 후 미국의 환경에서는 기계 산업의 뛰어난 효율성이 과잉 생산과 과시적 소비 문제들을 낳았는데, 이니스는 베블렌의 관심사가 바로 그러한 환경에서 발생했다고 주장했다. 베블렌 자신은 "신생국의 경제적 격동기 중 하나를 겪으면서 살았다." 한 세대 후 캐나다는 베블렌이 말한 남북 전쟁 후 중서부 지역과 비슷한 경제적 광풍의 고통을 겪었다.

캐나다인 이니스는 영국처럼 오래되고 고도로 산업화된 국가의 침체된 경제와, 최근 산업화된 국가들의 수요 사이의 갈등을 지켜보면서 낙담했다. 경제 성장과 '국부'의 동학을 이해하는 데 핵심은 변화하는 테크놀로지가 풍부한 자원에 어떻게 적용되는지 분석하는 데 있었다. 이 점은 케케묵은 제도의 제약에서 상대적으로 자유로운 캐나다 같은 변방 지역에 특히 해당됐다. 이 나라들의 구체적인 경제사를 작성하고 역동적인 경제 이론과 통합시켜야만 했다. 이니스는 경력 초창기 생산적이던 시기를 이러한 베블렌식 노선을 따라 캐나다 경제사와 성장 이론을 구상하는 데 보냈다.[4]

이니스는 1920년 토론토대학교에서 강의를 시작하게 됐을 때 캐나다 경제학과 경제사 강좌에서 사실상 아무것도 없는 상태에서 시작해야 했음을 깨달았다. 그 후 15년 동안 이니스는 이 주제들을 다루는 자신만의 접근 방식을 마련하였다. '주산물 명제'는 어떻게 해서 현대 캐나다 국가가 식민지 시절에 생선, 모피, 목재 같은 주산물 상품 교역 을 직접 계승했는지 보여 주었다. 고전적인 책《캐나다의 모피 교역Fur Trade in Canada》(1930)에서 이니스는 16세기 비버 가죽 교역에서 1870년 대에 캐나다 국가 자체의 지리적, 경제적 선구자인 거대한 노스웨스트 회사Northwest Company 출범에 이르기까지 캐나다의 경제 성장 과정을 추적했다. 이니스는 경제적으로 발전된 문명과 저발전된 문명이 행사 하는 상호 수요에 관한 일반적 주장을 전개했다.

> 모피 무역은 상대적으로 복잡한 문명과 훨씬 더 단순한 문명 간을 이어 주는 접촉선이었다. 복잡한 유럽 문명은 전문화된 생산에 필수적인 기술 적 장비가 이미 축적된 산업적 단계에 도달했다. 장기 항해가 가능한 선 박, 대량의 원자재를 필요로 하는 생산 체제, 완성된 제품을 어려움 없이 흡수하는 배포 조직은 유럽 문명의 전형적인 산물이었다. 장기 항해에 소 요되는 과중한 추가 비용 때문에 교역은 대단히 귀중한 상품, 그 시기에 좀 더 발전된 제조 과정 유형에서 요구되는 상품, 그리고 대량으로 조달 할 수 있는 상품에 국한되었다. 비버 모피는 초기 교역의 요구에 확실하게 적합했다. [이와 동시에] 복잡한 문명의 자원에 비해 상대적으로 단순한 문 명의 우위도 대단히 중요하다고 볼 수 있다. 북미 원주민 문명의 유럽 상 품에 대한 수요는 어떤 독점이나 조직도 감당할 수 없을 것이다. 북미 원 주민 부족에게 지속적으로 재화를 공급하고 이 재화의 감가상각을 억제 하며, 훼손된 재화를 대체해 주는 과업은 벅찬 일이다.[5]

초창기 북미의 발전은 유럽으로부터의 해상 운송에 의존했다. 이 과정은 유럽에서 제조된 상품을 수입하고 주산물인 원자재는 유럽 시장에 수출하는 방식이 두드러졌다. 초창기 무역에서 가장 유망한 자원은 연안 어업, 특히 대구였다. 이후에는 비버가 대구를 대체해, 내륙 진출과 원주민과의 교역이 발생했다. 비버가 고갈되자 목재가 주도적인 주 작물이 되었다. 기계 산업이 등장한 후에는 농업 상품(특히 밀)과 광물이 주 작물의 주기를 완성하게 됐다. 이니스는 모피 교역 연구 후에는 다른 두 가지 주 작물의 역사인 《정착과 광업 개척지Settlement and the Mining Frontier》(1936)와 《대구 어업The Cod Fisheries》(1940)을 썼다. 그는 또한 종이와 펄프 산업에 관한 네 번째 연구도 수행할 예정이었다.

이렇게 해서 이니스는 캐나다의 역사적 경험의 핵심을 설명했다고 믿었다. "캐나다의 경제사는 서구 문명의 중심부와 주변부 간의 격차에 의해 지배되었다. 서구 문명은 주산물 상품의 착취에 온 힘을 기울였고, 그러한 경향은 누적적이었다. …… 농업, 산업, 교통, 무역, 재정, 정부 활동은 좀 더 고도로 전문화된 제조업 공동체를 위한 주 작물 생산에 예속되는 경향이 있다." [캐나다라는] 자치령the Dominion은 주로 모피 무역에 의해 결정된 노선을 따라 형성된 지리에도 불구하고 등장한 게 아니라 그러한 지리 때문에 등장했다. 경제적으로 취약한 나라에 특징인 주 작물 무역 때문에, 캐나다는 고도로 산업화된 지역 — 처음에는 서유럽이다가 나중에는 미국 — 에 휘둘리는 지경이 되었다. 이러한 주 작물 거래는 캐나다의 발전 과정에서 나타난 온갖 특이한 경향의 원인이기도 했다. 예컨대, 유럽과의 밀접한 문화적 연계 관계 유지, 국민의 상당히 관용적인 태도, 정부 소유와 민간 기업 간의 균형 등이 그러한 경향이다.[6]

1930년대 초에 이니스는 상품과 서비스의 상대적 가치에 관한 합의를 전달하는 제도적 구조인 가격 체제의 성격에도 주목했다. 불황이 초래한 심각한 탈구 현상 때문에, 정치경제학자들은 현재의 정책 문제, 특히 캐나다 경제에 대한 정부 개입 확대의 문제점을 집중적으로 검토하게 됐다. 가격 체제는 애덤 스미스Adam Smith와 신고전주의 경제학자들이 주장한 것처럼 보편적이고 정태적인 질서가 아니라고 이니스는 주장했다. 스미스의 시절이었다면 아마도 이 체제가 좀 더 효율적으로 작동하고 경제 관계의 속성도 더 잘 설명할 수 있었을지 모른다. 그러나 각 국가의 구체적인 상황에 따라 가격 체제가 아주 다양한 경향을 보인다는 점을 감안하면, 가격 체제 자체의 역사적 연구는 1930년대의 경제적 병폐를 좀 더 현실적으로 평가하는 데 필수적이었다.

가격 체제 배후로 들어가 이 체제가 다양한 시대와 장소마다 차이를 갖게 만든 요인이 무엇인지 검토함에 따라, 이니스는 엄격한 경제적 고찰에서 벗어나기 시작했다. 왜냐하면 그는 "가격 체제의 침투력"은 커뮤케이션 침투력의 한 측면에 불과하다고 깨달았기 때문이다. 그는 표준적인 경제적 접근을 넘어서 커뮤니케이션의 전략적 중요성에 초점을 맞추는 새로운 종합을 지향하면서 새롭고 미개척 상태의 지적 영역으로 가는 길고 험한 여정을 시작했다.[7]

1940년에 이르면 이니스는 독서와 연구 방향을 급격하게 전환해, 인쇄, 저널리즘, 광고, 검열, 선전의 역사를 집중적으로 연구하기 시작한다. 그는 원래 캐나다의 펄프와 종이 산업에 관해 또 하나의 주산물 책을 구상한 듯한데, 결국 집필하지는 않았다. 그 대신, 이니스는 지금까지 경제학자들이 사실상 무시해 온 요인인 커뮤니케이션이란 주제를 계속 연구했다. "경쟁의 성격은 지식의 커뮤니케이션 가능성에 따라 달라진다. 경제적 풍토의 민감성과 균형 파괴의 가능성은 상당 정도로 언론에 의존한다"[8]라고 그는 주장했다.

이 시기에 나온 그의 작업의 첫 번째 성과는 "경제 발전에서의 신문"이란 논문이었다. 제도로서의 신문은 19세기 커뮤니케이션과 교통의 속도를 가속화하는 데 주도적 역할을 수행했다. 정보의 수집, 생산, 전파의 속도는 신문 성장의 핵심에 자리 잡고 있었다. 전신의 등장은 뉴스 공급을 증가시키고 뉴스 수집 과정을 합리화해, 신문은 훨씬 더 효율적인 광고 매체가 되었다. 동력 인쇄기 덕분에 신문 지면이 늘어나고 광고 지면 확대에 대한 수요도 증가하는 바람에, 신문들은 신문 용지의 원자재로 상대적으로 희소한 섬유 기반 종이rags 대신에 목재 펄프를 대체해 사용할 수밖에 없었다. 그 결과 미국의 신문사와 종이 회사들은 캐나다의 펄프와 제지 공장을 통제하기 위해 치열한 노력을 기울였고, 이렇게 해서 신문 용지 가격은 급격하게 하락했다. 여기서 이니스는 "주기적인" 경제 발전의 고전적 사례를 발견했다. 캐나다의 시각에서 볼 때, 남북 전쟁 이후 시기에 미국 신문의 팽창은 그 자체적인 경제적 동학을 지녔는데, 이러한 동학은 이 주 작물 산업에서 관세 인하를 요구하는 신문 논조에 의해 강화되었다.

신문은 일정한 뉴스 유형을 영리용으로 활용하고 광고주에게 봉사했지만 가격 체제 확산에도 두드러지게 기여했다. 이러한 확산은 수평적으로는 넓은 공간에 걸쳐, 수직적으로는 '저소득층 침투에 앞장서는' 방식으로 이루어졌다. 돌이켜보면 신문은 대량 생산, 배포, 마케팅 기법의 선구자로서, 백화점과 현대적인 소비자 경제의 선구자이기도 했다. 1875년과 1925년 사이에, 뉴스와 의견 지면 감소와 더불어 흥미성 기사(피처)•와 광고 지면이 엄청나게 증가했다. 대규모 조직들은

● 피처는 신문에서 뉴스와 광고를 제외한 모든 기사를 지칭하는데, 피처를 다시 뉴스 피처(칼럼, 논설 등)와 비뉴스 피처로 구분하기도 한다. 저자는 피처를 좁은 의미에서 비뉴스 피처로 파악한 듯하다. — 옮긴이

신문 광고를 통해 우호적 인상을 구축했고, 신문의 과점적 위치는 기업의 과점적 위치와 밀접하게 얽혀 있었다. 대규모 광고 이용자들이 효과적인 판매 기법 개발에 주력하면서, 신문사들도 마케팅 연구 조직을 발전시켜 나갈 수밖에 없게 되었다.

그러나 이니스는 글의 결론을 다음과 같이 모호하게 맺었다. "마지막으로 이 신문은 시간 차원의 개념에서 일어난 변화의 중요성을 강조하도록 구조화되어 있다. 또한 신문은 직선적으로 파악할 수 없고 부분적으로는 기술적 진보에 따라 일련의 곡선 형태로 파악해야 한다고 주장하도록 구조화되어 있기도 하다. …… 시간과 공간 개념은 상대적이고 신축성 있게 파악해야 하고, 사회과학자들은 공간 문제에 주목하는 만큼이나 시간 문제에도 주목해야 한다."[9] 신문은 출판된 뉴스든 경제적 기업으로든 즉시성과 속도를 강조한다는 점에서, 우리의 시간과 공간 개념을 엄청나게 바꿔 놓았다. 여기서 우리는 커뮤니케이션에 관한 이니스의 이론적 작업의 전조를 발견하게 된다.

생애 마지막 10년 동안 이니스는 커뮤니케이션이 시장 배후에 작용하는 동력이라는 논의에서 벗어나 모든 역사가 의존하는 축으로서의 커뮤니케이션에 대한 탐색으로 나아갔다. 여기서는 **탐색**이라는 단어가 중요한데, 커뮤니케이션에 관한 이니스의 글은 전반적으로 불완전하고, 반복적이고, 완결성이 완전히 결여된 상태이기 때문이다. 이는 완성된 교의 체제가 아니라 문명의 발전과 쇠퇴를 이해하려는 단언적이고 암시적인 메타역사적 시도다. 이니스는 캐나다의 경제 연구를 위해서는 방대한 양의 일차적 연구와 여행을 수행했지만, BC 4000년에서 20세기 중반에 이르기까지 커뮤니케이션의 역사를 구축하는 데는 거의 오로지 2차 자료에만 의존했다.

커뮤니케이션 체제, 즉 상징적 재현 양식은 테크놀로지에 의한 정신과 의식의 확장이었다. 그러므로 이 체제는 문명의 가치, 권위의 원천, 지식의 조직을 파악하는 단서를 쥐고 있었다. 그의 커뮤니케이션 관련 글은 과도한 망상처럼 보일지 모르나, 이니스는 역사 변동을 단일 원인으로 설명하는 이론으로 제시하지는 않았다. 오히려 지리적 영향 요인과 다양한 기술 변화 형태뿐 아니라 법적, 정치적, 경제적, 종교적 제도를 자주 언급했다. 그러나 이전에 사회과학자 전체가 커뮤니케이션에 거의 주목하기 않았기에, 이니스는 이 간과된 요인을 철저하고 자세하게 살펴보아야만 했다.

일부에서 주장하는 것만큼 강하지는 않지만, 이니스의 후기작에는 캐나다 내부의 학술 작업이라는 낙인이 뚜렷하게 찍혀 있다.[10] 이니스는 현대 정치경제학의 상태에 낙담하면서도 '독점,' '균형,' '편향'처럼 경제적 은유와 사고 범주에 계속해서 의존했다. 그는 주 작물식의 경제사 접근 방식을 주 작물식 문화사 접근 방식으로 대체했다. 비버, 대구, 목재, 광물 대신에 이제는 연설, 글, 점토판, 파피루스, 인쇄물 같은 커뮤니케이션 주 작물을 검토했다. 캐나다의 현재 상황을 이해하기 위해 캐나다 역사의 주 작물을 연구했듯이, 이제는 현대 미디어의 함의를 이해하기 위한 수단으로 고대의 커뮤니케이션 형태에 주목했다. 최근 캐나다 사회에 침투한 제국주의, 즉 미국 광고와 방송의 문화적 제국주의에 경각심을 갖게 됨에 따라, 이니스가 원래 갖고 있던 캐나다 민족주의에 대한 신념은 더 큰 자극제가 됐다.[11] 미국은 프랑스와 영국을 밀어내고 캐나다를 정복하려 하는 제국이 됐다. 고대 제국과 현재의 사건을 꾸준하게 오가는 양상을 보면, 이니스가 과거를 현대의 딜레마에 관해 숙고하는 역사적 실험실로 활용하고 있음을 알 수 있다.

그의 후기작을 살펴보면 전반적으로 거칠고 불완전하다는 느낌을 갖게 된다. 스타일은 도저히 이해할 수 없을 정도로 난해하고 좌충우

돌식이어서 독자들을 짜증 나게 하고 좌절시킨다. 1940년대 어느 때쯤 이니스는 "커뮤니케이션의 역사"라는 1000쪽에 달하는 미완성 원고를 집필했다. 이 원고는 이후 출간된 상당수 문헌의 토대가 되긴 했지만, 아직 출판되지 않은 채로 남아 있다. 《제국과 커뮤니케이션*Empire and Communication*》(1950), 《커뮤니케이션의 편향*The Bias of Communication*》(1951), 《시간 개념의 변화*Changing Concepts of Time*》(1952) 등이 이 원고에서 나온 산물이다. 이 책들은 기본적으로 통일된 책이라기보다는 구두 발표와 에세이 선집이다. 이니스는 어디서도 자신의 입장을 일관되고 명쾌한 진술문으로 제시하지 않는다. 그의 입장을 이해하려면 이니스 특유의 통찰과 박식함으로 가득한 은하계에 상상력과 용기를 기꺼이 발휘할 모험심 강한 독자가 되어야 한다.

◆

이니스에 따르면, 문명의 흥망성쇠와 개별 문명 내부의 문화적 변동은 주로 지배적인 커뮤니케이션 미디어의 기능으로 파악할 수 있다. 모든 문명은 공간 영역과 시간 범위의 통제를 통해 성립한다. 그러므로 이 문명들은 영토와 지속 기간과 관련해서 평가할 수 있다. '커뮤니케이션의 편향'은 시공간을 넘어 이루어지는 지식 전파의 척도를 정해 주는 미디어의 공간적 혹은 시간적 경향을 말한다.

시간을 강조하는 미디어는 양피지, 점토판과 돌판처럼 지속성을 강조한다. 무거운 재료는 건축과 조각의 발전에 적합하다. 공간을 강조하는 미디어는 파피루스와 종이처럼 지속성은 낮고 가벼운 특성을 지닐 가능성이 있다. 후자는 광범위한 행정과 교역 영역에 적합하다. …… 공간을 강조

위에서부터 BC 2270년경의 점토판, 고대 이집트의 파피루스 〈사자의 서 *Book of the Dead*〉(BC 1275), 15세기 중반 유럽의 필경사가 양피지에 펜으로 필사하는 모습.

하는 재료는 중앙집중화와 덜 위계적 성격을 띠는 정부 체제를 선호하는 반면, 시간을 강조하는 재료는 탈중앙 집중화와 위계적 제도 유형을 선호한다. 제국과 같은 대규모 정치 조직은 시간과 공간이라는 두 가지 차원의 관점에서 고찰해야 하는데, 그러한 조직은 두 차원 중 하나를 과도하게 강조하는 미디어의 편향을 극복했기에 지속성을 띠게 된다.[12]

지식 독점은 부분적으로는 그 토대가 되는 커뮤니케이션 미디어와 관련해 발전하고 쇠퇴한다. 이 독점은 한 가지 미디어에 국한되고, 특정한 지식 형태에 한정되며, 소규모 권력 집단에 의한 엄격한 통제가 이루어지는 것이 특징이다. 문화적 관점에서 보면, 시간은 역사, 전통, 그리고 종교적·위계적 제도의 성장에 대한 관심을 나타난다. 공간은 제국의 성장, 확장, 현재에 대한 관심, 세속적인 정치적 권위를 시사한다. 시간적 문화는 믿음, 내세, 의식, 도덕 질서의 문화다. 공간적 문화는 세속적, 과학적, 물질주의적, 무구속적 성격을 띤다. 분명 어떤 문화에서든 두 가지 부류의 가치는 작동하는데, 하나는 지배적으로, 다른 하나는 퇴행적으로 작동한다. 이니스는 시간적 혹은 공간적 편향에 근거한 경쟁적 지식 독점 간의 변증법이라는 관점에서 문명, 특히 제국의 흥망성쇠를 파악했다.[13]

오직 짧은 시기 동안에만 문명은 시간 편향적 미디어와 공간 편향적 미디어 간의 균형을 달성하는 데 성공했는데, 예컨대 고전주의 시대의 그리스, 르네상스기의 이탈리아, 엘리자베스 여왕 치세의 영국이 그랬다. 지금 서구 문명은 지속성 문제에 대처하지 못하는 바람에 심각한 해체 위험에 처했다. 이니스는 경쟁적 미디어에 근거한 지식 독점 형태 간의 역사적 변증법을 예시하기 위해, 커뮤니케이션 역사에서 일련의 이상적 이원론 혹은 더 적절하게는 연속체를 설정했다. 과거 문명의 경험은 분명히 현재에도 교훈을 준다. 어떤 문명의 미디어 편향에 대한 이해는 그 문명의 생존에 충분하지는 않더라도 필요한 조건이었다.

구전 커뮤니케이션 양식과 기록 커뮤니케이션 양식 간의 대비는 이후의 모든 미디어에 패러다임을 제공했다. 구전 전통은 합의적으로 공유되는 기준과 신성한 믿음의 전통이다. 예컨대 그리스 문명의 업적은 구어의 힘을 반영했다. "지속적인 철학적 토론은 진실을 목표로 삼았다. 변증법의 삶과 움직임은 완결된 신조 체제를 거부했다." 이니스는 구전 전통에 대한 선호와 더불어 특히 현대 대학에서 구전 전통의 정신을 일부나마 다시 채택해야 할 필요성이 있다는 개인적 편향을 굳이 숨기려 들지 않았다. "구전 변증법은 주제가 인간의 행동과 감정일 때 압도적으로 중요하며, 새로운 진리의 발견에서는 중요하지만 그 진리의 전파에서는 그다지 가치가 없다. 구어적 토론은 본질적으로 개인적 접촉과 상대방의 감정에 대한 배려를 포함하며, 현대 세계에서 우리가 목격하게 된 경향과 기계화된 커뮤니케이션의 냉혹성과 뚜렷한 대비를 이룬다."[14]

쓰기가 등장하면서 구전 전통은 쇠퇴하고 세속적 권위가 부상했으며, 그 결과 시간적 관계보다는 공간적 관계를 강조하게 됐다. 쓰기는 처음에는 구전 전통을 단순히 기록하고 무감각한 존재로 만들었으며, 이를 통해 구전 변증법의 본질을 제거했다. 쓰기 전통에 근거한 문화에서는 지식이 구전 문화의 전통적인 시간 기반 규약보다는 현재와 미래 제국의 행정적, 기술적 수요에 근거하게 된다. 고대 이집트와 바빌로니아에서는 처음에는 소규모 사제 집단이 상형 문자와 설형 문자 같은 복잡한 문자 체제에 대한 독점적 통제를 확립했다. 이 독점은 점차 더 단순한 문자 체제에 의해 파괴되었고, 이 덕분에 서기 계급이 크게 확대되고 더 넓은 영역에 대한 정부 행정도 더 수월해졌다.

대단히 유연한 표음 문자는 상업적 성향의 페니키아인 사이에서 처음 개발되었는데, 공간적 편향을 더 가속화했다. 그리스에서는 파피루스와 표음 문자 기반의 문자 확산이 처음에는 훌륭하게 균형 잡힌 그리스 문화를 이룩하고, 마침내 비극과 플라톤의 저작을 낳게 했다. 하지만 결국에는 문자가 도시 국가 간의 격차를 확대하고 구전 전통의 철학적 방법의 경직화를 가져와 그리스 문명 붕괴에도 기여하게 됐다.

비잔틴 제국 역시 다양한 미디어 편향을 반영하는 조직 간의 혼합에 근거해 발전했다. "방대한 영역과 관련된 제국의 관료제 발전에서는 파피루스가, 시간과 관련해서는 교회 위계의 발전에서 양피지의 편향이 [지배했다]."[15] 어떤 미디어가 지식 독점을 초래한 바로 그 시점에, 대개 사회 변두리에서 새로운 미디어가 갑자기 생겨나 체제를 흔들어 놓는 효과를 미쳤다. 시간 편향에 근거한 양피지는 수도원에 의해 변형된 채 적용되어 서유럽에서 강력한 교회 조직의 성장에 기여했다. 이는 공간을 선호하는 종이의 경쟁을 초래했다. 14세기와 15세기 유럽에서 이탈리아가 종이 생산을 거의 독점한 것은 종이가 상업적 중심으로서 갖는 강점('회계용'), 직업 필자의 등장, 학습의 부활과 시기가 일치했다.

인쇄술은 서구 문명의 지배적 미디어가 되었고 너무나 구석구석 퍼져 있어, 인쇄술이 조성한 환경을 파악하기조차 어려울 정도다. 인쇄술은 획일적인 반복 가능성에 근거한 기계적 과정의 탄생에 해당했다. 인쇄술은 그 자체로도 그 후 대량 생산 발전과 상품과 지식 표준화의 모델을 제공했다. "모든 것이 과잉"이라 묘사할 수도 있음 직한 문명을 초래했다는 점에서, "과유불급"이라는 그리스의 격언도 바꾸어 놓았다. 중세 교회의 권위는 양피지 문서에 근거했는데, 인쇄술은 17세기에 이르면 중세 교회의 시간 편향에도 도전해 승리를 거두었다. 인쇄술은

종이의 공간적 편향을 가속화했고, 민족주의 등장과 자국어 사용, 정치적 관료제 확대까지도 촉진했다.[16]

인쇄술은 미국에서 가장 완벽한 지식 독점을 달성했다. 여기서 "현재 지향적 사고에 대한 오늘날의 집착"은 인쇄술의 공간 편향에서 유래하는데, 신문 산업의 급속한 성장을 지원하는 미국 헌법에서 보호받게 됐다. "신문과 잡지에서 두드러진 압도적 기계화의 압력은 광범위한 커뮤니케이션 독점을 낳았다. 이들이 굳건하게 자리 잡는 바람에, 문화 활동에 필수적인 영구성의 지속적이고 체계적이며 가차 없는 파괴가 일어났다. 변화에 대한 강조만이 유일하게 영구적인 특성일 뿐이다."

미국 신문 산업은 엄청난 지배력에 힘입어 캐나다의 펄프와 종이 사업을 독점하고 저관세 적용을 밀어붙였다. 이 부분은 경제적 독점이었다. 그러나 이니스는 문화적 독점 강화 문제도 우려했다. 펄프와 종이에서 유래한 완제품은 광고와 읽을거리로 구성되었는데, 주로 다시 캐나다로 역수입되어 캐나다의 국가적 삶을 위협하는 문화적 폭격이 되었다. "캐나다의 간행물은 미국 지사 공장 제품 광고로 유지되고 미국 간행물과 경쟁할 수밖에 없어, 미국 간행물의 포맷, 스타일, 내용을 모방한다. 캐나다 작가는 미국식 기준에 적응해야 한다. 우리 시인과 화가는 샌드위치맨 신세로 전락한다."

신문은 공간과 새로운 시장 정복을 추진하면서 우리의 시간 개념을 바꿔 놓았다. 현대의 언론 기관들은 뉴스를 경쟁 속에서 팔릴 수 있고 다른 상품처럼 독점할 수도 있는 상품으로 변화시켰다. "뉴스의 연속성 결여는 상품 판매용 광고에 의존한 데서 발생하는 필연적 결과다." 그러므로 뉴스에서도 자극, 선정성, 변덕스러움을 강조하게 된다. 신문에 관한 이니스의 연구는 시간이 "획일적이고 계량화된 연속체"로 공간화되어, 질적인 차이를 은폐하게 된다고 주장했다. "광고주는 뉴스

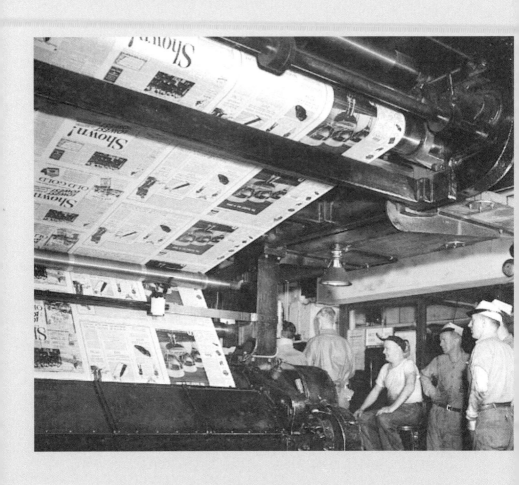

1942년 〈뉴욕 타임스〉를 윤전기로 인쇄하고 있다.

이용을 통해 상당히 심각한 정도로 시간 독점을 강화한다. 이들은 커뮤니케이션에서 테크놀로지의 진보를 철저하게 활용해, 가능하면 빠른 시점에 대규모 수용자에게 정보를 제공할 수 있게 된다. 커뮤니케이션 속도에서 발생하는 시장 변화는 경제 체제에서 가장 민감한 요소에 영향을 미치기 때문에, 시간이 지날수록 독점에 훨씬 더 광범위한 영향을 미친다."[17]

이니스는 라디오와 텔레비전 같은 더 새로운 미디어 영역에 분석을 확장하려고 아주 잠시 동안 시도했다. 정부 계획과 복지 국가의 성장에서 드러나듯이, 청각에 호소하는 라디오는 시간 문제에 대한 고려로 되돌아가는 징후라고 그는 주장했다. 예를 들면 뉴딜 정책의 설계자인 프랭클린 D. 루스벨트는 정책에 대한 지지를 얻기 위해 라디오에 크게 의존했다.[18] 그러나 라디오는 오직 피상적 측면에서만 구전 전통으로의 회귀를 예견했다. 여기서 이니스의 사고를 더 확장해 보자면, 방송은 현대의 공간적 편향을 실제로 더 강화하고 있는 듯하다. 라디오와 텔레비전 수상기는 가볍고 휴대하기 간편하다. 전자기파는 신문에 비해 수명이 훨씬 더 짧다. 방송은 국경도 무시하고, 이 때문에 전기로 공간을 정복했다. 이는 바로 전신에 의해 시작된 과정이다. 더구나 유료 광고 원칙은 미국 방송의 토대를 이룬다. 라디오와 텔레비전은 글자 그대로 '시간 판매'를 통해 작동하며, 이를 통해 공간화 과정을 급진적으로 확장한다.

비록 이니스는 방송의 등장에까지 분석을 적용하지는 못했지만, 그럼에도 불구하고 최신 커뮤니케이션 테크놀로지가 미국의 기득권의 경제적, 문화적 확장에 주는 함의를 이해했다. 캐나다의 최대 인구 중심지가 미국 방송 설비에 인접하다는 사실은 "미국 상업주의의 무한한 힘"을 확장해서, "미국의 영어 사용권 문화 지배를 필연적으로" 만들고 있다. 심지어 캐나다는 자체적인 방송 체제를 갖추고 있음에도, 도처에 미국의 영향력이 미치고 있다. 실제로 1957년 왕립방송위원회 Royal Commission on Broadcasting는 캐나다의 영어 사용 텔레비전 방송사의 전체 텔레비전 방영물 중 캐나다 제작 프로그램이 전체의 44%인데 비해, 미국 제작 프로그램은 53%를 차지한다는 사실을 발견했다. 모든 캐나다 텔레비전 방송사의 전체 프로그램 산물 중 49%는 캐나다에서 제작되었고, 48%는 미국산이었다.[19]

이니스가 보기에, 캐나다는 전쟁터로 변한 문화적 고립지이자 구전 전통의 마지막 성채인 듯했다. 그의 커뮤니케이션 연구는 내부적으로든 외부적으로든 미국의 냉전 정책에 대한 신랄한 비판과 상당한 정도로 잘 부합했다. 이니스는 대외 관계에서든 '국가 내부적 전복' 진압에서든 자국 노선을 따르라며 미국이 캐나다 정치인과 지식인에게 가하는 엄청난 압력에 맞서 외로운 투쟁을 계속했다. 전후 재건기 동안 번진 불황에 대한 공포는 곧 미국이 완전 고용을 보장하기 위해 군비 지출을 강조한다는 뜻이었다. 캐나다의 정치 풍토는 미국 대외 정책의 제약에 의해 왜곡될 위험에 처했다. "미국인들은 최고의 광고주이기 때문에 최고의 선전꾼이기도 하다"라고 이니스는 지적했다.

선정적인 언론에 의해 유발된 여론에 따라 주로 결정되는 미국의 대외 정책은 강대국이 무책임하게도 "서구 세계의 미래 안정성을 거의 보장하지 못한다는 사실을 보여 주는 수치스러운 예"에 해당한다. 이니스는 제3의 중립국 동맹과 연합하면 캐나다의 자율성을 보존할 수 있을지 모른다는 어렴풋한 희망을 품었다. 그러나 미국의 거대한 우위, 특히 첨단 커뮤니케이션 테크놀로지 우위에 대한 현실적 판단과 실망 때문에, 그는 점차 낙담에 빠졌다. "우리는 미국의 영향력을 싫어하고, 캐나다의 지하 운동을 추진할 수도 있지만, 미국의 정책에 굴복할 수밖에 없다. 미국인들은 자신들이 민주주의를 갖추었다면서 우리에게도 강요하고자 하는데, 우리의 민주주의도 사실상 미국인이 바라는 대로 되어 버렸다고 말해도 좋다. 미국인은 자신들이 마치 하나의 그리고 유일한 삶의 방식을 발견한 양 여기는데, 우리는 미국인들의 이러한 가정이 마음에 안 든다. 그러나 이들은 미국 달러를 갖고 있다."[20]

◆

결국 1952년 사망하기 전 수년 동안, 이니스의 사고는 추측건대 심지어 자신이 깨달은 것보다 더 비정통적이고 사변적인 영역으로 옮아 갔다. 이니스는 물질적 주 작물에 대한 고찰에서 정신의 주 작물로 옮아가면서 역사철학을 시작하게 됐다. 그는 문명의 흥망성쇠를 설명하기 위해 변증법적 방법을 채택했다. 헤겔이 국민 국가에, 마르크스가 생산 양식에 초점을 둔 반면, 이니스는 거대한 시대를 구분하는 데 커뮤니케이션 미디어를 대체해 적용했다. 이집트, 바빌로니아, 그리스, 로마 제국, 그리고 영국 제국의 성장은 경쟁적 지식 독점 간의 균형 유지를 통해 시간과 공간 통제력을 확장할 수 있는 역량에 의존했다. 각각의 독점은 특정한 미디어에 의존했는데, 이를테면 말, 복잡한 문자(파피루스와 종이에 적은 표음 문자) 혹은 인쇄술이었다.

하지만 이니스는 누진적인 진보가 아니라 서구 문명의 종말을 향한 꾸준한 해체, 즉 글자 그대로 시간의 종말을 발견했다. 찰스 호턴 쿨리와 로버트 파크 같은 이전의 커뮤니케이션 이론가들은 커뮤니케이션 기법의 발전을 선형적인 진보의 측면에서 문명의 진전에 필요조건이라고 묘사했다. 쿨리가 보기에는, 커뮤니케이션 테크놀로지에서 일어난 당대의 혁신은 적어도 유기적 사회에 선행해야 할 기계적 조건을 확보해 주었다. 원시적 동작에서 방송에 이르기까지 커뮤니케이션에서 일어난 역사적 진전은 사회 질서의 중단 없는 점진적 진화에 기여했다.

이니스의 비전은 다소 급진적인 비관주의를 향해 가는 듯했다. 그는 쿨리로 대표되는 진보 시대의 전통보다는 헨리 애덤스Henry Adams●의 역설적 입장과 공통점이 더 많았다. 애덤스는 역사의 궁극적 방향에 관한 최종적인 사변의 중심을 에너지 저하 개념에 두었다. 열역학(물리학) 제2 법칙을 다윈주의(생물학)와 나란히 배치하면서, 애덤스는 진화의 비전을 하향적 과정으로 제시했다. 애덤스는 현대 사회의 엄청난 에너지 착취 역량과 물리 이론에서 최근에 일어난 진보 간의 역설을 지적했다. 이러한 이론에서 이는 단지 우주가 엔트로피를 지향하는 경향을 반영했을 뿐이라고 주장했다. 물리학자의 시각에서 보자면, "인간은 의식적이고 변함없는 단일한 자연적 세력으로서, 에너지를 분산시키거나 감소시키는 것 외에는 아무런 기능도 하지 못하는 듯하다."[21]

이니스에게는 에너지보다는 커뮤니케이션이 작동 원칙 구실을 했다. 그가 만들어 냈을지도 모르는 어떤 최종적 역사철학이든 분명 지식 철학, 즉 커뮤니케이션의 변화가 어떻게 우리의 사고방식에 영향을 미치는가 하는 문제와 밀접하게 얽혀 있었다. 이니스는 커뮤니케이션에서 일어난 모든 개선이 사실은 인간의 이해, 특히 서구 문화의 시간을 초월한 문제점들에 대한 이해를 방해하도록 작동한 것은 아닌지 의문을 품었다. 애덤 스미스의 《국부론The Wealth of Nations》에 나타난 정치

● 헨리 애덤스(1838~1918)는 대통령을 배출한 정치 명문 애덤스가의 후손으로 저명한 역사학자이자 언론인이다. 8권으로 된 《미합중국 역사, 1801~1817》 등의 저술을 남겼고, 그의 유작인 《헨리 애덤스의 교육론》은 퓰리처상을 수상하였으며, 20세기 영어권의 최고 논픽션이라는 평가를 받았다. — 옮긴이

경제학은 일반적이고 보편적인 원칙들을 구체화했다. 그러한 접근 방식은 수학적 추상화, 과학, 가격 체제와 단기적 문제점에 대한 집착에 종속되었을 때 이미 추락했다. 현대 언론의 공간적 편향과 광고의 요구는 경제학과 사회과학을 전문화와 단기적 문제에만 집착하는 방향으로 변질시키고 말았다.

> 사회과학자는 엄청난 양의 편찬된 통계치와 마주한다. 그는 이를 해석해야 하거나, 미래를 예측할 수 있게 해 줄 패턴과 추이를 발견해야만 한다. 그는 정교한 계산 기기를 활용하고, 세련된 수학 기법을 활용해, 업계와 비즈니스가 활용하거나 정부가 정책에 사용할 공식을 개발해 낼 수도 있다. 그러나 정교화란 단기간용 예측을 가정한다. 사회과학의 작업은 점차 화제성 문제를 다루게 되었고, 사회과학 학과들은 저널리즘 학부가 된다. 경제 이론에서 시간 개념을 다루기 어렵고, 정태적 접근과 역동적 접근을 조화시키기 어려운 것은 서구 문명에서 시간 요인을 무시해 온 것을 반영한다.[22]

'정신의 산업화'와 '기계화된 지식'은 대학의 전통적 역할을 위협하고, 대학을 군, 비즈니스의 기득권 세력, 국가 관료제에 종속시킨다. 대학은 한때 개개인이 시공간 측면에서 문제점을 평가하고, 균형감과 비율 감각을 습득하고, 자신이 어느 정도 많은 혹은 적은 정보를 필요로 하는지 판단하는 법을 배우던 곳이지만, 이제는 빠르게 쇠퇴하고 있다.

이니스의 관심사는 로버트 파크와 비슷한 점이 있다. 파크는 물리학과 사회에 관해 영향력 있는 글을 썼는데, 여기서 그는 과학이 "물질 세계에 내재하는 방대한 에너지를 일깨워, 과학이 통제할 희망도 없는 세력을 만들어 낸" 것은 아닌지 반문했다. 시간 편향의 파괴 때문에 현대 대학과 현대 문명에 모두 해당하는 문제는 물리적 과학이 풀어 놓은 세력과 균형을 이룰 수 있는 도덕적 세력을 어떻게 조성할 것인가 하는 점이었다.[23] 하지만 파크와 달리 이니스는 현대의 커뮤니케이션을 언론에서 과학적 보도를 달성하는 수단으로 간주하지 않았다. 새로운 미디어가 객관적 사회과학에 기여할 것이라는 진보 시대의 희망도 공유하지 않았다.

이니스는 20세기 문명이 현대 커뮤니케이션의 편향을 통해 구축된 지식 독점을 벗어날 수 있을 것이라고는 거의 기대하지 않았다. 그는 "우리가 일부로 속한 문화의 질을 평가하는 일이나, 우리가 일부로 속하지 않은 문화의 질을 평가하는 일이 엄청나게, 아마도 감당하기 어려울 정도로 어려울 것"이라고 강조했다. 현대의 서구에서는 "우리가 아마 인쇄 산업의 확산에 뒤이어 생겨난 문명의 완전한 일부가 되어 버린 탓에, 그 특성을 판단할 수 없게 되었을지 모른다." 미국에서는 권리장전Bill of Rights을 통해 인쇄술의 전면적인 효과가 발생했는데, 이제는 오히려 그 인쇄술이 미국의 문명 존립을 위협하고 있다. 미국의 가장 강한 전통은 전통의 결여다. 미국의 공간 지향적 편향에서 벗어나는 문제는 해결책이 없어 보였다.[24]

기계화된 지식에 대한 반감, 대학 풍토 쇠퇴에 대한 고민, 그리스인의 구전 전통 일부를 회복하자는 탄원은 모두 20세기 지식인 상당수가 갖고 있던 다소 친숙한 감정과 맥을 같이했다. 미국의 힘에 대한 캐나다인의 시각과 결합해, 이니스는 생애 말년에 이르러 대단히 암울한 입장을 취하게 되었다. 이 시점에서 그의 가장 큰 임무는 예언자 노릇을 하면서, 자신의 문화가 갖고 있는 편향을 맹목적으로 무시하기로 작심한 (미국을 포함해) 모든 제국이 어떤 운명을 맞이하게 되었는지 우리에게 환기해 주는 일인 듯했다.

하지만 커뮤니케이션 역사학자로서 이니스는 현대 미디어의 편향을 벗어나기 어려움을 경고하면서, 결국 현대 미디어에 대한 더 명쾌한 이해를 제공하게 된다. 이니스가 경제사의 도구를 미디어에 적용하고, 미디어를 경제적 주 작물 대하듯이 다루는 방식으로 커뮤니케이션 연구를 시작했음을 돌이켜보면 된다. 주 작물 자원의 물리적 특성에 관한 철저한 연구, 그 자원에 경제적 중요성을 부여하는 기술적 변화와 시장 영향 요인의 연구는 총체적인 경제 상황을 분석하는 초점 구실을 했다.

어떤 측면에서, 커뮤니케이션에 관한 이니스의 작업은 베블렌식의 비즈니스와 산업 간 이원론을 극복하고, 현대 경제의 이 두 경향 간의 긴요한 연계를 파악하려는 시도에 해당했다. 커뮤니케이션 테크놀로지의 발전은 더 많은 이윤 확보를 위해 필요한 시장 확장의 압력과 밀접하게 연계되어 있었다. 베블렌은 새로운 생산 테크놀로지에 집중한 반면, 이니스는 새로운 소비 테크놀로지로서 커뮤니케이션의 발전에 초점을 맞추었다. 미국이 산업 생산의 진전을 주도함에 따라, 새로운 소비 테크놀로지에서도 선구적 역할을 했다. 이니스는 원래 미국의 신문과 광고 지형이 어떻게 해서 캐나다 경제에 직접 영향을 미치게 되었는지 입증하는 과정에서 이 접근 방식을 따랐다. 그리고 바로 이곳이야말로 그의 메타역사적 비행의 도약이 시작되는 지점이었다.

미디어에 관한 철학적 사변에서와 마찬가지로, 이니스의 역사적 방법 역시 앞으로의 연구에 지침으로서 풍부한 가능성을 담고 있다. 방송의 등장을 여기서 다시 한번 예로 들 수 있다. 현대 신문의 테크놀로지는 최초의 인쇄기가 나온 지 수백 년 지나서 등장했지만, 방송 테크놀로지는 제임스 클러크 맥스웰이 전자기파를 수학적으로 예측한 지 겨우 60년 만에 출현했다. 무선 전신과 무선 전화는 모두 기업 연구 설비와 정부 후원이란 핵심적 도움을 받아 개발됐다. 라디오 **기술**의 어떤 역사에서든 군 전략의 수요도 무시할 수 없다. 하지만 완벽하게 통합된 공적인 커뮤니케이션 체제인 라디오 **테크놀로지**는 1차 세계 대전 후 라디오 방송 형태로 실현되었다. 처음부터 라디오 방송은 마케팅 기능을 수행했다. 라디오는 거대 전기 기업에 쌓여 있던 잉여 라디오 장비 판매를 자극하는 용도로 출발했다. 그러나 1920년대 중반에 상업 방송이 등장하면서, 라디오는 곧 전체 경제를 위해 이 기능을 수행했다. 라디오가 상품 자체를 생산하지는 않지만, 모든 소비재 시장을 크게 확대했다.

라디오와 텔레비전을 발명한 위대한 천재들은 마케팅의 귀재이기도 했다. 방송은 모든 현대 미디어 중에서도 가장 공간 편향적인 미디어가 됐다. 이 미디어는 19세기에 신문이 수행하던 광고와 마케팅 기능을 집중하고 강화했다. 그리고 시간을 화폐 단위로 재규정하는 과정을 가속화했다. 라디오와 텔레비전이 모든 가구에 침투한 정도는 전례가 없는 일이었다. 이렇게 해서 현대의 커뮤니케이션은 역사상 가장 큰 생산 역량(산업)의 출구를 마련했고, 역사상 가장 대규모의 마케팅 장치(비즈니스)의 토대도 조성했다.

그렇다면 이니스의 유산은 커뮤니케이션의 경제적, 도덕적, 메타 역사적 의미 간의 긴장을 반영하는 복합적인 것이다. 이니스는 애초에 커뮤니케이션의 경제적 함의를 추적하는 바람에, 현대 문명에 대한 도덕적 비판가의 시각에서 미디어를 해석하게 되었다. 하지만 그의 역사적 연구는 충분하지 못했다. 그는 커뮤니케이션을 역사적 발전 과정에서 벗어나 고찰하고, 새로운 미디어가 우리의 시공간 개념을 바꾸어 놓는 방식을 탐구해야만 한다고 느꼈다. 그의 가장 저명한 제자인 마셜 매클루언이 취한 방향을 살펴볼 때, 이니스의 기여 중 수많은 수준과 대면하는 작업의 중요성은 더욱 커진다. 왜냐하면 매클루언에 이르면, "이니스 학문"의 섬세한 부분은 신화의 안개 속으로 사라지고 말았기 때문이다.

◆

마셜 매클루언에 관해 쓰다 보면, 한 무리의 역설을 하나의 중심적 모순이 감싸고 있음을 볼 수 있다. 매클루언은 적어도 두 가지 뚜렷이 구분되는 목소리로 발언한다. 그는 야누스 같은 인물로서, 그의 공적 탐색은 그가 말하고자 하는 바의 의미를 둘러싸고 혼란을 부추기는 데 기여했다. 매클루언은 자신의 미디어 이론을 과학의 수준으로 격상시키기를 간절히 바란다. 그는 스스로 커뮤니케이션 미디어가 정신과 사회에 미치는 영향을 과학적으로 분석하는 임상적으로 냉정한 관찰자라고 주장한다. 이와 동시에 그는 자신의 과거 어떤 발언이든 기꺼이 폐기할 용의가 있고, 과거의 진술을 옹호하고 싶지 않으며, 원인-효과식의 추론은 쓸모가 없기에 '통찰'의 방법에 의존해야 했다고 주장한다. 이 두 번째 매클루언은 요란한 지적 익살극에서 말장난과 과장된 허세를 늘어놓는 르네상스 시대의 광대 같은 존재로 작동한다.

그리 놀라운 일은 아니지만, 매클루언은 과학적 담론과 객관성을 자처했고, 수많은 지식 분야의 권위자들에게 박학다식함과 고도로 선별적인 호소 방식을 구사했기 때문에, 다양한 진영의 극심한 기술적 공격에 노출됐다. 그의 이론에서 거의 모든 측면에 대해 치명적인 비판이 이미 무수하게 가해졌다.[25] 매클루언은 분명히 '과학자'의 자격을 상실했다. 그의 성숙한 사변뿐 아니라 대단한 인기 역시 1960년대에 독특한 현상인 듯하다. 그 후 불과 얼마 지나지 않아, 그의 글 중 상당 부분은 이미 묘하게도 기이하고 시대에 뒤떨어진 퇴물 냄새를 풍긴다.

하지만 매클루언에 대한 기술적 비판은 다소 논점을 벗어난 것이다. 선형적 논리의 종말을 선언한 궁정 어릿광대를 어떻게 논리적으로 비판하는가? 매클루언의 현대 미디어 분석은 20세기의 삶에 대한 우리의 인식을 근본적으로 바꿔 놓았는데, 2차 세계 대전 이후 출생한 세대에게는 특히 그랬다. 프랑스인들이 매클루언주의mcluhanisme란 단어를 만들어 냈을 때, 이들은 매클루언이라는 개인뿐 아니라 새로운 문화적 입장, 대중문화의 진지한 검토에 대한 헌신을 지칭했다. 최소한 매클루언의 시도는 미디어 환경이 현대적 감수성을 형성하는 기본적 세력이라는 절박한 인식을 심어 준 셈이다.

따라서 매클루언 이후의 필자라면 그 주제 자체에 의해 조성된 지적 환경에서 거리를 두고, 이니스라면 "매클루언 편향"이라 이름 붙였을 만한 현상을 어떻게든지 수정하는 성가신 문제를 대면하게 된다. 이 문제는 미디어 환경을 이해하기 위해 우리를 둘러싼 그 환경에서 벗어나려고 한 매클루언 자신의 시도와 맥락을 같이한다. 이 시점에서는 매클루언에 대한 역사적 접근이 아마 성급해 보일 수도 있지만, 이 접근은 이러한 난국에서 벗어나려는 한 가지 경로를 제공해 준다. 1960년대에 매클루언이 떨친 엄청난 악명은 외계에서 선을 그리며 떨어지는 유성과 비슷했다. 그리고 공인 매클루언은 자신이 미지의 세계에서 왔다는 인식을 강화하기 위해 무슨 짓이든 가리지 않고 감행했다. 사실 그는 여러 곳에서 왔다. 아무런 시각도 갖고 있지 않다는 주장에도 불구하고 그의 변신 과정을 살펴보면, (수시로 변하긴 해도) 아주 실제적인 도덕적, 심리적, 정치적 신념을 식별해 낼 수 있다.

매클루언의 작업은 대략 세 시기로 구분할 수 있다. 초창기는 전통적인 문학 비평가로서, 첫 저서인 《기계 신부The Mechanical Bride》(1951) 출간 시점까지의 시기다. 그다음에는 1950년대의 이행기로, 이 시기에 해럴드 이니스의 저작을 각색하고 문화인류학에 몰두했으며, 〈탐구〉 저널을 편집했다. 1960년대의 성숙 단계에서는 자신의 이론들을 《구텐베르크 은하계The Gutenberg Galaxy》(1962), 《미디어의 이해Understanding Media》(1964)와 여러 덜 알려진 저작으로 출간했다.

매클루언은 아주 유명한 인물 치고는 사생활이나 유년기에 관해 알려진 바가 많지 않다. 그는 자신의 생애사라는 주제에 관해서는 의도적으로 모호하거나 심지어 헷갈리는 입장을 취했다. 우리는 아주 간략한 윤곽만 재구성해 낼 수 있을 뿐이다. 매클루언은 1911년 앨버타주 에드먼턴에서 감리교도 보험 판매원과 침례교도 여배우의 아들로 태어났다. 매니토바대학교에서 공학을 공부했고, 그곳에서 1933년과 1934년에 각각 학사와 석사 학위를 받았다. 영문학에 대한 열망이 점점 더 강해져 엔지니어가 되겠다는 원래 희망을 접었다. 매클루언은 1935년 케임브리지대학교 트리니티대학에 입학해 석사 학위를 마치고, 마침내 1942년에 박사 학위를 받았다. 박사 학위 논문 주제는 엘리자베스 여왕 재위기의 작가이자 교육자인 토머스 내시Thomas Nashe였다. 매클루언은 1936년 위스콘신대학교에서 교육자 경력을 시작했다. 1930년대 어느 시점에 그는 로마 가톨릭으로 개종했다. 그는 가톨릭 학교인 세인트루이스대학교(1937~1944)와 온타리오주 윈저의 성모승천대학교Assumption University(1945~1946) 두 군데서 문학을 가르쳤다. 1946년 이후 토론토대학교에서 문학 교수로 근무했고, 1963년에는 그 대학의 문화테크놀로지연구소Center for Culture and Technology 소장으로 임명됐다.[26]

매클루언은 약 20년 동안 교육자이자 비평가로서 조용하게 커리어를 보내면서, 중세기부터 현대에 이르기까지 폭넓은 작가에 관해 수많은 논문을 출간했다. 케임브리지 시절 매클루언은 이른바 신비평New

Critics, 특히 I. A. 리처즈I. A. Richards와 F. R. 리비스F. R. Leavis의 방법론과 도덕적 기질에 깊은 감화를 받았다. 리처즈는 행동 심리학과 철학의 최근 저작에 기대어 문학이 특정한 심리 상태를 어떻게 조성하게 되는지 검토함으로써 비평 과학을 구성하려 했다. 《문학 비평의 원칙Principles of Literary Criticism》(1925)과 《실제 비평Practical Criticism》(1929) 같은 저술에서 리처즈는 철학적 경험주의의 범위를 확장해 의미 자체의 논리적 구조까지 포함시켰다. 그는 어떤 작품의 장점은 저자 자신의 의도나 어떤 생애사적 영향력과 별개라고 주장했다. 영향력 있는 잡지 〈스크루티니Scrutiny〉의 편집인이던 리비스는 작품 자체의 통일성과 형식적 구조, 즉 텍스트 자체에 근거한 비평을 강조했다. 그는 비평가는 텍스트의 다양한 부분 간의 내적 관계에 초점을 두고, 그 속의 모든 의미, 모호성, 역설의 층위를 규명해야 한다고 주장했다. 해석은 작품 자체의 언어 구조를 통해서만 달성할 수 있으며, 문학 이론, 철학, 역사는 이와 무관하다는 것이다.

신비평이나 그와 관련된 작가 대다수는 정치적으로나 정신적으로나 현대 산업 문명에 대해 철저한 적대감을 드러냈다. 이들은 그 대신 지금은 사라진 농업주의 기독교 문화의 유기적 통일성을 찬양했다. 의미심장하게도, 1936년 매클루언이 처음 출간한 논문은 G. K. 체스터턴G. K. Chesterton이 "자유로운 문화의 유일하게 자유로운 토대로 농업과 소규모 자산을 재확립하려 했다는 점"을 칭찬하면서 공감을 표했다. 체스터턴의 《이 세상이 뭐가 잘못 됐나What's Wrong With the World》(1910)는 표면적으로 보기에 매클루언의 가톨릭 개종에서 중요한 역할을 한 듯하다. 이 개종은 그 시기 매클루언의 문학적 관심사와 깔끔하게 맞아떨어지는 행위이기도 하다.[27]

문학 비평을 통해, 매클루언은 대서양 양쪽에서 번창하던 보수주의에 신가톨릭에 반모던주의적인 전통의 개인적 변종을 표현했다. 매클루언이 에즈라 파운드Ezra Pound, T. S. 엘리엇T. S. Eliot, 제임스 조이스James Joyce, 윌리엄 예이츠William Yeats 같은 모더니즘 작가들을 적극적으로 홍보한 것은 주로 이들이 현대 세속 문명의 한 특징이자, 엘리엇의 표현을 빌자면 "감수성의 분열"을 비판했다는 사실에서 연유한다. 하지만 미국 작가들에 관한 그의 에세이를 보거나 미국 역사 독서 편력을 보면, 이 초창기에 매클루언이 어떤 미학적, 정치적, 도덕적 입장을 취했는지 아주 뚜렷하게 알 수 있다.

매클루언은 미국의 정신과 사회 저변에는 균열이 존재한다고 가정했는데, 이는 교육과 학습의 성격을 둘러싼 오래된 투쟁을 반영하는 현상이었다. 매클루언은 미국 문학에서 나타나는 "남부적인 자질"을 옹호했는데, 바로 에드거 앨런 포Edgar Allan Poe, 마크 트웨인, 윌리엄 포크너William Faulkner, 제임스 카벨James Cabell, 앨런 테이트Allen Tate 등의 작품에서 잘 예시되는 열정적이고 역사적이며 비극적인 삶의 감각을 말한다. 매클루언이 보기에, 남부 문화는 "유려한 지혜의 표현 속에서 가장 고귀한 성취에 도달하는 합리적 인간"이라는 키케로적인 이상의 현대적 구현에 해당했다. 매클루언에 따르면, 소크라테스가 자신의 스승 격인 소피스트들의 수사학에 맞서 변증법을 사용한 이래로, 한편으로는 문법과 수사학, 다른 편에는 변증법 중 어느 쪽이 지식 조직화에서 지배적이어야 하는지를 놓고 지속적인 분쟁이 벌어졌다. 이 논쟁은 중세와 르네상스 시대의 권위자들 사이에서 계속 이어져, 스콜라학파는 신학에서 삼학trivium ●의 일부(변증법)야말로 우월한 방법이라 주

● 중세 대학의 7가지 학예liberal arts 중에서 세 가지 핵심으로 꼽히던 문법, 논리학, 수사학을 말한다. ― 옮긴이

장하고, 인문학자들은 다른 두 가지(문법과 수사학)가 그렇다고 우기는 상황이 벌어졌다. 이 논쟁이 17세기 영국에서 정점에 달할 무렵 양쪽의 대표자들도 미국으로 이주했는데, 스콜라학파는 뉴잉글랜드로, 준인본주의자인 신사 계급gentry은 버지니아로 옮아 갔다.

미국에서 두 근본적으로 대립된 지적 전통은 새로운 토양 위에서 발전했고, 처음으로 지리적으로도 분리되었다고 매클루언은 주장했다. 남부의 농업주의 사유지 삶에서 자양분을 얻어, 키케로식 이상은 "백과사전식 지식, 심오한 실천적 경험, 유려한 사회적, 공적 세련됨을 갖춘 스콜라 정치인" 속에서 꽃을 피웠다. 그 결과 무엇보다도 미국 정치 사상에서 가장 창의적 전통이 탄생했는데, 이는 토머스 제퍼슨Thomas Jefferson에서 우드로 윌슨Woodrow Willson까지 이어지는 전통이었다. 이러한 이상은 모든 사람이 귀족인 농업 사회를 옹호했고, 지식과 행동을 정치적 선에 예속시켰다. 반면에 뉴잉글랜드 정신은 이와 뚜렷한 대비를 구현했다. [아리스토텔레스의 논리학과 스콜라 철학에 반대하는] 라무스Ramist 철학식으로 변증법을 신학 논쟁에 적용한 데 근거해, 이는 철저하게 다른 전통을 구현했다. "이러한 정신에서는 **방법**으로 해결할 수 없는 것은 전혀 없다. 효율적 생산, '과학적' 학술, 경영 등의 복잡다단함을 엮어내는 것은 정신이다. 이는 사회적, 정치적 문제점의 소지조차 전혀 허락하지 않는데 …… 다름 아니라 그러한 문제점을 다룰 방법이 없기 때문이다." 따라서 매클루언은 미국의 역사를 중세 삼학문 내의 내부 논쟁으로 환원시켰다. 열정을 강조하는 남부 문학 대 캐릭터에 관심을 두는 북부 문학, 남북 전쟁, "위대한 책" 프로그램을 놓고 시카고에서 벌어진 교육 논쟁 등은 모두 인본주의가 기술적 전문가에 대항해 전개하는 지적 투쟁을 반영했다.[28]

매클루언은 자신이 어느 쪽에 공감하는지 의문의 여지를 전혀 남기지 않았다. 매클루언이 1920년대와 1930년대 남부의 농업주의 운동에 보인 애착은 놀라울 정도다. 가톨릭이자 캐나다 시골 출신인 매클루언은 존 크라우 랜섬John Crowe Ransom과 함께 남부를 인본주의 전통의 진정한 계승자로 예찬했다. 그에 따르면 남부는 "유럽식 문화 원칙에 합치되는 문화를 설립하고 수호했다는 점에서 이 대륙에서는 유일무이한"29 곳이었다. 이와 반대로, 매클루언은 북부의 비즈니스 문명, 진보의 복음, 도시의 타락, "사회적 공학," 존 듀이, 마르크스주의에 대한 조잡한 희화화를 모두 뭉뚱그렸다. 노예제는 단지 남부에는 존재하나 북부에는 없는 귀족제 삶의 한 가지 주된 조건으로만 치부됐다. 물리적으로는 남북 전쟁에서 패배하긴 했으나, 남부는 정신적으로 건전하게 남아 있을 뿐 아니라 북미의 기독교 인본주의 전통을 영속화하는 데 필요한 최선의 희망이었다.

현대 미디어와 대중문화에 관한 자신의 최초의 전면적인 분석인 《기계 신부》(1951)에서 매클루언은 신비평의 해석 기법과 초기의 문학적 에세이에서 표현된 도덕적 시각을 결합했다. 이는 매클루언의 진화 과정에서 중요한 저작이었다. 그의 저작에서 아주 중심적인 인본주의 가치를 보존하기 위해 새로운 주제에 문학적 기법을 적용하려는 시도였다. 《기계 신부》는 매클루언에 내재하는 두 가지 성향 간의 날카로운 긴장감을 담고 있는 글이다. 하나는 매클루언이 현대 커뮤니케이션에 의해 (특히 광고를 통해) 유도된 '집단 최면 상태'를 비판하려는 뚜렷한 욕망이고, 다른 하나는 '판단 유보' 전략, 즉 미디어 내용의 형태를 그 자체적인 미학적 총체로 고찰하는 전략을 향한 움직임이었다.

책 서문에서 매클루언은 자신의 방법을 에드거 앨런 포의 소설 "소용돌이 속으로 빠져들다Descent into the Maelstrom" 속의 항해사의 기법과 같다고 보았다. "포의 항해사는 소용돌이의 움직임을 연구한 후 거기에 협력해 살아남았다. 마찬가지로 현재의 책도 오늘날 신문, 라디오, 영화, 광고의 기계적 기구가 우리 주위에 세운 바로 그 상당한 흐름과 압력을 공격하려는 시도는 거의 하지 않는다." 매클루언은 객관적 연구 목적으로 독자를 미디어 소용돌이의 중심에 몰아넣기를 희망했다.

> 포의 항해사는 소용돌이의 벽과 그 환경에서 떠다니는 수많은 물체로 꼼짝달싹 못하게 되었을 때 다음과 같이 말한다. '나는 미친 게 틀림없어. 저 아래 거품을 향해 여러 차례 하강하는 소용돌이의 상대 속도를 추정하면서 즐거움까지 느꼈으니 말이야.' 미로에서 벗어나게 해 줄 밧줄을 잡은 것은 바로 이처럼 구경꾼처럼 자신의 상황을 냉정히 지켜보는 합리적 거리 두기를 즐겼기에 가능했다. 그리고 이와 똑같은 정신에서 이 책 역시 하나의 즐길 거리로 제공된다. 도덕적 분개의 기조에 익숙한 사람들이라면 이 즐길 거리를 단순한 무관심으로 착각할 수도 있겠다.[30]

매클루언은 광범위한 부류의 텍스트에 관해 수십 편의 짤막한 명상을 제공했다. 광고, 만화, 라디오 프로그램, 펄프 소설의 캐릭터, 잡지, "산업 시대인의 민속"에 반복해서 등장하는 주제들이 그러한 텍스트였다. 환자의 꿈의 이미지를 해석하는 정신분석학자처럼, 매클루언은 산업 사회가 빠져든 '집단 최면 상태'나 '꿈의 상태'를 진단하는 데 일상적 대중문화가 풍부한 데이터 출처를 제공해 준다고 주장했다. 광고는 "바로 우리 눈앞에서 우리 기분을 좋게 하고 우쭐하게도 해 주는 일종의 사회적 의례나 마술"인 듯했다. 미국의 광고는 선택의 자유가 미국식 삶의 방식에 토대라고 꾸준히 선포했지만, 권력과 통제 문제는 얼버무리고 넘어갔다. "사람들에게 자유를 주고, 다른 사람들에게는 권력을 갖게 하라. 특히 이들에게 자신은 자유롭고, 경쟁심과 성공의 정신으로 충만하다고 말해 줄 권력 말이다."

매클루언이 보기에, "자유는 취향과 마찬가지로 대단히 광범위한 특정 사실과 경험에 근거한 지각과 판단 활동이다. 단순히 수동성과 굴복을 부추기는 것은 무엇이든 이러한 핵심 활동의 적이다." 그는 단순히 오락과 통제 정책 변경을 통해 미디어 산업을 '개혁'하겠다는 발상에 코웃음을 쳤다. 그 대신 그는 개인의 감수성을 교육하고, "예술과 통제된 관찰의 조건하에서 불유쾌한 사실"에 대한 현실적인 평가를 통해 최면에 가까운 미디어의 유혹을 떨쳐 버릴 수 있게 하자고 제안했다. 대중문화는 사회를 움직이는 충동과 지배하는 추진력을 재는 소중한 지표였다. 다름 아니라 대중문화는 개개인이나 집단이 부지불식 간에 비자발적으로 제공하는 정신분석학적 데이터와 닮았기 때문이다. 매클루언은 광고대행사와 시장 조사자들이 소구 대상으로 삼는 집단 무의식을 탐구해 그 방법을 통해 오히려 그들을 압도하고자 하였다.[31]

이 산업 시대적 민속에서 중심적인 이미지와 신화는 무엇일까? 제품 판매를 위해 서로 비슷한 것끼리 묶어서 교묘하게 짜 맞춘 뒤 끊임없이 제공되는 섹스, 죽음, 기술적 진보 따위가 여기에 해당할 것이다. 자동차는 성적 대상으로 주어지고, 여성의 신체는 분리된 기계 부품으로 환원되며, 섹슈얼리티는 권력과 같은 반열로 배치된다. 우리는 신문과 싸구려 소설에서 무시무시한 폭력적 죽음의 자극을 접한다. 숨 가쁜 속도, 혼란, 폭력, 즉각적 사망의 이미지는 섹스조차도 더 이상 궁극적인 흥분이 될 수 없음을 시사한다. 응용과학, 시장 조사, 여론 조사의 막강한 기법에 힘입어, 현대의 광고 대행사들은 고대의 키케로Cicero가 권력과 영향력으로 가는 길이라 주장했던 달변까지도 앗아가 버렸다. 오늘날 상업의 '달변'은 소비자와 시민이 이러한 문화적 주제의 자연스러움에 어떤 의문도 품지 못하게 방해하려 한다. "의식적인 음모이기는커녕, 이는 우리가 즉시 깨어나야 마땅한 악몽일 뿐이다."[32]

　마지막으로, 《기계 신부》는 새로운 종류의 교육이 필요하다는 주장이자, 전례 없는 위력으로 공중을 조작, 착취, 통제하는 바로 그 출처를 이용해 비판적 지성을 개발해야 한다고 외치는 탄원이기도 했다. 1940년대에 매클루언은 시카고의 "위대한 책" 프로그램과 일반 학부의 인문학 프로그램을 열렬히 옹호했다.[33] 하지만 첫 번째 책에서 매클루언은 어떤 유형의 공식적 교육이든 사람들이 새로운 미디어에서 받는 비공식 교육과 경쟁에서 견뎌낼 희망조차 없다고 주장했다. "강의실 교육은 이 상업적 교육의 화려함과 벼락부자 되기, 그리고 권위와 경쟁할 수가 없다. 특히 오락물로 설계되었고, 지성을 우회해 직접 의지와 욕망에 작용하는 상업적 교육 프로그램과는 경쟁하기 더욱더 어렵다."

　현대의 에라스무스Erasmus처럼 매클루언은 교육의 우선순위에 대해 전면적인 대개조를 제안했다. 로버트 허친스Robert Hutchins는 미디어의 포화를 "지금 시민을 두들겨 패는 시시콜콜함과 선전의 끊임없는 폭풍"이라 불렀다. 매클루언은 오직 비판적 검사에 의해서만 이를 통제할 수 있다고 생각했다. "현재 미디어의 유해한 효과는 오직 무시되고 있다는 사실에 의존한다." 매클루언이 보기에, 비공식적 상업 문화는 산업화된 세계의 진정한 토착 문화를 반영했다. "그리고 우리는 토착 문화를 통해서 사실상 과거 문화와 접하거나, 아니면 전혀 접하지 못하거나 한다. 왜냐하면 어떤 사람이 과거의 정신과 맺는 관계의 질은 정확히 그리고 필연적으로 당대인의 통찰의 질에 의해 결정되기 때문이다."[34]

　《기계 신부》는 본질적으로 미디어 내용의 문학적 연구, 즉 일상생활의 문학에 대한 설명을 제공했다. 이 책은 매클루언의 연구 경력에서 진정한 전환점이자, 스스로 미디어 연구의 소용돌이 속으로 빠져드는 과정의 출발점이 됐다. 포의 항해사는 엄청난 호기심을 활용해 살아남을 수 있었지만, 배에 탄 두 형제를 구할 도리가 없었음은 아마 기억할 만한 가치가 있을 것이다. 항해사는 오직 희망을 버리고 난 후에야 자신의 운명에서 벗어났다. "나는 어떤 희생을 기꺼이 치르더라도 적극적으로 그 심층을 탐구해 보고 싶다고 느꼈다. 내가 주로 슬퍼하는 부분은 육지에 도착하고 난 후, 내가 목격하게 된 신비에 관해 옛 동료들에게 결코 이야기를 들려줄 수 없었다는 점이다." 실제로 결국 그를 바다에서 건져낸 옛 동료들은 심지어 자신들의 친구를 알아보지도 못했다. 그의 머리는 이제 하얗게 변했고, 얼굴 모습 전체가 변해 버렸다. 이들은 항해사의 이야기를 믿지 않았다.

이 책 출간 후 매클루언은 현대의 신화 해석에서 벗어나 자신의 신화 구축 작업으로 옮겨 갔다. 매클루언의 옛 친구 중 상당수는 그의 이야기를 믿지 않으려 했다. 그러나 두 가지 핵심적 요인이 1950년대 토론토 시절 그의 사고를 형성하는 데 영향을 미쳤다. 하나는 해럴드 이니스를 만나게 된 것이고, 두 번째는 문화와 커뮤니케이션 세미나에 관여하게 된 것이다. 이 세미나의 단명한 저널인 〈탐구〉 덕분에, 매클루언은 문화인류학에 푹 빠지게 되었다. 그 결과 매클루언의 저작은 신부족주의 미화를 향해 결정적 전환을 하게 되고, 그가 "단일한 시각"이라 조롱하듯 부르기 시작한 견해와는 결별하게 됐다.

◆

매클루언은 이니스에게서 빌려온 도구로 미학적 교의를 모든 것을 포괄하는 사회변동이론으로 확장했다. 이니스의 역사적, 경제적 연구는 매클루언이 전송된 메시지 형태 탐구에서 전송 형태 자체로 대도약하는 데 지적 정당성을 제공해 주었다. 이니스가 경제적 주 작물 분석을 커뮤니케이션 행태와 미디어 편향 탐구로 확장한 것은, 매클루언이 케임브리지대학교에서 배운 신비평 방법과 맥을 같이했다. 즉 예술 작품에서는 형태가 내용이자 작품을 판단하는 유일하게 타당한 기준이라는 것이다. 아니면 매클루언이 이전에 경제학과 커뮤니케이션의 관계에 관한 글에서 썼듯이, "미디어의 역사적 행동의 유효성을 구성하는 것은 다양한 물질적 환경에서 반복해 등장하는 미디어의 형식적 특성이지, 특정한 '메시지'가 아니다."[35]

매클루언은《구텐베르크 은하계》에서 해럴드 이니스야말로 "미디어 테크놀로지 형태에 내재한 변화 과정이라는 점을 생각해 낸 최초의 인물이다. 현재의 책은 그의 저작을 설명하기 위한 각주일 뿐이다"[36]라고 선언했다. 이는 다소 솔직하지 못한 찬사였지만, 이니스의 업적에 대한 매클루언의 전반적인 단순화와 신비화와 아귀가 맞는 말이다. 매클루언은 이니스가 커뮤니케이션 연구에 기여한 부분이 순전히 방법론적인 데 있다고 해석했다. '단일한 시각'에서 벗어나 '통찰'의 영역으로 접어들고자 하는 욕망 외에는 아무런 동기도 없는 사람이 추구한 연구 업적이라는 것이다. 매클루언이 보기에, 이니스의 전통적인 역사적 저술(그리고 모든 인쇄 문화 관련 저술)에 특징적인 단일한 시각은 어떤 현상을 **살펴보는** 데 심각하게 한계가 있는 방법이었다. 하지만 통찰은 복잡한 상호 작용 과정에 대한 돌발적인 깨우침이자, 상황의 복수 측면들을 병치해 두고 발견을 추구하는 기법이었다.

따라서 매클루언은 후반기 이니스가 불가피하게 "자신의 욕구에 필수불가결한 불연속적인 스타일, 경구적이고 정신적 카메라류의 절차"를 채택하고 있는 것은 필연적이라고 기술했다. "이니스는 하나의 압축된 관찰을 다른 관찰과 병치하고. 하나의 통찰이나 이미지를 다른 통찰이나 이미지에 재빨리 연쇄적으로 접목해, 구체적인 기술 변화의 영향으로 급속한 발전을 겪는 과정 중인 복수의 관계를 포착하는 감각을 만들어 낸다. …… 이는 표의 문자적 산문이자, 복합적인 정신적 영화다." 이니스의 글에도 이러한 글쓰기 유형이 등장하긴 하지만, 이 구절은 오히려 매클루언 자신의 스타일에 대한 정확한 설명이다. 매클루언이 이니스에게 보낸 찬가 속에서, 우리는 언뜻 매클루언 자신의 자화상을 포착하게 된다. "후기의 이니스는 아무런 입장도 취하지 않았다. 그는 배회하는 정신적 시선이자, 정신 내부나 우리 시대의 핵심에 관한 객관적 단서를 찾으려 신경을 곤두세운 지적인 레이더 스크린이었다."[37]

매클루언은 커뮤니케이션에 관한 이니스의 정치적, 도덕적 입장, 그의 캐나다 민족주의, 미국 미디어 비판 등을 무시하는 쪽을 택했다. 그는 이니스를 시인이나 예술가로 보는 편을 선호했지만, 동시에 이니스가 예술적 분석 활용력이 부족하다면서 깔보듯이 아쉬워하기도 했다. 그는 이니스의 통찰의 패턴을 상징주의 시와 현대 회화와 비교했다. 말하자면 인쇄물의 선형성을 피하고 역동적인 역사 모델을 제시하기 위해, 이니스는 급속한 몽타주 같은 사건들의 숏과 모자이크 같은 구조로 통찰을 전달했다. 매클루언은 사상에서는 미학적 범주를 우선시하는 바람에, 이처럼 이니스를 협소하게 해석할 수밖에 없었다. 다시 말해 매클루언 자신의 소원 성취가 여기서 작동하는 것을 목격하지 않을 도리가 없다.[38]

1953년부터 1955년까지 매클루언은 토론토에서 진행 중인 문화와 커뮤니케이션에 관한 학제 간 세미나를 주재했다. 이 세미나는 포드재단의 후원을 받았다. 인류학자 에드먼드 카펜터Edmund Carpenter와 더불어 매클루언은 〈탐구〉라는 활기 있고 괴상한 저널을 창간해서 편집했는데, 이 저널은 세미나 참가자들에게 발표 창구를 제공할 수 있도록 설계됐다. 이 저널의 목적은 문학적 미디어 연구 개념을 넘어서고, 내용 분석의 한계를 극복하는 데 있었다. 이 저널은 커뮤니케이션의 변화는 인간관계뿐 아니라 인간의 감수성도 변화시킨다는 주장을 전제로 삼았다. 미국의 교육과 산업 기성 체제의 토대인 인쇄 테크놀로지는 막 전자 커뮤니케이션 혁명에 의해 대체되려는 참이었다. 매클루언과 카펜터는 이 저널을 활용해 서구 사회 형성에서 인쇄술과 문해력의 역할에 대한 깨달음을 얻고, 전자 미디어라는 새로운 지형이 갖는 함의를 탐구하기를 희망했다. 문해력과 문학적 편향이 그렇게 철저하게 뿌리박고 있다면, 어떻게 거기서 한 발짝 벗어나 객관적 탐구를 할 수 있겠는가?[39]

[이 질문들에 대한] 가장 큰 해답은 원시 사회에서의 언어와 커뮤니케이션 체제에 관한 연구로 급격하게 이동한 것이다. 어떤 논문에서 도로시 리Dorothy Lee는 [파푸아 뉴기니의] 트로브리안드섬 주민의 발화를 분석했다. 이 언어에는 과거나 현재 시제도, 인과적 혹은 목적론적 관계도 존재하지 않는다고 리는 주장했다. 이들은 선형적 질서에 가치를 부여하지 않았다. 패턴을 서로 연결된 선으로 파악하는 것을 회피했기에, 이들의 언어에서는 선형적 연결(원인과 효과)이 자동적으로 이루어지지 않았다. 에드먼드 카펜터 역시 아이빌릭 에스키모족의 사고와 언어에서 비슷한 특징을 발견했다. 또 다른 논문에서, 지그프리트 기디온Siegfried Giedion은 고대 동굴 벽화는 오늘날의 공간적 시각에서는 이해할 수 없다고 주장했다. 이 원시 예술가들은 사물을 자아와 어떤 관련도 없이 바라보았다. 이들의 공간 개념은 선사시대인이 마주한 심리적 현실을 보여 주었다. 이들의 예술은 20세기 개인에게는 합리적으로 보이지 않

는데, 이 예술에는 수평과 수직 감각이 존재하지 않기 때문이다.[40]

매클루언과 카펜터는 문해력을 갖춘 사회와 그 전 단계 사회 간, 청각 지향적 사회와 시각 지향적 사회 간의 양극단을 가정했다. 문해력 전 단계 문화에서는 '청각적 공간'이 지배했고, 지각은 청각에 맞춰져 있었지만, 모든 감각 간에 동시적 상호 작용을 포함했다. 부족 예술은 환경에 대한 지각을 훈련시키는 수단이 아니라, 개인과 환경을 융합하는 수단 구실을 했다. 반면에 문해력을 갖춘 인간에게 특징적인 '시각적 공간'은 특수성에 초점을 두고, 총체적 상황에서 이를 추상화해 버렸다. 그러므로 "백문百聞이 불여일견不如一見"이 되어 버린다. 매클루언과 카펜터 모두 눈은 고립된 상태에서 작동하면서, 평면의 연속적인 세계를 지각하고, 한 번에 하나씩만 선호한다고 주장했다. 구어가 문어와 인쇄술로 이행하면서, 시각적 지각은 지존의 위상으로 격상되고, 한 가지 지각이 인간의 감각 무리에서 분리된다. 이러한 분리 덕분에 파편화된 지각 분야들이 환경에 거대한 장악력을 발휘할 수 있게 됐다. 그러나 시각을 제외한 모든 감각의 소외는 또한 정서적 격리, 즉 감정을 느끼고 표현하고 경험할 수 있는 능력의 쇠퇴를 가져왔다.[41]

〈탐구〉 시기 동안 매클루언은 문해력 전 단계와 문해력 단계 문화 간의 명백한 유사성에 주목하는 입장으로 옮아 갔다. 새로운 전자 미디어 형태들은 시각적 공간의 감각적 파편화를 역전시켜, 정신적으로는 부족적 상황으로 되돌아가는 움직임의 전조를 보이는 듯했다. 예술 형태들처럼 이 미디어는 우리 주변 환경을 마치 마술처럼 변모시켰다. 1955년 매클루언은 이렇게 썼다. "새로운 미디어는 인간과 자연을 잇는 다리가 아니다. 이들은 자연이다. …… 문자를 극복한 덕분에, 우리는 국가나 문화 지형에서가 아니라 우주 차원의 지형에서 총체성을 회복했다. 우리는 초문명화한 준원시인을 재현했다. …… 우리는 청각적 공간으로 되돌아왔다. 우리는 3000년 동안 문자 구사력에 의해 박탈당한 원시적 감정과 정서를 다시 구성하기 시작한다."[42]

◆

매클루언의 성숙한 이론은 새로운 버전의 기독교 신화에 의존하는데, 이 덕분에 매클루언은 현대 미디어의 심리학과 생태학을 정교화하는 작업에 집중할 수 있게 된다. 에덴동산과 낙원 추방, 그리고는 낙원 회복 대신에, 매클루언은 부족화(구전 문화), 탈부족화(표음 문자와 인쇄술), 재부족화retriablization(전자 미디어)를 대체해 끼워 넣는다. 이니스가 주로 커뮤니케이션과 사회 조직의 관계에 관심을 두었던 것과 달리, 매클루언의 주장은 주로 미디어 테크놀로지가 인간 감각에 미치는 영향을 다루었다.[43]

《구텐베르크 은하계》는 음성 문자성과 인쇄술의 감각적 문화적 결과에 관해 더 확장된 명상을 제시했다. 과학적 권위자와 좋아하는 문학인의 인용구에 크게 기대어, 매클루언은 〈탐구〉 시기에는 단지 스쳐 가듯 언급하는 데 그쳤던 심리학을 더 보강했다. 바퀴나 알파벳 같은 기술적 도구는 인간 감각 기관이나 신체 기능의 초확장물이 되었다. 모든 새로운 미디어 테크놀로지는 원시 부족인이 추정컨대 완벽한 조화 상태로 갖추었던 감각들을 서로 고립시켰기 때문에, 최면의 능력이 있었다. 어떤 감각이나 신체 기능이 기술 형태로 외부화할 때마다 역량 분화와 감각 비율의 변화가 일어났다.

문자든 라디오든 새로운 테크놀로지의 첫 시작을 경험하는 사람이 가장 강하게 반응한다. 왜냐하면 시각이나 청각의 기술적 확장에 의해 즉시 설정되는 새로운 감각 비율은 인간에게 놀라울 정도로 새로운 세상을 제시해 주기 때문이다. 그러한 새로운 세상은 모든 감각들 사이의 상호 작용의 철저하게 새로운 "차단" 혹은 낯선 패턴을 유발하게 된다. 그러나 전 공동체가 새로운 지각 습관을 모든 노동과 교류 영역으로 흡수함에 따라, 최초의 충격은 점차 시들해진다. 그러나 진정한 혁명은 이처럼 새로운 테크놀로지가 도입한 새로운 지각 모델에 모든 개인적, 사회적 삶이 "적응"하게 되는 이후의 더 연장된 단계에서 발생한다.[44]

표음 문자는 최초로 시각과 청각 사이에서, 의미론적 의미와 시각적 부호 사이에서 결정적인 단절을 달성했다. 상형 문자나 음절 형태의 글쓰기와 달리, 표음 문자는 의미론적으로 무의미한 글자를 의미론적으로 의미 없는 소리에 할당했다. 시각적 기능을 확장하고 강화해, 문자는 문해력 문화에서 청각, 촉각, 미각 등 다른 감각의 역할을 축소시켰다. 이니스를 따라, 매클루언도 그리스에 표음 문자를 도입한 카드무스Cadmus왕의 그리스 신화를 지적했다. 그가 용의 이빨을 땅에 뿌리자 이후 거기서 무장한 남성들이 태어났다고 전해진다. 문자는 권력과 권위를 의미했는데, 이는 특히 원거리에서 군대 구조를 통제할 수단이 되었기 때문이다. 문자는 파피루스와 결합해 필연적으로 사제들의 지식과 권력 독점의 종말을 가져왔고, 비문자 문화의 파괴도 시사했다. "의미 없는 소리와 연결된 무의미한 기호에 의해, 우리는 서구인의 형태와 의미를 구축했다"[45]라고 매클루언은 주장했다.

활판 인쇄술의 발명은 참여적이고 "청각-촉각형" 삶의 방식이라는 애초의 부족 상태에서 인간을 분리시키는 과정을 완성했다. "활판 인쇄술의 발명은 최초의 반복 가능한 상품, 최초의 조립 라인, 최초의 대량 생산을 제공해, 응용 지식의 새로운 시각적 강조를 확인하고 확장했다." 인쇄술은 그 자체로도 필사본으로 표현되는 음성 문자성과 현격하게 차이가 있었다. 인쇄된 책에 비해, 중세의 필사본은 정세도definition가 낮았다. 필사본은 으레 큰 소리로 읽었고, 이 때문에 감각 간의 상호 작용이 어느 정도 필수적이었다. 인쇄된 서적은 표음 문자의 효과를 기계적으로 강화했고, 시각적 편향을 제고해 감각적 삶을 더 파편화하였다. 그리고 독서를 좀 더 사적이고 조용한 활동으로 만들었다. 서적의 휴대 가능성도 새로운 개인주의 숭배에 기여했다. 인쇄물은 구어를 폐쇄된 시각적 체제로 변화시켜, 민족주의에 필요한 획일적이고 중앙 집중화된 여건을 조성했다. 동질적인 반복 가능성이라는 가정이 다른 삶의 관심사로까지 확장되고 나자, 인쇄술은 "서구 세계가 갖고 있는 거의 모든 고유한 특징과 수많은 욕구 충족의 원천이 되는 모든 생산과 사회 조직 형태를 점진적으로 낳게 됐다."46

《구텐베르크 은하계》는 위대한 종합화 작업이자 인본주의 학술 작업의 걸작이다. 여기에 매클루언 자신이 기여한 부분은 주로 르네상스 저자들에 대한 해석에 의존했다. 매클루언은 이들의 저작을 한결같이 당시 인쇄술의 영향에 관한 정교한 비평으로 환원시켰다. 예술가로서는 윌리엄 셰익스피어William Shakespeare, 알렉산더 포프Alexander Pope, 크리스토퍼 말로Christopher Marlowe, 조너선 스위프트Jonathan Swift, 프랑스와 라블레François Rabelais, 토머스 모어Thomas More만이 새로운 인쇄 테크놀로지가 초래한 트라우마를 이해할 수 있던 유일한 당대인들이었다.

현대는 인쇄기가 이전에 그랬던 것처럼, 우리의 감수성에 강한 충격을 줄 수 있는 전자 미디어에 의해 도입된 새로운 감각적 은하계라는 점에서, 매클루언은 현재 시대를 새로운 르네상스기로 보았다. 현재는 "필사본 문화의 의미가 18세기에 그랬던 것만큼이나, 인쇄 문화의 의미가 낯설어지고 있는 시대의 초반부"다. 역설적으로 현재 미국은 쓸모없어진 테크놀로지의 재고가 가장 많은 나라인데도, 전자 시대로 가는 이행을 주도하고 있다. 따라서 미국은 전환의 고통을 가장 심각하게 겪고 있다. "사건들의 새로운 전기 은하계는 이미 구텐베르크 은하계 깊숙이 진입했다. 설혹 충돌이 일어나지 않는다 해도, 테크놀로지와 자각의 그러한 공존은 모든 살아 있는 인간에게 트라우마와 긴장감을 안겨 준다. 우리의 가장 일상적이고 관습적인 태도는 갑자기 뒤틀려 괴물 형상과 기괴함으로 변형된 듯하다. 익숙한 제도와 단체는 때때로 위협적이고 적대적 존재로 보인다."[47]

《구텐베르크 은하계》가 문자 구사력과 인쇄물에서 발생하는 소란에 관해 매클루언이 기록한 역사라면, 《미디어의 이해》(1964)는 새로운 시대로 심리적으로 전환하는 과정을 수월하게 해 주는 그의 교육 지침이었다. 사실 이 책은 미국 교육국Office of Education의 후원을 받아 중등학교에서 미디어의 효과를 가르치는 법에 관해 작성한 등사판 보고서 형태로 처음 등장했다. 바로 이 저작이 매클루언을 일반 가정에도 유명 인사로 알려지게 만들고 학교 안팎에서 최대의 논쟁을 불러일으킨 그 책이다. 이는 그의 책 중 중요성은 가장 떨어지고 시대에 가장 뒤떨어진 책이기도 하다. 이 책의 부제인 "인간의 확장"은 매클루언이 점차 자신의 선구적 과학자로서의 역할뿐 아니라 심리학도 중시하게 되었음을 보여 준다.

매클루언에 따르면, 새로운 전기 테크놀로지는 "우리 눈이 아니라 행성 탐험으로서 우리의 중추 신경 체제를 확장하기 때문에, 유기적이고 비기계적 경향을 띤다." 매클루언은 미디어를 중추 신경 체제에 비유한 최초의 인물은 결코 아니었다. 1838년 전자기 전신 연구에 정부 지원을 신청하면서, 새뮤얼 모스는 신기하게도 매클루언을 예견하는 관점에서 썼다. 미국에서 최초의 전신 선로가 완공되기 6년 전, 모스는

"얼마 지나지 않아 이 나라의 모든 지상이 저 **신경망**으로 서로 연결되어 전 국토에서 발생하는 모든 것에 대한 지식을 생각의 속도대로 전파하고, 사실상 전 국가를 하나의 **이웃**으로 만들게 될 것이라 추정"하더라도 그다지 공상적이지는 않을 것이라고 생각했다.[48] 그러나 매클루언은 이 은유를 엄격한 기술결정론의 중심에 있는 심리적, 생물학적 원칙으로 고양시켰다.

미디어 테크놀로지의 효과는 의견과 개념이란 의식적 수준에서 발생하지 않고, 감각 비율과 지각 패턴이라는 잠재의식 수준에서 일어난다. 그의 유명한 구절인 "미디어는 메시지다"는 어떤 커뮤니케이션 테크놀로지의 확장이 인간사에 도입할 규모, 속도, 패턴의 변화를 지칭한다. 하지만 각 확장은 사람들이 그 확장의 진정한 의미를 깨닫지 못하게 하는 무감각 혹은 마취 효과도 초래한다. 매클루언은 이렇게 주장했다. "나는 의사들에게 우리의 가장 큰 적은 거의 보이지 않으며 인지할 수도 없다고 말해 주는 루이 파스퇴르Louis Pasteur의 입장에 있다. 중요한 것은 미디어가 사용되는 방법이라는 식으로, 우리가 모든 미디어에 대해 보이는 관습적 반응은 기술적 바보의 무감각한 자세이다. 왜냐하면 미디어의 '콘텐츠'란 도둑이 정신의 감시견의 주의를 분산시키기 위해 갖고 다니는 육즙이 풍부한 고기 조각 같은 것이기 때문이다."[49]

매클루언은 새로운 전자 미디어가 유도한 "무감각," "최면 상태," "잠재의식 상태," "몽유병," "혼수상태" 등을 거듭 언급했다. 프로이트가 오이디푸스를 자신의 심리학에서 중심에 두었듯이, 매클루언은 그리스 신화의 나르키소스에 대단한 중요성을 부여했다. "나르키소스의 혼수상태"는 중추 신경 체제의 자기 방어적인 무감각화나 마취화 역할을 한다는 점에서 프로이트의 [충동] 억압과 맥을 같이한다.

젊은 나르키소스는 물에 비친 자신의 그림자를 다른 사람으로 착각했다. 이처럼 거울에 의한 자기 확장은 나르키소스가 자신의 확장되거나 반복된 이미지의 자동 제어 장치가 될 때까지 자신의 지각을 마비시켰다. …… 어떤 발명품이나 테크놀로지는 신체의 확장이거나 자기 절단이며, 그러한 확장은 또한 다른 장기와 신체 확장물 사이에 새로운 비율이나 새로운 균형을 요구한다. …… 테크놀로지 형태의 자기 확장물을 주시, 이용하거나 지각하는 것은 필연적으로 그러한 테크놀로지 형태를 수용하는 것이 된다. 라디오를 듣거나 인쇄물을 읽는 것은 자신이 자신의 개인적 체제로 이처럼 확장되는 것을 수용하고, 거기에 뒤이어 자동적으로 발생하는 "봉쇄"나 대체를 겪는 것이다. 바로 테크놀로지를 일상생활에 이처럼 연속적으로 수용하는 조치야말로 우리로 하여금 이러한 우리 자신의 이미지와 관련해 잠재의식과 무감각이라는 나르키소스의 역할을 수행하도록 한다. 끊임없이 테크놀로지를 수용하게 되면, 우리 자신은 이것들과 자동 제어 장치식의 관계를 맺게 된다. 바로 이 때문에 우리는 테크놀로지를 이용하고자 한다면, 우리 자신의 확장물인 이것들을 잡다한 신이나 소소한 종교 같은 대상으로 섬겨야 한다.[50]

매클루언은 **기술자연주의**technological naturalism라 이름 붙일 만한 일종의 결정론을 수용했다. 정상적으로 테크놀로지를 사용할 때, 인간은 자신의 발명품에 의해 생리학적으로도 영원히 변형된다고 그는 주장했다. "마치 식물 세계의 벌이 식물에게 수분을 시켜 주고 늘 새로운 형태를 진화시킬 수 있게 해 주듯이, 인간은 이를테면 기계 세계의 성기 같은 존재가 된다. 기계 세계는 말하자면 부를 제공해 인간의 소원과 욕망을 처리해 주면서 인간의 사랑에 대해 보답한다."[51] 새로운 미디어는 인간과 자연 사이의 다리가 아니다. 미디어 **자체**가 바로 자연이다.

기술자연주의는 매클루언의 심리학과 생태학적 동반자다. 말하자면 물이 물고기에게 보이지 않듯이, 그는 새로운 미디어와 관련된 변화가 인간에게는 환경적이자 비가시적이라고 규정했다. 그러므로 매클루언은 자신이 생존 목적으로 대상과 임상적으로 거리를 둔 과학자처럼 행동한다고 주장했다. "우리는 세력의 지형을 연구하고 이해하려면 스스로 전투를 초월하고, 환경 외부적으로 되는 일로 시작해야 한다. 거만한 우월성의 위치를 선택하는 것이 중요하다. …… 관여하는 데서 거리를 두지 않는다면, 나는 객관적으로 미디어를 결코 관찰할 수 없을 것이다. …… 따라서 나는 문해력 문화에서 최고의 혜택, 즉 반응 없이도 행동할 수 있는 인간의 위력을 적용하는데, 이는 서구 문명 배후에서 동기의 동력이었던 분리에 의해 가능한 일종의 전문화다." 여기에는 대단한 역설이 작용한다. 매클루언은 전자 미디어가 "모든 집단 구성원이 조화를 이루며 존재하는 부족 사회의 빈틈 없는 친족망," 즉 구텐베르크의 세계보다는 더 풍부하고 더 열정적인 세계로의 회귀를 예견해 준다고 선언한다. 하지만 매클루언은 자신을 정당화하기 위해 문해력의 궁극적 산물인 과학자의 강력한 이미지를 열렬히 불러내야만 한다.[52]

수동적 수용과 실용적인 차원의 통제 요구 사이에도 지속적인 긴장이 존재한다. 매클루언은 우리가 다음과 같은 발언이 나올 법할 정도로 자동적으로 통제된 세계의 범위 안에 있다고 주장했다. "'인도네시아에서 다음 주부터 라디오 방송 시간을 6시간 줄이지 않으면, 문학에 대한 주목도가 크게 하락할 것이다.' 아니면 '남아프리카공화국에서는 지난주 라디오 방송으로 치솟은 부족의 열기를 식히기 위해 다음 주 텔레비전 방영을 20시간 더 편성할 수도 있다.' 이제는 세계의 상업 경제에서 균형 유지법에 관해 어느 정도 알기 시작한 것과 마찬가지로, 정서적 분위기를 안정되게 유지하도록 전 문화에 대해 계획을 설계할 수도 있게 됐다." 매클루언은 이처럼 소름 끼치는 비전을 무용지물인데다 방해만 되는 도덕화 시도라며 단칼에 거부해 버린다. "컴퓨터 테크놀로지라면 공동체와 국가의 사회적 욕구와 감각적 선호를 충족할 수 있게 모든 환경을 계획할 수도 있고 분명히 그리할 것이다. 하지만 이러한 계획의 **내용**은 미래 사회의 성격에 달려 있다. 그런데 이것이 우리 수중에 있다."[53]

텔레비전은 재부족화 과정에서 핵심적인 새로운 커뮤니케이션 미디어다. 이는 "차가운" 미디어인데, 매클루언은 이 단어를 정세도가 낮고, 따라서 수용자 측에서 더 많은 참여가 필요하다는 뜻으로 사용한다. 만화, 상형 문자, 필사본 등 다른 차가운 미디어처럼, 텔레비전은 수용자에게 그림을 완성하고 빈틈을 채우도록 요구한다. 사진, 인쇄물, 영화, 라디오처럼 "뜨거운" 미디어는 단일한 감각을 고 정세도로 확장하여, [수용자가] 채워 넣을 여지를 거의 남겨 두지 않는다. 텔레비전은 통상적 의미에서 사진이 아니라, "영상 주사 바늘이 묘사하는 동안 사물의 윤곽이 끊임없이 형성되는 과정이다. 그 결과 형성되는 조형적 윤곽은 빛을 비추는 **대상**이 아니라 빛의 **통과**에 의해서 드러나게 되며, 이렇게 형성된 이미지는 그림보다는 조각과 이콘의 자질을 갖게 된다. 텔레비전 이미지는 수신자에게 초당 약 300만 개의 점을 보낸다. 수용자는 이 중 매 순간 수십 개만 수용해서 이미지를 형성한다." 물론 매클루언은 전자기 이미지와 필름 이미지의 차이를 지적한 부분에서는 옳지만, 그의 주장은 분명 과학적이지는 못하다. 그의 가설에는 아무런 증거가 없다. 텔레비전 영상의 자동적인 채우기와, 영화를 가능하게 해 주는 '잔상' 현상 사이에는 어떤 차이도 발견하기 어렵다. 이 모든 현상은 시청자의 의식적 생각 없이도 자동적으로 발생한다. 더구나 지난 15년 동안 컬러와 새로운 반도체 기술, 케이블 시스템이 도입되면서, 텔레비전 이미지의 화질은 엄청나게 개선됐다.

텔레비전의 감각적 영향에 관한 매클루언의 사이비 과학적 묘사는 이른바 이미지의 감촉성tactility에 초점을 두었다. "텔레비전 이미지는 매 순간 우리에게 엄청나게 역동적이고 감촉성을 띠는 발작적인 감각적 참여에 의해 망의 공간을 '마감하기'를 요구한다. 감촉성은 피부와 대상의 고립된 접촉이라기보다는 감각 간의 상호 작용이기 때문이다." 매클루언이 보기에, 촉각은 모든 인간 감각의 합이자, 부족인이 오래전에 상실한 공통 감각sensus communis에 해당했다. 따라서 텔레비전은 오래전 산산조각 난 심리적 통일성을 현대 세계에서 복원하는 실질적 수단이다.[54]

마지막 분석에서 매클루언은 진정한 사회 이론이 아니라 시각의 속임수를 제시했다. 사람은 보게 되거나 보지 못하게 된다. 과거에는 오직 예술가만이 새로운 미디어 테크놀로지에 따르는 과격한 심리적 변화를 예견하고 파악할 수 있었다. 오늘날에는 전자 정보의 즉시적 속도 때문에 [누구든] 변화의 패턴을 쉽게 인식할 수 있다. 초월적 도약은 이제 누구에게나 가능하다. "만약 정보에 대한 (경제적, 사회적, 혹은 개인적) 적응이 거의 불가능하다면, 우리는 항상 조직에 대한 우리의 모델과 은유를 바꾸고 순수한 이해로 도피할 수도 있다. 저속의 정보 운동에 자연스러운 순차적 분석과 적응은 심지어 전신의 속도에서도 관련성이 없고 무용지물이 된다. 그러나 속도가 증가함에 따라, 어떤 부류의 구조와 상황에서든 이해는 상대적으로 단순해진다."

매클루언은 미디어 제도를 형성하는 실제의 역사적, 사회학적 요인을 무시하거나 왜곡하는 바람에 역사를 신화로 대체해 버렸다. "어떤 새로운 [미디어의] 성장에서 초기 단계를 추적해 보면 배우는 점이 많다. 이 발전 시기 동안 상당한 오해가 발생하기 때문이다"[55]라고 썼다.

신화 제조자로서의 역할에 맞게, 매클루언은 우리의 커뮤니케이션 미디어는 지금까지 했던 대로 진화해야 했다고 결정론적으로 주장했다. 그의 기술결정론 때문에 미디어는 인간의 사회적 확장보다는 생물학적 확장이 되고 말았다. 커뮤니케이션 미디어를 통해 인간의 문화 발전을 추적하고자 의도했으나, 그의 역사는 흥미롭게도 실제 인간이 빠져 있다. 임상적으로 초연한 과학자로서의 자기 이미지에 대한 집착은 현대의 과학적 설명이 누리는 권위를 이용할 필요성을 느꼈던 데서 유래했다. 매클루언은 현란한 과학주의 배후에 숨어 실제로는 커뮤니케이션의 역사를 그럴듯한 우화적 내러티브로 변질시키고 말았다. 이 내러티브는 우리가 구원받기 전에 먼저 복종해야 한다고 설교한다.

매클루언의 후기작 중 상당 부분이 이미 시대에 뒤떨어진 듯하다는 단순한 사실은 그가 1960년대 특유의 현상이었음을 보여 준다. 비록 스스로 《기계 신부》가 텔레비전 이후 쓸모가 없어졌다며 거부했지만, 매클루언은 형태 분석보다는 내용 분석 덕분에 기억에 더 남는 게 당연했다. 그가 《미디어의 이해》와 이후의 그림책(《미디어는 마사지다The Medium is the Massage》, 《반대 기류Counterblast》)에서 심혈을 기울인 세대 차, 청년 저항, 대학 시위 등은 오늘날에는 특히 고지식해 보인다. 매클루언이 엄청나게 인기 있었다는 사실은 왜 문학계나 대학 기득권이 그를 그렇게 가혹하게 비판했는지 분명히 부분적으로 설명해 준다. 매클루언은 인터뷰에서 전통적인 문학 비평가들에게 가장 큰 냉소를 보냈다.

그의 대단한 인기와 그에 대한 반응은 분명히 어떤 필요성을 충족해 주었다. 1960년대는 무엇보다 텔레비전이 지배적인 커뮤니케이션 미디어로서 본 궤도에 오른 시대로 기억될 것이다. 텔레비전은 1960년까지 미국 전역에 보급되어, 사실상 모든 가정에서 적어도 한 대는 보유하게 됐다. 1963년에는 매일 전국 네트워크 뉴스가 등장했다. 매클루언은 미국 사회에서 미디어에 대한 자각이 성장한 추세를 반영했고 동시에 부추기기도 했다. 그는 또한 미디어 자체에서 극도로 내부적 동종 교배 추세가 등장하는 것을 정확하게 간파했다. 미디어 콘텐츠 중 엄청나게 높은 비율이 다른 미디어 형태와 관련된 항목으로 구성되어 있었다. 오늘날 모든 오락, 뉴스, 정치 사건, 광고는 평등하게 멀티미디어적 사안으로 공존하고 있다.

하지만 매클루언은 대중적 인기 폭발로 이르는 길을 가면서, 과거 그의 사고에서 보여 주었던 비판적 예봉을 점차 완화했다. 확실히 그는 자신의 정신적 스승이라 추켜세운 해럴드 이니스의 저작에 대단히 핵심적이던 비판적 맥락을 폐기해 버렸다. 공인인 매클루언에게서는 미국의 미디어 제국주의, 캐나다인의 저항, 광고의 권력, 서구 문화에서 공간 편향이 시간 편향을 누르고 헤게모니를 장악한 현상 등에 대한 도덕적, 정치적 관심 같은 이니스의 흔적이 모두 제거됐다. 매클루언은 전송 형태의 우선성에 초점을 맞추는 부분에서 이니스에게서 자유롭게 빌려 왔다. 그러나 매클루언에게서는 새로운 커뮤니케이션 테크놀로지의 방향에 대한 이니스의 절망 어린 경고는 '불가피성'의 찬양으로 바뀌었다.

매클루언의 텔레비전 숭배는 미디어를 통제한 대기업 이해관계를 옹호하는 변명으로 아주 손쉽게 옮아 갔다. 광고업계가 광고 종사자를 창의적 예술가로 추켜세워 준 대학 교수를 열렬히 환영하게 됨에 따라, 1960년대의 매디슨가에서 매클루언 숭배는 상당한 수준에 도달했다. "사람들은 자신이 관여한 작업에 대한 지적인 설명을 항상 갈구한다"라고 1966년에 어느 광고 회사 경영진은 썼다. "그들은 오랫동안 …… 광고가 신비로운 일종의 '음지의 예술'이라는 발상에 반발했다. 왜 그리고 어떻게 광고가 작동하는지도 궁금해했다. 매클루언은 여러 가지 측면에서 이 문제점들을 해결하는 데 이전의 그 누구보다 우리에게 해 줄 말이 더 많았다고 생각한다."[56] 매클루언이 텔레비전에 자주 출연한 것은 그를 박학다식한 현자에서 자신을 공짜로 노출해 준 미디어를 찬양할 기회에 감지덕지한 일개 팝 아이돌로 바꿔 놓는 데 기여했다.

매클루언의 상업적인 멀티미디어 뉴스레터 〈DEW 라인*DEW Line*〉● 발간뿐 아니라 광고와 미디어 복합 기업들과 맺은 온갖 컨설팅 계약을 보면, 그가 스스로 기술한 변화를 **개인적으로는** 혐오한다는 공적 입장을 계속 취한 것을 곧이곧대로 받아들이기 어렵다. 하지만 매클루언의 개인적 신화나 그가 대기업 세계와 맺은 연계를 용납하지는 않더라도, 그가 미국 문화에 대한 인식을 전반적으로 바꿔 놓는 데 기여한 부분은 인정할 수 있다.

매클루언이 미친 영향은 언어, 커뮤니케이션, 신화, 모든 유형의 표현 형태 간의 공시적 분석을 지향하는 더 광범위한 추세라는 맥락 속에 놓고 파악해야 한다. 2차 세계 대전 이후 구조 인류학, 언어학, 기호학에서 일어난 지적 돌파구[57]는 모두 매클루언의 원래 학문적 훈련 배경인 신비평적 문학 전통과 어느 정도는 유사성이 있다. 실로 매클루언 자신도 이들의 기법을 미국 미디어 방영물 분석에 적용해 이 접근 방식들을 대중화한 '미디어'라고 볼 수도 있다. 그는 이 난해한 학문들을

● 1968~1970년 사이에 매클루언이 "우리가 사는 격동의 시대를 위한 조기 경보 체제"를 표방하면서 발간한 미디어와 사회 관련 뉴스레터 이름이다. 이 뉴스레터의 이름인 'DEW Line'은 원격 조기 경보선Distant Early Warning Line의 약자로, 원래 냉전 시대 소련의 공습을 탐지하기 위해 캐나다 북부에 설치한 군사 시설의 이름이었다. 매클루언은 뉴욕의 출판 사업가인 유진 슈워츠Eugene Schwartz의 후원을 받아, 매디슨가 200번지 빌딩 최고층에 사무실을 두고 운영했다. — 옮긴이

공중의 상상력에 의미 있는 존재로 만들었다. 이 과정에서 문화연구의 '정당한' 영역의 범위를 크게 확대했다.

과장과 과도한 표현, 언어유희와 탐색을 즐기는 매클루언의 취향은 진지한 사회 이론가로서 그의 지위를 떨어뜨렸다는 점은 의심의 여지가 없다. 한때 박식하고 매력적이고 심지어 영감이 풍부한 예언자처럼 보인 사람이 자신의 메시지 전달에 충분히 성공하는 바람에, 그냥 또 한 명의 연예인으로 전락하고 말았다. 그의 최근 사망 소식은 1면 뉴스거리가 되었고, 그가 이제는 사라진 미디어 스포트라이트를 다시 한번 받게 했다. 그러나 부고 기사는 전반적으로 그를 신화적인 1960년대의 특이한 기인이자, 본질적으로 미디어에 사로잡힌 그 시절의 산물이자 창조자로 취급했다.

과거와 미래의 미국 미디어에 나타난 변증법적 긴장

매클루언 이후 시대는 현대의 커뮤니케이션이 일상생활에서 수행하게 된 엄청난 역할에 대해 더 심오하고 더 정교한 의식을 갖게 된 것이 특징이라고 할 수 있다. 그러나 한때 **커뮤니케이션**이라는 단어로 연상되던 의미론적 모호성이 이제는 점차 불투명해진 단어인 **미디어**를 중심으로 다시 결집되는 듯하다. 비공식적 대화뿐 아니라 학술 저널에서도 미디어에 관한 담론 중 상당 부분은 불명확함, 명료성 결여, 정의의 뒤범벅으로 난관을 겪고 있다. 예를 들면 **미디어**라는 명사가 어떻게 해서 '미디어 이벤트,' '미디어 종사자' 혹은 '미디어의 허풍'에서처럼 점점 더 자주 형용사로 표현되는지 생각해 보라.

또한 명사 형태의 다양한 용례도 생각해 보라. 흥미롭게도 이 단어의 현대적 의미는 '광고 미디어'라는 구절에서처럼 1920년대의 광고업계 잡지에서 유래한다. 그러나 오늘날 이 단어는 특히 탐사 보도라는 의미에서는 신문이나 저널리즘 직업과 호환해서 사용된다. 이와 동시에 미디어는 흔히 영화와 방송처럼 비인쇄 커뮤니케이션 형태를 인쇄물로부터 구분하는 데도 사용된다. 이는 오락과 쇼 비즈니스의 더 넓은 영역을 함축할 수도 있다. 미디어에 대해 지나치게 진보적이라거나 관용적이라거나 너무 보수적이거나 조작적이라는 비난은 이 용어를 도덕적, 정치적 범주로 떠올리게 한다. 거의 모든 사람은 미디어가 현대적 삶에서 일부, 특히 불유쾌한 특징을 찬양, 과장, 심지어 초래한다는 비난에 동참한다.

미디어의 단수와 복수 형태, 즉 **미디엄**medium과 **미디어**media를 혼동하는 것도 분명히 단어와 이미지의 온갖 대량 전파자 사이의 동종 교배적 관계에 대한 대중의 인식을 반영한다. 미디어 콘텐츠는 놀라울 정도로 [자신을 대상으로 삼는다는 점에서] 재귀적reflexive이다. 각 미디어는 다른 미디어에서 따오거나 다른 미디어에 관한 자료로 가득 차 있다. 지난 20년 동안에는 오락 프로그램과 뉴스 프로그램의 기법, 스타일, 주제 간에 사실상의 융합이 일어났다. 공중의 인지도 수준에서 보면, 이 지나치게 과열된 재귀성은 몇몇 흥미로운 형태들을 취한다. 텔레비전 네트워크 간의 시청률 전쟁은 이제는 하드 뉴스로 취급된다. 영화와 방송 고위직은 명사이자 숭배 대상, 나름대로 창의적 저자로 고귀한 지위를 누린다.

미국의 영화, 방송, 신문 산업 중심부 부르주아들의 상업적 연결망은 분명히 이 상황을 부추긴다. 그리고 또한 미디어를 현대적 삶의 총체적이고 변함없고 '자연스러운' 일부로 홍보한다. 실로 미디어가 도처에 미치고, 동시에 존재하며, 결코 멈추지 않는다는 사실은 미디어의 역사성을 이해하거나 심지어 인정하는 데 강력한 장애가 된다.

미디어라는 용어가 불러일으키는 다양한 의미는 모든 형태적 커뮤니케이션 수단의 역사에 뿌리박고 있는 모순된 요소들의 언어적 유산이다. 왜냐하면 모든 미디어는 제도적 발전, 대중의 반응, 문화의 내용에 바탕이 되는 모체로, 대립되는 세력과 경향이 시간이 지나면서 충돌하고 진화하며 그때마다 끊임없이 반대 세력을 낳게 되는 변증법적 긴장의 산물로 파악해야 하기 때문이다. 폭넓게 말하자면 이 모순들은 새로운 커뮤니케이션 테크놀로지가 제시하는 진보적 혹은 유토피아적 가능성과, 지배와 착취 수단으로서의 성향 사이의 긴장이라는 관점에서 표현되었다.

미국 커뮤니케이션 이론가들의 사상에서는 이 변증법이 서로 비슷하게 나타나거나 때로는 굴절되는 모습을 볼 수 있다. 전통 전체로 보면, 해럴드 이니스와 후기의 매클루언은 양극단을 대표한다. 상당히 다른 전제에서 출발하긴 하지만, 찰스 호턴 쿨리와 존 듀이는 매클루언의 좀 더 유토피아적 전망과 비슷한 점이 많다. 프랑크푸르트 집단이 지식과 권력에 대한 지배적 독점을 유지하는 일차적 기구로 미디어를 강조한 것은 이니스의 철저한 비관주의와 공명을 이루지만, 상당히 다른 정치적, 문화적 관점에서 그렇게 한다. 정도 차이는 있으나 여러 개별 사상가, 특히 로버트 파크는 자신의 저작에서 이 긴장들을 포섭했다. 경험적 행태적 전통에서 핵심 인물인 폴 라자스펠트는 이러한 지적인 변증법을 예시해 주었다. 왜냐하면 시장 조사 계약을 용케 성사시켜 살아남은 이 망명객은 T. W. 아도르노에게도 미국에서 첫 일자리를 주선해 주었기 때문이다.

여기서 내가 강조하고 싶은 부분은 미국 미디어의 현재 지형을 더 잘 이해하고, 미래 연구 경로를 제안하며, 아마도 새로운 케이블, 비디오, 위성 테크놀로지가 현재 초래하고 있는 격변을 파악할 수 있게 되려면, 아직 미완성 상태인 변증법의 역사적 요소들을 복원할 필요가 있다는 점이다. 다음 내용은 초창기 제도 발전, 초창기 대중의 반응, 미디어 콘텐츠의 문화사라는 세 가지 서로 관련된 시각에서 보았을 때, 미국 미디어에서 드러난 일부 변증법적 긴장에 대해 간략하게 역사적으로 묘사한 것이다. 여기서 예는 앞서 그 역사를 소개한 바 있는 세

가지 미디어, 즉 전신, 영화, 라디오에서 주로 따왔다.

만약 아래에서 제시한 틀이 순진할 정도로 변증법의 유토피아적 측면을 편애하는 것처럼 보인다면, 나는 다만 현재 지식의 빈곤함을 지적하고자 한다. 우리는 역사적 사고에서 불균형을 바로잡고 미디어 역사에서 숨겨진 측면을 복원해야 한다. 이와 동시에, 나는 풍부한 탐구 영역이 될 만한 좀 더 암울한 측면, 즉 미디어가 상업 자본주의의 과대 성장으로 작용하는 영역에 관한 몇 가지 중심 사항도 제안했다.

마지막으로, 나는 역사적 시각이 최근 쏟아지는 기술 혁신에 관해 약간의 통찰을 얻는 데 어떻게 도움이 될 수 있을지에 관해서도 약간의 생각을 덧붙였다. 여기서 나의 관심사는 정태적이고 거창한 이론을 제시하는 것보다는 지금 주로 세 가지 영역에서 시작되고 있는 새로운 분야에 관해 토론과 행동을 자극하는 데 있다. 그 세 영역은 탈중심화된 배포 네트워크, 하드웨어에 대한 개인의 통제 강화, 혁신적 프로그램 편성의 기회 등이다.

◆

하나의 제도로 살펴보자면, 각 미디어는 개별 발명가와 사업가의 작업에서 시작해 이후 더 대규모 기업이나 군의 맥락에 포섭되었다. 새로운 커뮤니케이션 테크놀로지의 초기 역사에서 소수의 관계자와 아마추어가 수행한 핵심 역할은 너무나 쉽사리 잊혀진다. 하지만 현재에 가까워질수록, 기술 진보에서 대기업과 군부의 배경이 갖는 중요성이나, 기술 진보에 따르는 대규모 자본 투자와 고도로 조직화된 연구팀 지원의 중요성 역시 분명히 강화된다.

실용적인 전기 방식의 전신을 새뮤얼 F. B. 모스가 완성한 것은 외롭고 빈곤에 찌든 모험에 가까웠다. 1838년 작동 가능한 도구의 시범 행사 후 6년 동안, 모스는 정부나 기업의 작업 지원을 전혀 받지 못했다. 의회는 1844년 최초의 전신 선로를 설치하는 데 3만 달러의 예산 지출을 승인했다. 하지만 특허권을 매입하라는 모스의 제안을 거부하는 바람에, 의회는 정부가 미래의 전신 발전 과정을 통제해야 한다는 모스의 바람을 좌절시켰다. 그 후 25년 동안 이어진 마구잡이식 투기와 건설은 경쟁 과열이었을 뿐 아니라 소모적이기도 했는데, 마침내 웨스턴유니온의 승리로 끝났다. 웨스턴유니온은 개인 기업의 손에 들어간 여러 커뮤니케이션 독점 중 최초의 사례였다.

영화의 경우, 더 많은 개별 발명가와 소규모 사업가 무리가 기술 혁신의 주된 촉매 구실을 했음을 볼 수 있다. 초창기에 사용된 온갖 카메라와 영사기는 전 세계의 수많은 발명가의 기여를 반영했다. 산업 초창기에는 창의적 에너지뿐 아니라 자본 투자가 주로 유대인 프티 부르주아 이민자 출신 상영업자와 배급업자 손에서 나왔다. 이들은 전통적인 자본 출처의 품위에는 미치지 못하는 새로운 비즈니스에 기꺼이 투자했다. 근본적으로 도시에 넘쳐나는 상업적 오락물에서 유래하여, 영화는 최초의 수용자를 주로 대도시의 다민족 노동 계급 구역에서 찾았다.

장비, 필름, 배포를 표준화하거나 허가증을 교부하려는 초창기 시도마다 연이어 등장하는 독립 사업자들이란 장애 때문에 애를 먹었다. 영화 특허 회사는 에디슨 관계사들이 대규모 자본을 투자하고 지배 주주이기도 했는데, 1909년 설립될 때만 해도 천하무적으로 보였으나 겨우 몇 년 동안만 버텨 냈을 뿐이다. 할리우드 영화 군락지는 나중에는 권위와 엄격한 통제의 상징이 되지만, 처음에는 특허 회사의 손아귀에서 벗어나려고 하는 독립 업자들이 세운 것이다. 영화 산업 내부의 무질서한 흐름은 1920년대 말에 사운드 도입으로 정리되었다. "토키 영화" 도입은 소수 메이저 스튜디오의 장악력을 강화했는데, 사운드 제작의 기술적 복잡성 때문에 초창기의 특징이던 독립적 부류의 제작 활동은 아예 불가능해졌기 때문이다.

라디오의 초창기 시절에도 개별 발명가와 아마추어는 현저하게 두각을 나타냈다. 마르코니, 드 포리스트, 페센든 같은 선구자들은 소박하고 개인적인 연구 환경에서 무선 테크놀로지의 토대를 상당 부분 마련했다. 무선 전화에는 기술적 정교화가 필요했고, 1차 세계 대전 때는 군대의 수요도 있었기에, 그 덕분에 좀 더 체계적이고 막대한 연구비가 투입되는 연구 개발이 이루어졌다. 하지만 AT&T와 GE 같은 대기업의 전략 중 중요한 부분은 개인 발명가의 특허권을 사들이거나 협박해 손에 넣는 방식이었음은 기억할 만한 가치가 있다. 이 중 가장 유명한 사례는 AT&T가 리 드 포리스트와 맺은 악명 높은 거래였다.

1차 세계 대전은 AT&T, GE, 웨스팅하우스, 연방 정부 간의 긴밀한 협력하에 라디오 연구 붐을 조성했다. 이는 RCA 출범이라는 직접적인 결과로 이어졌다. 그러나 1920년 방송의 등장은 충격으로 다가왔다. 부호화되지 않은 메시지를 대중 수용자에게 전송하는 방식인 방송이 무선 테크놀로지의 주 용도가 될 것이라고는 사실상 아무도 예측하지 못했다. 1926년 라디오 세계 내부의 기업 간 다툼은 자체적으로 해결되었고, 그 결과 오늘날 상업적 텔레비전의 기본 구조가 완성됐다. AT&T는 방송 사업 직영에서 손을 떼기로 합의했고, 보유 방송사인 WEAF를 RCA에 매각했다. 그 대신 AT&T는 독자적인 장거리 유선 체제를 구축하는 계획을 중단하겠다는 다짐을 RCA에서 받아냈다. 아울러 RCA, GE, 웨스팅하우스는 NBC를 설립해 방송을 독점적으로 취급했고, AT&T의 유선망을 임차해서 사용하기로 계약을 맺었다.

NBC는 이처럼 막강한 대기업의 지원을 배경으로 뉴욕에 본부를 둔 두 네트워크를 통해 최초의 정규 전국 방송을 송출하기 시작했다.

◆

기계를 통한 초월의 꿈은 고대로부터 이어졌고, 시공간을 극복하려는 욕망은 새로운 커뮤니케이션 미디어를 통해 특히 강력하게 표현되었다. 오랜 시공간 제약의 극복은 단순히 물리학의 진보 이상으로 큰 함의가 있었다. 일반적으로 말하자면, 커뮤니케이션의 극적인 개선에 대한 대중의 반응은 도덕 공동체 강화의 가능성을 강조하고, 전통적으로 대다수의 사람들을 서로 고립시킨 저 방대한 사회적, 문화적 거리 극복을 찬양했다.

특히 강력한 유토피아적인 기조가 전신과 무선에 대한 당대의 반응에서 특징을 이루었다. 공중은 자부심, 흥분, 순전한 경이로움과 약간의 두려움이 뒤섞인 태도로 1840년대 최초의 전신 선로 개통을 환영했다. 전신 건설이 모든 방향으로 신속하게 전개되자, 수십 군데의 크고 작은 도시에서 회의주의자, 신봉자, 궁금한 구경꾼들이 몸소 현장을 지켜보기 위해 몰려들었다. 1844년 모스의 조수인 앨프리드 베일은, 자신들의 실험 노선 볼티모어 종점에서 군중들이 기계를 먼발치에서라도 보기 위해 매일 사무실 주변을 에워쌌다고 보고했다. 이들은 "입도 벙긋하지도 손도 까딱하지도 않을 것이고, 이해가 되든 않든 신경 쓰지 않을 것이며, 오로지 기계를 한번 봤다고 말하고 싶을 뿐이라고" 장담했다. 초창기 전신 기지들은 이 흥분한 군중을 고려해야 했다. 호기심 많은 구경꾼들을 유리벽으로 차단한 후, 초창기 피츠버그 기지국은 이렇게 공고했다. "신사 숙녀 여러분, 단순히 구경꾼으로 사무실을 방문할 수 있도록 널찍한 공간을 마련했습니다. 전신 회사뿐 아니라 공중의 편의를 위해서도 완벽한 질서가 바람직하기 때문입니다."[1]

1858년 여름 최초의 대서양 횡단 케이블이 성공적으로 개통되자 전국에 열광적인 축하 행사가 벌어졌다. 기술적 성취에 대한 그처럼 강렬한 공중의 감정은 지금 우리에게는 다소 기이해 보인다. 분명히 오늘날 그러한 반응을 상상하기는 어렵다. 횃불, 폭죽, 즉흥 퍼레이드는 전국에서 벌어진 행사의 특징이었다. 뉴욕시는 거대한 퍼레이드를 마련했는데, 역사상 이 도시에서 가장 거창한 공개 축하 행사로 묘사되었다. 노동자 사교 클럽, 이민자 사회, 금주 단체 등에서 모여든 1,500명 이상의 인파가 행진 대열에 참여해, 전신이 공중의 상상력을 어느 정도 강력하게 사로잡았는지를 보여 주었다.

널리 표출된 정서에 따르면, "전신은 기계적 의미 이상을 갖는 존재다. 이는 영향력이 훨씬 멀리 미치고 헤아릴 수 없는 정도인 이상이자, 종교성, 미래의 중요성이다." 어렴풋이 이해한 정도긴 하지만 우주의 근원적인 창조적 세력 중 하나인 전기의 섬세한 불꽃이 이제 인간의 수중에 들어왔다. 전신이 "대륙에서 대륙으로 대단히 신속하게 생각을 전송하는 데 [저] 경이로운 에너지를 [적용한 덕분에], 시간의 비행조차 앞지르고 인간의 힘과 가능성의 새로운 실현을 시작할 수 있게 됐다." 전신이라는 신성한 횡재 덕분에 인간은 신과 비슷한 존재에 좀 더 가까워질 수 있게 됐다. "전신을 숭고하게 만드는 것은 형이상학적 뿌리와 관련이 있다는 생각이다." 그러한 찬가들은 커뮤니케이션에서의 기술적 진보를, 커뮤니케이션이란 단어가 갖고 있던 공동 참여나 영적 교감이라는 고대의 의미와 수사적으로 결합했다. 이들은 이 현상을 어떤 기독교적 메시지의 성공으로 단정했다. 그러나 이들은 또한 기적적인 커뮤니케이션 테크놀로지의 창조야말로 아마 무엇보다도 중요한 메시지일 것이라

고 주장했다.[2]

좀 더 영적인 기조를 띠던 초창기의 반응과 오늘날 전자적 부흥 운동의 유행 사이에는 직접적인 관계가 있음을 누구든 간파할 수 있다. "하느님께서 무엇을 하셨는지?"라는 모스의 질문에 대한 해답에 관해서는 당대의 복음주의자들 마음에 무엇이 떠올랐는지는 의심의 여지도 없는 듯하다. 최신 커뮤니케이션 테크놀로지의 가장 효과적이고 전위적인 활용은 아마도 다양한 복음주의 전도사들에 의해 이루어지고 있을 것이다. 이들은 방대한 케이블과 위성 연결망을 통해 부흥 운동을 방송하면서 "신이시여, 텔레비전을 주셔서 감사합니다"라고 수시로 감사를 드릴 것이다. 이 분야의 선구자인 풀턴 J. 신Fulton J. Sheen 주교●가 한때 언급했듯이, "라디오는 보이지는 않지만 귀로 듣는 지혜인 구약성서와 같다. 텔레비전은 신약성서와 같다. 텔레비전 속에서는 지혜가 육신이 되어 우리에게 깃들게 되기 때문이다."[3]

실시간 커뮤니케이션의 변혁 잠재력에 마찬가지로 경의를 표한 세속적 예언자들도 있었다. "나는 지상의 전신을 보고 있네／나는 우리 인종의 전쟁, 죽음, 상실, 취득, 열정의 뉴스의 꽃술을 보고 있네"라고 월트 휘트먼은 "세상의 구원Salut au Monde"(1856)에서 노래했다. 물론 이 전신은 결국 웨스턴유니온과 AP 통신사라는 대기업 권력에 탈취당했다는 사실을 우리는 안다. 그러나 아마도 휘트먼은 '꽃술'이라는 단어를 꽃의 재생산 기관의 일부라는 전통적 의미를 포함해서 이중적 의미로 사용한 듯하다. 만약 그렇다면 그는 강력하게 예측력 있는 통찰을 떠올린 셈이다. 왜냐하면 우리가 그 이후의 모든 전자 미디어를 대

● 풀턴 신(1895~1979)은 미국의 가톨릭 주교로서 라디오와 텔레비전 방송을 설교에 잘 활용한 인물로 유명하다. ― 옮긴이

표하는 역사적 제유법으로 받아들일지 모르는 전신은 뉴스 전달 이상의 기능을 했기 때문이다. 전신은 사회의 '전쟁, 죽음, 상실, 횡재, 열정'을 기록하고 보도하고 극화하는 새로운 방안을 창조하는 데 기여했다. 통신사 보도와 신디케이트 칼럼에서 타블로이드, 뉴스 영화, 네트워크 뉴스에 이르기까지 이 형태들과 그 내적 관계에 관한 우리의 역사적 지식은 놀라울 정도로 부족한 상태로 남아 있다.

좀 더 개인화된 유토피아적 반응 유형은 1890년대와 1900년대 초반 최초로 나온 무선 장치를 환영했다. 과학자, 아마추어 팬, 업계 발간물 등의 글을 보면, 무선 테크놀로지가 곧 어떻게 사용자의 욕구에 적합하게 최적화될지에 관한 전망이 반복해서 나온다. 급속하게 발전하는 현장을 목격한 수많은 사람은 다음과 같은 미래가 올 것이라 믿었다. 즉 "우리는 지금 거의 지척에 사는 이웃과 대화하듯 자유롭게, 바다에 나가 있는 친구와 대화하거나, 바다에서 육지로, 뉴욕에서 북경으로 말을 걸게 될 것이다. 무대 주위에 설치된 이 새로운 송신기는 런던이나 베를린의 오페라 공연을 포착해서 전 세계가 들을 수 있게 전파할 것이다. …… 모든 농가나 가정이 이 기기를 갖추게 될지도 모른다."[4]

오늘날 우리는 라디오가 방송과 동일한 것이라 생각하지만, 최초의 방송이 나간 후 초기 몇 년 동안 아마추어 무선 공동체는 소수의 거대 방송사가 라디오를 지배해야 한다는 발상에 코웃음을 쳤다. 1905년경에서 1920년대 말까지 무선 아마추어의 활동은 라디오의 역사에서 하나의 요인으로는 너무 흔히 소홀히 다루어지고 있다. '아마추어 무선가들'은 무선 장비에 대한 핵심적 수요를 창출했고, 라디오 산업에 필요한 초기 종잣돈과 수용자를 제공해 주었다. 이들은 라디오 장비를 구입하고 최초의 방송이 나가기 전후 무렵까지 최신 기술적 진보를 따라잡기도 했다. 1920년경 이 집단의 숫자는 추측건대 약 1만 5,000명의 아마추어 전송 기지 운영자를 포함해 25만 명에 달했다.

1920년대 내내 라디오광은 수백만 명에게 적극적이고 참여적 여가 활동 구실을 했다. 최고의 수신 상태를 확보하려면 배터리, 광석 검파기, 진공관을 끊임없이 조율하고 재배치해야 했다. 무수하게 많은 모든 계층의 라디오 팬들에게, 진정한 재미란 바로 소음과 잡음이 난무하는 혼잡한 전파 공간에서 깨끗한 수신을 확보하려는 투쟁 속에 존재했다. 가능한 한 가장 원거리의 기지국에서 전파를 수신하려 하는 "DX질" 컬트는 여러 해 동안 강하게 남아 있었다. 1924년 새로 취미에 뛰어든 어느 라디오 팬이 썼듯이, 그다지 이례적인 일은 아니지만, 다양한 프로그램은 그에게는 그다지 흥밋거리가 되지 못했다. "라디오에서 흥분되는 부분은 무선 커뮤니케이션의 내용이 아니라 교신이란 사실 그 자체다. 이는 부품들이 끊임없이 일으키는 난관에 맞서 내 재치, 지식, 자원 동원력을 겨루어 보는 스포츠다. 이는 당신이 상상하는 것처럼 장비를 산 후 마음 내키는 채널에 주파수를 맞추는 문제가 아니다."[5]

하지만 1920년대 말에 이르면 대기업이 지배하는 상업 방송의 득세로 이러한 부류의 라디오 활동은 급격하게 줄어들었다. 방송은 원래 제조사가 사람들에게 잉여 라디오 장비를 구매하도록 하려고 구상한 서비스였으나, 결국 이 서비스를 키워 낸 바로 그 주인공을 밀어냈다. 성숙한 상태의 라디오는 무선 테크놀로지가 처음 불러일으킨 유토피아적 비전을 달성한 게 아니라 그러한 열망을 광고의 하수인으로 포섭하는 데 성공했다. 처음에는 라디오에서, 그다음에는 텔레비전에서 상업 방송은 테크놀로지화된 소비 이데올로기의 최첨단 형태가 되었다. 소비재는 이미 사라진 것들을 되돌려줌으로써 소비자를 행복하게 해준다고 약속했다. '노스탤지어'란 원래 고향이나 나라를 떠나면서 생겨난 고통스러운 우울함을 뜻했으나, 방송이 등장한 후에는 주로 시간적 의미를 갖게 되었다. 우리는 과거의 '더 단순한' 시절에 대해 노스탤지어적이고 양가적 감정의 그리움을 갖는데, 이 시절은 가장 빈번하게는 라디오, 영화, 대중음악 등의 '황금시대'로 의미 작용된다. 상업 방송은 라디오의 새로운 가정 환경에 이전된 과거의 대중문화 형태에 광고주의 메시지를 접목했다.

오늘날 라디오와 함께 성장한 광고와 마케팅 주축 세력은 수용자의 인구학적 정보를 우리 문화의 대다수 상징적 표현 형태 생산의 핵심적 원형으로 삼게 됐다. **라이프스타일**이라는 용어는 이 소비 이데올로기의 현재 버전의 핵심을 가장 잘 포착한다. 옷, 노동, 가구에서 선호하는 여가 활동, 오락, 주류에 이르기까지 모든 것에 적용되는 만병통치식 묘사로서, 이 구절의 용도는 이미 포화 상태에 도달한 듯하다. 이는 모든 삶을 스타일로 환원해서, 인간이 어떻게 살고 있는지를 곧 무엇을 소비하는지와 동일시한다. 2차 세계 대전 이후 인구학이 어떻게 해서 예측 과학이자 핵심적인 문화적 지도의 생산자로 완성되었는지는 아직 소개되지 않은 이야기로 남아 있다.

◆

현대 미디어의 문화사, 즉 미디어 콘텐츠의 진화, 그리고 이 콘텐츠가 더 큰 대중문화와 맺는 관계의 진화는 또다른 모순 무더기가 작동하고 있음을 보여 준다. 대중문화를 곧 대중 예술과 동일시할 수 있다면, 현대 미디어는 주로 이윤 극대화에 몰두하는 비즈니스 기업으로 작동했다. 특히 방송 미디어 내부에서, 문화적 척도를 확립하고 소비 윤리를 지고의 덕목으로 홍보하는 데서 광고의 권위는 절대적이었다. 그러나 이러한 헤게모니는 표면적으로 드러난 것처럼 그렇게 완벽하거나 총체적이지는 못했다. 미디어는 콘텐츠를 허공에서 생산하지는 않았다. 역사적으로 볼 때, 미디어 방영물의 창작자뿐 아니라 원재료는 다양한 부류의 문화적 환경에서 끌어온 것이다.

특히 초창기의 미국 영화, 라디오, 텔레비전의 문화사는 완전히 '타자들,' 특히 이민자, 종족적, 인종적 소수파의 기여라는 관점에서 집필할 수도 있다고 말해도 좋다. 영화 산업의 등장에서 이민자 관객과 유대인 이민자 사업가들이 수행한 핵심적 역할은 잘 알려진 사실이다. 거칠고 속되지만 보편적으로 호소력 있는 슬랩스틱 코미디는 최초로 관객을 끌어모은 스타일이었다. 전 세계에 독특하게 미국적이라고 규정된 최초의 스타일이기도 했다. 오로지 할리우드에서만 패티 아버클Patty Arbuckle이 반숙련 배관공 조수에서 3년 만에 한 주에 5,000달러를 벌어들이는 코미디 스타가 될 수 있었을 것이다. [영화사 워너 브러더스를 창립한] 워너 형제들이 1927년 사운드 시대로 거대한 발걸음을 내디뎠을 때, 〈재즈 싱어The Jazz Singer〉를 선택하고 그 매개물로 앨 졸슨을 출연시킨 것도 우연이 아니었다. 성가대 지휘자 아들이 아버지의 종교를 버리고 대중 가수의 길을 선택하는 이야기는 영화 산업 자체의 역사뿐 아니라 미국 유대인의 삶에서 일어난 급속한 세속화를 압축한 것이었다. 초창기 영화 산업은 유대인 문화에서 아주 두드러진 집단 재현을 향한 강력한 열망의 투사에서 상당한 동력을 얻었다. 유대인 거물들은 할리우드 신화를 창조하는 과정에서 아메리칸드림을 재발명했다.

방송의 경우, 광고의 필요성 때문에 프로그램 편성이 끊임없는 새로움의 후광을 제시해야만 했다. 하지만 콘텐츠는 전통적 형태에 크게 의존했다. 코미디언과 가수가 진행하는 버라이어티 쇼가 네트워크 라디오에서 최초로 등장한 중요한 스타일이 되었다. 이 쇼는 보드빌 포맷에 크게 의존해 2차 세계 대전 시기까지 상당한 인기를 끌었다. 스타 중 다수는 텔레비전에서도 성공을 이어갔다. 이 의례의 장인들은 활동의 구심점이자 후원사 상품과 손쉬운 동일화 수단 구실을 했다. 대다수의 버라이어티 스타들은 이전의 무대 오락에서 오랜 경험을 쌓았다. 종족이나 지역 스테레오타입, 사투리 이야기, 대중적 노래 등 보드빌과 풍자극의 모든 주 종목이 방송으로 손쉽게 옮겨 갔다. 남북 전쟁 이전의 민스트럴 형태도 마찬가지였다. 라디오 최초로 진정 전국적인 대인기 프로그램인 〈아모스와 앤디〉(1925)는 흑인 얼굴을 한 민스트럴 쇼 등장인물의 직접 계승자였다.

이 오락물과 나아가 라디오 전반은 특정한 수용자에게는 중요한 매개 역할을 한 것으로 보인다. 적어도 라디오 시절 초기에는 특히 도시 거주 이민자 자녀들이 다른 어떤 집단보다 라디오를 소유할 가능성이 컸다는 사실을 시사하는 흥미로운 단편적 증거가 존재한다. 1930년 센서스에 따르면, 미국 본토 출신 부모를 둔 가정의 39.9%에 비해, 외국 출신이나 국제결혼 부모를 둔 가정의 자녀 중 57.3%가 라디오 수신기를 보유했다. 도시 가정에서는 이 수치가 각각 53.2%와 (모든 집단 중 가장 높은 수치인) 62.8%에 달했다. '미디어 지향성'과 '문화적 타자성' 간의 역사적 관계는 대부분 '미국화'라는 편의성 개념 수준 이상으로는 탐구되지 않은 상태로 있다.[6]

20세기 미국 대중음악의 역사는 미디어 콘텐츠가 어떻게 해서 주류 바깥의 형태, 스타일, 연예인, 아티스트에 의해 지속적으로 새로운 생명과 활기를 얻게 되었는지 보여 주는 아마도 가장 뚜렷한 예일 것이다. 1920년대 라디오 방송과 음반 산업의 성장 덕분에, 대중적 (그러나 지금까지 국지화되어 있던) 음악 형태들이 갈수록 서로 풍부한 자양분을 주면서 풍성해졌다. 미국에서는 인종적으로나 지리적으로 풍부한 온갖 진

정한 포크 음악들 — 가령 컨트리, '산골 음악mountain music,'* 블루스,
재즈 등 — 이 상업화되고 더 광범위한 수용자를 확보했다. 새로운 미
디어 덕분에 수용자와 아티스트들은 지금까지 알려지지 않았던 음악
형태도 접할 수 있게 됐다. 2차 세계 대전 이후 로큰롤의 등장은 좀 더
일반적인 청년 문화 현상과 밀접한 관련이 있는데, 백인 컨트리 음악,
흑인 블루스, 전통적인 틴 팬 앨리Tin Pan Alley** 쇼 음악이 새롭게 융
합된 중요한 현상을 반영했다.

　　최근에 이르러 레게, 스카ska, 살사salsa 같은 제3 세계 음악의 유입
은 대중음악에서 국제적이고 다문화적인 스타일의 성장을 지칭한다.
모든 화려함과 과시성 이면을 들여다보면, 디스코 유행은 근본적으로
는 도시 게이 감수성이 가미된 라틴 댄스 리듬의 대중화에 근거한다.
대중음악을 표준화하고 잘 활용하며 스타와 추세를 홍보하는 음반과
라디오 산업의 위력도 무시하거나 축소해서는 안 될 것이다. 그러나 상
당수 대중음악의 핵심에 자리하는 진정성을 부정한다면, 우리 대중문
화 내부에 존재하는 복잡한 긴장들을 과도하게 단순화하는 것이나 마
찬가지다.

● '올드타임 음악Old-Time music' 혹은 '산골 음악'이라 불리는 북미의 전통 음악 장르
로 19세기에서 20세기 초까지 주로 미시시피주에서 뉴욕주까지 남북으로 이어지는 애팔
래치아 산맥 기슭에서 발달했다. 이 지역에 정착한 스코틀랜드, 아일랜드, 잉글랜드, 아프
리카계 이민자 공동체의 다양한 음악에 뿌리를 두고 있다. — 옮긴이

●● 틴 팬 앨리는 19세기에서 20세기 초에 이르기까지 미국 대중음악을 지배하던 뉴욕
시 음악 출판업자와 작곡가 집단을 총칭하는 용어였다. 이 이름은 뉴욕 맨해튼의 특정 거
리를 지칭하는 별명에서 유래했으나, 점차 미국 음악 산업 전체를 지칭하는 단어로 의미가
확대되었다. — 옮긴이

◆

최근 커뮤니케이션 테크놀로지에서 일어난 여러 가지 사태 진전을 논의하기 전에, 초창기에 미디어에 대한 원대한 꿈을 구상한 두 사람인 에드워드 벨라미Edward Bellamy와 휴고 건스백Hugo Gernsback을 잠시나마 살펴보면 아마 도움이 될 것이다. 1889년 미국의 저명한 유토피아주의자였던 벨라미는 짧은 단편 소설 〈눈을 감은 채With the Eyes Shut〉에서 미래의 커뮤니케이션에 관한 이상화된 비전을 정교하게 제시했다. 그는 어느 철도 승객이 완전히 새로운 미디어 장치의 세계로 갑자기 이동하는 꿈을 꾸게 되는 이야기를 묘사했다. 여기서 철도 객실에서는 음반으로 된 책과 잡지가 인쇄물을 대체했다. 벽시계는 위대한 작가의 명언 녹음으로 시간을 알린다. 편지, 신문, 서적은 읽는 대신에 원통형 전축으로 녹음해서 듣는다. 환등기를 겸한 축음기로 사람들은 심지어 배우들의 연기를 보면서 대사를 들을 수 있다. 모든 사람이 필수품을 휴대하고 다니는데 바로 테이프 녹음기와 전축 겸용 기계다. 벨라미는 청각이 시각을 압도하게 되는 위험성에 가장 우려한 듯하다. 그러나 그의 우화에서 가장 눈에 띄는 부분은 사적 환경에서 개인에게 무한한 프로그램 선택권이 주어진다는 점이다.

벨라미의 판타지가 무한하게 많은 '소프트웨어'의 이미지를 엮어낸다면, SF 작가이자 무선광인 휴고 건스백은 라디오 '하드웨어'의 급진적 잠재력에 매료되었다. 1900년대 초에 건스백은 자신의 잡지 등에 아마추어 무선 활동을 끈기 있게 홍보했다. 이 작업의 결정판이 《모든 이를 위한 라디오Radio For All》(1922)라는 책으로 나왔는데, 이 책은 50년 후 '라디오 미래의 경이로움'을 예상했다. 건스백은 텔레비전, 화상 전화, 텔렉스, 원격 조종 항공기의 도래를 예측했다. 그는 우리가 미처 발

휴고 건스백의 《모든 이를 위한 라디오》에 실린 삽화(1922).

견하지 못한 일부 장치도 구상해 냈는데, 여기에는 라디오 출력으로 움직이는 롤러스케이트, 라디오 시계, 그리고 심지어 '라디오 비즈니스 통제' 테이블까지 있었다. 건스백의 책 표지 사진이 보여 주듯이, 그는 개인의 라디오 장비가 비즈니스와 사회생활의 바로 중심부에 자리 잡는 미래를 꿈꾸었다.

벨라미와 건스백의 목소리로 전해진 유토피아의 열망이 격세유전식으로 표현된 산물은 모두 오늘날 우리 주변에 널려 있다. 오늘날에 와서 새로운 위성과 비디오 테크놀로지의 등장으로 이들의 판타지는 더 확고한 물질적 토대를 갖게 됐다. 물론 벨라미의 '소프트웨어 사회주의'와 건스백의 '하드웨어 사회주의'가 전혀 가까워진 것 같지는 않다. 대기업 자본은 그 물질적 토대 확장에 엄청난 자원을 투자했다. 신문에는 RCA, 워너커뮤니케이션, MCA, 소니SONY 그리고 나머지 모두가 새로운 조치에서 한몫을 챙기기 위해 벌이는 공작들을 자세하게 알려주는 기사가 넘쳐나고 있다. 새로운 진전에서 거대 자본이 중심적 위치를 장악했다는 사실은 아무도 부정할 수 없다. 그러나 최근의 사태 전개는 실체로서는 부정하는 것처럼 보이는 것을 본질에서는 여전히 약속하고 있을 수도 있다.

미디어 하드웨어와 소프트웨어 진화의 가속화는 주로 인구 전반에 지속되고 있는 유토피아적 열망에 힘입었다. 비디오카메라, 카세트 녹음기, 비디오 디스크 플레이어, 가정용 컴퓨터 등 값싼 비디오 하드웨어의 대규모 확산이 임박한 상태에서, 개인과 집단이 소비자뿐 아니라 생산자가 될 잠재력은 존재한다. 따라서 역사적으로 방송에서 전송의 과점과 수용의 민주주의 사이에 존재해 온 격차는 급격하게 축소될 수도 있다. 커뮤니케이션 수단과 커뮤니케이션 콘텐츠를 좀 더 직접 통제하고자 하는 사람들의 근본적이고 진정한 욕망과 거대 기업 간의 상호 작용을 주목할 필요가 있다. 최근 케이블 텔레비전 산업의 부활이 주목할 만한 좋은 사례다.

케이블 텔레비전이 갖고 있는 탈중심화 역량은 실제로 실현되지는 않았더라도 오래전부터 간파된 사실이다. 실로 1970년대에 이르면 1960년대에 케이블에 관한 거의 모든 논의의 결론이 된 '고담준론식' 예측은 웃음거리처럼 보였다. 케이블 산업은 큰 불황에 빠져 있었고, 공동체들의 유선 연결은 거의 이루어지지 않았다. 퍼블릭 액세스 채널, 쌍방향 연결, 비디오 전화, 가정용 컴퓨터 단말기 등에 관한 모든 논의는 아주 공허해 보였다. 어떤 케이블 회사도 가정에 선로를 연결할 재원을 확보하지 못했기 때문이다. 심지어 잠재적으로 가장 수익성 있는 시장인 뉴욕시에서도 두 군데 케이블 프랜차이즈 회사는 매년 수백만 달러의 손실을 보고 있었다. 그러나 대략 지난 5년 동안 현장에서 추가된 두 가지 요인이 산업을 다시 활성화하고 벤처 자본을 끌어들였다.

첫째, HBO(Home Box Office)와 쇼타임Showtime 같은 유료 케이블 서비스의 등장은 대안적 프로그램 편성에 대한 엄청난 잠재적 수요를 입증했다. 이 채널들은 케이블 기본요금에 매달 추가 요금을 부과한다. 타임-라이프 산하 회사이자 유료 케이블에서 지배적 세력인 HBO는 옛날 영화와 스포츠 생방송이라는 단순한 공식으로 시작했다. 이 채널은 이제 오락 스페셜, 코미디 쇼, 연극 등 더 많은 오리지널 프로그램 편성을 지향하면서 빠르게 변해 가고 있다. 심지어 과거의 〈시간의 행진〉 뉴스 영화의 현대판으로 들리는 자칭 "다큐테인먼트docutainment"라는 이름의 프로그램도 제공하고 있다.

둘째, RCA와 웨스턴유니온의 커뮤니케이션 위성 성공은 케이블 회사에 실용성 있는 배포 네트워크를 마련해 주었다. 2,000달러에서 2만 달러 사이 어디쯤의 비용이 소요되는 지상 기지국 수신기를 통해

The Radio Corporation of America Tells

What TELEVISION will mean to you!

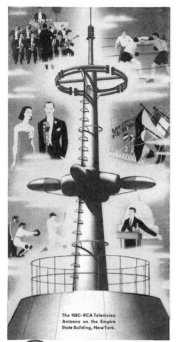

The NBC·RCA Television Antenna on the Empire State Building, New York.

On April 30th RCA television was introduced in the New York metropolitan area. Television programs, broadcast from the lofty NBC mast at the top of the Empire State Building, cover an area approximately fifty miles in all directions from that building. Programs from NBC television studios are sent out initially for an hour at a time, twice a week. In addition, there will be pick-ups of news events, sporting events, interviews with visiting celebrities and other programs of wide interest.

How Television will be received!

To provide for the reception of television programs, RCA Laboratories have developed several receiving sets which are now ready for sale. These instruments, built by RCA Victor, include three models for reception of television pictures and sound, as well as regular radio programs. There is also an attachment for present radio sets. This latter provides for seeing television pictures, while the sound is heard through the radio itself. The pictures seen on these various models will differ only in size.

Television—A new opportunity for dealers and service men

RCA believes that as television grows it will offer dealers and service men an ever expanding opportunity for profits. Those, who are in a position to cash in on its present development, will find that television goes hand in hand with the radio business of today.

In Radio and Television—It's RCA All the Way

RCA **Radio Corporation of America**
RADIO CITY, NEW YORK

RCA MFG. CO., INC. · RADIOMARINE CORP. OF AMERICA · NATIONAL BROADCASTING CO. · R.C.A. COMMUNICATIONS, INC. · RCA INSTITUTES, INC.

1939년 4월 30일 "한 번에 한 시간씩 일주일에 두 번" NBC 스튜디오에서 뉴욕 대도시 지역으로 정규 실험 방송이 시작되었다는 RCA 라디오의 광고.

케이블 운영사는 '방송 전파를 보낼' 수 있게 됐다. 프로그램 편성사업자는 이제 갈수록 성장하는 케이블 수용자 도달을 목적으로 새로운 네트워크와 유료 서비스를 서둘러 마련하고 있다. 새로운 프로그램과 특화된 프로그램을 접할 수 있게 되자, 이번에는 다양한 공동체에서 케이블 체제에 대한 새로운 수요가 늘어났다. 현재 약 1,500만 미국 가정이 케이블에 연결되어 있다. 일부 산업 분석가는 이 수치가 1990년까지 모든 텔레비전 수신 가구의 80%에까지 달할 것이라 판단한다.

상업 네트워크 텔레비전의 권력이 광고주에게 대량 수용자를 제공할 수 있는 역량에 근거하는 한, 이 권력은 곧 케이블에서의 탈중심화 추세의 도전을 받을 수도 있다. 특화된 수용자 대상의 새로운 네트워크도 이미 여러 군데 생겨났는데, 어린이, 히스패닉계, 노인, 스포츠 매니아 등이 그렇다. 케이블과 그에 부수적인 신규 비디오 테크놀로지는 적어도 대중 시장 텔레비전의 쇠퇴와, 30년 동안 유지된 3개 상업 네트워크의 지배력 붕괴를 의미할 것이다. 결국에는 지역 방송사와 케이블 체제를 모두 건너뛰고 가정에 위성으로 직접 송출하게 될 가능성도 아주 실제적이다. 이제 탈방송 시대를 위한 기술적 무대는 마련되었다.

많은 케이블 편성 사업자들은 특수 관심사 잡지와 거의 마찬가지로, 특정 광고주가 배타적으로 도달하고자 하는 정확하게 세분화된 인구 분파를 대상으로 삼는 식으로 이윤을 거두길 희망한다. 이 개념은 '내로캐스팅narrowcasting'으로 알려져 있다. 이런 식의 발전 양상이 어떤 점에서 유망한지 궁금해하는 사람이 있는 것도 당연하다. '인구학적' 케이블 프로그램 편성의 불확실한 전망은 다소 암울한 소식이다. 하지만 현재로서는 케이블 산업의 부활은 대안적 편성을 원하는 사람들과 투자 이전에 더 큰 케이블 시장을 확인하고자 하는 편성업자 사이의 밀고 당기기에 의해 추진되는 현상으로, 그 자체로는 긍정적인 발전이었다고 주장할 수 있다. 현재로서는 하드웨어가 소프트웨어보다 훨씬 더 앞서 있다는 데는 의문의 여지가 없다. 그렇다면 이제 핵심적인 질문은 '새로운 테크놀로지를 활용해 상상력이 풍부하고 혁신적인 편성을 창조할 수 있을까?' 하는 의문으로 바뀌었다.

핵심 사항은 오랫동안 현재의 체제에 막혀 네트워크에 동참할 수 없었던 모든 독립 프로그램 개발자, 예술가, 정치 운동가가 이제는 잠재적으로 대규모 수용자에 도달할 방안을 마련했다는 점이다. 오늘날 네트워크 텔레비전으로 2,000만 명에게 도달하는 프로그램은 실패작으로 간주된다. 이러한 부류의 기준은 당연히 바뀔 것이다. 새로운 배포 네트워크는 독립 업자에게도 시청자에 도달할 수 있는 진입점을 제공한다. 아마도 가장 유망한 새로운 접점은 지역 케이블과 비디오 디스크가 될 것이다.

지역 케이블 회사들은 모두 넘쳐날 정도로 많은 채널을 제공하는데, 여기에는 퍼블릭 액세스와 임대 채널도 포함된다. 아주 소액의 비용만 지불하고 나면, 퍼블릭 액세스 채널은 국지적인 생방송 프로그램 편성에 완전한 자유를 허용해 준다. 대다수의 케이블 체제는 프로그램 후원자를 마련한 지역 집단에게 임대할 채널도 갖고 있다. 풀뿌리 편성의 잠재력을 활용하는 데는 일부 공동체가 훨씬 앞서 있기는 하지만, 이 모든 영역은 현재 막 발전을 시작한 상태에 있다.

이제 막 대량 마케팅을 시작한 비디오 디스크에 관해서는 여전히 해답을 찾지 못한 거대한 질문들이 남아 있다. 누구든 자신만의 디스크를 제작할 수는 없을 것이라는 점에서, 비디오 디스크는 비디오테이프보다 더 수동적인 활동에 해당한다. 비디오 디스크와 비디오테이프의 관계는 마치 축음기 음반과 테이프의 관계와 같다. 하지만 비디오 디스크의 장점은 탁월한 화질과 음질, 저렴한 비용에 있다고들 한다. 이 분야의 막강한 재력가들은 텔레비전 비방송용 홈 비디오 시장에 막대한 투자를 쏟아부었다. RCA의 셀렉타비전Selecta-Vision 시스템은 단일 상품에 대한 투자로는 역대 최대 규모에 해당한다고 알려졌다. 이 회사는 또한 CBS와 추가적인 디스크 소프트웨어를 공급받기로 장기 계약을 맺었다. 이와 비슷하게 네덜란드 거대 복합 기업인 N. V. 필립스N. V. Philips사는 MCA와 자사 마그나비전Magna-Vision 홈 비디오 센터용 소프트웨어 공급 계약을 체결했다. 이러한 부류의 계약은 갈수록 늘어날 가능성이 있지만, 모든 관계자들이 동의하듯이 소프트웨어 공급 전망은 독립 제작자 활동에 좀 더 큰 여지를 남겨 둔다. 비디오 디스크 대여, 판매, 제작을 위한 지역 단위와 전국 단위 네트워크는 이미 결성되고 있다.

막대한 자금을 동원한 시장 조사와 대기업의 수단 방법 가리지 않는 전략이 만연함에도 불구하고, 비디오 디스크 현상이 어떤 식으로 진화할지 아무도 확신하지 못하고 있다. 놀랍게도 RCA는 1990년까지 비디오 디스크 시장의 규모를 75억 달러로 추산하지만, 자본의 판단이 틀렸을 수도 있다. 판세를 좌우할 두 가지 핵심 요인은 다양한 디스크 체제 간의 호환성이 부족하다는 점과, 더 중요하게는 미국 경제가 점차 불안한 상태에 접어들고 있다는 점이다. 새로운 커뮤니케이션 하드웨어는 수용자가 구매할 수 있을 정도로 저렴해질까?

지속되는 에너지 위기의 성격을 감안할 때, 우리 사회에서는 넓은 의미에서 커뮤니케이션이 교통보다 우위를 확보해야 한다고 주장할 수도 있다. 미국 미디어 내부에 존재하는 변증법적 긴장에 대한 자각은, 왜 현대 미디어에서 최악의 경향 ─ 즉 진부화, 상품 물신화 자극, 글로벌 헤게모니의 열망 ─ 을 비판하면서도 동시에 미래의 전망에 대한 진짜 희망을 품을 수 있는지 설명해 줄 수 있다. 미래주의식 판타지를

RCA의 셀렉타비젼 광고(1939. 4. 30).

억제하는 것보다는 기술 진보에 따르는 은폐된 정치적, 사회적 의제를 꾸준히 폭로하려 시도하는 것이 더 중요하다. 미국 미디어 내부의 모순들을 더 뚜렷하게 부각하는 역사적 시각의 회복은 아마도 현대 커뮤니케이션의 미래를 기억하는 데 도움이 될 수도 있을 것이다.

주

출처 인용

이 책은 역사학자뿐 아니라 일반 독자를 대상으로 집필했다. 따라서 학술적 장치는 최소화했고, 문헌 출처는 가능하면 단순화해서 제시한다. 텍스트를 지저분하게 어지럽히지 않도록 인용문과 여러 표현의 출처는 흔히 여러 단락에 걸친 미주로 요약해 제시했다. 각 미주의 출처는 대체로 문헌의 정보가 텍스트에 등장하는 순서대로 표기했다. 텍스트와 미주를 대조해 보면, 독자는 어떤 특정한 항목의 출처가 어디인지 식별할 수 있을 것이다.

1장

1. Joseph Henry in C. T. McClenachan, *Detailed Report of the Proceedings Had in Commemoration of the Successful Laying of the Atlantic Telegraph Cable* (New York: E. Jones and Co., 1859), p.227에서 재인용. Marshall Lefferts, "The Electric Telegraph; Its Influence and Geographical Distribution," *Bulletin of American Geographical and Statistical Society* 2 (January 1857): 242~264도 보라. 대략 30년 전 하버드대학교 교수 제이컵 비글로Jacob Bigelow는 테크놀로지란 용어를 언어에서 부활시켰는데, 그는 테크놀로지를 "좀 더 가시성이 높은 예술의 원칙, 과정, 전문어를 [의미하는데], 특히 과학의 응용을 포함하고 사회의 혜택을 조성해 유용하다고 간주할 수 있는 것들"을 기술하는 의미로 사용했다(*Elements of Technology* [Boston: Hilliard, Gray, Little, and Wilkins, 1829], p.v).

2. Alexander Jones, *Historical Sketch of the Electric Telegraph* (New York: G. E Putnam, 1852), pp.7~12; Carleton Mabee, *Samuel F. B. Morse: The American Leonardo* (New York: Alfred A. Knopf, 1944), pp.190~192.

3. Samuel F. B. Morse to Sidney Morse, 13 January 1838, in Edward L. Morse, ed., *Samuel F. B. Morse: Letters and Journals*, 2 vols.(Boston: Houghton Mifflin Co., 1914), 2: 73. 이 무렵 모스가 겪은 고난을 가장 잘 묘사한 문헌은 Robert L. Thompson, *Wiring a Continent: The History of The Telegraph Industry in the United States, 1832~1866* (Princeton: Princeton University Press, 1947), pp.3~34. 1838년의 공개 시범 행사에 관해서는 *New York Journal of Commerce*, 29 January 1838과 Morse, ed., *Letters and Journals*, 2: 77~82를 보라. *The Congressional Globe*, 21 February 1843은 모스가 신청한 예산을 둘러싼 하원의 논쟁을 보도했다. 이 글은 Morse, ed., *Letters and Journals*, 2: 193~195에 재수록됐다. 전신을 개설한 거리의 숫자는 "Telegraphs," in U.S. Census Office, *Seventh Census,*

Report of the Superintendent of the Census (Washington, D.C.: Robert Armstrong, 1853), pp.106~116에서 따온 것이다.

4. Samuel F. B. Morse to Alfred Vail, 8 May 1844; Samuel F. B. Morse to Sidney Morse, 31 May 1844, in Morse, *Letters and Journals*, 2: 220~221, 224; Alfred Vail to Samuel F. B. Morse, 3 June 1844 in Thompson, *Wiring*, p.25에서 재인용; Mabee, *American Leonardo*, pp.276~279.

5. *Rochester Daily American*, 20 May 1846; *Philadelphia North American*, 15 January 1846. 일러스트레이션과 의회의 관련 보고서를 포함해, 최초의 실험 선로 작동에 관한 자세한 묘사는 Alfred Vail, *The American Electro Magnetic Telegraph*(Philadelphia: Lea and Blanchard, 1845)를 보라.

6. *Cincinnati Daily Commercial*, 6 August 1847; *Zanesville Courier*, 17 July 1847. 이 기사와 당시의 다른 언론 보도는 다음 책에서 볼 수 있다. the Henry O'Rielly Collection, First Series, vol. 1과 Journalistic Series, vols. 1~2, New York Historical Society, New York, NY. 오라일리는 초기 전신 사업자 중 가장 중요한 인물이었다. 변방 지역의 전신에 관해서는 또한 W. L. Stackhouse, "Telegraphic Communication in Michigan," *Michigan History Magazine* 24 (Winter 1940): 75~90; Ben Hur Wilson, "Telegraph Pioneering," *The Palimpsest* 6 (November 1925): 373~393; Ellis B. Usher, "The Telegraph in Wisconsin," *Proceedings of the State Historical Society of Wisconsin of 1913* (1914), pp.91~109 등을 보라.

7. Philip Dorf, *The Builder: A Biography of Ezra Cornell* (New York: Macmillan, 1953), pp.69~70.

8. William Bender Wilson, "The Telegraph in Peace and War," in *From the Hudson to the Ohio* (Philadelphia: Kensington Press, 1902), pp.36~37. 또한 W. J. Johnston, *Telegraphic Tales and Telegraphic History*(New York: W. J. Johnston, 1880)도 보라.

9. Daniel Davis, *Book of the Telegraph* (Boston: D. Davis, 1851), p.3; E. Laurence, "The Progress of Electricity," *Harper's New Monthly* 39 (September 1869): 548; Charles Briggs and Augustus Maverick, *The Story of the Telegraph and a History of the Great Atlantic Cable* (New York: Rudd and Carleton, 1858), p.13; Jones, *Historical Sketch*, p.vi.

10. Ezra S. Gannett, *Discourse on the Atlantic Telegraph* (Boston: Crosby, Nichols, and Co., 1858), p.7; Laurence, "Progress of Electricity," p.548; Jones, *Historical Sketch*, p.v; Lefferts, "Electric Telegraph," p.264.

11. Taliaferro P. Shaffner, "The Ancient and Modern Telegraph," *Shaffner's Telegraph Companion* 1 (February 1854): 85. 또한 Taliaferro P. Shaffner, *The Telegraph Manual* (New York: Pudney and Russell, 1859)도 보라.

12. H. L. Wayland, "Results of the Increased Facility and Celerity of Inter-Communication,"

New Englander 16 (November 1858): 800; Briggs & Maverick, *Story of the Telegraph*, pp.21~22. 이 시기의 복고주의 사고방식과 기술적 진보 찬양 간의 밀접한 관계에 관해서는 Perry Miller, *The Life of the Mind in America* (New York: Harcourt, Brace, and World, 1965), pp.299~313을 보라.

13. Briggs & Maverick, *Story of the Telegraph*, p.13; *New York Times*, 9 August 1858.

14. "Communication," *Oxford English Dictionary*, s.v.; "Communication," in Raymond Williams, *Keywords: A Vocabulary of Culture and Society* (New York: Oxford University Press, 1976), pp.62~63을 보라. 커뮤니케이션의 의미에서 '의례'와 '전송'의 차이에 관한 통찰력 있는 논의로는 James W. Carey, "A Cultural Approach to Communication," unpublished essay, 1973을 보라. 또한 케리의 논문인 "Mass Communication Research and Cultural Studies: An American View," in James Curran et al., eds., *Mass Communication and Society* (Beverly Hills: Sage Publications, 1977), pp.409~425를 보라.

15. Henry D. Thoreau, *Walden*, Riverside Editions (Boston: Houghton Mifflin Co., 1957), p.36.

16. Samuel F. B. Morse to House Committee on Commerce, 15 February 1838, in U. S. House, Committee on Commerce, *Electro-Magnetic Telegraphs*, 25th Cong., 2d sess., 1838, H. Rept. 753, app. C, p.2; "The Nerve of the Continent," *Philadelphia North American*, 15 January 1846; William F. Channing, "On the Municipal Telegraph," *American Journal of Science and Arts*, 2d ser. 63 (May 1852): 58~59. 또한 George Prescott, *History, Theory and Practice of the Electric Telegraph* (Boston: Ticknor and Fields, 1860), pp.435~438도 보라.

17. U.S. House, Committee of Ways and Means, *Magnetic Telegraph from Baltimore to New York*, 28th Cong., 2d sess., 1845, H. Rept. 187, p.7; Laurence Turnbull, *Electro-Magnetic Telegraph, with an Historical Account of its Rise, Progress and Present Condition* (Philadelphia: A. Hart, 1853), p.148; Donald Mann, "Telegraphing of Election Returns," *American Telegraph Magazine* 1 (November 1852): 74, 76; Davis, *Book of the Telegraph*, p.44.

18. *New Orleans Price Current*, 1 September 1848. 전신과 상업에 관한 추가 논평으로는 예컨대 McClenachan, *Detailed Report*, p.7; Turnbull, *Telegraph*, pp.77~78을 보라. 초기 전신 선로와 관련해 발생한 다양한 문제점에 관해서는 Thompson, *Wiring*, pp.217~226; Wilson, "Telegraph"를 보라.

19. Associated Press report, *New York Times*, 6 August 1858; Gannett, *Discourse*, p.3. 또한 Joseph A. Copp, *The Atlantic Telegraph: A Discourse* (Boston: T. R. Marvin and Sons, 1858)도 보라. 미국 전역에서 벌어진 다른 시범 행사에 관한 보도로는 *New York Times*, 5-20 August 1858을 보라.

20. *New York Times*, 9 August, 1-2 September 1858. 또한 McClenachan, *Detailed Report*; Briggs and Maverick, *Story of the Telegraph*, pp.245~250을 보라.

21. Frank L. Mott, *American Journalism* (New York: Macmillan Co., 1941), p.48; Edwin Emery, *The Press and America* (Englewood Cliffs: Prentice-Hall, 1972), p.193; Alfred M. Lee, *The Daily Newspaper in America* (New York: Macmillan Co., 1947), pp.37~57.

22. Emery, *Press*, pp.165~175; Mott, *American Journalism*, pp.48~49, 243~244, 384~385. 페니 신문의 중요성에 관해서는 Walter L. Hawley, "Development of the American Newspaper," *Popular Science Monthly* 56 (December 1899): 186~204도 보라.

23. 뉴스 수집에서 전신의 핵심적 중요성에 관해서는 Victor Rosewater, *History of Cooperative Newsgathering in the United States* (New York: D. Appleton and Co., 1930), pp.12~34; Emery, *Press*, pp.196~198; Frederic Hudson, *Journalism in the United States from 1690 to 1872* (New York: Harper and Brothers, 1873), pp.596~600; W. F. S. Shanks, "How We Get Our News," *Harper's Magazine* 34 (May 1867): 511~522를 보라. Michael Schudson, *Discovering the News: A Social History of American Newspapers* (New York: Basic Books, 1978), pp.12~35는 특히 페니 신문에 주목하면서, 기술적 변화와 영리 사업 간의 상호 작용에 관해 논의한 유용한 연구다.

24. Swain에 관해서는 Thompson, *Wiring*, pp.43, 48; James D. Reid, *The Telegraph in America* (New York: Derby Brothers, 1879), pp.130~141; Rosewater, *Cooperative Newsgathering*, pp.40~41; Bennett에 관해서는 Hudson, *Journalism*, p.480; Calder M. Pickett, "Six New York Newspapers and their Response to Technology in the Nineteenth Century" (Ph.D. dissertation, University of Minnesota, 1959), pp.174~178.

25. Emery, *Press*, pp.199~201; Rosewater, *Cooperative Newsgathering*, pp.45~47; Hudson, *Journalism*, p.600. 또한 William H. Smith, "The Press as a News Gatherer," *Century Magazine* 42 (August 1891): 524~536도 보라. AP의 본부장인 스미스는 1830년대와 1840년대에는 "주목할 정도로 뉴스의 가치"가 부상했다는 점에서 미국 저널리즘의 핵심적 이행기였다고 주장했다.

26. Rosewater, *Cooperative Newsgathering*, pp.47~48; Bennett in Isaac C. Pray, *Memoirs of James G. Bennett and His Times* (New York: Stringer and Townsend, 1855), pp.363~364에서 재인용.

27. Richard Schwarzlose, "Harbor News Association: The Formal Origins of the AP," *Journalism Quarterly* 45 (Summer 1968): 253~260; Lee, *Daily Newspaper in America*, pp.495~516; Smith, "The Press as a News Gatherer," p.524. Rosewater, *Cooperative Newsgathering*, pp.64~70에는 이전의 시도에 대한 설명과 사례가 실려 있다.

28. Thompson, *Wiring*, pp.220~224; Rosewater, *Cooperative Newsgathering*, pp.52~56. 전신 회사에서 신문에 적용한 규정의 예로는 Thompson, *Wiring*, pp.47, 221을 보라; 초창기 통신사의 규정에 관해서는 Schwarzlose, "Harbor News Association"을 보라.

29. Jones, *Historical Sketch*, pp.123, 136. 또한 Lee, *Daily Newspaper*, pp.494~496을 보라. 존

스의 책에는 당시 사용하던 상업적, 경제적 암호의 예가 실려 있다.

30. Hawley, "Development of the American Newspaper," p.186. 신문 관련 숫자는 Lee, *Daily Newspaper*, p.718에서 따왔다.

31. Pickett, "Six New York Newspapers and Their Response to Technology in the Nineteenth Century"; Simon N. D. North, *History and Present Condition of the Newspaper and Periodical Press of the United States* (Washington, D.C.: Census Office, 1884), p.110.

32. "The Intellectual Effects of Electricity," *The Spectator* 63 (9 November 1889): 631~632.

33. W. J. Stillman, "Journalism and Literature," *Atlantic Monthly* 68 (November 1891): 694. 예컨대 Henry R. Elliott, "The Ratio of News," *Forum* 5 (March 1888): 99~107; Noah Brooks, "The Newspaper of the Future," *Forum* 9 (July 1890): 569~578도 보라.

34. Conde B. Pallen, "Newspaperism," *Lippincott's Monthly* 38 (November, 1866): 476. 또한 D. O. Kellogg, "The Coming Newspaper," *The American* 20 (9 August 1890): 328~330도 보라.

35. George M. Beard, *American Nervousness* (New York: G. E Putnam's Sons, 1881), pp.vi, 99, 134.

36. U.S. House, *Report of the Postmaster General*, 29th Cong., 2d sess., 1846, H. Doc. 4, p.689; Samuel F. B. Morse to House Committee on Commerce, 15 February 1838, in U.S. House, Committee on Commerce, *Electro-Magnetic Telegraphs*, 25th Cong., 2d sess., 1838, H. Rept. 753, app. C, pp.8~9. 우체국이 운영한 정부 전신에 관해 초창기에 나온 가장 설득력 있는 주장은 U.S. House, Committee of Ways and Means, *Magnetic Telegraph from Baltimore to New York*, 28th Cong., 2d sess., 1845, H. Rept. 187에 실려 있다. 의회는 심지어 모스를 비롯한 동업자들과 협상조차 허용하지 않았기 때문에, 1845년에 정부가 전신 특허권을 인수했다면 어느 정도 비용이 들었을지는 분명하지 않다. 이 문제에 관한 단편적인 증거를 다룬 논의로는 Thompson, *Wiring*, p.34를 보라.

37. 웨스턴유니온의 성장 과정에 관해 가장 자세하고 뛰어난 설명으로는 Thompson, *Wiring*, pp.259~299, 406~440과 Reid, *Telegraph in America*, pp.455~476이 있다. Alvin F. Harlow, *Old Wires and New Waves: The History of the Telegraph, Telephone and Wireless* (New York: D. Appleton-Century Co., 1936), pp.250~259; James M. Herring and Gerald C. Cross, *Telecommunications: Economics and Regulation* (New York: McGraw-Hill Book Co., 1936), pp.1~18도 유용하다. 철도 서비스 계약의 중요성에 관해서는 Thompson, *Wiring*, pp.290, 443~444; Harlow, *Old Wires and New Waves*, pp.213~214를 보라. 웨스턴유니온과 전화 산업 간의 관계에 관해서는 N. R. Danielian, *A. T. & T: The Story of Industrial Conquest* (New York: Vanguard Press, 1939), pp.41~75를 보라.

38. 이 두 가지 표는 다음 출처에서 구성한 것이다. U.S. Bureau of the Census, *Tenth Census of the United States, 1880*, vol. 4, *Report on the Agencies of Transportation in the United*

States, "Report on the Statistics of Telegraphs and Telephones in the United States"; John Richards, A Talk on Telegraphic Topics (Chicago: n.p., 1882), p.18; Nathaniel P. Hill, "Postal Telegraph," in *Speeches and Papers on the Silver, Postal Telegraph and Other Economic Questions* (Colorado Springs: Gazette Printing Co., 1890), p.221.

39. Testimony of Daniel H. Craig, in U.S. Senate, Education and Labor Committee, *Report upon the Relations between Labor and Capital*, 4 vols. (Washington, D.C.: Government Printing Office, 1885), 2: 1268; Peter Knights, "Conflict between the New York Associated Press and the Western Associated Press, 1866~1867" (Master's thesis, University of Wisconsin, 1965), p.11; Reid, *Telegraph in America*, pp.410~411.

40. Rosewater, *Cooperative Newsgathering*, pp.86~98; Hudson, *Journalism*, pp.613~615.

41. Knights, "Conflict," pp.9~10, 20~64; Rosewater, *Cooperative Newsgathering*, pp.100~107, 111~137. 웨스턴유니온과 통신사 간 계약의 예로는 U.S. Senate, Committee on Post Office and Railroads, *Testimony, Statements, etc. Taken by the Senate Committee on Post Office and Railroads*, 48th Cong., 1st sess., 1884, S. Rept. 577, pt. 2, pp.317~322 를 보라.

42. U.S. House, Committee on Appropriations, *To Connect the Telegraph with the Postal Service*, 42d Cong., 3d sess., 1872, H. Rept. 6, p.7.

43. U.S. Senate, Committee on Post Offices and Post Roads, *Postal Telegraph*, 43d Cong., 1st sess., 1874, S. Rept. 242, pp.1, 3. 또한 U.S. Senate, Committee on Post Offices and Post Roads, *Telegraph Lines as Post Roads*, 43d Cong., 2d sess., 1875, S. Rept. 624, pp.3~4도 보라.

44. Testimony of Henry George, *Report upon the Relations between Labor and Capital*, 1: 481~483; Henry George, Jr., *Life of Henry George* (New York: Doubleday and McClure, 1900), pp.182~187. 또한 Testimony of Walter P. Phillips, secretary and general manager of the United Press, and Testimony of Lloyd Brezee of the *Detroit Evening Journal, Testimony on Post Office and Railroads*, pp.287~314도 보라.

45. Testimony of James W. Simonton, U.S. Senate, Committee on Railroads, *Competing Telegraph Lines*, 45th Cong., 3d sess., 1879, S. Rept. 805, pp.38, 51; Testimony of William H. Smith, *Testimony on Post Office and Railroads*, pp.292, 300.

46. Testimony of William Orton, U.S. House, Select Committee on the Postal Telegraph, *Postal Telegraph in the United States*, 41st Cong., 2d sess., 1870, H. Rept. 114, p.99.

47. 다양한 법안과 보고서의 완벽한 목록은 Frank Parsons, *The Telegraph Monopoly* (Philadelphia: C. F. Taylor, 1899), pp.17~18에 실려 있다. 전신 개혁 조치를 잘 요약한 또 다른 유용한 자료로는 Hill, "Postal Telegraph," pp.198~235가 있다.

48. Charles A. Sumner, *The Postal Telegraph* (San Francisco: Bacon and Co., 1879), p.9.

49. U.S. House, *Report of the Postmaster General*, 51st Cong., 2d sess., 1890, H. Exec. Doc. 1, pt. 4, p.8. 이 보고서에는 전신이 우체국의 자연스러운 확장이라는 주장의 자세한 내용뿐 아니라 전신 개혁을 선호한 집단의 목록도 실려 있다. 또한 Parsons, *Telegraph Monopoly*, pp.12~14도 보라.

50. Sumner, *The Postal Telegraph*, p.6. 웨스턴유니온의 로비, 특히 관리들에게 무료 이용 혜택을 제공하려는 시도에 관해서는 다음 글에서 윌리엄 오튼이 이 제도의 정치적 중요성을 묘사한 내용을 보라. Hill, "Postal Telegraph," p.224.

2장

1. Edward B. Tylor, *Primitive Culture: Researches into the Development of Mythology, Philosophy, Religion, Art, and Custom*, 2 vols. (New York: Henry Holt and Co., 1877), 1: 1. 서구 사상에서 문화라는 용어의 진화에 관한 간결한 요약으로는 *Encyclopedia of Philosophy*, 1967 ed., s.v. "Culture and Civilization," by Raymond Williams를 보라. 이 단어에 관해 가장 종합적인 논의는 A. L. Kroeber and Clyde Kluckholn in *Culture: A Critical Review of Concepts and Definitions* (Cambridge, Mass.: Peabody Museum, 1952) 인데, 이 글은 인류학자들이 사용한 '문화 개념'에 초점을 둔다.

2. Matthew Arnold, *Culture and Anarchy*, 1882 ed., edited, with introduction and notes by Ian Gregor (Indianapolis: Bobbs-Merrill, 1971), p.56; John Addington Symonds, "Culture: Its Meaning and Uses," *New Review* 1 (July 1892): 107~108.

3. Arnold, *Culture and Anarchy*, pp.36~37; Symonds, "Culture," p.106.

4. Matthew Arnold, *Civilization in the United States: First and Last Impressions of America* (Boston: Cupples and Kurd, 1888), p.189.

5. Thomas Wentworth Higginson, "A Plea for Culture," *Atlantic Monthly* 19 (January 1867): 30.

6. A. A. Stevens, "The Way to Larger Culture," *Harper's Monthly* 107 (June 1903): 47; William T. Brewster, "Some Recent Guides to Culture," *Forum* 38 (January 1907): 381; Henry Hartshorne, "American Culture," *Lippincott's Magazine* 1 (June 1868): 647; "Concerning Culture," *Outlook* 48 (9 December 1893): 1073.

7. Symonds, "Culture," p.105.

8. Arnold, *Culture and Anarchy*, pp.56, 37, 42. 아널드의 정치사상을 영국의 사상이란 맥락에서 비판적이면서도 우호적으로 다룬 논의로는 Raymond Williams, *Culture and Society, 1780~1850* (New York: Harper and Row, 1958), pp.110~129를 보라.

9. Charles D. Warner, "What is Your Culture to Me?," *Scribner's Monthly* 4 (August 1872): 475, 473, 478; F. W. Gunsaulus, "The Ideal of Culture," *The Chautauquan* 16 (October 1892): 63.

10. Arnold, *Culture and Anarchy*, p.56; Alfred Berlyn, "Culture for the Million," *Living Age* 279 (13 December 1913): 701~702. 또한 John Morley, "On Popular Culture: An Address," *Eclectic Magazine* 88 (February 1877): 129~140도 보라.

11. 1837~1838년 사이에 인간 문화를 주제로 한 에머슨의 연쇄 강연 중 첫 번째 강연인 Ralph Waldo Emerson, "Introductory," in S. E. Whicher, R. E. Spiller, and W. E. Williams, eds., *The Early Lectures of Ralph Waldo Emerson*, vol. 2, 1836~1838 (Cambridge: Harvard University Press, Belknap Press, 1964), pp.221, 216. 아니면 에머슨이 "The American Scholar"에 썼듯이, "나는 위대하고 고고하고 낭만적인 것을 바라는 게 아니다. …… 나는 평범함을 신봉한다. 그리고 친숙하고 미천한 것을 음미하고 찬양한다. 오늘에 대한 통찰을 얻는다면, 과거와 미래 세계를 알 수 있다."

12. Van Wyck Brooks, "The Culture of Industrialism" (1918), in *Three Essays on America* (New York: E. P. Dutton and Co., 1934), pp.129, 135; Randolph Bourne, "Our Cultural Humility," *Atlantic Monthly* 114 (October 1914): 505, 506.

13. Walt Whitman, "Democracy," *Galaxy* 4 (December 1867): 930~31.

14. Whitman, "Democracy," pp.930, 931; *Democratic Vistas* (London: Walter Scott, 1888), p.43.

15. 영화 전사에 관해 가장 훌륭한 설명은 Kenneth MacGowan, *Behind the Screen: The History and Techniques of the Motion Picture* (New York: Delacorte Press, 1965), pp.25~84다. 또한 Kurt W. Marek, *Archaeology of the Cinema* (London: Thames and Hudson, 1965); Frederick A. Talbot, *Moving Pictures: How They are Made and Worked* (Philadelphia: J. B. Lippincott, 1912), pp.1~29도 유용하다. 마레와 마이브리지 등이 구체적으로 기여한 부분에 관해서는 Robert Sklar, *Movie-Made America* (New York: Random House, 1975), pp.5~9; MacGowan, *Behind the Screen*, pp.45~64를 보라.

16. Gordon Hendricks, *The Edison Motion Picture Myth* (Berkeley: University of California Press, 1961), p.142. 에디슨 발언의 인용문은 딕슨 자신이 서술한 발명사인 W. K. L. Dickson and Antonia Dickson, *History of the Kinetograph, Kinetoscope, and Kinetophonograph* (New York: n.p., 1895)의 서문에서 따온 것이다.

17. 키네토스코프가 성공을 거둬 지리적으로 널리 보급되게 된 과정에 관해서는 Gordon Hendricks, *The Kinetoscope* (New York: Beginnings of the American Film, 1966), pp.64~69를 보라. 이 방처럼 생긴 장치에는 종종 축음기와 다른 신기한 기계들이 포함되어 있었다. 시카고 박람회에서의 키네토스코프에 관해서는 Robert Grau, *The Theater of Science: A Volume of Progress and Achievement in the Motion Picture Industry* (New York: Broadway Publishing Co., 1914), pp.3~4; Hendricks, *Kinetoscope*, pp.40~45를 보라.

18. 이 초기 영화와 제작 과정에 관한 기술로는 Dickson & Dickson, *History*, pp.23~40; Hendricks, *Kinetoscope*, pp.21~28, 70~97; Joseph H. North, *The Early Development of*

the Motion Picture, 1887~1900 (New York: Arno Press, 1973), pp.1~26을 보라.

19. Gordon Hendricks, *Beginnings of the Biograph* (New York: Beginnings of the American Film, 1964); MacGowan, *Behind the Screen*, pp.75~84; North, *Early Development*, pp.23~33; Terry Ramsaye, "The Motion Picture," *Annals of the American Academy of Political and Social Science* 128 (November 1926): 1~19.

20. 에디슨의 동업자인 노먼 C. 래프Norman C. Raff와 프랭크 R. 개먼Frank R. Gammon이 1896년 3월 5일 토머스 아맷에게 보낸 편지. Terry Ramsaye, *A Million and One Nights: A History of the Motion Picture* (New York: Simon and Schuster, 1926), p.224에 수록되어 있다.

21. 보드빌의 영화 상영에 관해서는 "Edison Vitascope Cheered," *New York Times*, 24 April 1896; Grau, *Theater of Science*, pp.11~12; Benjamin B. Hampton, *History of the American Film Industry* (1931; reprint ed., New York: Dover Publications, 1971), pp.12~14. 유랑 상영업자에 관해서는 Grau, *Theater of Science*, pp.28~33; North, *Early Development*, pp.55~56; George Pratt, "No Magic, No Mystery, No Sleight of Hand," *Image* 8 (December 1959): 192~211. 페니 아케이드에 관해서는 Lewis Jacobs, *The Rise of the American Film* (New York: Harcourt, Brace and Co., 1939), pp.5~8; Grau, *Theater of Science*, pp.11~16; Hampton, *History*, pp.12~14.

22. Jacobs, *Rise*, pp.52~66, 81~85; Hampton, *History*, pp.64~82; Ramsaye, *Million and One Nights*, pp.59~72. 영화 특허 회사의 활동에 관한 중요한 개관은 Ralph Cassady, Jr., "Monopoly in Motion Picture Production and Distribution: 1908~1915," *Southern California Law Review* 32 (Summer 1959): 325~390에 실려 있다.

23. 독립 제작사의 등장과 이 회사들이 영화 산업과 영화 예술에 기여한 바는 그 자체만으로 도 온전한 이야기거리다. Jacobs, *Rise*, pp.51~94; Hampton, *History*, pp.83~145; Anthony Slide, *Early American Cinema* (New York: A. S. Barnes, 1970), pp.102~135를 보라.

24. 탤리의 광고는 MacGowan, *Behind the Screen*, p.128; Hampton, *History*, pp.44~46; Jacobs, *Rise*, pp.52~63에 재수록되어 있다.

25. 나는 여러 출처에서 이 숫자들을 취합했는데, 숫자가 일치하지 않을 때는 좀 더 보수적 인 추정치를 적용했다. 1907년 수치는 Joseph M. Patterson, "The Nickelodeon," *Saturday Evening Post* 180 (23 November 1907): 10; "The Nickelodeon," *Moving Picture World* 1 (4 May 1907): 140. 1911년 수치 중 특허 회사 관련 숫자는 Cassady, "Monopoly in Motion Picture Production and Distribution," p.363 (이 중 절반을 약간 넘는 수는 신탁 계약에 의 해 라이선스를 받고 주당 2달러의 요금을 지불했다); William Inglis, "Morals and Moving Pictures," *Harper's Weekly* 54 (30 July 1910): 12~13. 1914년 수치는 Frederic C. Howe, "What to do With the Motion Picture Show," *Outlook* 107 (20 June 1914): 412~16. 전국 영화검열국National Board of Censorship of Moving Pictures 수장인 하우는 1일 관객 수

를 700만 명과 1,200만 명 사이로 추산했다. W. P. Lawson, "The Miracle of the Movie," *Harper's Weekly* 60 (2 January 1915): 7~9.

26. 통계치는 다음 출처에서 수집했다: U.S. Department of Commerce, *Thirty-eighth Statistical Abstract of the United States* (Washington, D.C.: Government Printing Office, 1915). 뉴욕의 통계치는 Michael M. Davis, *The Exploitation of Pleasure: A Study of Commercial Recreation in New York* (New York: Russell Sage Foundation, 1911). 뉴욕시 극장의 관람객에 관한 데이비스의 치밀한 연구는 맨해튼 내의 상영관만 계산할 때 90만 명이 될 것으로 추산했다. 3년 후 전국검열국은 뉴욕의 일간 관람객 규모를 85만 명에서 90만 명 사이로 집계했다. 그래서 1911년의 주간 관객 수를 150만 명으로 본 것은 아마도 너무 낮은 수치일 것이다. 클리블랜드 수치는 Robert O. Bartholomew, *Report of Censorship of Motion Pictures* (Cleveland: n.p., 1913). 디트로이트 수치는 Rowland Haynes, "Detroit Recreation Survey" (1912), Richard H. Edwards, *Popular Amusements* (New York: Association Press, 1915), pp.50~51에서 재인용. 샌프란시스코 수치는 "Public Recreation," *Transactions of the Commonwealth Club of California* (1913), Edwards, Popular Amusements, pp.16, 51에서 재인용. 밀워키 수치는 Rowland Haynes, "Recreation Survey, Milwaukee, Wisconsin," *Playground* 6 (May 1912): 38~66. 캔자스시티 수치는 Rowland Haynes and Fred F. McClure, *Second Annual Report of the Recreation Department of the Board of Public Welfare* (Kansas City: n.p., 1912). 인디애나폴리스 수치는 F. R. North, "Indianapolis Recreation Survey" (1914), Edwards, *Popular Amusements*, p.33에서 재인용. 톨레도 수치는 J. J. Phelan, *Motion Pictures as a Phase of Commercialized Amusements in Toledo, Ohio* (Toledo: Little Book Press, 1919).

27. Howard R. Knight, *Play and Recreation in a Town of 6000: A Recreation Survey of Ipswich, Mass.* (New York: Russell Sage Foundation, 1914); Lee F. Hanmer and Clarence A. Perry, *Recreation in Springfield, Illinois* (New York: Russell Sage Foundation, 1914). 아이오와 조사는 어빙 킹Irving King이 수행했으며 Hanmer and Perry, *Recreation in Springfield*에서 인용했다.

28. Edward A. Ross, Introduction to Richard H. Edwards, *Popular Amusements* (New York: Associated Press, 1915), p.5; Edwards, *Popular Amusements*, pp.20~21, 133; Francis R. North, *A Recreation Survey of the City of Providence* (Providence: Providence Playground Association, 1912), p.58; Belle L. Israels, "Recreation in Rural Communities," *Proceedings of the International Conference of Charities and Correction* (Fort Wayne: n.p., 1911), p.105; Frederic C. Howe, "Leisure," *Survey* 31 (3 January 1914): 415~416; Davis, *Exploitation of Pleasure*, p.4.

29. Raymond Fosdick, *A Report on the Condition of Moving Picture Shows in New York* (New York: n.p., 1911), p.11. 또한 샌프란시스코의 58개 영화관에 관한 보고서인 Charles de

Young Elkus, "Report on Motion Pictures," *Transactions of the Commonwealth Club of California* 8 (1914): 251~272도 보라.

30. Dr. George M. Gould in the Journal of the American Medical Association, "Health," Survey 29 (15 February 1913): 677에서 재인용; John Collier, The Problem of Motion Pictures, (New York: National Board of Censorship, 1910), p.5; Jane Addams, The Spirit of Youth and the City Streets (New York: Macmillan Co., 1910), p.86; John Collier, "Light on Moving Pictures," Survey 25 (1 October 1910): 801. 또한 "이 상영 중 일부를 둘러싼 여건 은 어린이들에게 악영향을 미쳤다"라는 주장으로는 Vice Commission of Chicago, The Social Evil in Chicago (Chicago: Gunthrop Warner, 1911), p.247도 보라.

31. Davis, *Exploitation of Pleasure*, p.54; Haynes and McClure, *Recreation Survey of Kansas City*, p.78에서는 전단의 예를 인용하고 있다. 니켈로디언 극장 내부에서 일어난 사건 이나, 니켈로디언이 전국에 빠르게 보급된 이유에 대한 추가적인 서술로는 다음과 같 은 업계 신문을 보라. 예컨대 "Trade Notes," *Moving Picture World* 1 (30 March 1907): 57~58; Melville C. Rice, "The Penny Arcade as a Side Show," *The Nickelodeon* 1 (January 1909): 23; "Vaudeville in Picture Theaters," *The Nickelodeon* 1 (March 1909): 85~86. 또한 Edward Wagenknecht, *Movies in the Age of Innocence* (Norman: University of Oklahoma Press, 1962), Introduction도 보라.

32. Simon N. Patten, *Product and Climax* (New York: B. W. Huebsch, 1909), pp.18~19.

33. 같은 책, p.28.

34. Collier, *The Problem of Motion Pictures*, p.5; Grau, *Theater of Science*, pp.19~20; Marcus Loew, "The Motion Picture and Vaudeville," in Joseph R Kennedy, ed., *The Story of the Films* (Chicago: A. W. Shaw, 1927), pp.285~300; William T. Foster, *Vaudeville and Motion Picture Shows: A Study of Theaters in Portland, Oregon* (Portland: Reed College, 1914), pp.12~13; "Moving Pictures in Indianapolis," *Survey* 24 (23 July 1910): 614; Bartholomew, *Report of Censorship of Motion Pictures*, p.14.

35. "Vaudeville or Not?" *The Nickelodeon* 1 (November 1909): 134. 업계에서 친보드빌적인 정서의 예로는 "The Elevation of Vaudeville," *Moving Picture World* 1 (18 May 1907): 164 를 보라. 또한 Boyd Fisher, "The Regulation of Motion Picture Theaters" *American City* 7 (September 1912): 520~522; John Collier, "'Movies' and the Law," *Survey* 27 (20 January 1912): 1628~1629도 보라..

36. "Say Picture Shows Corrupt Children," *New York Times*, 24 December 1908; "Picture Shows All Put Out of Business," *New York Times*, 25 December 1908; "Picture Show Men Organize to Fight," *New York Times*, 26 December 1908; "Mayor Makes War on Sunday Vaudeville," *New York Times*, 29 December 1908; Sonya Levien, "New York's Motion Picture Law," *American City* 9 (October 1913): 319~321. 또한 Sklar, *Movie-Made*

America, pp.30~31도 보라.

37. "'Movie' Manners and Morals," *Outlook* 113 (26 July 1916): 695; Patterson, "The Nickelodeon," p.11; Ramsaye, "The Motion Picture." 영화관에 출입하는 노동 계급 수용자에 관한 훌륭한 서술로는 Barton W. Currie, "The Nickel Madness," *Harper's Weekly* 51 (24 August 1907): 1246~47; Mary Heaton Vorse, "Some Picture Show Audiences," *Outlook* 97 (24 June 1911): 442~447; Lucy F. Pierce, "The Nickelodeon," *The World Today* 15 (October 1908): 1052~1057이 있다.

38. Davis, *Exploitation of Pleasure*, table 8, p.30; 표의 주석은 다음과 같이 설명하고 있다. "여기서 살펴본 사회 집단은 노동 계급, 사업 혹은 사무직 계급, 유한계급 등의 세 집단이었다. 관찰자는 약간의 경험이 쌓이고 나면 옷차림과 행동거지를 보고 소속 집단을 잘 식별할 수 있게 됐다." Charles Stelzle, "How One Thousand Working Men Spent Their Spare Time," *Outlook* 106 (4 April 1914): 722~766; 이 기사는 조지 E. 베번스George E. Bevans의 컬럼비아대학교 박사 학위 논문 결과를 요약한다.

39. Elizabeth B. Butler, *Women and the Trades: Pittsburgh*, 1907~1908 (New York: Charities Publication Committee of the Russell Sage Foundation, 1909), p.333.

40. 같은 책.

41. Margaret F. Byington, *Homestead: The Households of a Mill Town* (New York: Charities Publication Committee of the Russell Sage Foundation, 1910), p.111.

42. Russell Merritt, "Nickelodeon Theaters 1905~1914: Building an Audience for the Movies," in Tino Balio, ed., *The American Film Industry* (Madison: University of Wisconsin Press, 1976), p.65.

43. Charles F. Morris, "A Beautiful Picture Theater," *The Nickelodeon* 1 (March 1909): 65~67. 더 개선된 극장이 바람직하며 더 나은 영화를 위해서는 이러한 시설이 필수적이라는 주장으로는 "The Modern Motion Picture Theater," *Motion Picture News* 8 (6 December 1913)을 보라.

44. "A Newsboy's Point of View," in Herbert A. Jump, *The Religious Possibilities of the Motion Picture* (New Britain Conn.: n.p., 1910). 이 글은 전국영화심의국 컬렉션National Board of Review of Motion Pictures Collection, 1911-26, NC 17, 225, Lincoln Center Theater Library, New York에 소장되어 있다; Merritt, "Nickelodeon Theaters," pp.64~65. 영화가 적극적인 동화의 수행자가 될 것이라며 상대적으로 낙관적이었던 사람들의 예로는 Knight, "Americanization of the Immigrant Through Recreation," in *Play and Recreation in a Town of 6000*, pp.60~65; Constance D. Leupp, "The Motion Picture as a Social Worker," *Survey* 24 (27 August 1910): 739~741; "The Moving Pictures and the National Character," *Review of Reviews* 42 (September 1910): 315~320을 보라.

45. "Censors Inspect Nickel Theaters," *Chicago Tribune*, 1 May 1907; Jane Addams, *Twenty*

Years at Hull House (New York: Macmillan, 1910), p.386.

46. "Social Workers to Censor Shows," *Chicago Tribune*, 3 May 1907.

47. Addams, *The Spirit of Youth*, pp.86~87, 75~76, 103. 말년의 견해로는 Jane Addams, *The Second Twenty Years at Hull House* (New York: Macmillan Co., 1930), 특히 "The Play Instinct and the Arts"란 장을 보라.

48. *Report of the National Board of Censorship of Motion Pictures* (New York: National Board of Censorship, 1913), p.6; *The Standards of the National Board of Censorship* (New York: National Board of Censorship, 1914).

49. *Report of the National Board*, pp.3~4; *Standards of the National Board*, pp.3~5; W. P. Lawson, *The Movies: Their Importance and Supervision* (New York: National Board of Censorship, 1915), p.6. 전국검열국의 일상적 작업에 관한 서술로는 Charles W. Tevis, "Censoring the Five Cent Drama," *The World Today* 19 (October 1910): 1132~1139; Orrin G. Cocks, "Applying Standards to Motion Picture Films," *Survey* 32 (27 June 1914): 337~338을 보라.

50. Foster, *Vaudeville and Motion Picture Shows in Portland, Oregon*, p.12; Pennsylvania State Board of Censorship, *Rules and Standards* (Harrisburg: J. L. L. Kuhn, 1918), pp.15~17. 또한 지역 차원의 검열이 계속 필요하다는 주장으로는 Elkus, "Report on Motion Pictures"를 보라.

51. A. Nicholas Vardac, *Stage to Screen: Theatrical Method from Garrick to Griffith* (Cambridge: Harvard University Press, 1949); John R. Fell, "Dissolves by Gaslight: Antecedents to the Motion Picture in Nineteenth-Century Melodrama," *Film Quarterly* 23 (Spring 1970): 22~34를 보라. 이 관계에 관한 현대의 논의로는 Robert Grau, "The Motion Picture Show and the Living Drama," *Review of Reviews* 45 (March 1912): 329~336; Bennet Musson and Robert Grau, "Fortunes in Films: Moving Pictures in the Making," *McClure's* 40 (December 1912): 193~202를 보라.

52. Brander Matthews, "Are the Movies a Menace to the Drama?" *North American Review* 205 (March 1917): 451, 454.

53. Walter P. Eaton, "The Canned Drama," *American Magazine* 68 (September 1909): 495, 500.

54. Walter P. Eaton, "The Menace of the Movies," *American Magazine* 76 (September 1909): 55~60; "A New Epoch in the Movies," *American Magazine* 78 (October 1914): 44.

55. Walter P. Eaton, "Class Consciousness and the 'Movies,'" *Atlantic Monthly* 115 (January 1915): 55.

56. Robert Coady, "Censoring the Motion Picture," *Soil* 1 (December 1916): 38. 또한 Clayton Hamilton, "The Art of the Moving Picture Play," *The Bookman* 32 (January 1911): 512~16;

"A Democratic Art," *The Nation* 97 (28 August 1913): 193도 보라. Myron D. Lounsbury, "Flashes of Lightning: The Moving Picture in the Progressive Era" *Journal of Popular Culture* 3 (Spring 1970): 769~797에는 가장 초창기의 정규적인 영화 비평가 중 두 명인 루이 리브스 해리슨Louis Reeves Harrison과 프랭크 우즈Frank Woods에 관한 유용한 분석이 실려 있다.

57. Hugo Muensterberg, *The Photoplay: A Psychological Study* (New York: D. Appleton and Co., 1916), pp.52, 71, 88, 106~107, 173, 228, 230.

58. Vachel Lindsay, *The Art of the Moving Picture* (New York: Macmillan Co., 1915), pp.65~66, 206, 224, 227.

3장

1. 전도와 유도 방식의 전신에 관한 전반적인 개괄로는 다음 문헌을 보라. J. J. Fahie, *A History of Wireless Telegraphy*, 1838~1899 (New York: Dodd, Mead and Co., 1899), pp.1~78; Silvanus P. Thompson, "Telegraphy Across Space," *Journal of the Society of the Arts* 46 (1 April 1898): 453~460; "Telegraphy Without Wires," *Saturday Review* 83 (26 June 1897): 708~709; G. G. Blake, *History of Radio Telegraphy and Telephony* (London: Radio Press, 1926), pp.5~11, 32~48. 에디슨의 모토그래프에 관해서는 Thomas A. Edison, "The Air Telegraph," *North American Review* 142 (March 1886): 285~291을 보라. 프리스에 관해서는 W. H. Preece, "Aetheric Telegraphy," *Journal of the Society of the Arts* 47 (5 May 1899): 519~525; "Wireless Telephony," *The Independent* 52 (4 October 1900): 2368~2369를 보라.

2. John Trowbridge, "Telegraphing Through the Air Without Wires," *The Chautauquan* 15 (April 1892): 54, 57. 비슷하게 비관적 견해로는 Thompson, "Telegraphy Across Space"를 보라.

3. 현재 초기 무선 테크놀로지 발전에 관한 표준적인 저작은 Hugh G. J. Aitken, *Syntony and Spark: The Origins of Radio* (New York: John Wiley and Sons, 1976)다. 나는 이 장을 완성하고 나서야 이 책을 발견하게 됐다. 에이트킨의 세심하고 치밀한 추론에 근거한 연구는 헤르츠, 로지, 마르코니의 기여와 더불어 '동조syntony' 개념이 이들의 시도와 관련된 부분에 초점을 둔다. 맥스웰과 헤르츠의 기여에 관한 훌륭한 요약은 다음 문헌에서 볼 수 있다. William Maver, "Wireless Telegraphy: Its Past and Present Status and Its Prospects," *Annual Report of the Smithsonian Institution* (1902), pp.261~274; Oliver Lodge, *The Work of Hertz and Some of His Successors* (London: Electrician Printing and Publishing Co., 1894); W. Rupert MacLaurin, *Invention and Innovation in the Radio Industry* (New York: Macmillan Co., 1949), pp.12~20; Blake, *History of Radio Telegraphy*, pp.49~56; Fahie, *History of Wireless Telegraphy*, pp.177~189.

4. 브랑리, 로지, 포포프의 작업에 관해서는 Oliver Lodge, *Past Years: An Autobiography* (London: Hodder and Stoughton, 1931), pp.225~236; Lodge, *The Work of Hertz and Some of His Successors*, pp.22~26; Maver, "Wireless Telegraphy" pp.261~274; MacLaurin, *Invention and Innovation*, pp.19~21; Blake, *History of Radio Telegraphy*, pp.62~64를 보라.

5. William Crookes, "Some Possibilities of Electricity," *Fortnightly Review* 51 (February 1892): 174~175.

6. 마르코니의 초기 작업에 관해서는 다음 문헌을 보라. Orrin E. Dunlap, *Marconi: The Man and His Wireless* (New York: Macmillan Co., 1937), pp.33~59; Richard Kerr, *Wireless Telegraphy* (London: Seeley and Co., 1898), pp.61~80; Gleason L. Archer, *History of Radio to 1926* (New York: American Historical Society, 1938), pp.55~59; MacLaurin, *Invention and Innovation*, pp.31~55; Guglielmo Marconi, "Origin and Development of Wireless and Telegraphy," *North American Review* 168 (May 1899): 625~629; "The Practicability of Wireless Telegraphy," *Fortnightly Review* 11 (June 1902): 931~941; Cleveland Moffett, "Marconi's Wireless Telegraph," *McClure's* 13 (June 1899): 99~112; Ernesto Mancini, "Telegraphy Without Wires," *The Chautauquan* 26 (February 1898): 511~515.

7. J. Ambrose Fleming, "Scientific History and Future Uses of Wireless Telegraphy," *North American Review* 168 (May 1899): 640; Agnes M. Clerke, "Ethereal Telegraphy," *Living Age* 219 (3 December 1898): 619~628; W. A. Shenstone, "Some Recent Theories of the Ether," *Living Age* 246 (9 September 1905): 724~734. 또한 Kenneth F. Shaffner, *Nineteenth Century Aether Theories* (New York: Pergamon Press, 1972), 특히 pp.3~19, 76~98; *Encyclopedia of Philosophy*, 1967 ed., s.v., "Ether," by Mary Hesse도 보라.

8. Oliver Lodge, *Modern Views of Electricity*, 3d ed., rev. (London: Macmillan and Co., 1907), pp.370, 341.

9. William H. Preece in Clerke, "Ethereal Telegraphy," p.627에서 재인용; Lodge, *Modern Views of Electricity*, p.461; Amos E. Dolbear, "The Ether and its Newly Discovered Properties," *Arena* 6 (June 1892): 1~7; 왕립협회에서 마르코니가 논문을 발표한 후 토론 시간에 윌리엄 에이어턴이 인용됐다. Guglielmo Marconi, "Syntonic Wireless Telegraphy," *Journal of the Society of the Arts* 49 (17 May 1901): 516~517. 무선과 텔레파시 간의 관계에 관한 주장으로는 John Trowbridge, "Wireless Telegraphy," *Popular Science Monthly* 56 (November 1899): pp.59~73; Crookes, "Some Possibilities of Electricity," pp.173~181도 보라.

10. Lodge, *Modern Views of Electricity*, p.462.

11. 마르코니가 대서양 횡단 신호 전송에 성공한 과정과 이 성공이 과학자와 일반 공중에 미친 영향에 관해서는 다음 문헌을 보라. Ray Stannard Baker, "Marconi's Achievement,"

McClure's 18 (February 1902): 291~299; Carl Snyder, "Wireless Telegraphy and Signor Marconi's Triumph," *Review of Reviews* 25 (February 1902): 173~176; "American Wireless Telegraphy," *Harper's Weekly* 47 (21 February 1903): 298. 마르코니 조직의 성장에 관해서는 Aitken, *Syntony and Spark*, pp.232~244를 보라. 또한 Guglielmo Marconi, "Recent Advances in Wireless Telegraphy," *Annual Report of the Smithsonian Institution* (1906), pp.131~145; "The American Marconi Organization," *The Marconigraph* 1 (December 1912): 109~119; Erik Barnouw, *A History of Broadcasting in the United States*, 3 vols. (New York: Oxford University Press, 1966~70), 1:15~18도 보라. '판매용 커뮤니케이션'의 원칙에 관해서는 마르코니 조직도 AT&T와 별 차이 없이 완강한 입장을 유지했다. "무선 전신이 현재의 상업적 효용성을 갖추게 된 것은 오직 한 가지 덕분이다. 즉 장비를 판매하고는 소유주에게 알아서 해법을 찾도록 내팽개쳐서는 안 된다고 마르코니가 정해 놓은 기본 원칙이다" (*The Ownership of Wireless Equipment* [New York: Marconi Wireless Telegraph Co., 1914], p.4).

12. 최초의 미국 무선 회사 설립과 페센든, 드 포리스트의 초기 작업에 관해서는 다음 문헌을 보라. Archer, *History of Radio*, pp.60~76; R. A. Fessenden, "A Brief History of Wireless Telegraphy," *Scientific American* 67 (Supplement, 9 January 1909): 18~19, 44~45, 60~61; "A Decade of Wireless Telegraphy," *Scientific American* 94 (16 June 1906): 490~491; William Maver, "Progress in Wireless Telegraphy," *Annual Report of the Smithsonian Institution* (1904), pp.275~280; Lawrence Perry, "Commercial Wireless Telegraphy," *The World's Work* 5 (March 1905): 3194~3201; MacLaurin, *Invention and Innovation*, pp.59~87.

13. 주파수 조정의 문제점에 관해서는 다음 문헌을 보라. "Commercial Value of Wireless," *Scientific American* 80 (17 June 1899): 388; Marconi, "Syntonic Wireless Telegraphy," pp.506~517; Blake, *History of Radio Telegraphy*, pp.99~106을 보라. Aitken, *Syntony and Spark*, pp.31~47은 동조 개념을 가장 종합적으로 다룬다. 군사용 활용에 대한 마르코니의 견해에 관해서는 다음 문헌을 보라. H. J. W. Dam, "Telegraphing Without Wires: A Possibility of Electrical Science," *McClure's* 8 (March 1897): 383~392; Marconi, "Origin and Development of Wireless Telegraphy." 군사용 이용에 관한 다른 견해를 보려면 예컨대 Kerr, *Wireless Telegraphy*, pp.93~99; H. M. Hozier, "Wireless Telegraphy," *Nineteenth Century* 60 (July 1906): 49~56; "Wireless Telegraphy in the Next War," *Harper's Weekly* 47 (21 March 1903): 454; John Trowbridge, "The First Steps in Wireless Telegraphy," *The Chautauquan* 29 (July 1899): 375~378을 보라.

14. Ray Stannard Baker, "Marconi's Achievement," *McClure's* 18 (February 1902): 298; 에이어턴의 발언은 Marconi, "Syntonic Wireless Telegraphy," pp.516~517에 실려 있다. 또한 유사한 예상으로는 Perry, "Commercial Wireless Telegraphy"도 보라.

15. Robert A. Morton, "The Amateur Wireless Operator," *Outlook* 94 (15 January 1910): 131~135; "The Good of Amateur Wireless," *Scientific American* 116 (17 March 1917): 276; John W. Purssell, "In Defense of the Amateur Wireless Operator," *Scientific American* 106 (8 June 1912): 515; Robert A. Morton, "Regulation of Radiotelegraphy," *Scientific American* 73 (Supplement, 23 March 1912): 180~181; Paul Schubert, *The Electric Word: The Rise of Radio* (New York: Macmillan Co., 1928), pp.194~197; Archer, *History of Radio*, pp.91~106; Barnouw, *History of Broadcasting*, 1: 28~38.

16. L. S. Howeth, *History of Communications Electronics in the United States Navy* (Washington, D.C.: Government Printing Office, 1963), pp.67~83; Barnouw, *History of Broadcasting*, 1: 31~33, 291~299; Archer, History of Radio, pp.104~106.

17. 무선 전화의 원리에 관해서는 다음 문헌을 보라. R. A. Fessenden, "Wireless Telephony," *Scientific American* 67 (Supplement, 13 March 1909): 172~174, 180~182, 196~198; William C. Ballard, *Elements of Radio Telephony* (New York: McGraw-Hill Book Co., 1922), pp.1~5; Alfred N. Goldsmith, "Radio Telephony," *Wireless Age* 4 (January 1917): 248~255. 페센든과 드 포리스트의 기여에 관해서는 다음 문헌도 보라. Lee De Forest, "The Audion — A New Receiver for Wireless Telegraphy," *Scientific American* 64 (Supplement, 30 November 1907): 348~350, 354~356; Herbert T. Wade, "Wireless Telephony by the De Forest System," *Review of Reviews* 35 (June 1907): 681~685; "Communicating Over Great Distances: The Invention of the Telegraph, Telephone, and Wireless Telegraphy," *Scientific American* 112 (5 June 1915): p.351; MacLaurin, *Invention and Innovation*, pp.59~87; Archer, *History of Radio*, pp.69~94.

18. Frank Jewett, 1932, in N. R. Danielian, *AT&T: The Story of Industrial Conquest* (New York: Vanguard Press, 1939), p.196에서 재인용. AT&T와 GE가 자체 투자분을 보호하기 위해 어떻게 자체 연구실을 통해, 그리고 독립 발명가를 매수해 무선 연구에서의 특허를 공격적으로 확보했는지에 관해서는 David F. Noble, *America By Design: Science, Technology, and the Rise of Corporate Capitalism* (New York: Alfred A. Knopf, 1977), pp.91~101을 보라.

19. AT&T, GE와 아메리칸 마르코니의 입장에 관해서는 다음 글을 보라. Horace Coon, *American Telephone and Telegraph* (New York and Toronto: Longmans, Green, and Co., 1939), pp.197~198; Danielian, *AT&T*, pp.107~119; MacLaurin, *Invention and Innovation*, pp.88~99; Archer, *History of Radio*, pp.106~121. AT&T와 해군의 장거리 실험에 관해서는 Howeth, *History of Communications Electronics*, pp.221~235; "The Wireless Telephone Tests," *Wireless Age* 3 (November 1915): 111~116을 보라. 전시의 무선과 미국 정부에 관해서는 U.S. Federal Trade Commission Report, *Radio Industry* (Washington, D.C.: Government Printing Offiice, 1923), pp.9~18; N. H. Slaughter,

"Wireless Telephony," *Annual Report of the Smithsonian Institution* (1919), pp.177~192; Howeth, *History of Communications Electronics*, pp.215~312; Archer, *History of Radio*, pp.122~155.

20. 윌슨 행정부와 무선에 관해서는 Howeth, *History of Communications Electronics*, pp.313~318, 353~355; Archer, *History of Radio*, pp.148~150, 164~165; Statement of Josephus Daniels, U.S. House, Committee on the Merchant Marine and Fisheries, *Government Control of Radio Communication*, 65th Cong., 3d sess., 13~14 December 1918, pt. 1. 합의 부분에 관해서는 예컨대 Frank B. Jewett, "Wireless Telephony," *Review of Reviews* 59 (May 1919): 500~503; W. C. White (GE Research Laboratory), "Radiotelephony," *Scientific American* 80 (Supplement, 4 September 1915): 146~147; E. H. Colpitts (Western Electric research engineer), "The Future of Radio Telephony," *Scientific American* 113 (4 December 1915): p.485 등을 보라. 전후의 라디오에 관한 합의 에서 큰 예외는 미래의 RCA 회장인 데이비드 사노프였다. 1916년 가을 그는 아메리카 마 르코니의 상사들을 위해 유명한 "뮤직 박스" 메모를 작성했다. 이 메모에서 사노프는 피 아노나 전축과 마찬가지로 라디오를 '가정 설비'로 만들어 줄 발전 계획을 [제안했다]. 그 의 아이디어는 음악을 무선으로 가정에 전달하는 것이다. 사노프는 75달러 가격에 100 만 개 이상의 장치가 팔리고 총 7,500만 달러의 수입을 올릴 것이라고 예상했다. 그의 계 획에 대한 반응이 냉담했다는 사실은 그가 당시의 전통적 지혜와 어느 정도 단절되어 있 었는지 보여 주었다. Carl Dreher, *Sarnoff: An American Success* (New York: Quadrangle Books, 1977), pp.39~42; Eugene Lyons, *David Sarnoff* (New York: Harper and Row, 1966), pp.70~73을 보라. 드리허Dreher는 사노프를 둘러싸고 생겨나 아직도 남아 있는 전설 중 일부를 폭로한다. 그러나 사노프에 관해 종합적이고 학술적인 전기의 필요성은 여전히 남아 있다.

21. Harry P. Davis, "The Early History of Broadcasting in the United States," in Anton De Haas, ed., *The Radio Industry: The Story of its Development* (Chicago: A. W. Shaw, 1928), pp.194~196. KDKA와 웨스팅하우스에 관해서는 다음 문헌들을 보라. Harry E Davis, "American Beginnings," in Martin Codel, ed., *Radio and its Future* (New York: Harper and Brothers, 1930), pp.3~11; Barnouw, *History of Broadcasting*, 1: 64~74; Archer, *History of Radio*, pp.200~210. 웨스팅하우스는 또한 (드 포리스트의 오디언의 효과성을 크게 개선한 "피드백" 장치를 포함해) 귀중한 암스트롱 – 푸핀Armstrong-Fupin 특허들 을, 페센든의 원래 전국전기신호회사의 후신인 국제라디오전신회사International Radio Telegraph Co.로부터 취득했다.

22. 초창기의 '라디오 열광'과 최초의 방송사업자에 관해서는 Hugo Gernsback, *Radio For All* (Philadelphia: J. B. Lippincott Co., 1922), pp.165~170; Alfred N. Goldsmith and Austin C. Lescarboura, *This Thing Called Broadcasting* (New York: Henry Holt and Co., 1930),

pp.22~56; Schubert, *The Electric Word*, pp.212~249; "Who Will Ultimately Do the Broadcasting?" *Radio Broadcast* 2 (1 April 1923): 524~525; Barnouw, *History of Broadcasting*, 1: 91~105; Dudley Siddall, "Who Owns Our Broadcasting Stations?" *Radio Broadcast* 4 (February 1925): 726~730. 워싱턴 라디오 회의에 관해서는 Edward F. Sarno, "The National Radio Conferences," *Journal of Broadcasting* 13 (Spring 1969): 189~202를 보라.

23. 초기 프로그램 편성의 성격에 관해서는 WHA Program Logs, 1922~26, in John S. Penn Papers; Wendell Hall Papers; William H. Easton, "What the Radio Audience Tells Us," 그리고 S. M. Kintner, "Radio Communication," in the M. C. Batsel Papers. 이 자료는 모두 the Mass Communication Research Center, State Historical Society of Wisconsin, Madison, Wisconsin에 소장되어 있다. 또한 L. H. Rosenberg, "A New Era in Wireless," *Scientific American* 124 (4 June 1921): 449; "The Long Arm of the Radio is Reaching Everywhere," *Current Opinion* 72 (May 1922): 684~687; Ben Gross, *I Looked and I Listened: Informal Recollections of Radio and TV* (New York: Random House, 1954), pp.82~98도 보라.

24. Pierre Boucheron, "News and Music from the Air," *Scientific American* 125A (December 1921): 104. 새로운 라디오 팬과 방송에 대한 아마추어들의 태도에 관해서는 예컨대 Hugo Gernsback, "The Broadcast Listener," *Radio News* 4 (June 1923): 1과 다른 호들을 보라. 라디오의 미래에서 방송은 주변적 역할을 할 것이라 예견한 사람들의 좋은 예로는 Raymond F. Yates, "The Long Arm of Radio," *Current History* 15 (March 1922): 980~985; Hugo Gernsback, "Radio Achievements in Recent Years," *Current History* 18 (April 1923): 113~120; "The Long Arm of Radio is Reaching Everywhere," pp.684~687이 있다. 원조에다 가장 유명한 무선 아마추어인 마르코니는 방송의 가능성에 대해 상대적으로 그다지 큰 인상을 받지 못했다. 그는 방송이 유선 커뮤니케이션, 신문, 연극처럼 중요성을 띠게 될지 회의적이었다. 마르코니는 그의 작업이 처음으로 영감을 준, 장거리 커뮤니케이션의 문제점에 계속 초점을 두었다. Stanley Frost, "Marconi and His Views of Wireless Progress," *Review of Reviews* 66 (August 1922): 166~170을 보라.

25. Robert S. Lynd & Helen M. Lynd, *Middletown: A Study in Modern American Culture* (New York: Harcourt, Brace, and Co., 1929), p.269; Howard V. O'Brien, "It's Great to Be a Radio Maniac," *Collier's Weekly* 74 (13 September 1924): 15~16. 초기 라디오 청취와 'DX 질'에 관한 다른 기술로는 Orange E. McMeans, "The Great Audience Invisible," *Scribner's Magazine* 73 (March 1923): 410~16; Bruce Bliven, "The Legion Family and the Radio," *Century* 108 (October 1924): 811~18; Alida Chanler, "Unexplored Harmonies," *Atlantic* 127 (March 1921): 363~66; Goldsmith and Lescarboura, *This Thing Called Broadcasting*, pp.309~11; Schubert, *Electric Word*, pp.212~230 등을 보라.

26. J. Hannaford Elton, "Tomorrow in Radio," *Illustrated World* 37 (June 1922): 502; Edwin E. Slosson, "Voices in the Air," *New York Independent* 108 (18 April 1922): 386.

또한 Waldemar Kaempffert, "Radio Broadcasting," *Review of Reviews* 65 (April 1922): 395~401; Stanley Frost, "Radio: Our Next Great Step Forward," *Collier's Weekly* 69 (18 April 1922): 3; French Strother, "The Unfolding Marvels of Wireless," *World's Work* 43 (April 1922): 647~661 등도 보라.

27. David Sarnoff, Speech to the Chicago Chamber of Commerce, April 1924 in Samuel L. Rothafel & Raymond F. Yates, *Broadcasting: Its New Day* (New York: Century, 1925), p.181 에서 재인용; A. H. Griswold, Speech at Bell System Radio Conference, February 1923, Danielian, *AT&T*, pp.123~124에서 재인용. 다양한 정부 통제에 관해서는 Raymond F. Yates, "What Will Happen to Broadcasting," *Outlook* 136 (19 April 1924): 604~606; Grover A. Whalen, "Radio Control," *Nation* 119 (23 July 1924): 90~91(웰런은 뉴욕의 시 방송국인 WNYC를 출범시키는 데 기여했다.); Bruce Bliven, "How Radio is Remaking Our World," *Century* 108 (June 1924): 147~154. 연방 정부의 제한된 관여에 관해서는 Hudson Maxim, "Radio — The Fulcrum," *Nation* 119 (23 July 1924): 91. 공동의 업계 기금에 관해서는 "About the Radio Round Table" (results of a panel discussion among top industry leaders), *Scientific American* 127 (December 1922): 378~379; "Radio Currents: An Editorial Interpretation," *Radio Broadcast* 1 (May 1922): 1~4. 그리스월드의 입장은 수년간 AT&T에서 갖고 있던 강경한 견해를 반영했는데, 그 결과 "기업을 수단으로 해서 행해진 것을 제외하면 무선 전화에서는 실질적인 공적 커뮤니케이션의 방안으로 어떤 것도 지금까지 실행된 바가 없었다." 이는 역사적으로 사실이 아니지만, 여기서 드러나는 오만한 기조는 주목할 만하다. Theodore N. Vail, *The AT & T Co. and Its Relations with and Obligations toward Wireless Communication* (New York: n.p., 1915), p.3을 보라.

28. William P. Banning, *Commercial Broadcasting Pioneer: The WEAF Experiment, 1922~1926* (Cambridge: Harvard University Press, 1946); Coon, *American Telephone and Telegraph*, pp.205~213을 보라.

29. Herbert Hoover, Speech to First Washington Radio Conference, 27 February 1922, in Herbert Hoover, "Reminiscences," Radio Unit of the Oral History Project, 1950, Columbia University, New York, NY; Herbert Hoover, 1924의 interview with the *New York World* in Rothafel and Yates, *Broadcasting*, p.60에서 재인용. 또한 당시 라디오법을 검토하고 있던 House Committee on Merchant Marine and Fisheries (1924)에서 후버가 행한 진술을 보라. Hoover's address to the National Electric Light Association, Atlantic City, (21 May 1924); "Report of the Department of Commerce Conference on Radio Telephony" (April 1922); 이 문서들은 모두 Herbert C. Hoover Papers, 1921~32 (Pertaining to Early Radio Development), Mass Communication Research Center, State Historical Society of Wisconsin, Madison, Wisconsin에 소장되어 있다. 후버의 *Memoirs*, vol. 2, *The Cabinet and the Presidency* (New York: Macmillan Co., 1952)는 여기서 신뢰성이 더 떨어지는 출

처인데, 그의 원래 연설과 선언 중 여럿이 이 책에서 수정되었기 때문이다. 또한 Barnouw, *History of Broadcasting*, 1: 177~179도 보라. 초창기에 나온 광고 반대 견해의 예로는 Joseph H. Jackson, "Should Radio Be Used for Advertising?" *Radio Broadcast* 2 (November 1922): 72~76; Austin C. Lescarboura, "Radio For Everybody," *Scientific American* 126 (March 1922): 166; Bliven, "How Radio is Remaking Our World"; Kaempffert, "Radio Broadcasting" 등을 보라.

30. Edgar H. Felix, *Using Radio In Sales Promotion* (New York: McGraw-Hill Book Co., 1927), pp.1, 6; Harry P. Davis, Foreword to Frank P. Arnold, *Broadcast Advertising: The Fourth Dimension* (New York: John Wiley and Sons, 1931), p.xv; Arnold, *Broadcast Advertising*, pp.41~42; Frank Presbrey, *The History and Development of Advertising* (New York: Doubleday and Co., 1929), p.581. 또한 Kenneth Goode, *Manual of Modern Advertising* (New York: Greenberg Publishers, 1932), pp.307~323; Earl Reeves, "The New Business of Broadcasting," *Review of Reviews* 72 (November 1925): 529~532도 보라. 1920년대 비즈니스 관계자들 사이에 생겨난 '소비의 정치 이데올로기'에 관한 도발적 논의로는 Stuart Ewen, *Captains of Consciousness: Advertising and the Social Roots of the Consumer Culture* (New York: McGraw-Hill Book Co., 1976), pp.51~109를 보라. 이웬은 라디오 광고를 전혀 다루지 않음을 유념하라.

31. 특허 동맹사들 사이의 온갖 내부 갈등, 중재, 최종적 합의에 관한 자세한 이야기를 알려면 Gleason L. Archer, *Big Business and Radio* (New York: American Historical Co., 1939); Barnouw, *History of Broadcasting*, 1: 180~188을 보라. 또한 Kurt Borchardt, *Structure and Performance of the U.S. Communications Industry* (Boston: Graduate School of Administration, Harvard University, 1970), chap. 3도 참고하라.

32. 1927년 라디오법 제정과 연방라디오위원회의 초창기 작업으로 이르게 되는 사건 경과에 관해서는 Marvin R. Bensman, "The Zenith-WJAZ Case and the Chaos of 1926~27," *Journal of Broadcasting* 14 (Fall 1970): 423~440; "The Problem of Radio Reallocation," *Congressional Digest* 7 (October 1928): 255~286; Sarno, "The National Radio Conferences"; Barnouw, *History of Broadcasting*, 1: 195~201, 209~219 등을 보라.

33. Leslie J. Page, Jr., "The Nature of the Broadcast Receiver and its Market in the United States from 1922 to 1927," *Journal of Broadcasting* 4 (Spring 1960): 174~182; John W. Spalding, "1928: Radio Becomes a Mass Advertising Medium," *Journal of Broadcasting* 8 (Winter 1963-64): 31~44.

34. 수치는 다음 출처에서 취합한 것이다. *Broadcasting Yearbook*, February 1940, pp.11~14; U.S. Bureau of the Census, *Fifteenth Census of the United States, 1930, Population*, vol. 6, *Families* (Washington, D.C.: Department of Commerce, 1933), p.33; Herman S. Hettinger, *A Decade of Radio Advertising* (Chicago: University of Chicago Press, 1933), pp.107~112;

Siddall, "Who Owns Our Radio Broadcasting Stations?".

35. CBS의 초기사에 관해서는 Robert Metz, *CBS: Reflections in a Bloodshot Eye* (New York: Playboy Press, 1975), pp.1~36; Erik Barnouw, *History of Broadcasting*, 2: 57~58을 보라.

36. 광고 수치는 *Broadcasting Yearbook*, pp.11~14에서 취합했다. 네트워크의 출력 수치는 Ruth Brindze, "Who Owns the Air?" *Nation* 144 (17 April 1937): 430~432. 광고 대행사 등장에 관한 논의로는 Arnold, *Broadcast Advertising*, pp.120~126; Barnouw, *History of Broadcasting*, 2: 8~18을 보라. E. Pendleton Herring, "Politics and Radio Regulation," *Harvard Business Review* 13 (January 1935): 167~178은 연방라디오위원회의 취약점에 관한 당대의 치밀한 분석이다.

37. Roy S. Durstine, "We're On the Air," *Scribner's Magazine* 83 (May 1928): 630~631; Arnold, *Broadcast Advertising*, p.50.

38. Merrill Denison, "Why Isn't Radio Better?" *Harper's* 168 (April 1934): 580; Mitchell Dawson, "Censorship on the Air," *American Mercury* 31 (March 1934): 262; James Rorty, "The Impending Radio War," *Harper's* 163 (November 1931): 714.

39. H. V. Kaltenborn, "On the Air," *Century* 112 (October 1926): 673, 675~676; William Green, Report of the Chairman, Committee on Labor, *NBC Advisory Council Reports* 7 (1931): 49. 검열에 관해 수많은 사례와 더불어 자세하게 다룬 논의로는 Harrison B. Summers, ed., *Radio Censorship* (New York: H. W. Wilson, 1939); Ruth Brindze, *Not to Be Broadcast: The Truth About Radio* (New York: Vanguard Press, 1933), pp.172~195; Deems Taylor, "Radio: A Brief for the Defense" *Harper's* 166 (April 1933): 554~563을 보라.

40. Tracy F. Tyler, ed., *Radio as a Cultural Agency* (Washington, D.C.: National Committee on Education by Radio, 1934); Rorty, "The Impending Radio War," pp.714~726을 보라.

41. 표 4는 Lawrence L. Lichty와 C. H. Sterling이 Harrison B. Summers, *A Thirty Year History of Programs on National Radio Networks in the United States, 1926~1956* (Columbus: Ohio State University, 1958)에서 취합한 두 표에 근거했다. 이후 논의의 출처로는 Radio Laboratory, Department of Communication Arts, University of Wisconsin과 다른 도서관에 소장된 프로그램 녹음 테이프를 비롯해 Frank Buxton and Bill Owen, *The Big Broadcast, 1920~1950* (New York: Viking Press, 1972) 등이 있다. 버라이어티와 코미디로는 〈프레드 앨런 쇼*Fred Allen Show*〉(1940), 〈에드 윈 쇼*Ed Wynn Show*〉(1935), 〈아서 갓프리쇼*Arthur Godfrey Show*〉(1939), 〈아모스와 앤디〉(1932), 〈찰리 매카시 쇼*Charlie McCarthy Show*〉(1936), 〈브렉퍼스트 클럽*Breakfast Club*〉(1939), 〈앨드리치 가족*The Aldrich Family*〉(1939); 연속극으로는 〈엄마 퍼킨스〉(1933), 〈클라라 루와 엠〉(1932); 스릴러로는 〈내면의 성소〉(1940), 〈서스펜스〉(1943); 모험물로는 〈론 레인저*Lone Ranger*〉(1933), 〈스마일링 잭*Smilin' Jack*〉(1939), 〈홉 해리건*Hop Harrigan*〉(1942), 〈톰 믹스*Tom Mix*〉(1933); 뉴스로는 〈시간의 행진〉(1931, 첫 방영분 포함), 〈에드워드 머로, 런던

에서 *Edward R. Murrow, from London*〉(1940) 등이 있다.

42. Charles J. Correll & Freeman F. Gosden, All About Amos & Andy (New York: Rand McNally, 1929)를 보라. 미국 오락에서 민스트럴 쇼 전통에 관해 더 많이 알아보려면 Robert C. Toll, *Blacking Up: The Minstrel Show in Nineteenth Century America* (New York: Oxford University Press, 1974), 특히 pp.51~56을 보라.

43. Herta Herzog, "On Borrowed Experience: An Analysis of Listening to Daytime Sketches," *Studies in Philosophy and Social Science* 9 (1941): 91. 솝 오페라의 역사적 맥락에 관해서는 Raymond W. Stedman, *The Serials: Suspense and Drama by Installment* (Norman: University of Oklahoma Press, 1971), pp.225~281을 보라.

44. Archibald MacLeish, Foreword to *The Fall of the City* (New York: Farrar and Rinehart, 1937), p.x. 이 시기의 대표적인 라디오 드라마를 잘 엮은 몇 가지 훌륭한 선집으로는 Norman Corwin, *Thirteen by Corwin* (New York: Henry Holt, 1942); Douglas Coulter, ed., *Columbia Workshop Plays: Fourteen Radio Dramas* (New York: McGraw-Hill Book Co., 1939); 오볼러의 예리한 에세이 "The Art of Radio Writing," pp.xv~xxix를 포함해서 Arch Oboler, *Fourteen Radio Plays* (New York: Random House, 1940) 등이 있다. 라디오 드라마의 단명한 전성기에 관해서는 Barnouw, *History of Broadcasting*, 2: 65~76, 88~90도 보라.

45. In Llewellyn White, The American Radio: A Report on the Broadcasting Industry in the U.S. from the Commission on Freedom of the Press (Chicago: University of Chicago Press, 1947), p.47.

46. 이러한 설명의 근거로는 Karl Bickel, New Empires: The Newspaper and the Radio (Philadelphia: J. B. Lippincott Co., 1930); Clippings Scrapbooks, 1926~35, in the Martin Codel Collection, Mass Communication Research Center, State Historical Society of Wisconsin, Madison, Wis.; Alfred M. Lee, *The Daily Newspaper in America* (New York: Macmillan Co., 1947), pp.559~564; George E. Lott, Jr., "The Press Radio War of the 1930's," *Journal of Broadcasting* 14 (Summer 1970): 275~286; Daniel Czitrom, "Press-Radio Conflict in America, 1920~1940: The Rise of Audible Journalism" (미출간 원고).

47. 이 예들은 Dowling Leatherwood, *Journalism On The Air* (Minneapolis: Burgess Publishing Co., 1939), pp.52~53에 수록되어 있다.

48. H. V. Kaltenborn, *I Broadcast the Crisis* (New York: Random House, 1938); Kaltenborn, "Reminiscences," Radio Unit of the Oral History Project, 1950, Columbia University, New York, NY; Robert R. Smith, "The Origin of Radio Network News Commentary," *Journal of Broadcasting* 9 (Spring 1965): 113~122.

4장

1. Charles H. Cooley, Journal, vol. 15, 1902, Charles Horton Cooley Papers, Michigan Historical Collections, Bentley Historical Library, Ann Arbor, Michigan (이하 CHC Papers 로 표기).

2. Cooley, Journal, vol. 10, 21 July 1895; vol. 22, 15 June 1923; vol. 12, 2 May 1897, CHC Papers.

3. Cooley, Journal, vol. 6, 24 May 1890; 9 July 1890, CHC Papers. 또한 Edward C. Jandy, *Charles Horton Cooley: His Life and His Social Thought* (New York: Dryden Press, 1942), 특히 pp.1~80의 표준적인 전기도 보라.

4. Charles H. Cooley, "Reflections Upon the Sociology of Herbert Spencer," *American Journal of Sociology* 26 (September 1920): 129; Herbert Spencer, *The Principles of Sociology* (1876), in J. D. Y. Peel, ed., *Herbert Spencer on Social Evolution: Selected Writings* (Chicago: University of Chicago Press, 1972), pp.136, 124; Cooley, "Reflections," p.138. 쿨리의 스펜서 비판을 좀 더 종합적으로 다룬 논의로는 Marshall J. Cohen, "Self and Society: Charles Horton Cooley and the Idea of Social Self in American Thought" (Ph.D. dissertation, Harvard University, 1967), 특히 pp.17~95를 보라.

5. 듀이가 쿨리에게 미친 영향에 관해서는 Cooley, Journal, vol. 11, 28 February 1897, CHC Papers; Charles H. Cooley, "The Development of Sociology at Michigan" (1928), in Robert C. Angell, ed., *Charles H. Cooley, Sociological Theory and Social Research* (New York: Henry Holt and Co., 1930), pp.5~6. The CHC Papers에는 쿨리가 수강한 듀이의 강의 "Anthropological Ethics" (1894)의 노트도 포함되어 있다. John Dewey, *Outlines of a Critical Theory of Ethics* (1891), in John Dewey, *The Early Works, 1882~1898*, 5 vols. (Carbondale: Southern Illinois University Press, 1971), 3: 239~388 (이하 *Early Works*로 표기). 또한 George Dykhuizen, "John Dewey and the University of Michigan," *Journal of the History of Ideas* 23 (October-December 1962): 513~544도 보라.

6. Charles H. Cooley, "The Theory of Transportation" (1894), in Angell, *Sociological Theory and Social Research*, pp.40~41; Cooley, "Development of Sociology," p.7. 쿨리는 "따라서 커뮤니케이션은 내가 정말로 처음 정복한 주제였으며, 논문은 내가 그 후 계속 작업해 온 유기체적 사회관을 예고한 것이다"라면서, 커뮤니케이션과 교통에 관해 자신이 강의한 경험을 계속해서 묘사한다.

7. Charles H. Cooley, "The Process of Social Change" *Political Science Quarterly* 12 (March 1897): 73~74, 77, 81.

8. Cooley, Journal, vol. 11, 18 July 1896, CHC Papers. Charles H. Cooley, *Social Process* (New York: Charles Scribner's Sons, 1918), p.28.

9. 그가 언급하는 저작들은 William James, *The Principles of Psychology*, 2 vols. (New York:

Henry Holt and Co., 1890), 특히 vol. 1, chap 10, "The Consciousness of Self"; James Mark Baldwin, *Social and Ethical Interpretations in Mental Development* (New York: Macmillan Co., 1897). 또한 쿨리가 감사의 말을 적은 부분으로는 Charles H. Cooley, *Human Nature and the Social Order*, rev. ed. (New York: Charles Scribner's Sons, 1922), p.125를 보라.

10. Cooley, *Human Nature*, pp.119~121, 183~184. 이 발언을 제임스의 다음 발언과 비교해 보라. "인간의 사회적 자아란 그가 동료들에게서 받은 인정이다. …… 적절하게 표현하자면 어떤 사람이든 그를 인정해 주고 자신의 마음속에 그에 대한 이미지를 품고 있는 사람 수만큼 사회적 자아가 있는 셈이다" (James, *Principles of Psychology*, 1: 293~294).

11. Charles H. Cooley, *Social Organization: A Study of the Larger Mind* (New York: Charles Scribner's Sons, 1909), p.23; 특히 pp.32~50을 보라.

12. Cooley, *Social Organization*, pp.61, 80~81. 또한 Cooley, *Human Nature*, pp.75, 145~147도 보라. 쿨리의 현대적 커뮤니케이션에 관한 또 다른 논의로는 Jean B. Quandt, *From the Small Town to the Great Community: The Social Thought of Progressive Intellectuals* (New Brunswick: Rutgers University Press, 1970), chap. 4, "Charles Horton Cooley and the Communications Revolution"을 보라.

13. Cooley, *Social Organization*, pp.54, 97.

14. Cooley, Journal, vol. 12, 7 May, 16 July, 24 July, 31 July 1898; vol. 11, 28 February 1897; vol. 13, 2 August 1898; vol. 14, 13 September 1901, CHC Papers.

15. Cooley, *Human Nature*, p.145. 또한 Cooley, *Social Organization*, pp.98~103; "Notes on Communication," Box 3, CHC Papers도 보라.

16. 인용문의 출처는 Charles H. Cooley, *Life and the Student* (New York: Alfred A. Knopf, 1927), p.134; Cooley, *Social Organization*, pp.170~171.

17. Cooley, *Social Process*, pp.415, 412; Charles H. Cooley, "A Primary Culture for Democracy," *American Sociological Society Publications* 13 (1918): 4, 7; Cooley, Journal, vol. 23, 24 October 1926, CHC Papers.

18. Cooley, *Social Process*, pp.406~407; Ralph Waldo Emerson, "The American Scholar," in Stephen E. Whicher, ed., *Selections from Ralph Waldo Emerson*, Riverside Edition (Boston: Houghton Mifflin Co., 1960), p.70. 쿨리가 사망한 직후 그의 사회 이론을 잘 비판한 글로는 George H. Mead, "Cooley's Contribution to American Social Thought," *American Journal of Sociology* 35 (March 1930): 693~706을 보라.

19. 듀이의 초기 삶에 관한 가장 좋은 출처는 George Dykhuizen, *The Life and Mind of John Dewey* (Carbondale: Southern Illinois University Press, 1973); Jane Dewey, ed., "Biography of John Dewey," in Paul A. Schilpp, ed., *The Philosophy of John Dewey* (Evanston: Northwestern University, 1939), pp.3~45. 나는 또한 Neil Coughlan, *Young John Dewey:*

An Essay in American Intellectual History (Chicago: University of Chicago Press, 1975)의 탁월한 해석 작업에도 의존했다.

20. John Dewey, "From Absolutism to Experimentalism," in George E Adams & William P Montague, eds., *Contemporary American Philosophy: Personal Statements,* 2 vols. (New York: Macmillan Co., 1930), 2: 19. 홉킨스 시절의 듀이에 관해서는 Coughlan, *Young John Dewey*, pp.37~53을 보라.

21. John Dewey, *The Study of Ethics: A Syllabus* (1894), in *Early Works*, 4: 262, 264; John Dewey, "Moral Theory and Moral Practice" (1891), in *Early Works*, 3: 95. 제임스와 진화 생물학이 미친 영향에 관해서는 Dewey, "From Absolutism to Experimentalism"을 보라. 이 시기에 관해서는 또한 Burleigh Taylor Wilkins, "James, Dewey, and Hegelian Idealism," *Journal of the History of Ideas* 17 (June 1956): 332~346; Dykhuizen, "John Dewey and the University of Michigan"도 보라.

22. Franklin Ford, *Draft of Action* (Ann Arbor: n.p., 1892?), p.58.

23. Robert Park in Paul J. Baker, ed., "The Life Histories of W. I. Thomas and Robert E. Park," *American Journal of Sociology* 79 (September 1973): 254~255.

24. Ford, *Draft of Action*, pp.8, 9.

25. 같은 책, pp.5, 27.

26. John Dewey to William James, 3 June 1891, in Ralph Barton Perry, ed., *The Thought and Character of William James*, 2 vols. (Boston: Little, Brown and Co., 1935), 2: 518~519. 포드와 듀이의 관계에 관한 또 하나의 출처는 포드의 형제이자, 심지어 프랭클린보다 더 기이한 인물인 코리던의 저작이다. Corydon Ford, *The Child of Democracy: Being the Adventures of the Embryo State, 1856~1894* (Ann Arbor: J. V. Sheehan Co., 1894), pp.173~175를 보라. Lewis S. Feuer, "John Dewey and the Back to the People Movement in American Thought," *Journal of the History of Ideas* 20 (October-December 1959): 545~568 역시 이 동맹 관계에 관해 논의하고 있다. 그러나 포이어의 논문은 듀이의 생애에서 이 시기를 "사회주의적 신비주의자socialistic mystic"로 다소 단순하게 묘사했다는 점에서 문제가 있다.

27. Dewey, *Outlines of a Critical Theory of Ethics* (1891), in *Early Works*, 3: 320. 이 저작 서문에서 듀이는 자신이 "과학과 예술의 사회적 영향에 관해 논의"하는 데서 포드에게 빚을 졌다고 인정했다.

28. *Michigan Daily*, 16 March 1892, Willinda Savage, "John Dewey and 'Thought News' at the University of Michigan," *Michigan Quarterly Review* 56 (Spring 1950): 204~205에서 재인용. 짧기는 하지만 새비지의 논문은 "Thought News" 에피소드에 관해 나온 최고의 내러티브식 설명이다. 또한 Coughlan, *Young John Dewey*, pp.93~106도 보라.

29. *Michigan Daily*, 8 April 1892. Coughlan, *Young John Dewey*, p.103에서 재인용.

30. *Detroit Tribune*, 11 April 1892. Savage, "John Dewey and 'Thought News,'" p.207에서 재인용.

31. *Detroit Tribune*, 13 April 1892. Savage, "John Dewey and 'Thought News,'" p.207에서 재인용. 쿠글란은 "Thought News" 시도를 "1890년대까지 미국 지성계의 두드러진 특징이던 국지적 고립성"에 대한 듀이의 대응이자, 미국에 산발적으로 흩어져 있던 지식인들을 어떻게든 서로 연결해 보려는 시도로 해석한다. Coughlan, *Young John Dewey*, pp.108~112를 보라.

32. Dewey to Willinda Savage, 30 May 1949. Savage, "John Dewey and 'Thought News,'" p.209에서 재인용. 듀이가 이 시도에서 후퇴한 일을 좀 더 신랄하게 비판한 견해는 Ford, *Child of Democracy*, p.175에서 볼 수 있다.

33. John Dewey, *Democracy and Education* (New York: Macmillan Co., 1915), p.4.

34. John Dewey, *Experience and Nature* (1929; reprint, New York: Dover Publications, 1958), pp.165, 166.

35. 같은 책, pp.204~205.

36. John Dewey, *Art As Experience* (New York: Minton, Balch, and Co., 1934), pp.105, 244, 5~6. 또한 pp.103~105도 보라.

37. Walter Lippmann, *Public Opinion* (1922; reprint ed., Glencoe: Free Press, 1965), pp.19, 249, 234, 235~236.

38. John Dewey, "Public Opinion," *New Republic* 30 (3 May 1922): 288; "Practical Democracy," *New Republic* 45 (2 December 1925): 54. 리프먼이 칭송한 바로 그 전문가들에게 듀이의 철학이 미친 영향에 관해서는 Sidney Kaplan, "Social Engineers as Saviors: Effects of World War I on Some American Liberals," *Journal of the History of Ideas* 17 (June 1956): 347~369를 보라.

39. John Dewey, *The Public and Its Problems* (1927; reprint ed., Chicago: Swallow Press, 1954), pp.126, 142, 184. 쿨리의 일차 집단에 대한 언급은 pp.97, 211에 나온다.

40. 예컨대 듀이가 사회과학과 사회 계획 간의 관계를 다음과 같이 고찰했을 때 처하게 된 난관을 생각해 보라. "사회과학, 즉 사실을 그 의미 있는 관계 속에서 확인하는 지식 체계를 구축하는 일은 사회 계획을 실행에 옮기는 데 의존한다. …… 여기서 나는 사회 계획과 통제가 바람직하다고 주장하는 것은 아니다. 그것은 전혀 다른 문제다. 현재의 여건에 만족하고 이 여건을 개인적 이득과 권력으로 실현하고 싶어하는 사람이라면 이 문제에 부정적으로 대답할 것이다. 내가 말하고자 하는 바는 '사회 과학'이라는 이름을 붙일 만한 무엇인가를 바란다면 그것을 시작하는 방안은 하나뿐이다. 곧 사회 계획과 통제의 길에 착수하는 것이다." "Social Science and Social Control" *New Republic* 67 (29 July 1931): 276~277.

41. 듀이의 두 논문인 "Our Un-Free Press," *Common Sense* 4 (November 1935): 6~7과

"Radio's Influence on the Mind," *School and Society* 40 (15 December 1934): 805를 비교해 보라.

42. Baker, "The Life Histories of W. I. Thomas and Robert E. Park," pp.251~260.

43. Robert Park, "Autobiographical Note," in *The Collected Papers of Robert Park*, 3 vols. (Glencoe: Free Press, 1950), l: v~ix (이하 Park Papers로 표기); Ellsworth Paris, "Robert E. Park," *American Sociological Review* 9 (June 1944): 321~325; Fred H. Matthews, *Quest For An American Sociology: Robert E. Park and the Chicago School* (Montreal: McGill-Queens University Press, 1977), pp.10~30.

44. Baker, "The Life Histories of W. I. Thomas and Robert E. Park," p.254; Matthews, *Quest*, pp.31~35.

45. Robert Park, *The Crowd and the Public* (원제는 *Masse und Publikum*, 1904), trans, from German by Charlotte Eisner, edited and with an introduction by Henry Eisner, Jr. (Chicago: University of Chicago Press, 1972), pp.79~80, 46. 파크가 어떤 전통하에서 이 논문을 썼는지 살펴본 글로는 Matthews, *Quest*, pp.36~50을 보라.

46. Robert Park & E. W. Burgess, *Introduction to the Science of Sociology* (Chicago: University of Chicago Press, 1921), pp.42, 505~511, 735.

47. 예컨대 Robert Park, "The City: Suggestions for the Investigation of Human Behavior in the Urban Environment," *American Journal of Sociology* 20 (March 1916): 577~612; Robert Park, E. W. Burgess, and R. D. McKenzie, *The City* (Chicago: University of Chicago Press, 1925); Robert Park, "The Urban Community as a Spatial and a Moral Order," *Publications of the American Sociological Society* 20 (1925): 1~14; Robert Park, "Human Ecology," *American Journal of Sociology* 42 (July 1936): 1~15를 보라. 또한 Matthews, *Quest*, pp.121~125도 보라.

48. Robert Park, "The Yellow Press," *Sociology and Social Research* 12 (September-October 1927): 1~12; Robert Park, "News and the Human Interest Story" (1940), in Park Papers, 3: 112. 또한 Robert Park, "Natural History of the Newspaper," *American Journal of Sociology* 29 (November 1923): 80~98; Robert Park, "American Newspaper Literature," *American Journal of Sociology* 32 (March 1927): 806~813도 보라.

49. Robert Park, *The Immigrant Press and Its Control* (New York: Harper and Brothers, 1922), p.468. 또한 Robert Park, "Foreign Language Press and Social Progress," *Proceedings of the National Conference of Social Work* (1920): 493~500; Robert Park, "Immigrant Community and Immigrant Press," *American Review* (March-April 1925): 143~152도 보라.

50. Robert Park, "News As a Form of Knowledge," *American Journal of Sociology* 45 (March 1940): 686.

51. Robert Park, "News and the Power of the Press," *American Journal of Sociology* 47

(July 1941): 2; Robert Park, "Morale and the News," *American Journal of Sociology* 47 (November 1941): 372.

52. Robert Park, "Reflections on Communication and Culture," *American Journal of Sociology* 44 (September 1938): 197.

53. Robert Park, "Community Organization and the Romantic Temper," *Social Forces* 3 (May 1925): 675.

54. Cooley, *Social Organization*, p.4.

5장

1. Harold Lasswell, *Propaganda Technique in the World War* (New York: Alfred A. Knopf, 1927), pp.2, 9. 초창기의 다른 중요한 선전 연구로는 F. E. Lumley, *The Propaganda Menace* (New York: Century, 1933); O. W. Riegel, *Mobilizing for Chaos: The Story of the New Propaganda* (New Haven: Yale University Press, 1934); Leonard W. Doob, *Propaganda: Its Psychology and Technique* (New York: Henry Holt and Co., 1935); W. H. Irwin, *Propaganda and the News* (New York: McGraw-Hill Book Co., 1936). 전시의 선전에 관해 이후 공개되어 널리 읽힌 폭로물의 예로는 George Creel, *How We Advertised America* (New York: Harper and Brothers, 1920); Heber Blankenhorn, *Adventures in Propaganda* (Boston: Houghton Mifflin, 1919)를 보라.

2. Walter Lippmann, *Public Opinion* (1922; reprint ed., Glencoe: Free Press, 1965), pp.19, 18. 또한 Walter Lippmann, *Liberty and the News* (New York: Harcourt, Brace, and Howe, 1920); The Phantom Public (New York: Harcourt, Brace and Co., 1925)도 보라.

3. "Editorial Foreword," *Public Opinion Quarterly* 1 (January 1937): 3. 당시 이 새로운 분야에 관해 나온 유용한 개관으로는 또한 William Albig, *Public Opinion* (New York: McGraw-Hill Book Co., 1939)을 보라.

4. W. W. Charters, *Motion Pictures and Youth: A Summary* (New York: Macmillan Co., 1934), pp.5, 16; Blumer는 p.39에 인용되었다. 12편의 개별 연구 목록은 Charters의 책 서두에 나온다. Garth Jowett, *Film: The Democratic Art* (Boston: Little, Brown, and Co., 1976), pp.220~229는 페인기금 연구가 어떻게 다양한 형태로 왜곡되어 공중에 제시되면서 영화 산업을 공격하는 데 이용되었는지 흥미로운 이야기를 들려준다.

5. 시장 연구의 발전 과정에 관한 간결한 설명은 Daniel Boorstin, *The Americans: The Democratic Experience* (New York: Random House, 1973), pp.148~156에 나온다. 라디오 초창기에 마케팅 연구를 어떻게 변형해 활용했는지에 관해서는 Herman S. Hettinger, *A Decade of Radio Advertising* (Chicago: University of Chicago Press, 1933); Frederick H. Lumley, *Measurement in Radio* (Columbus: Ohio State University, 1934); Edgar H. Felix, *Using Radio in Sales Promotion* (New York: McGraw-Hill Book Co., 1927)을 보라.

6. Malcolm Willey & Stuart Rice, "The Agencies of Communication," in President's Research Committee on Social Trends, *Recent Social Trends* (New York: McGraw-Hill Book Co., 1933), p.203.

7. Paul F. Lazarsfeld, "An Episode in the History of Social Research: A Memoir," in Donald Fleming & Bernard Bailyn, eds., *The Intellectual Migration: Europe and America, 1930 ~ 1960* (Cambridge: Harvard University Press, 1969), pp.270~337 (이하 "A Memoir"). 또한 Laura Fermi, *Illustrious Immigrants: The Intellectual Migration* (Chicago: University of Chicago Press, 1968), pp.336~343도 보라.

8. 유럽에서 '행동' 연구의 발전과 다양한 강조점에 관해서는 Paul F. Lazarsfeld, "Historical Notes on the Empirical Study of Action" (1958), in Paul F. Lazarsfeld, *Qualitative Analysis: Historical and Critical Essays* (Boston: Allyn and Bacon, 1972), pp.53~105를 보라.

9. Paul F. Lazarsfeld & Arthur W. Kornhauser, *The Techniques of Market Research from the Standpoint of a Psychologist* (New York: American Management Association, 1935), pp.24, 4; Paul F. Lazarsfeld, "The Psychological Aspect of Market Research," *Harvard Business Review* 13 (October 1934): 54~71. 라자스펠트는 또한 이 분야에서 가장 일찍 나왔고 널리 활용된 다음의 교과서용으로 심리학과 마케팅에 관한 여러 장을 집필했다. American Marketing Society, *The Technique of Marketing Research* (New York: McGraw-Hill Book Co., 1937), chaps. 3, 4, 15, 16.

10. Lazarsfeld, "A Memoir," p.270, 그리고 1937 letter to Hadley Cantril, p.306에서 따온 인용문. 또한 그가 보기에 연구소 구조와 경험적 사회 연구 간의 핵심적인 연계에 관한 논의로는 1962년 미국사회학회American Sociological Association 회장 연설문인 "The Sociology of Empirical Social Research," in Lazarsfeld, *Qualitative Analysis*, pp.321~340을 보라.

11. Hadley Cantril & Gordon Allport, *The Psychology of Radio* (New York: Harper and Brothers, 1935). 캔트릴과 올포트의 실험 연구는 남녀 아나운서를 비교해 목소리로 퍼스낼리티를 판별하는 문제, 라디오, 강의, 인쇄 자료 등 학습 도구의 상대적 효율성 비교 등의 문제에 초점을 두었다. 하지만 이 실험들은 음악, 드라마, 인터뷰, 버라이어티 프로그램, 정치 연설 등이 아니라 오로지 단순한 구어 자료만 다루었다. 요컨대 라디오 방영물의 상당 부분은 "그러한 방송물은 실험을 하기에는 너무 복잡한 구조가 있다"라는 이유로 무시됐다.

12. Paul F. Lazarsfeld, "Radio Research and Applied Psychology," Special Issue of the *Journal of Applied Psychology*, edited by Paul F. Lazarsfeld, 23 (February 1939): 1, 6.

13. Paul F. Lazarsfeld, "Radio Research and Applied Psychology," Special Issue of the *Journal of Applied Psychology*, edited by Paul F. Lazarsfeld, 24 (December 1940): 661, 663~164. 이 호에서는 여러 연구들을 "Commercial Effects of Radio," "Educational and Other Effects of Radio," "Program Research," "General Research Techniques," "Measurement Problems"

등의 다섯 가지 제호하에 묶어서 분류했다.

14. Paul F. Lazarsfeld, *Radio and the Printed Page* (New York: Duell, Sloan, and Pearce, 1940), p.332.

15. "Research in Mass Communication" (1940), on microfilm in the Mass Communication Research Center, State Historical Society of Wisconsin, Madison, Wisconsin. 이 문서에 서명한 인물은 라이먼 브라이슨Lyman Bryson, 로이드 A. 프리Lloyd A. Free, 제프리 고러 Geoffrey Gorer, 해럴드 라스웰, 폴 F. 라자스펠트, 로버트 린드, 조 마셜John Marshall, 찰스 A. 지프만Charles A. Siepmann, 도널드 슬레싱어Donald Slesinger, 더글러스 웨플스 Douglas Waples 등이었다.

16. "Research in Mass Communication," pp.5, 19, 37. "네 가지 질문" 모델을 더 정교화한 논의로는 Harold Lasswell, "The Structure and Function of Communication in Society," in Lyman D. Bryson, ed., *The Communication of Ideas* (New York: Harper and Brothers, 1948), pp.37~51을 보라.

17. 예컨대 Ernst Kris & Howard White, "The German Radio Home News in Wartime"; Hans Speier & Margaret Otis, "German Propaganda to France During the Battle of France"; Hans Herma, "Some Principles of German Propaganda and Their Application to Radio," in Paul F. Lazarsfeld & Frank N. Stanton, eds., *Radio Research*, 1942~1943 (New York: Duell, Sloan, and Pearce, 1944), pp.178~261을 보라. Robert J. E. Silvey, "Radio Audience Research in Great Britain"과 Charles Siepmann, "American Radio in Wartime: An Interim Survey of the OWI Radio Bureau" 역시 이 책 pp.111~177에 수록되어 있다. 낮 시간 연속극과 전시의 노력에 관해서는 Herta Herzog, "What Do We Really Know About Daytime Serial Listeners?"; Rudolph Arnheim, "The World of the Daytime Serial," in Lazarsfeld & Stanton, *Radio Research*, 1942~1943, pp.3~85를 보라. 전시에 응용사회연구소에서 수행한 선전 연구를 유용하게 요약한 문헌은 Robert K. Merton & Paul F. Lazarsfeld, "Studies in Radio and Film Propaganda," in Robert K. Merton, *Social Theory and Social Structure* (Glencoe: Free Press, 1957), pp.563~582.

18. 이후 계속된 수용자 연구에 관해서는 예컨대 Paul F. Lazarsfeld & Harry Field, *The People Look at Radio* (Chapel Hill: University of North Carolina Press, 1946)를 보라. 이 연구는 1945년 2,500명의 미국인 대상 서베이에 근거한 것이다. 초창기 '이용과 충족' 접근의 예로는 다음 문헌을 보라. Herzog, "What Do We Really Know About Daytime Serial Listeners?"; Bernard Berelson, "What 'Missing the Newspaper' Means," in Paul F. Lazarsfeld & Frank N. Stanton, eds., *Communications Research, 1948~1949* (New York: Harper and Brothers, 1949), pp.111~129; Helen J. Kaufman, "The Appeal of Specific Daytime Serials," in Lazarsfeld & Stanton, *Radio Research*, 1942~1943, pp.86~107. Paul F. Lazarsfeld & Helen Dinerman, "Research for Action," in Lazarsfeld and Stanton,

Communications Research, pp.73~108은 1944년의 NBC-BASR 연구를 압축한 것이다.

19. Carl I. Hovland, Arthur A. Lumsdaine, & Fred D. Sheffield, *Experiments on Mass Communication* (Princeton: Princeton University Press, 1949), pp.247, 254~255. 이 책은 *Studies in Social Psychology in World War II*의 volume 3이다.

20. Carl I. Hovland, Irving L. Janis, & Harold H. Kelley, *Communication and Persuasion: Psychological Studies of Opinion Change* (New Haven: Yale University Press, 1953), p.v; 특히 pp.1~17을 보라. 이 고전적인 저작의 여러 장은 각자 여러 연구들을 다루는데 "Credibility of the Communicator," "Fear-Arousing Appeals," "Personality and Susceptibility to Persuasion," "Retention of Opinion Change" 등의 주제 중심으로 조직되었다. 실험 전통에 관한 역사적 평가로는 Arthur A. Lumsdaine, "On Mass Communication Experiments and the Like," in Daniel Lerner & Lyle M. Nelson, eds., *Communication Research: A Half-Century Appraisal* (Honolulu: University Press of Hawaii, 1977), pp.37~69를 보라.

21. Paul F. Lazarsfeld, Bernard Berelson, & Hazel Gaudet, *The People's Choice: How the Voter Makes Up His Mind in a Presidential Campaign* (New York: Duell, Sloan, and Pearce, 1944), p.151; 특히 chap. 16, "The Nature of Personal Influence"를 보라. 이 작업에서 자극받아 나온 연구 유형의 예는 Robert K. Merton, "Patterns of Influence: A Study of Interpersonal Influence and of Communications Behavior in a Local Community," in Lazarsfeld and Stanton, *Communications Research*, pp.180~219. 머튼은 공동체 문제에서 '국지적 성향locals'과 '코스모폴리탄 성향cosmopolitans'을 구분해서 대비시킨다. "2단계 흐름two-step flow" 개념에 근거한 후자의 문헌을 요약 소개한 글로는 Elihu Katz, "The Two-Step Flow of Communication: An Up-to-Date Report on a Hypothesis," *Public Opinion Quarterly* 21 (Spring 1957): 61~78을 보라.

22. Elihu Katz & Paul F. Lazarsfeld, *Personal Influence: The Part Played by People in the Flow of Mass Communication* (Glencoe: Free Press, 1955), pp.32~33, 133.

23. 사회과학에서 일차 집단 개념의 재발견에 관한 개관으로는 Edward A. Shils, "The Study of the Primary Group," in Daniel Lerner and Harold Lasswell, eds., *The Policy Sciences* (Stanford: Stanford University Press, 1951), pp.44~69를 보라.

24. Eliot Friedson, "Communications Research and the Concept of the Mass," *American Sociological Review* 18 (March 1953): 316. 또한 Elihu Katz, "Communications Research and the Image of Society: Convergence of Two Traditions" *American Journal of Sociology* 65 (March 1960): 435~440과 그의 "The Two-Step Flow of Communication"을 보라.

25. Leon Bramson, *The Political Context of Sociology* (Princeton: Princeton University Press, 1961), pp.118, 121, 152~153; 대중 사회 이론가들이 그 이론을 과학적으로 제시하고자 한다는 브램슨의 주장으로는 pp.116~117를 보라. 또한 Edward A. Shils, "Daydreams and

Nightmares: Reflections on the Criticism of Mass Culture," *Sewanee Review* 65 (Autumn 1957): 587~608; Daniel Bell, *The End of Ideology* (New York: Collier Books, 1961), chap. 1도 보라. 브램슨이 언급한 일부 필자들이 "대중 사회"라는 용어를 사용한 것은 분명하다. 그러나 이를테면 C. 라이트 밀스가 자신의 책 한 장인 "The Mass Society" in *The Power Elite* (New York: Oxford University Press, 1956)에서 적용한 용례는 이를테면 프랑크푸르트학파의 용례와는 확연하게 다르다. 무엇보다 밀스는 대중과 공중이란 용어를 미국의 정치 풍토에서 나타나는 이상형ideal types과 경향의 뜻으로 사용했다.

26. Bramson, *The Political Context of Sociology,* p.96과 특히 chap. 5, "The American Critique of the Theory of Mass Society: Research in Mass Communication," pp.96~118; Raymond Bauer & Alice Bauer, "America, Mass Society, and Mass Media," *Journal of Social Issues* 16, no. 3 (1960): 22, 29. 이와 비슷한 견해로는 John W. Riley & Matilda W Riley, "Mass Communication and the Social System," in Robert K. Merton, Leonard Broom, and Laurence Cottrell, eds., *Sociology Today* (New York: Basic Books, 1959), pp.537~578을 보라. 또한 Talcott Parsons and Winston White, "The Mass Media and the Structure of American Society," *Journal of Social Issues* 16, no. 3 (1960): 67~77도 보라. 이들은 대중문화 이론가의 근본적 오류는 이 사회를 개인 간의 관계가 점차 무정형화해 가는 "원자화된 사회"라고 가정했다는 사실에 있다고 결론 지었다. 현실에서는 미국이 엄청나게 구조적 분화가 진행된 "다원주의 사회"라고 파슨스와 화이트는 주장한다.

27. Joseph T. Klapper, *The Effects of Mass Communication* (Glencoe: Free Press, 1960), pp.8, 5. 클래퍼는 연구 문헌 리뷰를 두 부분으로 나누어 살펴보았는데, 1부는 'The Effects of Persuasive Communication'으로, 2부는 'The Effects of Specific Types of Media Material'로 되어 있다. 이 책의 이전 판은 응용사회연구소에서 1949년에 출간되었다.

28. Klapper, *Effects,* p.257과 또한 pp.249~257; Bauer & Bauer, "America, Mass Society, and Mass Media," p.25도 보라. 연구의 과학적 기준을 더 높여야 한다는 주장의 또 다른 예로는 Melvin L. De Fleur, *Theories of Mass Communication*, 2d ed. (New York: David McKay Co., 1970), pp.151~154를 보라.

29. 이 모델의 주제별 예는 다음과 같다. 일반적 개관으로는 Steven H. Chaffee, "Mass Media Effects: New Research Perspectives," in Lerner and Nelson, eds., *Communication Research*, pp.210~241; 사회화에 관해서는 Jack M. McLeod and Garrett J. O'Keefe, Jr., "The Socialization Perspective and Communications Behavior," in F. Gerald Kline & Phillip J. Tichenor, eds., *Current Perspectives in Mass Communications Research* (Beverly Hills: Sage Publications, 1972), pp.121~168; 기능적 분석으로는 Charles R. Wright, "Functional Analysis and Mass Communication," *Public Opinion Quarterly* 24 (Winter 1960): 605~20; Joseph T. Klapper, "Mass Communications Research: An Old Road Resurveyed," *Public Opinion Quarterly* 27 (Winter 1963): 515~527; 사회 체제로서의 매스 미디어

에 관해서는 De Fleur, "Mass Media as Social Systems"가 있는데, 이 글은 De Fleur의 저서 *Theories of Mass Communication* 결론 장이다. pp.155~172, 특히 p.166을 보라; 이용과 충족에 관해서는 W. Phillips Davison, "On the Effects of Communication," *Public Opinion Quarterly* 24 (Fall 1960): 344~360.

30. 최근의 가장 포괄적인 문헌 개관으로는 George Comstock et al., *Television and Human Behavior* (New York: Columbia University Press, 1978)를 보라.

31. Siegfried Kracauer, *From Caligari to Hitler: A Psychological History of German Film* (Princeton: Princeton University Press, 1947), pp.5, 6, 8. 크라카우어의 "Propaganda and the Nazi War Film"(1942)은 이 책에 부록으로 재수록되어 있다.

32. Barbara Deming, *Running Away From Myself: A Dream Portrait of America Drawn from the Films of the Forties* (New York: Grossman Publishers, 1969), pp.1, 6, 201. 데밍은 1950년 당시 "A Long Way from Home: Some Film Nightmares of the Forties"라는 제목의 원고를 출판할 곳을 찾지 못했는데, 앞의 책은 이 원고에 근거한 것이다. 하지만 이전 원고의 일부는 당대의 영화 저널에 실렸다.

33. Martha Wolfenstein & Nathan Leites, *Movies: A Psychological Study* (Glencoe: Free Press, 1950), pp.13, 300. 특히 "Note on Data and Interpretation," pp.303~307을 보라. 이 글은 "반복해서 등장하는 주제의 정서적 중요성"을 설명하는 데 정신분석학적 기법을 적용할 방안을 논의한다. 이 무리에서 언급할 가치가 있는 또 하나의 저작은 Hortense Powdermaker, *Hollywood: The Dream Factory* (Boston: Little, Brown, and Co., 1950)다. 문화인류학자인 파우더메이커는 마치 남해 섬의 원주민 사회를 연구하듯이, 연구를 위해 할리우드에서 한 해를 보냈다. 파우더메이커의 목표는 "할리우드를 이해, 해석하고 할리우드가 스스로 생산하는 꿈이나 우리 사회와 어떤 관계가 있는지 이해하는 데"(p.11) 있었다. "할리우드는 미리 만들어진 백일몽을 대중 전파하는 일에 종사한다. 할리우드는 모든 인간이 평등하게 창조되었다는 아메리칸드림을 모든 인간의 꿈은 평등하게 되어야 한다는 견해로 각색하려 한다"(p.39).

34. Robert S. Lynd, *Knowledge For What?: The Place of Social Science in American Culture* (Princeton: Princeton University Press, 1939), p.120.

35. C. Wright Mills, "Abstracted Empiricism," in *The Sociological Imagination* (New York: Oxford University Press, 1959), pp.67, 71~72. 또한 밀스의 두 논문인 "Two Styles of Social Science Research"(1953)와 "IBM Plus Reality Plus Humanism = Sociology"(1954)는 모두 Irving Louis Horowitz, ed., *Power, Politics, and People: The Collected Essays of C. Wright Mills* (New York: Oxford University Press, 1963), pp.553~576에 수록되어 있다. 커뮤니케이션 연구에서 "과학주의"를 비판한 글로는 Dallas W. Smythe, "Some Observations on Communications Theory," *Audio-Visual Communication Review* 2 (Winter 1954): 24~37도 보라. "유일하게 신뢰할 만한 증거는 변량의 통계적 척도를 갖춘 실험실에서 나와야

한다는 가정"(p.28)에 의문을 던진다는 점에서 스마이드의 분석은 밀스와 비슷하다. 스마이드는 자신이 판단하기에 커뮤니케이션 연구자의 지배적 입장을 "이들은 '통제된 실험'을 통해 입증된 것만 '지식'으로 수용할 것이다"(p.26)라면서 비판했다.

36. 영어로 된 최고의 비판 이론 입문서는 Max Horkheimer, *Critical Theory*, trans. Matthew J. O'Connell et al. (New York: Herder and Herder, 1972)에 선별 수록된 논문들, 특히 "Traditional and Critical Theory," pp.188~243과 "The Latest Attack on Metaphysics," pp.132~187이다. 프랑크푸르트학파에 관한 표준적인 지성사는 Martin Jay, *The Dialectical Imagination: A History of the Frankfurt School and the Institute of Social Research, 1923~1950* (Boston: Little, Brown, and Co., 1973)이다. Jay, "The Frankfurt School in Exile," *Perspectives in American History* 6 (1972): 339~385도 [읽어 볼] 가치가 있다.

37. Leo Lowenthal, "Historical Perspectives of Popular Culture" (1950), in Bernard Rosenberg and David M. White, eds., *Mass Culture: The Popular Arts in America* (Glencoe: Free Press, 1957), pp.52, 56. 또한 뢰벤탈이 자신의 저서 *Literature, Popular Culture, and Society* (Englewood Cliffs: Prentice-Hall, 1961)에 실은 서론도 보라. 뢰벤탈은 "Biographies in Popular Magazines," in Lazarsfeld & Stanton, *Radio Research*, 1942~1943, pp.507~548에서 비판적 시각과 경험적 방법을 결합한 매스 커뮤니케이션 연구의 가장 좋은 사례 중 하나를 내놓았다. 여기서 그는 1900년과 1940년 사이에 "생산의 우상idols of production"에서 "소비의 우상idols of consumption"으로 전반적인 이동이 일어났다고 보았다.

38. T. W. Adorno, "Scientific Experiences of a European Scholar in America," in Bailyn and Fleming, eds., *Intellectual Migration*, pp.343, 347. 또한 아도르노의 논문인 "The Radio Symphony," in Paul F. Lazarsfeld & Frank N. Stanton, eds., *Radio Research*, 1941 (New York: Duell, Sloan, and Pearce, 1941), pp.110~139와 "On Popular Music," *Studies in Philosophy and Social Science* 9, no. 1 (1941): 17~48도 보라.

39. Max Horkheimer & T. W. Adorno, "The Culture Industry: Enlightenment as Mass Deception" (1944), in *Dialectic of Enlightenment*, trans. John Gumming (New York: Herder and Herder, 1972), pp.120~167; Max Horkheimer, "Art and Mass Culture," *Studies in Philosophy and Social Science* 9, no. 1 (1941): 290~304. 비록 여기서 그의 주장이 완전히 설득력을 갖는 것은 아니지만, 프랑크푸르트학파가 데이비드 리스먼과 드와이트 맥도널드, 대중문화 논쟁에 미친 영향에 관해서는 Jay, "Frankfurt School in Exile," pp.365~375를 보라, Rosenberg and White, *Mass Culture*는 리스먼과 맥도널드의 저작을 포함해 이 논쟁에 대한 최대한 광범위한 의견의 스펙트럼을 포함하고 있다.

40. Paul F. Lazarsfeld, "Remarks on Administrative and Critical Communications Research" (1941), in Lazarsfeld, *Qualitative Analysis*, p.160.

6장

1. 전기 정보는 Donald Creighton, *Harold Adams Innis: Portrait of a Scholar* (Toronto: University of Toronto Press, 1957), chaps. 1~2; Robin Neill, *A New Theory of Value: The Canadian Economics of H. A. Innis* (Toronto: University of Toronto Press, 1972), chap 1에서 구했다.

2. Harold Innis, "Autobiography" (unpublished), p.8. Neill, *New Theory of Value*, p.12에서 재인용.

3. Thorstein Veblen, *The Instinct of Workmanship and the State of the Industrial Arts* (New York: Macmillan Co., 1914), 특히 "The Machine Industry," pp.299~351. 베블렌은 이 책이 그의 가장 중요한 저작이라고 여겼다. 또한 그의 논문인 "Why is Economics Not an Evolutionary Science?" (1898), reprinted in Thorstein Veblen, *The Place of Science in Modern Civilization and Other Essays* (New York: Macmillan Co., 1919)도 보라. 나는 이 장의 논의에서 Michael E. Starr의 미완성 학위 논문 "The Political Economy of American Institutionalism"에서 특히 초안 상태인 "Veblen: Death Penalty for a Nation"; "The Overdeveloped Society" 두 장에서 큰 도움을 받았다. 아울러 David Seckler, *Thorstein Veblen and the Institutionalists: A Study in the Social Philosophy of Economics* (Boulder: Colorado Associated University Press, 1975), 특히 pp.52~67도 보라.

4. Harold Innis, "A Bibliography of Thorstein Veblen," *Southwestern Political and Social Science Quarterly* 10, no. 1 (1929): 67, 68.

5. Harold Innis, *The Fur Trade in Canada: An Introduction to Canadian Economic History* (rev. ed., Toronto: University of Toronto Press, 1956), pp.15~16.

6. 같은 책, p.385. *The Cod Fisheries: The History of an International Economy* (New Haven: Yale University Press, 1940), pp.484~508의 결론뿐 아니라 *Fur Trade in Canada*, pp.383~401의 탁월한 결론을 보라. 또한 Harold Innis, "Transportation as a Factor in Canadian Economic History," *Papers and Proceedings of the Annual Meeting of the Canadian Political Science Association* 3 (May 1931): 166~184; "Significant Factors in Canadian Economic Development," *Canadian Historical Review* 18 (December 1933): 374~384도 보라. 주 작물 명제에 관한 최근의 평가로는 Melville H. Watkins, "A Staple Theory of Economic Growth," *Canadian Journal of Economics and Political Science* 19 (May 1963): 141~158; Kenneth Buckley, "The Role of Staples Industries in Canada's Economic Development," *Journal of Economic History* 18 (December 1958): 439~450; W. A. Mackintosh, "Innis on Canadian Economic Development," *Journal of Political Economy* 61 (June 1953): 185~94; W. T. Easterbrook, "Trends in Canadian Economic Thought," *South Atlantic Quarterly* 58 (Winter 1959): pp.91~107을 보라.

7. Harold Innis, "Penetrative Powers of the Price System," *Canadian Journal of Economic*

and Political Science 4 (August 1938): 299~319; Harold Innis, "Economic Nationalism," *Papers and Proceedings of the Annual Meeting of the Canadian Political Science Association* 6 (1934): 17~31. 또한 W. T. Easterbrook, "Innis and Economics," *Canadian Journal of Economics and Political Science* 19 (August 1953): 291~303; Neill, *New Theory of Value*, pp.50~61도 보라

8. Harold Innis, review of *The Newsprint Industry* by J. A. Guthrie, *The Background and Economics of American Papermaking* by L. T. Stevenson, *Canada Gets the News* by C. M. McNaught, *AP: The Story of the News* by O. Gramling, and *News and the Human Interest Story* by H. M. Hughes, in *Canadian Journal of Economics and Political Science* 1 (November 1941): 583. 1940년부터 이니스는 이런 류의 리뷰를 무수하게 저널에 기고하기 시작했다.

9. Harold Innis, "The Newspaper in Economic Development," *Journal of Economic History* 2 (Supplement, December 1942): 1~33.

10. 이는 Neill, *New Theory of Value*의 입장으로 보인다. 이 책은 이니스의 모든 연구 성과를 캐나다 경제학 내부의 다양한 논쟁에 대한 일차원적 해결책으로 환원시킨다.

11. Daniel Drache, "Harold Innis: A Canadian Nationalist," *Journal of Canadian Studies* 4 (May 1969): 7~12를 보라.

12. Harold Innis, *Empire and Communications* (1950; reprint ed. Toronto: University of Toronto Press, 1972), p.7.

13. 시공간 편향의 문화적 함의에 관해서 나는 제임스 케리의 탁월한 논문인 James W. Carey, "Harold Adams Innis and Marshall McLuhan" (1965), reprinted in Raymond B. Rosenthal, ed., *McLuhan: Pro and Con* (New York: Funk and Wagnalls, 1968), pp.270~308에서 큰 도움을 받았다.

14. Innis, *Empire and Communications*, p.57; Harold Innis, *The Bias of Communication* (1951; reprint ed., Toronto: University of Toronto Press, 1971), p.191.

15. Innis, *Empire and Communications*, p.115.

16. Harold Innis, "A History of Communications," chaps. 5~6은 토론토대학교에서 개별 열람용 마이크로필름으로 소장하고 있는 미완성, 무수정 원고다(연도 미상); Innis, *Empire and Communications*, pp.116~148.

17. Innis, *Changing Concepts of Time* (Tbronto: University of Tbronto Press, 1952), pp.15, 16, 108.

18. Innis, *Empire and Communications*, p.170; Innis, *Bias of Communication*, p.189.

19. *Royal Commission on Broadcasting Report*, 2 vols. (Ottawa: E. Cloutier, 1957) 2: 69~70. 미국 커뮤니케이션 미디어의 위험성은 *Royal Commission on National Development in the Arts, Letters, and Sciences*, 2 vols. (Ottawa: E. Cloutier, 1951)에서 표현된 결론도 지배

했다; 특히 1: 11~65과 더불어 제2권에 실린 B. K. Sandwell, "Present Day Influences on Canadian Society," 2: 1~11과 Wilfred Eggleston, "The Press of Canada," 2: 41~53 두 논문을 보라.

20. Innis, *Changing Concepts of Time*, pp.127, 128. 특히 "Military Implications of the American Constitution," pp.21~45와 "Roman Law and the British Empire," pp.47~76 두 논문을 보라.

21. Henry Adams, "A Letter to American Teachers of History" (1910), in Adams, *Degradation of Democratic Dogma* (New York: Macmillan Co., 1919), p.212.

22. Innis, *Bias of Communication*, p.86. 또한 Harold Innis, "Industrialism and Cultural Values," *American Economic Review* 41 (Papers and Proceedings, May 1951): 201~219 도 보라. 이니스는 자신의 논문 "On the Economic Significance of Culture," *Journal of Economic History* 4 (Supplement, December 1944): 80~97에서도 비슷한 논지로 썼다. "수학적 계산에 의존하는 가격 체제가 주력을 이루면서, 이 가격의 작동 근거가 되는 기술적 여건을 무시하게 됐다. 경제사 연구에서 개념으로서의 유동성 선호liquidity preference가 등장하면서, 시각을 필연적으로 낮게 하는 과정에 관한 장기적 관점보다는 가격 체제가 수용할 수 있는 단기적 시각을 강조하게 됐다. 단기적 이익을 강조하고 현재에 집착하게 되면, 경제 현상 연구에서 접근 방식 간의 균형을 달성하기가 극도로 어려워진다"(p.83).

23. Robert Park, "Physics and Society," *Canadian Journal of Economics and Political Science* 6 (May 1940): 147. 또한 Harold Innis, "Political Economy in the Modern State"; "A Plea for the University Tradition"; "The University in Modern Crisis," in Innis, *Political Economy in the Modern State* (Toronto: University of Toronto Press, 1946); Innis, "Adult Education and Universities," in Innis, *Bias of Communication*, app. 2, pp.203~214도 보라.

24. Innis, "Industrialism and Cultural Values," pp.209, 202. 또한 이니스가 사망하기 전 마지막 연설이자 유감스럽게도 제목을 잘 못 붙인 "The Decline in the Efficiency of Instruments Essential in Equilibrium" (unfinished presidential address), *American Economic Review* 43 (March 1953): 16~25도 보라. 여기에는 이니스의 아들인 D. Q. 이니스의 논평이 추가로 첨부되어 있다.

25. 이 중 가장 중요한 저작은 Donald F. Theall, *The Medium is the Rear View Mirror: Understanding McLuhan* (Montreal: McGill-Queens University Press, 1971)이다. 티얼은 토론토대학교에서 매클루언의 지도하에 박사 학위 논문을 썼는데, 매클루언을 기본적으로 문학적 시각에서 비판한다. Jonathan Miller의 *Marshall McLuhan* (New York: Viking Press, 1971)은 프랭크 커모드Frank Kermode가 편집한 현대의 거장Modern Masters 시리즈의 일부다. 이 책은 짧지만 특히 매클루언의 언어와 텔레비전론에 관한 논의로서 대단히 유용하다. John Fekete, "McLuhanacy: Counterrevolution in Cultural Theory," *Telos*,

no. 15 (Spring 1973): 75~123은 네오마르크스주의의 시각에서 매클루언을 전면적으로 비판한다. 페키트는 특히 매클루언과 토미즘 간의 유사성을 비롯해 여러 가지 중요한 주장을 펼치지만, 그의 글은 〈텔로스〉 특유의 문장인 포스트 프랑크푸르트 비판 이론 스타일의 종종 난해한 글쓰기 스타일이 흠이다. 다음 두 책은 내용이 다소 중복되기는 하지만, 매클루언의 저작에 관한 짧은 글을 모은 중요한 선집이다. Rosenthal, *McLuhan: Pro and Con*; Gerald E. Stearn, ed., *McLuhan: Hot and Cool* (New York: Dial Press, 1967). 이 중 스티언의 선집은 매클루언이 자신에 대한 비판을 반박하는 글도 실었다.

26. 매클루언의 전기 정보는 Rosenthal, *McLuhan: Pro and Con*, pp.15~22; "Introduction" in Stearn, *McLuhan: Hot and Cool*, p.xv~xviii에서 취합했다.

27. Marshall McLuhan, "G. K. Chesterton: A Practical Mystic," *Dalhousie Review* 15 (1936): 457. 또한 F. R. Leavis, *For Continuity* (Cambridge: Minority Press, 1933); Miller, *Marshall McLuhan*, pp.9~32도 보라.

28. 매클루언이 쓴 세 편의 글 "Edgar Poe's Tradition"(1944), "The Southern Quality"(1947), "An Ancient Quarrel in Modern America"(1946)를 보라. 이 글들은 Eugene McNamara, ed., *The Interior Landscape: The Literary Criticism of Marshall McLuhan, 1943~1962* (New York: McGraw-Hill Book Co., 1969)에 재수록되었다.

29. John Crowe Ransom, "Reconstructed But Unregenerate," in *I'll Take My Stand* (New York: Harper and Brothers, 1930), p.3. 이 책에 실린 다른 논문들, 특히 Donald Davidson, "A Mirror For Artists"; John Gould Fletcher, "Education, Past and Present"; Lyle H. Lanier, "A Critique of the Philosophy of Progress" 등은 매클루언의 초기 입장을 이해하는 데 적절하다.

30. Marshall McLuhan, *The Mechanical Bride: Folklore of Industrial Man* (1951; reprint, Boston: Beacon Press, 1967), p.v.

31. 같은 책, pp.21, 113, 50.

32. 같은 책, pp.98~100, 42, 128.

33. 예컨대 McLuhan, "An Ancient Quarrel in Modern America"를 보라.

34. McLuhan, *Mechanical Bride*, pp.72, 45.

35. Marshall McLuhan, "Effects of the Improvement of Communications Media," *Journal of Economic History* 20 (December 1960): 568; Theall, *The Medium is the Rear View Mirror*, pp.80~81.

36. Marshall McLuhan, *The Gutenberg Galaxy* (Toronto: University of Toronto Press, 1962), pp.63~65.

37. Marshall McLuhan, "The Later Innis," *Queen's Quarterly* 60 (Autumn 1953): 389, 392. 또한 Innis, *The Bias of Communication* (1971), pp.vii~xvi에서 이니스의 책 재발간에 관한 매클루언의 서문과 *Empire and Communications* (1972), pp.v~xii를 보라.

38. McLuhan, "The Later Innis," pp.385~394; McLuhan, Introduction to Innis, *The Bias of Communication*, pp.vii~xvi; Marshall McLuhan, "Innis and Communication," *Explorations*, no. 3 (August 1954): 96~104.

39. 또한 *Explorations*, no. 1 (December 1953)에 실린 창간사, 그리고 이 저널 논문들의 선 집인 Marshall McLuhan and Edmund Carpenter, eds., *Explorations in Communication* (Boston: Beacon Press, 1960)의 서론도 보라.

40. Dorothy Lee의 "Lineal and Nonlineal Codification of Reality"와 Siegfried Giedion 의 "Space Conceptions in Prehistoric Art"는 McLuhan & Carpenter, *Explorations in Communication*에 재수록되었다. 에스키모에 관한 카펜터의 저작으로는 "Eskimo Space Concepts," *Explorations*, no. 5 (June 1955): 131~145, 그리고 에스키모 문화만을 집중 논 의한 *Explorations*, no. 9 (last issue, 1959)를 보라. 또한 Dorothy Lee, "Linguistic Reflections of Winti Thought" 그리고 Jacqueline Tynwhit, "The Magic Eye"(이 글은 고대 인도 건축 을 다루었다)도 보라. 두 논문은 *Explorations in Communication*에 재수록되었다.

41. Marshall McLuhan and Edmund Carpenter, "Acoustic Space," reprinted in *Explorations in Communication*, pp.65~70. 또한 Edmund Carpenter, *Oh, What A Blow That Phantom Gave Me* (New York: Holt, Rinehart, and Winston, 1973)도 보라. 카펜터는 이 책에서 현 대 미디어를 뉴기니 원주민에게 소개하는 데 자신이 관여했던 경험을 비판적으로 성찰 했다.

42. Marshall McLuhan, "Five Sovereign Fingers Taxed the Breath" (1955), in McLuhan and Carpenter, *Explorations in Communication*, p.208. 또한 Marshall McLuhan, "Notes on the Media as Art Forms," *Explorations*, no. 1 (December 1953): 6~13도 보라.

43. 이니스와 매클루언 사이의 이러한 구분은 Carey, "Harold Adams Innis and Marshall McLuhan"에서 중심적인 명제다.

44. McLuhan, *The Gutenberg Galaxy*, p.33. 이 입장에 대한 비판으로는 Miller, *Marshall McLuhan*, pp.84~110을 보라.

45. McLuhan, *The Gutenberg Galaxy*, p.65.

46. 같은 책, pp.153, 176.

47. 같은 책, pp.165, 330.

48. U.S. House, Committee on Commerce, *Electro-Magnetic Telegraphs*, 25th Cong., 2d sess., 1838, H. Rept. 753, app. C., p.9; Marshall McLuhan, *Understanding Media: The Extensions of Man* (New York: New American Library, 1965), p.136.

49. McLuhan, *Understanding Media*, p.32.

50. 같은 책, pp.51, 54, 55.

51. 같은 책, p.56.

52. Marshall McLuhan, "Interview," *Playboy* 16 (March 1969): 158.

53. McLuhan, *Understanding Media*, p.41; McLuhan, "Interview," p.74.

54. McLuhan, *Understanding Media*, pp.272~273; 이 책에서 "Television" 장인 pp.268~294를 보라. 매클루언의 텔레비전론에 대한 유용한 기술적 비판으로는 Miller, *Marshall McLuhan*, pp.112~119를 보라. 매클루언의 네오토미즘에 관해서는 Fekete, "McLuhancy: Counterrevolution in Cultural Theory"를 보라.

55. McLuhan, "Effects of the Improvement of Communications Media," p.575; McLuhan, *Understanding Media*, pp.221, 304~306도 보라.

56. S. R. Green, chief executive officer, Lintas International, in Barry Day, *The Message of Marshall McLuhan* (London: Lintas, 1967), p.15. 1960년대 광고와 업계 잡지에 매클루언이 기고한 수많은 기사의 예를 보려면 배리 데이의 책에 실린 참고 문헌을 참고하라.

57. 아마도 여기서 이 분야들을 파고들 수는 없을 듯하지만, 적어도 나 자신의 사고에서 클로드 레비스트로스Claude Levi-Strauss, 노엄 촘스키Noam Chomsky, 롤랑 바르트Roland Barthes의 저작들이 갖고 있는 중요성은 지적할 수 있다. 현대 미디어 연구와 관련해 이 사상가들과 구조주의 전통의 다른 사상가들에 관해 짤막하지만 유용한 리뷰로는 Varda Langholz Leymore, *Hidden Myth: Structure and Symbolism in Advertising* (London: William Heinemann, 1975), pp.1~17을 보라.

에필로그

1. Alfred Vail to Samuel F. B. Morse, 3 June 1844 in Robert L. Thompson, *Wiring a Continent: The History of the Telegraph Industry in the United States, 1832~1866* (Princeton: Princeton University Press, 1947), p.25에서 재인용; 애틀랜틱오하이오전신회 3사의 피츠버그 전신국에 공시된 규정은 Henry O'Rielly Collection, First Series, vol. 1, New York Historical Society, New York, NY 소장.

2. Charles Briggs & Augustus Maverick, *The Story of the Telegraph and the History of the Great Atlantic Cable* (New York: Rudd and Carleton, 1858), pp.21, 14; *New York Times*, 9 August 1858.

3. Bishop Sheen in Michael E. Starr, "Prime Time Jesus," *Cultural Correspondence*, no. 4 (Spring 1977): 21에서 재인용.

4. Carl Snyder, "The World's New Marvels: The Wireless Telephone," *Collier's Weekly* 52 (25 October 1913): 23.

5. Howard V. O'Brien, "It's Great to Be A Radio Maniac," *Collier's Weekly* 74 (13 September 1924): 16.

6. U.S. Bureau of the Census, *Fifteenth Census of the United States*, 1930, Population, vol. 6, *Families*, p.33.

참고 문헌

아카이브와 수기 문서 컬렉션

- 미시건주 앤아버

Bentley Historical Library, Michigan Historical Collections

　　Charles Horton Cooley Papers

- 위스콘신주 매디슨

State Historical Society of Wisconsin, Mass Communication Research Center

　　M. C. Batsel Papers

　　Charles E. Butter-field Papers

　　Martin Codel Collection

　　Robert W. Desmond Collection

　　Wendell Hall Papers

　　William S. Hedges Papers

　　Herbert C. Hoover Papers, 1921~32 (Pertaining to Early Radio Development)

　　John S. Penn Papers

- 뉴욕주 뉴욕

Columbia University

　　Radio Unit of the Oral History Project

Lincoln Center Theater Library

　　National Board of Review of Motion Pictures Collection, 1911~26

New York Historical Society

　　Henry O'Rielly Collection

미국 정부 문서

U.S. Bureau of the Census. *Tenth Census of the United States, 1880.* Vol. 4, *Report on the Agencies of Transportation in the United States.* Washington, D.C.: Census Office, 1883.

U.S. Bureau of the Census. *Fifteenth Census of the United States, 1930. Population.* Vol. 6, *Families.* Washington, D.C.: Department of Commerce, 1933.

U.S. Census Office. *Seventh Census.* "Telegraphs," in *Report of the Superintendent of the Census*, pp.106~116. Washington, D.C.: Robert Armstrong, 1853.

U.S. Department of Commerce. *Thirty-eighth Statistical Abstract of the United States.* Washington, D.C.: Government Printing Office, 1915.

U.S. Federal Trade Commission Report. *Radio Industry.* Washington, D.C.: Government Printing Office, 1923.

U.S. House. Committee on Appropriations. *To Connect the Telegraph with the Postal Service.* 42d Cong., 3d sess., 1872, H. Rept. 6.

U.S. House. Committee on Commerce. *Electro-Magnetic Telegraphs.* 25th Cong., 2d sess., 1838, H. Rept. 753.

U.S. House. Committee on Education. *Motion Picture Commission: Hearings.* 2 pts. 63d Cong., 2d sess., 1914. Washington, D.C.: Government Printing Office, 1914.

U.S. House. Committee on Education. *Federal Motion Picture Commission.* 63d Cong., 3d sess., 1915, H. Rept. 1411.

U.S. House. Committee on the Merchant Marine and Fisheries. *Government Control of Radio Communication: Hearings.* 2 pts. 65th Cong., 3d sess., 1918.

U.S. House. Committee of Ways and Means. *Magnetic Telegraph from Baltimore to New York.* 28th Cong., 2d sess., 1845, H. Rept. 187.

U.S. House. *Report of the Postmaster General.* 29th Cong., 2d sess., 1846, H. Doc. 4.

U.S. House. *Report of the Postmaster General.* 51st Cong., 2d sess., 1890, H. Exec. Doc. 1.

U.S. House. Select Committee on the Postal Telegraph in the United States. *Postal Telegraph in the United States.* 41st Cong., 2d sess., 1870, H. Kept. 114.

U.S. Senate. Committee on Post Offices and Post Roads. *Postal Telegraph.* 43d Cong., 1st sess., 1874, S. Kept. 242.

U.S. Senate. Committee on Post Offices and Post Roads. *Telegraph Lines as Post Roads.* 43d Cong., 2d sess., 1875, S. Rept. 624.

U.S. Senate. Committee on Post Office and Railroads. *Testimony, Statements, etc. Taken by the Senate Committee on Post Office and Railroads.* 48th Cong., 1st sess., 1884, S. Rept. 577.

U.S. Senate. Committee on Railroads. *Competing Telegraph Lines.* 45th Cong., 3d sess., 1879, S. Rept. 805.

U.S. Senate. Education and Labor Committee. *Report upon the Relations between Labor and Capital.* 4 vols. Washington, D.C.: Government Printing Office, 1885.

신문과 정기 간행물

American Telegraph Magazine. 1852~1853.

Chicago Tribune. 1907.

Explorations, nos. 1~9. 1953~1959.

The Marconigraph. 1911~1913.

Moving Picture News. 1909~1915.

Moving Picture World. 1907~1915.

New Orleans Price Current. 1848.

New York Times. 1858, 1909.

The Nickelodeon. 1909~1911.

Philadelphia North American. 1846.

Public Opinion Quarterly. 1937.

Radio Broadcast. 1922~1924.

Radio News. 1919~1925.

Rochester Daily A merican. 1846.

Shaffner's Telegraph Companion. 1854~1855.

Wireless Age. 1913~1925.

단행본, 논문, 학위 논문

"About the Radio Round Table." *Scientific American* 127 (December 1922): 378~379.

Adams, Henry. *The Degradation of Democratic Dogma*. New York: Macmillan Co., 1919.

Addams, Jane. *The Second Twenty Years at Hull House*. New York: Macmillan Co., 1930.

Addams, Jane. *The Spirit of Youth and the City Streets*. New York: Macmillan Co., 1910.

Addams, Jane. *Twenty Years at Hull House*. New York: Macmillan Co., 1910.

Adorno, T. W. "On Popular Music." *Studies in Philosophy and Social Science* 9, no. 1(1941): 17~48.

Adorno, T. W. "The Radio Symphony." In *Radio Research*, edited by Paul F. Lazarsfeld and Frank N. Stanton, pp.110~139. New York: Duell, Sloan, and Pearce, 1941.

Adorno, T. W. "Scientific Experiences of a European Scholar in America." In *The Intellectual Migration: Europe and America, 1920~1960*, edited by Donald Fleming and Bernard Bailyn, pp.338~370. Cambridge: Harvard University Press, 1969.

Aitken, Hugh G. J. *Syntony and Spark: The Origins of Radio*. New York: John Wiley & Sons, 1976.

Albig, William. *Public Opinion*. New York: McGraw-Hill Book Co., 1939.

"The American Marconi Organization." *The Marconigraph* (December 1912): 109~119.

American Marketing Society. *The Technique of Marketing Research*. New York: McGraw-
Hill Book Co., 1937.

Angell, Robert C., ed. *Charles H. Cooley: Sociological Theory and Social Research*. New York:
Henry Holt and Co., 1930.

Archer, Gleason L. *Big Business and Radio*. New York: American Historical Co., 1939.

Archer, Gleason L. *History of Radio to 1926*. New York: American Historical Society, 1938.

Arnold, Frank P. *Broadcast Advertising: The Fourth Dimension*. New York: John Wiley and
Sons, 1931.

Arnold, Matthew, *Civilization in the United States: First and Last Impressions of America*.
Boston: Cupples and Kurd, 1888.

Arnold, Matthew, *Culture and Anarchy*. Edited by Ian Gregor. Indianapolis: Bobbs-Merrill
Co., 1971.

Baker, Paul J., ed. "The Life Histories of W. I. Thomas and Robert E. Park." *American
Journal of Sociology* 79 (September 1973): 243~260.

Baker, Ray Stannard. "Marconi's Achievement." *McClure's* 18 (February 1902): 291~299.

Baldwin, James Mark. *Social and Ethical Interpretations in Mental Development*. New York:
Macmillan Co., 1897.

Ballard, William C. *Elements of Radio Telephony*. New York: McGraw-Hill Book Co., 1922.

Banning, William P. *Commercial Broadcasting Pioneer: The WEAF Experiment,
1922-1926*. Cambridge: Harvard University Press, 1946.

Barnouw, Erik. *A History of Broadcasting in the United States*. 3 vols. Vol. I , *A Tower in
Babel*. Vol. 2, *The Golden Web*. Vol. 3, *The Image Empire*. New York: Oxford
University Press, 1966~1970.

Bartholomew, Robert O. *Report of Censorship of Motion Pictures*. Cleveland: n.p., 1913.

Bauer, Raymond, and Bauer, Alice. "America, Mass Society, and Mass Media." *Journal of
Social Issues* 16, no. 3 (1960): 3~66.

Beard, George M. *American Nervousness*. New York: G. P. Putnam's Sons, 1881.

Bell, Daniel. *The End of Ideology*. New York: Collier Books, 1961.

Bensman, Marvin R. "The Zenith-WJAZ Case and the Chaos of 1926~27." *Journal of
Broadcasting* 14 (Fall 1970): 423~440.

Berlyn, Alfred. "Culture for the Million." *Living Age* 279 (13 December 1913): 701~702.

Bickel, Karl. *New Empires: The Newspaper and the Radio*. Philadelphia: J. B. Lippincott Co.,
1930.

Bigelow, Jacob. *Elements of Technology*. Boston: Hilliard, Gray, Little, and Wilkins, 1829.

Blake, G. G. *History of Radio Telegraphy and Telephony*. London: Radio Press, 1926.

Blankenhorn, Heber. *Adventures in Propaganda*. Boston: HoughtonMifflinCo., 1919.

Bliven, Bruce. "How Radio is Remaking Our World." *Century Magazine* 108 (June 1924): 147~154.

Bliven, Bruce. "The Legion Family and the Radio." *Century Magazine* 108 (October 1924): 811~818.

Boorstin, Daniel. *The Americans: The Democratic Experience*. New York: Random House, 1973.

Borchardt, Kurt. *Structure and Performance of the U.S. Communications Industry*. Boston: Graduate School of Administration, Harvard University, 1970.

Boucheron, Pierre. "News and Music From the Air." *Scientific American* 125A (December 1921): 104~105.

Bourne, Randolph. "Our Cultural Humility." *Atlantic Monthly* 114 (October 1914): 503~507.

Bramson, Leon. *The Political Context of Sociology*. Princeton: Princeton University Press, 1961.

Brewster, William T. "Some Recent Guides to Culture." *Forum* 38 (January 1907): 381~393.

Briggs, Charles, and Maverick, Augustus. *The Story of the Telegraph and the History of the Great Atlantic Cable*. New York: Rudd and Carleton, 1858.

Brindze, Ruth. *Not to Be Broadcast: The Truth about Radio*. New York: Vanguard Press, 1933.

Brindze, Ruth. "Who Owns the Air!" *Nation* 144 (17 April 1937): 430~432.

Broadcasting Yearbook. 1 February 1940.

Brooks, Noah. "The Newspaper of the Future." *Forum* 9 (July 1890): 569~578.

Brooks, Van Wyck. *Three Essays on America*. New York: E. P. Dutton and Co., 1934.

Buckley, Kenneth. "The Role of Staples Industries in Canada's Economic Development." *Journal of Economic History* 18 (December 1958): 439~450.

Butler, Elizabeth B. *Women and the Trades: Pittsburgh, 1907~1908*. New York: Charities Publication Committee of the Russell Sage Foundation, 1909.

Buxton, Frank, and Owen, Bill. *The Big Broadcast, 1920~1950*. New York: Viking Press, 1972.

Byington, Margaret F. *Homestead: The Households of a Mill Town*. New York: Charities Publication Committee of the Russell Sage Foundation, 1910.

Cantril, Hadley, and Allport, Gordon. *The Psychology of Radio*. New York: Harper and Brothers, 1935.

Carpenter, Edmund. *Oh, What A Blow That Phantom Gave Me.* New York: Holt, Rinehart, and Winston, 1973.

Carey, James W. "Communication and Culture." *Communication Research* 2 (April 1975): 176~191.

Carey, James W. "A Cultural Approach to Communication." Unpublished essay, 1973.

Carey, James W. "Harold Adams Innis and Marshall McLuhan." In *McLuhan: Pro and Con*, edited by Raymond B. Rosenthal, pp.270~308. New York: Funk and Wagnalls, 1968.

Carey, James W. "Mass Communication Research and Cultural Studies: An American View." In *Mass Communication and Society*, edited by James Curran et al., pp.409~425. Beverly Hills: Sage Publications, 1977.

Cassady, Ralph, Jr. "Monopoly in Motion Picture Production and Distribution: 1908~1915." *Southern California Law Review* 32 (Summer 1959): 325~390.

Chanler, Alida. "Unexplored Harmonies." *Atlantic* 127 (March 1921): 363~366.

Channing, William F. "On the Municipal Electric Telegraph." *American Journal of Science and Arts*, 2d ser. 63 (May 1852): 58~83.

Charters, W. W. *Motion Pictures and Youth: A Summary.* New York: Macmillan Co., 1934.

Clerke, Agnes M. "Ethereal Telegraphy." *Living Age* 219 (3 December 1898): 619~628.

Coady, Robert. "Censoring the Motion Picture." *Soil* 1 (December 1916): 37~38.

Cocks, Orrin G. "Applying Standards to Motion Picture Films." *Survey* 32 (27 June 1914): 337~338.

Codel, Martin, ed. *Radio and its Future.* New York: Harper and Brothers, 1930.

Cohen, Marshall J. "Self and Society: Charles Horton Cooley and the Idea of Social Self in American Thought." Ph.D. dissertation, Harvard University, 1967.

Collier, John. "Light on Moving Pictures." *Survey* 25 (1 October 1910): 80.

Collier, John. "'Movies' and the Law." *Survey* 27 (20 January 1912): 1628~1629.

Collier, John. *The Problem of Motion Pictures.* New York: National Board of Censorship, 1910.

Colpitts, E. H. "The Future of Radio Telephony." *Scientific American* 113 (4 December 1915): 485.

"Communicating Over Great Distances: The Invention of the Telegraph, Telephone, and Wireless Telegraphy." *Scientific American* 112 (5 June 1915): 531.

Comstock, George, et al. *Television and Human Behavior.* New York: Columbia University Press, 1978.

"Concerning Culture." *Outlook* 48 (9 December 1893): 1072~1073.

Cooley, Charles H. *Human Nature and the Social Order*. Rev. ed. New York: Charles
   Scribner's Sons, 1922.

Cooley, Charles H. *Life and the Student*. New York: Alfred A. Knopf, 1927.

Cooley, Charles H. "A Primary Culture for Democracy." *American Sociological Society
   Publications* 13(1918): 1~10.

Cooley, Charles H. "The Process of Social Change." *Political Science Quarterly* 12 (March
   1897): 63~81.

Cooley, Charles H. "Reflections Upon the Sociology of Herbert Spencer." *American Journal
   of Sociology* 26 (September 1920): 129~145.

Cooley, Charles H. *Social Organization: A Study of the Larger Mind*. New York: Charles
   Scribner's Sons, 1909.

Cooley, Charles H. *Social Process*. New York: Charles Scribner's Sons, 1918.

Coon, Horace. *American Telephone and Telegraph*. New York and Toronto: Longmans,
   Green, and Co., 1939.

Copp, Joseph A. *The Atlantic Telegraph: A Discourse*. Boston: T. R. Marvin and Sons, 1858.

Correll, Charles J., and Gosden, Freeman F. *All About Amos & Andy*. New York: Rand
   McNally and Co., 1929.

Corwin, Norman. *Thirteen by Corwin*. New York: Henry Holt and Co., 1942.

Coughlan, Neil. *Young John Dewey: An Essay in American Intellectual History*. Chicago:
   University of Chicago Press, 1975.

Coulter, Douglas, ed. *Columbia Workshop Plays: Fourteen Radio Dramas*. New York:
   McGraw-Hill Book Co., 1939.

Creel, George. *How We Advertised America*. New York: Harper and Brothers, 1920.

Creighton, Donald. *Harold Adams Innis: Portrait of a Scholar*. Toronto: University of
   Toronto Press, 1957.

Crookes, William. "Some Possibilities of Electricity." *Fortnightly Review* 51 (February 1892):
   173~181.

Currie, Barton W. "The Nickel Madness." *Harper's Weekly* 51 (24 August 1907): 1246~47.

Dam, H. J. W. "Telegraphing Without Wires: A Possibility of Electrical Science." *McClure's*
   8 (March 1897): 383~392.

Danielian, N. R. *A. T. & T.: The Story of Industrial Conquest*. New York: Vanguard Press,
   1939.

Davis, Daniel. *Book of the Telegraph*. Boston: D. Davis, 1851.

Davis, Harry P. "The Early History of Broadcasting in the United States." In *The Radio
   Industry: The Story of its Development*, edited by Anton De Haas, pp.189~225.

Chicago: A. W. Shaw, 1928.

Davis, Michael M. *The Exploitation of Pleasure: A Study of Commercial Recreation in New York*. New York: Russell Sage Foundation, 1911.

Davison, W. Phillips. "On the Effects of Communication." *Public Opinion Quarterly* 24 (Fall 1960): 344~360.

Dawson, Mitchell. "Censorship on the Air." *American Mercury* 31 (March 1934): 257~268.

Day, Barry. *The Message of Marshall McLuhan*. London: Lintas, 1967.

"The Decay of Vaudeville." *American Magazine* 69 (April 1910): 840~848.

De Fleur, Melvin L. *Theories of Mass Communication*. 2d ed. New York: David McKay Co., 1970.

De Forest, Lee. "The Audion—A New Receiver for Wireless Telegraphy." *Scientific American* 64 (Supplement, 20 November 1907): 348~356.

Deming, Barbara. *Running Away From Myself: A Dream Portrait of America Drawn from the Films of the Forties*. New York: Grossman Publishers, 1969.

Denison, Merrill. "Why Isn't Radio Better?" *Harper's* 168 (April 1934): 576~586.

Dewey, Jane, ed. "Biography of John Dewey." In *The Philosophy of John Dewey*, edited by Paul A. Schilpp, pp.3~45. Evanston: Northwestern University Press, 1939.

Dewey, John. *Art As Experience*. New York: Minton, Balch, and Co., 1934.

Dewey, John. *Democracy and Education*. New York: Macmillan Co., 1915.

Dewey, John. *The Early Works of John Dewey, 1882~1898*. 5 vols. Carbondale: Southern Illinois University Press, 1971.

Dewey, John. *Experience and Nature*. 1929. Reprint ed. New York: Dover Publications, 1958.

Dewey, John. "From Absolutism to Experimentalism." In *Contemporary American Philosophy: Personal Statements*, edited by George E Adams and William P. Montague, 2 vols., 2:13~27. New York: Macmillan Co., 1930.

Dewey, John. "Our Un-Free Press." *Common Sense* 4 (November 1935): 6~7.

Dewey, John. "Practical Democracy." *New Republic* 45 (2 December 1925): 52~54.

Dewey, John. *The Public and Its Problems*. 1927. Reprint. Chicago: Swallow Press, 1954.

Dewey, John. "Public Opinion." *New Republic* 30 (3 May 1922): 286~288.

Dewey, John. "Radio's Influence on the Mind." *School and Society* 40 (15 December 1934): 805.

Dewey, John. "Social Science and Social Control." *New Republic* 67 (29 July 1931): 276~277.

Dickson, W. K. L., and Dickson, Antonia. *History of the Kinetograph, Kinetoscope, and Kinetophonograph*. New York: n.p., 1895.

"Documents Relating to Discussions on the Study of Mass Communication." Microfilm. Madison: State Historical Society of Wisconsin, Mass Communication Research Center, 1940.

Dolbear, Amos E. "The Ether and its Newly Discovered Properties." *Arena* 6 (June 1892): 1~7.

Doob, Leonard W. *Propaganda: Its Psychology and Technique*. New York: Henry Holt and Co., 1935.

Dorf, Philip. *The Builder: A Biography of Ezra Cornell*. New York: Macmillan Co., 1953.

Drache, Daniel. "Harold Innis: A Canadian Nationalist." *Journal of Canadian Studies* 4 (May 1969): 7~12.

Dreher, Carl. *Sarnoff: An American Success*. New York: Quadrangle Books, 1977.

Dunlap, Orrin E. *Marconi: The Man and His Wireless*. New York: Macmillan Co., 1937.

Durstine, Roy S. "We're On the Air." *Scribner's Magazine* 83 (May 1928): 623~631.

Dykhuizen, George. "John Dewey and the University of Michigan." *Journal of the History of Ideas* 23 (October-December 1962): 513~544.

Dykhuizen, George. *The Life and Mind of John Dewey*. Carbondale: Southern Illinois University Press, 1973.

Easterbrook, W. T. "Innis and Economics." *Canadian Journal of Economics and Political Science* 19 (August 1953): 291~303.

Easterbrook, W. T. "Trends in Canadian Economic Thought." *South Atlantic Quarterly* 58(Winter 1959): 91~107.

Eaton, Walter P. "The Canned Drama." *American Magazine* 68 (September 1909): 493~500.

Eaton, Walter P. "Class Consciousness and the 'Movies.'" *Atlantic* 115 (January 1915): 48~56.

Eaton, Walter P. "The Menace of the Movies." *American Magazine* 76 (September 1913): 55~60.

Eaton, Walter P. "A New Epoch in the Movies." *American Magazine* 78 (October 1914): 44.

Edison, Thomas A. "The Air Telegraph." *North American Review* 142 (March 1886): 285~291.

Edwards, Richard H. *Popular Amusements*. New York: Association Press, 1915.

Eisenstein, Elizabeth L. *The Printing Press as an Agent of Change: Communications and Cultural Transformations in Early-Modern Europe*. 2 vols. Cambridge: Cambridge University Press, 1979.

"The Elevation of Vaudeville." *Moving Picture World* 1 (18 May 1907): 164.

Elkus, Charles de Young. "Report on Motion Pictures." *Transactions of the Commonwealth Club of California* 8 (1914): 251~272.

Elliott, Henry R. "The Ratio of News." *Forum* 5 (March 1888): 99~107.

Elton, J. Hannaford. "Tomorrow in Radio." *Illustrated World* 37 (June 1922): 499~505.

Emery, Edwin. *The Press and America*. Englewood Cliffs: Prentice-Hall, 1972.

Enzensberger, Hans Magnus. *The Consciousness Industry*. New York: Seabury Press, 1974.

Ewen, Stuart. *Captains of Consciousness: Advertising and the Social Roots of Consumer Culture*. McGraw-Hill Book Co., 1976.

Fahie, J. J. *A History of Wireless Telegraphy, 1838~1899*. New York: Dodd, Mead and Co., 1899.

Faris, Ellsworth. "Robert E. Park." *American Sociological Review* 9 (June 1944): 321~325.

Fekete, John. "McLuhanacy: Counterrevolution in Cultural Theory." *Telos*, no. 15 (Spring 1973), pp.75~123.

Felix, Edgar H. *Using Radio in Sales Promotion*. New York: McGraw-Hill Book Co., 1927.

Fell, John R. "Dissolves by Gaslight: Antecedents to the Motion Picture in Nineteenth Century Melodrama." *Film Quarterly* 23 (Spring 1970): 22~34.

Fermi, Laura. *Illustrious Immigrants: The Intellectual Migration*. Chicago: University of Chicago Press, 1968.

Fessenden, R. A. "A Brief History of Wireless Telegraphy." *Scientific American* 67 (Supplement, 9 January 1909): 18.

Fessenden, R. A. "Wireless Telephony." *Scientific American* 67 (Supplement, 13 March 1909): 172.

Feuer, Lewis S. "John Dewey and the Back to the People Movement in American Thought." *Journal of the History of Ideas* 20 (October-December 1959): 545~568.

Fisher, Boyd. "The Regulation of Motion Picture Theaters." *American City* 7 (September 1912): 520~522.

Fleming, J. Ambrose. "Scientific History and Future Uses of Wireless Telegraphy." *North American Review* 168 (May 1899): 630~640.

Ford, Corydon. *The Child of Democracy: Being the Adventures of the Embryo State, 1856-1894*. Ann Arbor: J. V. Sheehan Co., 1894.

Ford, Franklin. *Draft of Action*. Ann Arbor: n.p., 1892?.

Ford, James L. "The Fad of Imitation Culture." *Munsey's Magazine* 24 (October 1900): 153~157.

Fosdick, Raymond. *A Report on the Condition of Moving Picture Shows in New York*. New York: n.p., 1911.

Foster, William T. *Vaudeville and Motion Picture Shows: A Study of Theaters in Portland, Oregon*. Portland: Reed College, 1914.

Friedson, Eliot. "Communications Research and the Concept of the Mass." *American Sociological Review* 18 (March 1953): 313~317.

Frost, Stanley. "Marconi and His Views of Wireless Progress." *Review of Reviews* 66 (August 1922): 166~170.

Frost, Stanley. "Radio: Our Next Great Step Forward." *Collier's Weekly* 69 (18 April 1922): 3.

Gannett, Ezra S. *Discourse on the Atlantic Telegraph*. Boston: Crosby, Nichols, and Co., 1858.

Gans, Herbert J. *Popular Culture and High Culture: An Analysis and Evaluation of Taste*. New York: Basic Books, 1974.

Geertz, Clifford. *The Interpretation of Cultures*. New York: Basic Books, 1973.

George, Henry, Jr. *Life of Henry George*. New York: Doubleday and McClure, 1900.

Gernsback, Hugo. "The Broadcast Listener." *Radio News* 4 (June 1923): 1.

Gernsback, Hugo. "Radio Achievements in Recent Years." *Current History* 18 (April 1923): 113~120.

Gernsback, Hugo. *Radio for All*. Philadelphia: J. B. Lippincott Co., 1922.

Goldsmith, Alfred N. "Radio Telephony." *Wireless Age* 4 (January 1917): 248~255.

Goldsmith, Alfred N., & Lescarboura, Austin C. *This Thing Called Broadcasting*. New York: Henry Holt and Co., 1934.

Goode, Kenneth. *Manual of Modern Advertising*. New York: Greenberg Publishers, 1932.

Grau, Robert. "The Motion Picture Show and the Living Drama." *Review of Reviews* 45 (March 1912): 329~336.

Grau, Robert. *The Theater of Science: A Volume of Progress and Achievement in the Motion Picture Industry*. New York: Broadway Publishing Co., 1914.

Green, William. "Report of the Chairman, Committee on Labor." *National Broadcasting Company Advisory Council Reports* 1 (1931): 49~52.

Gross, Ben. *I Looked and I Listened: Informal Recollections of Radio and TV*. New York: Random House, 1954.

Gunsaulus, F. W. "The Ideal of Culture." *The Chautauquan* 16 (October 1892): 59~64.

Hamilton, Clayton. "The Art of the Moving Picture Play." *The Bookman* 32 (January 1911): 512~516.

Hampton, Benjamin B. *History of the American Film Industry*. 1931. Reprint. New York: Dover Publications, 1971.

Hanmer, Lee F., & Perry, Clarence A. *Recreation in Springfield*, Illinois. New York:

Department of Recreation, Russell Sage Foundation, 1914.

Harlow, Alvin F. *Old Wires and New Waves: The History of the Telegraph, Telephone, and Wireless*. New York: D. Appleton-Century Co., 1936.

Hartshorne, Henry. "American Culture." *Lippincott's Magazine* 1 (June 1868): 645~647.

Hawley, Walter L. "Development of the American Newspaper." *Popular Science Monthly* 56 (December 1899): 186~204.

Haynes, Rowland. "Recreation Survey, Milwaukee, Wisconsin." *Playground* 6 (May 1912): 38~66.

Haynes, Rowland, & McClure, Fred F. *Second Annual Report of the Recreation Department of the Board of Public Welfare*. Kansas City: n.p., 1912.

Hendricks, Gordon. *Beginnings of the Biograph*. New York: Beginnings of the American Film, 1964.

Hendricks, Gordon. *The Edison Motion Picture Myth*. Berkeley: University of California Press, 1961.

Hendricks, Gordon. *The Kinetoscope*. New York: Beginnings of the American Film, 1966.

Herring, E. Pendleton. "Politics and Radio Regulation." *Harvard Business Review* 13 (January 1935): 167~178.

Herring, James M., and Cross, Gerald C. *Telecommunications: Economics and Regulation*. New York: McGraw-Hill Book Co., 1936.

Herzog, Herta. "On Borrowed Experience: An Analysis of Listening to Daytime Sketches." *Studies in Philosophy and Social Science* 9, no. 1 (1914): 65~95.

Hesse, Mary. "Ether." In *Encyclopedia of Philosophy*, 1967 ed., s.v., pp.66~69.

Hettinger, Herman S. *A Decade of Radio Advertising*. Chicago: University of Chicago Press, 1933.

Higginson, Thomas Wentworth. "A Plea for Culture." *Atlantic Monthly* 19 (January 1867): 29~37.

Hill, Nathaniel P. *Speeches and Papers on the Silver, Postal Telegraph, and Other Economic Questions*. Colorado Springs: Gazette Printing Co., 1890.

Hoover, Herbert. *Memoirs*. Vol. 2, *The Cabinet and the Presidency*. New York: Macmillan Co., 1952.

Hoover, Herbert. "Reminiscences." *Radio Unit of the Oral History Project*, 1950. Columbia University, New York, NY.

Horkheimer, Max. "Art and Mass Culture." *Studies in Philosophy and Social Science* 9, no. 1 (1941): 290~304.

Horkheimer, Max. *Critical Theory*. Translated from German by Matthew J. O'Connell et al.

New York: Herder and Herder, 1972.

Horkheimer, Max, & Adorno, T. W. *Dialectic of Enlightenment*. Translated by John Gumming. New York: Herder and Herder, 1972.

Horowitz, Irving Louis, ed. *Power, Politics, and People: The Collected Essays of C. Wright Mills*. New York: Oxford University Press, 1963.

Hovland, Carl I.; Janis, Irving L.; and Kelley, Harold H. *Communication and Persuasion: Psychological Studies of Opinion Change*. New Haven: Yale University Press, 1953.

Hovland, Carl I.; Lumsdaine, Arthur A.; and Sheffield, Fred D. *Experiments on Mass Communication*. Princeton: Princeton University Press, 1949.

Howe, Frederic C. "Leisure." *Survey* 31 (3 January 1914): 415~416.

Howe, Frederic C. "What to do With the Motion Picture Show." *Outlook* 107 (20 June 1914): 412~416.

Howeth, L. S. *History of Communications Electronics in the United States Navy*. Washington, D.C.: Government Printing Office, 1963.

Hozier, H. M. "Wireless Telegraphy." *Nineteenth Century* 60 (July 1906): 49~56.

Hubbard, Gardiner G. "The Proposed Changes in the Telegraph System." *North American Review* 117 (July 1873): 80~107.

I'll Take My Stand: The South and the Agrarian Tradition by Twelve Southerners. New York: Harper and Brothers, 1930.

"Influence of the Telegraph Upon Literature." *Democratic Review* 22 (May 1848): 409~413.

Inglis, William. "Morals and Moving Pictures." *Harper's Weekly* 54 (30 July 1910): 12~13.

Innis, Harold. "A Bibliography of Thorstein Veblen." *Southwestern Political and Social Science Quarterly* 10, no. 1 (1929): 56~68.

Innis, Harold. *The Bias of Communication*. 1951. Reprint. Toronto: University of Toronto Press, 1971.

Innis, Harold. *Changing Concepts of Time*. Toronto: University of Toronto Press, 1952.

Innis, Harold. *The Cod Fisheries: The History of an International Economy*. New Haven: Yale University Press, 1940.

Innis, Harold. "The Decline in the Efficiency of Instruments Essential in Equilibrium." *American Economic Review* 43 (March 1953): 16~25.

Innis, Harold. "Economic Nationalism." *Papers and Proceedings of the Annual Meeting of the Canadian Political Science Association* 6 (1934): 17~31.

Innis, Harold. *Empire and Communications*. 1950. Reprint. Toronto: University of Toronto Press, 1972.

Innis, Harold. *Essays in Canadian Economic History*. Toronto: University of Toronto Press,

1956.

Innis, Harold. *The Fur Trade in Canada: An Introduction to Canadian Economic History.*
   Rev. ed. Toronto: University of Toronto Press, 1956.

Innis, Harold. "A History of Communications." Incomplete and unrevised manuscript.
   Microfilmed for private circulation. Toronto: University of Toronto, n.d.

Innis, Harold. "Industrialism and Cultural Values." *American Economic Review* (Papers and
   Proceedings) 41 (May 1951): 201~209.

Innis, Harold. "The Newspaper in Economic Development." *Journal of Economic History* 2
   (Supplement, December 1942): 1~33.

Innis, Harold. "On the Economic Significance of Culture." *Journal of Economic History* 4
   (Supplement, December 1944): 80~97.

Innis, Harold. "Penetrative Powers of the Price System." *Canadian Journal of Economic and
   Political Science* 4 (August 1938): 299~319.

Innis, Harold. *Political Economy in the Modern State.* Toronto: University of Toronto Press,
   1946.

Innis, Harold. "Significant Factors in Canadian Economic Development." *Canadian
   Historical Review* 18 (December 1933): 374~384.

Innis, Harold. "Transportation as a Factor in Canadian Economic History." In *Papers and
   Proceedings of the Annual Meeting of the Canadian Political Science Association* 3
   (May 1931): 166~184.

"The Intellectual Effects of Electricity." *The Spectator* 63 (9 November 1889): 631~632.

Irwin, W. H. *Propaganda and the News.* New York: McGraw-Hill Book Co., 1936.

Israels, Belle L. "Recreation in Rural Communities." In *Proceedings of the National
   Conference of Charities and Correction*, pp.103~7. Fort Wayne, Ind.: n.p., 1911.

Jackson, Joseph H. "Should Radio Be Used for Advertising?" *Radio Broadcast* 2 (November
   1922): 72~76.

Jacobs, Lewis. *The Rise of the American Film.* New York: Harcourt, Brace and Co., 1939.

James, William. *The Principles of Psychology.* 2 vols. New York: Henry Holt and Co., 1890.

Jandy, Edward C. *Charles Horton Cooley: His Life and His Social Thought.* New York:
   Dryden Press, 1942.

Jay, Martin. *The Dialectical Imagination: A History of the Frankfurt School and the Institute
   of Social Research, 1920~1950.* Boston: Little, Brown and Co., 1973.

Jay, Martin. "The Frankfurt School in Exile." *Perspectives in American History* 6 (1972):
   339~385.

Jewett, Frank B. "Wireless Telephony." *Review of Reviews* 59 (May 1919): 500~503.

Jones, Alexander. *Historical Sketch of the Electric Telegraph*. New York: G. P. Putnam, 1852.

Jowett, Garth. *Film: The Democratic Art*. Boston: Little, Brown, and Co., 1976.

Jump, Herbert A. *The Religious Possibilities of the Motion Picture*. New Britain, Ct.: n.p., 1910?.

Kaempffert, Waldemar. "Radio Broadcasting." *Review of Reviews* 65 (April 1922): 395~401.

Kaltenborn, H. V. *I Broadcast the Crisis*. New York: Random House, 1938.

Kaltenborn, H. V. "On the Air." *Century Magazine 112* (October 1926): 666~676.

Kaltenborn, H. V. "Reminiscences." *Radio Unit of the Oral History Project*, 1950. Columbia University, New York, NY.

Kaplan, Sidney. "Social Engineers as Saviors: Effects of World War I on Some American Liberals." *Journal of the History of Ideas* 17 (June 1956): 347~369.

Katz, Elihu. "Communications Research and the Image of Society: Convergence of Two Traditions." *American Journal of Sociology* 65 (March 1960): 435~440.

Katz, Elihu. "The Two-Step Flow of Communication: An Up-to-Date Report on a Hypothesis." *Public Opinion Quarterly* 21 (Spring 1957): 61~78.

Katz, Elihu, & Lazarsfeld, Paul F. *Personal Influence: The Part Played by People in the Flow of Mass Communication*. Glencoe: Free Press, 1955.

Kellogg, D. O. "The Coming Newspaper." *The American* 20 (9 August 1890): 328~330.

Kerr, Richard. *Wireless Telegraphy*. London: Seeley and Co., 1898.

Klapper, Joseph T. *The Effects of Mass Communication*. Glencoe: Free Press, 1960.

Klapper, Joseph T. "Mass Communications Research: An Old Road Resurveyed." *Public Opinion Quarterly* 27 (Winter 1963): 515~527.

Kline, F. Gerald, & Tichenor, Phillip J., eds. *Current Perspectives in Mass Communications Research*. Beverly Hills: Sage Publications, 1972.

Kluckholn, Clyde, & Kroeber, A. L. *Culture: A Critical Review of Concepts and Definitions*. Cambridge, Mass.: Peabody Museum, 1952.

Knight, Howard R. *Play and Recreation in a Town of 6000: A Recreation Survey of Ipswich, Mass*. New York: Russell Sage Foundation, 1914.

Knights, Peter. "Conflict Between the New York Associated Press and the Western Associated Press, 1866~1867." Master's thesis, University of Wisconsin, 1965.

Kracauer, Siegfried. *From Caligari to Hitler: A Psychological History of German Film*. Princeton: Princeton University Press, 1947.

Langholz-Leymore, Varda. *Hidden Myth: Structure and Symbolism in Advertising*. London: William Heinemann, 1975.

Larned, J. N. *Books, Culture, and Character*. Boston: Houghton Mifflin Co., 1906.

Lasswell, Harold. *Propaganda Technique in the World War*. New York: Alfred A. Knopf, 1927.

Lasswell, Harold. "The Structure and Function of Communication in Society." In *The Communication of Ideas*, edited by Lyman D. Bryson, pp.37~51. New York: Harper and Brothers, 1948.

Laurence, E. "The Progress of Electricity." *Harper's New Monthly* 39 (September 1869): 548~560.

Lawson, W. P. "The Miracle of the Movie." *Harper's Weekly* 60 (2 January 1915): 7~9.

Lawson, W. P. *The Movies: Their Importance and Supervision*. New York: National Board of Censorship, 1915.

Lazarsfeld, Paul F. "An Episode in the History of Social Research: A Memoir." In *The Intellectual Migration: Europe and America, 1920-1960*, edited by Donald Fleming and Bernard Bailyn, pp.270~337. Cambridge: Harvard University Press, 1969.

Lazarsfeld, Paul F. "The Psychological Aspects of Market Research." *Harvard Business Review* 13 (October 1934): 54~71.

Lazarsfeld, Paul F. *Qualitative Analysis: Historical and Critical Essays*. Boston: Allyn and Bacon, 1972.

Lazarsfeld, Paul F. *Radio and the Printed Page*. New York: Duell, Sloan, and Pearce, 1940.

Lazarsfeld, Paul F. "Radio Research and Applied Psychology." In *Special Issues of Journal of Applied Psychology*, edited by Paul F. Lazarsfeld, 23 (February 1939) and 24 (December 1940).

Lazarsfeld, Paul F.; Berelson, Bernard; & Gaudet, Hazel. *The People's Choice: How the Voter Makes Up His Mind in a Presidential Campaign*. New York: Duell, Sloan, and Pearce, 1944.

Lazarsfeld, Paul F., & Field, Harry. *The People Look at Radio*. Chapel Hill: University of North Carolina Press, 1946.

Lazarsfeld, Paul F., & Kornhauser, Arthur W. *The Techniques of Market Research from the Standpoint of a Psychologist*. New York: American Management Association, 1935.

Lazarsfeld, Paul F, & Stanton, Frank N., eds. *Communications Research, 1948~1949*. New York: Harper and Brothers, 1949.

Lazarsfeld, Paul F, & Stanton, Frank N., *Radio Research, 1941*. New York: Duell, Sloan, and Pearce, 1941.

Lazarsfeld, Paul F, & Stanton, Frank N., *Radio Research, 1941~1943*. New York: Duell, Sloan, and Pearce, 1944.

Leatherwood, Dowling. *Journalism On the Air*. Minneapolis: Burgess Publishing Co., 1939.

Leavis, F. R. *For Continuity*. Cambridge: Minority Press, 1933.

Lee, Alfred M. *The Daily Newspaper in America*. New York: Macmillan Co., 1947.

Lefferts, Marshall. "The Electric Telegraph: Its Influence and Geographical Distribution." *Bulletin of American Geographical and Statistical Society* 2 (January 1857): 242~264.

Lerner, Daniel, & Lasswell, Harold, eds. *The Policy Sciences*. Stanford: Stanford University Press, 1951.

Lerner, Daniel, & Nelson, Lyle M., eds. *Communication Research: A Half-Century Appraisal*. Honolulu: University Press of Hawaii, 1977.

Lescarboura, Austin C. "Radio For Everybody." *Scientific American* 126 (March 1922): 166.

Leupp, Constance D. "The Motion Picture as a Social Worker." *Survey* 24 (27 August 1910): 739~741.

Levien, Sonya. "New York's Motion Picture Law." *American City* 9 (October 1913): 319~321.

Lindley, Lester G. "The Constitution Faces Technology: The Relationship of the National Government to the Telegraph, 1866~1884." Ph.D. dissertation, Rice University, 1971.

Lindsay, Vachel. *The Art of the Moving Picture*. New York: Macmillan Co., 1915.

Lippmann, Walter. *Liberty and the News*. New York: Harcourt, Brace and Howe, 1920.

Lippmann, Walter. *The Phantom Public*. New York: Harcourt, Brace and Co., 1925.

Lippmann, Walter. *Public Opinion*. 1922. Reprint ed. Glencoe: Free Press, 1965.

Lodge, Oliver. *Modern Views of Electricity*. 3rd ed., rev. London: Macmillan and Co., 1907.

Lodge, Oliver. *Past Years: An Autobiography*. London: Hodder and Stoughton, 1931.

Lodge, Oliver. *The Work of Hertz and Some of His Successors*. London: Electrician Printing and Publishing Co., 1894.

Loew, Marcus. "The Motion Picture and Vaudeville." In *The Story of the Films*, edited by Joseph P. Kennedy, pp.285~300. Chicago: A. W. Shaw, 1927.

"The Long Arm of the Radio is Reaching Everywhere." *Current Opinion* 72 (May 1922): 684~687.

Lott, George E., Jr. "The Press-Radio War of the 1930's." *Journal of Broadcasting* 14 (Summer 1970): 275~286.

Lounsbury, Myron D. "'Flashes of Lightning': The Moving Picture in the Progressive Era" *Journal of Popular Culture* 3 (Spring 1970): 769~797.

Lowenthal, Leo. "Historical Perspectives of Popular Culture." In *Mass Culture: The Popular*

Arts in America, edited by Bernard Rosenberg and David M. White, pp.46~58. Glencoe: Free Press, 1957.

Lowenthal, Leo. *Literature, Popular Culture, and Society*. Englewood Cliffs: Prentice-Hall, 1961.

Lumley, F. E. T*he Propaganda Menace*. New York: Century Co., 1933.

Lumley, Frederick H. *Measurement in Radio*. Columbus: Ohio State University, 1934.

Lumsdaine, Arthur. "On Mass Communication Experiments and the Like." In *Communication Research: A Half-Century Appraisal*, edited by Daniel Lerner and Lyle M. Nelson, pp.37~69. Honolulu: University Press of Hawaii, 1977.

Lynd, Robert S. *Knowledge for What?: The Place of Social Science in American Culture*. Princeton: Princeton University Press, 1939.

Lynd, Robert S., and Lynd, Helen M. *Middletown: A Study in Modern American Culture*. New York: Harcourt, Brace, and Co., 1929.

Lyons, Eugene. *David Sarnoff*. New York: Harper and Row, 1966.

Mabee, Carleton. Samuel F. B. *Morse: The American Leonardo*. New York: Alfred A. Knopf, 1944.

McClenachan, C. T. *Detailed Report of the Proceedings Had in Commemoration of the Successful Laying of the Atlantic Telegraph Cable*. New York: E. Jones and Co., 1859.

MacGowan, Kenneth. *Behind the Screen: The History and Techniques of the Motion Picture*. New York: Delacorte Press, 1965.

Mackintosh, W. A. "Innis on Canadian Economic Development." *Journal of Political Economy* 61 (June 1953): 185~194.

MacLaurin, W. Rupert. *Invention and Innovation in the Radio Industry*. New York: Macmillan Co., 1949.

MacLeish, Archibald, *The Fall of the City*. New York: Farrar and Rinehart, 1937

McLuhan, Marshall. "Effects of the Improvement of Communications Media." *Journal of Economic History* 20 (December 1960): 566~575.

McLuhan, Marshall. "G. K. Chesterton: A Practical Mystic." *Dalhousie Review* 15 (1936): 455~464.

McLuhan, Marshall. *The Gutenberg Galaxy*. Toronto: University of Toronto Press, 1962.

McLuhan, Marshall. "Innis and Communication."*Explorations*, no. 3 (August 1954): 96~104.

McLuhan, Marshall. "Interview." *Playboy* 16 (March 1969): 54.

McLuhan, Marshall. "The Later Innis." *Queen's Quarterly* 60 (Autumn 1953): 385~394.

McLuhan, Marshall. *The Mechanical Bride: Folklore of Industrial Man*. 1951. Reprint. Boston: Beacon Press, 1967.

McLuhan, Marshall. *Understanding Media: The Extensions of Man*. New York: New American Library, 1965.

McLuhan, Marshall. "Notes on the Media as Art Forms." *Explorations*, no. 1 (December 1953): 6~13.

McLuhan, Marshall, & Carpenter, Edmund, eds. *Explorations in Communication*. Boston: Beacon Press, 1960.

McLuhan, Marshall, & Fiore, Quentin. *The Medium is the Massage*. New York: Bantam Books, 1967.

McMeans, Orange E. "The Great Audience Invisible." *Scribner's Magazine* 73 (March 1923): 410~416.

McNamara, Eugene, ed. *The Interior Landscape: The Literary Criticism of Marshall McLuhan, 1943-1962*. New York: McGraw-Hill Book Co., 1969.

McQuail, Denis. *Towards a Sociology of Mass Communication*. London: Collier-Macmillan, 1969.

Mancini, Ernesto. "Telegraphy Without Wires." *The Chautauquan* 26 (February 1898): 511~515.

Mann, Donald. "Telegraphing of Election Returns, Presidential Messages, and Other Documents!" *American Telegraph Magazine* 1 (November 1852): 74~78.

Marconi, Guglielmo. "Origin and Development of Wireless and Telegraphy." *North American Review* 168 (May 1899): 625~629.

Marconi, Guglielmo. "The Practicability of Wireless Telegraphy." *Fortnightly Review* 77 (June 1902): 931~941.

Marconi, Guglielmo. "Recent Advances in Wireless Telegraphy." *Annual Report of the Smithsonian Institution* (1906): 131~145.

Marconi, Guglielmo. "Syntonic Wireless Telegraphy." *Journal of the Society of the Arts* 49 (17 May 1901): 506~517.

Marek, Kurt W. *Archaeology of the Cinema*. London: Thames and Hudson, 1965.

Matthews, Brander. "Are the Movies a Menace to the Drama?" *North American Review* 205 (March 1917): 447~454.

Matthews, Fred H. *Quest For An American Sociology: Robert E. Park and the Chicago School*. Montreal: McGill-Queens University Press, 1977.

Maver, William. "Progress in Wireless Telegraphy." *Annual Report of the Smithsonian Institution* (1904): 275~280.

Maver, William. "Wireless Telegraphy: Its Past and Present Status and Its Prospects." *Annual Report of the Smithsonian Institution* (1902): 261~274.

Maxim, Hudson. "Radio—The Fulcrum." *Nation* 119 (23 July 1924): 91.

Mead, George H. "Cooley's Contribution to American Social Thought" *American Journal of Sociology* 35 (March 1930): 693~706.

Merritt, Russell. "Nickelodeon Theaters 1905~14: Building an Audience for the Movies." In *The American Film Industry,* edited by Tino Balio, pp.59~79. Madison: University of Wisconsin Press, 1976.

Merton, Robert K. *Social Theory and Social Structure.* Glencoe: Free Press, 1957.

Metz, Robert. *CBS: Reflections in a Bloodshot Eye.* New York: Playboy Press, 1975.

Miller, Jonathan. *Marshall McLuhan.* New York: Viking Press, 1971

Miller, Perry. *The Life of the Mind in America.* New York: Harcourt, Brace and World, 1965.

Mills, C. Wright. *The Power Elite.* New York: Oxford University Press, 1956.

Mills, C. Wright. *The Sociological Imagination.* New York: Oxford University Press, 1959.

"The Modern Motion Picture Theater." *Motion Picture News* 8 (6 December 1913).

Moffett, Cleveland. "Marconi's Wireless Telegraph." *McClure's* 13 (June 1899): 99~112.

Morley, John. "On Popular Culture: An Address." *Eclectic Magazine* 88 (February 1877): 129~140.

Morris, Charles F. "A Beautiful Picture Theater." *The Nickelodeon* 1 (March 1909): 65~67.

Morse, Edward L., ed. Samuel F. B. *Morse: Letters and Journals.* 2 vols. Boston: Houghton Mifflin Co., 1914.

Morton, Robert A. "The Amateur Wireless Operator." *Outlook* 94 (15 January 1910): 131~35.

Morton, Robert A. "Regulation of Radiotelegraphy." *Scientific American* 73 (Supplement, 23 March 1912): 180~181.

Mott, Frank L. *American Journalism.* New York: Macmillan Co., 1941.

"'Movie' Manners and Morals." *Outlook* 113 (26 July 1916): 694~695.

"The Moving Pictures and the National Character." *Review of Reviews* 42 (September 1910): 315~320.

"Moving Pictures in Indianapolis." *Survey* 24 (23 July 1910): 614.

Muensterberg, Hugo. *The Photoplay: A Psychological Study.* New York: D. Appleton and Co., 1916.

Musson, Bennet, & Grau, Robert. "Fortunes in Films: Moving Pictures in the Making." *McClure's* 40 (December 1912): 193~202.

National Broadcasting Company. Advisory Council Reports. 1927~1935.

Neill, Robin. *A New Theory of Value: The Canadian Economics of H. A. Innis*. Toronto: University of Toronto Press, 1972.

Noble, David F. *America By Design: Science, Technology, and the Rise of Corporate Capitalism*. New York: Alfred A. Knopf, 1977.

North, Francis R. *A Recreation Survey of the City of Providence*. Providence: Providence Playground Association, 1912.

North, Joseph H. *The Early Development of the Motion Picture, 1887~1900*. New York: Arno Press, 1973.

North, Simon N. D. *History and Present Condition of the Newspaper and Periodical Press of the United States*. Washington, D.C.: Census Office, 1884.

Oboler, Arch. *Fourteen Radio Plays*. New York: Random House, 1940.

O'Brien, Howard V. "It's Great to be a Radio Maniac." *Collier's Weekly* 74 (13 September 1924): 15~16.

The Ownership of Wireless Equipment. New York: Marconi Wireless Telegraph Co., 1914.

Page, Leslie J., Jr. "The Nature of the Broadcast Receiver and Its Market in the United States from 1922 to 1927." *Journal of Broadcasting* 4 (Spring 1960): 174~182.

Pallen, Conde B. "Newspaperism." *Lippincott's Monthly* 38 (November 1886): 470~477.

Park, Robert E. "American Newspaper Literature." *American Journal of Sociology* 32 (March 1927): 806~813.

Park, Robert E. "The City: Suggestions for the Investigation of Human Behavior in the Urban Environment." *American Journal of Sociology* 20 (March 1916): 577~612.

Park, Robert E. *The Collected Papers of Robert Park*. 3 vols. Vol. 1, *Race and Culture*. Vol. 2, *Human Communities*. Vol. 3, *Society*. Glencoe: Free Press, 1950~1955.

Park, Robert E. "Community Organization and the Romantic Temper." *Social Forces* 3 (May 1925): 675~677.

Park, Robert E. *The Crowd and the Public*. Originally *Masse und Publikum*, 1904. Translated from German by Charlotte Elsner. Edited and with an introduction by Henry Elsner, Jr. Chicago: University of Chicago Press, 1972.

Park, Robert E. "Foreign Language Press and Social Progress." *Proceedings of the National Conference of Social Work* (1920): 493~500.

Park, Robert E. "Human Ecology." *American Journal of Sociology* 42 (July 1936): 1~15.

Park, Robert E. "Immigrant Community and Immigrant Press." *American Review* 3 (March-April, 1925): 143~152.

Park, Robert E. *The Immigrant Press and Its Control*. New York: Harper and Brothers, 1922.

Park, Robert E. "Morale and the News." *American Journal of Sociology* 47 (November 1941):

360~377.

Park, Robert E. "Natural History of the Newspaper." *American Journal of Sociology* 29 (November 1923): 80~98.

Park, Robert E. "News and the Power of the Press." *American Journal of Sociology* 47 (July 1941): 1~11.

Park, Robert E. "News As a Form of Knowledge." *American Journal of Sociology* 45 (March 1940): 669~686.

Park, Robert E. "Physics and Society." *Canadian Journal of Economics and Political Science* 6 (May 1940): 135~152.

Park, Robert E. "Reflections on Communication and Culture." *American Journal of Sociology* 44 (September 1938): 187~205.

Park, Robert E. "The Urban Community as a Spatial and a Moral Order." *Publications of the American Sociological Society* 20 (1925): 1~14.

Park, Robert E. "The Yellow Press." *Sociology and Social Research* 12 (September-October 1927): 1~12.

Park, Robert E., & Burgess, E. W. *Introduction to the Science of Sociology*. Chicago: University of Chicago Press, 1921.

Park, Robert E.; Burgess, E. W.; & McKenzie, R. D. *The City*. Chicago: University of Chicago Press, 1925.

Parsons, Frank. *The Telegraph Monopoly*. Philadelphia: C. F. Taylor, 1899.

Parsons, Talcott, & White, Winston. "The Mass Media and the Structure of American Society." *Journal of Social Issues* 16, no. 3 (1960): 67~77.

Patten, Simon N. *Product and Climax*. New York: B. W. Huebsch, 1909.

Patterson, Joseph M. "The Nickelodeon." *Saturday Evening Post* 180 (23 November 1907): 10.

Peel, J. D. Y, ed. *Herbert Spencer on Social Evolution: Selected Writings*. Chicago: University of Chicago Press, 1972.

Pennsylvania State Board of Censorship. *Rules and Standards*. Harrisburg: J. L. L. Kuhn, 1918.

Perry, Lawrence. "Commercial Wireless Telegraphy." *The World's Work* 5 (March 1905): 3194~3201.

Perry, Ralph Barton, ed. *The Thought and Character of William James*. 2 vols. Boston: Little, Brown and Co., 1935.

Phelan, J. J. *Motion Pictures as a Phase of Commercialized Amusements in Toledo, Ohio*. Toledo: Little Book Press, 1919.

Pickett, Calder M. "Six New York Newspapers and their Response to Technology in the Nineteenth Century." Ph.D. dissertation, University of Minnesota, 1959.

Pickett, Calder M. "Technology and the N.Y. Press in the 19th Century." *Journalism Quarterly* 37 (Summer 1960): 398~407.

Pierce, Lucy F. "The Nickelodeon." *The World Today* 15 (October 1908): 1052~1057.

Powdermaker, Hortense. *Hollywood: The Dream Factory*. Boston: Little, Brown, and Co., 1950.

Pratt, George. " 'No Magic, No Mystery, No Sleight of Hand.'" *Image* 8 (December 1959): 192~211.

Pray, Isaac C. *Memoirs of James G. Bennett and His Times*. New York: Stringer and Townsend, 1855.

Preece, W. H. "Aetheric Telegraphy." *Journal of the Society of the Arts* 47 (5 May 1899): 519~525.

Preece, W. H. "Wireless Telephony." *The Independent* 52 (4 October 1900): 2368~2369.

Presbrey, Frank. *The History and Development of Advertising*. New York: Doubleday and Co., 1929.

Prescott, George. *History, Theory and Practice of the Electric Telegraph*. Boston: Ticknor and Fields, 1860.

"The Problem of Radio Reallocation." *Congressional Digest* 1 (October 1928): 255~286.

Purssell, John W. "In Defense of the Amateur Wireless Operator." *Scientific American* 106 (8 June 1912): 515.

Quandt, Jean B. *From the Small Town to the Great Community: The Social Thought of Progressive Intellectuals*. New Brunswick: Rutgers University Press, 1970.

Ramsaye, Terry. *A Million and One Nights: A History of the Motion Picture*. New York: Simon and Schuster, 1926.

Ramsaye, Terry. "The Motion Picture." *Annals of the American Academy of Political and Social Science* 128 (November 1926): 1~19.

Ransom, John Crowe. "Reconstructed But Unregenerate." In *I'll Take My Stand*, pp.1~27. New York: Harper and Brothers, 1930.

Reeves, Earl. "The New Business of Broadcasting." *Review of Reviews* 72 (November 1925): 529~532.

Reid, James D. *The Telegraph in America*. New York: Derby Brothers, 1879.

Report of the National Board of Censorship of Motion Pictures. New York: National Board of Censorship, 1913.

"Research in Mass Communication." Microfilm. Madison: State Historical Society of

Wisconsin, Mass Communication Research Center, 1940.

Rice, Melville C. "The Penny Arcade as a Side Show." *The Nickelodeon* 1 (January 1909): 23.

Richards, John A. *A Talk on Telegraphic Topics*. Chicago: n.p., 1882.

Riegel, O. W. *Mobilizing for Chaos: The Story of the New Propaganda*. New Haven: Yale University Press, 1934.

Riley, John W., and Riley, Matilda W. "Mass Communication and the Social System." In *Sociology Today*, edited by Robert K. Merton, Leonard Broom, and Laurence Cottrell, pp.537~78. New York: Basic Books, 1959.

Rorty, James. "The Impending Radio War." *Harper's* 163 (November 1931): 714~726.

Rorty, James. *Our Master's Voice: Advertising*. New York: John Day Co., 1934.

Rosenberg, Bernard, & White, David M., eds. *Mass Culture: The Popular Arts in America*. Glencoe: Free Press, 1957.

Rosenberg, L. H. "A New Era in Wireless." *Scientific American* 124 (4 June 1921): 449.

Rosewater, Victor. *History of Cooperative Newsgathering in the United States*. New York: D. Appleton and Co., 1930.

Rothafel, Samuel L., and Yates, Raymond F. *Broadcasting: Its New Day*. New York: Century Co., 1925.

Royal Commission on Broadcasting Report. 2 vols. Ottawa: E. Cloutier, 1957.

Royal Commission on National Development in the Arts, Letters, and Sciences. 2 vols. Vol. 1, *Report, Royal Commission on National Development in the Arts, Letters, and Sciences, 1949~51*. Vol. 2, *Royal Commission Studies: A Selection of Essays*. Ottawa: E. Cloutier, 1951.

Sarno, Edward F. "The National Radio Conferences." *Journal of Broadcasting* 13 (Spring 1969): 189~202.

Savage, Willinda. "John Dewey and 'Thought News' at the University of Michigan." *Michigan Quarterly Review* 56 (Spring 1950): 204~209.

Schubert, Paul. *The Electric Word: The Rise of Radio*. New York: Macmillan Co., 1928.

Schudson, Michael. *Discovering the News: A Social History of American Newspapers*. New York: Basic Books, 1978.

Schwarzlose, Richard. "Harbor News Association: The Formal Origins of the AP." *Journalism Quarterly* 45 (Summer 1968): 253~260.

Seckler, David. *Thorstein Veblen and the Institutionalists: A Study in the Social Philosophy of Economics*. Boulder: Colorado Associated University Press, 1975.

Shaffner, Kenneth F. *Nineteenth Century Aether Theories*. New York: Pergamon Press, 1972.

Shaffner, Taliaferro P. *The Telegraph Manual*. New York: Pudney and Russell, 1859.

Shanks, W. F. S. "How We Get Our News." *Harper's Magazine* 34 (May 1867): 511~22.

Shenstone, W. A. "Some Recent Theories of the Ether." *Living Age* 246 (9 September 1905): 724~734.

Shils, Edward A. "Daydreams and Nightmares: Reflections on the Criticism of Mass Culture." *Sewanee Review* 65 (Autumn 1957): 587~608.

Shils, Edward A. "The Study of the Primary Group." In *The Policy Sciences*, edited by Daniel Lerner and Harold Lasswell, pp.44~69. Stanford: Stanford University Press, 1951.

Siddall, Dudley. "Who Owns Our Radio Broadcasting Stations?" *Radio Broadcast* 4 (August 1925): 726~730.

Sklar, Robert. *Movie-Made America*. New York: Random House, 1975.

Slaughter, N. H. "Wireless Telephony." *Annual Report of the Smithsonian Institution* (1919): 177~192.

Slide, Anthony. *Early American Cinema*. New York: A. S. Barnes, 1970.

Slosson, Edwin E. "Voices in the Air." *New York Independent* 108 (22 April 1922): 385~386.

Smith, Robert R. "The Origin of Radio Network News Commentary." *Journal of Broadcasting* 9 (Spring 1965): 113~122.

Smith, William H. "The Press as a News Gatherer." *Century Magazine* 42 (August 1891): 524~536.

Smythe, Dallas W. "Some Observations on Communications Theory." *Audio-Visual Communication Review* 2 (Winter 1954): 24~37.

Snyder, Carl. "Wireless Telegraphy and Signor Marconi's Triumph." *Review of Reviews* 25 (February 1902): 173~176.

Snyder, Carl. "The World's New Marvels: The Wireless Telephone." *Collier's Weekly* 52 (25 October 1913): 22~23.

Spalding, John W. "1928: Radio Becomes a Mass Advertising Medium." *Journal of Broadcasting* 8 (Winter 1963-64): 31~44.

Stackhouse, W. L. "Telegraphic Communication in Michigan." *Michigan History Magazine* 24 (Winter 1940): 75~90.

The Standards of the National Board of Censorship. New York: National Board of Censorship, 1914?.

Starr, Michael E. "Prime Time Jesus." *Cultural Correspondence*, no. 4 (Spring 1977): 20~26.

Stearn, Gerald E., ed. *McLuhan: Hot and Cool*. New York: Dial Press, 1967.

Stedman, Raymond W. *The Serials: Suspense and Drama by Installment*. Norman: University of Oklahoma Press, 1971.

Stelzle, Charles. "How One Thousand Workingmen Spent Their Spare Time." *Outlook* 106 (4 April 1914): 762~766.

Stevens, A. A. "The Way to Larger Culture." *Harper's Monthly* 107 (June 1903): 47~49.

Stillman, W. J. "Journalism and Literature." *Atlantic Monthly* 68 (November 1891): 687~695.

Strother, French. "The Unfolding Marvels of Wireless." *World's Work* 43 (April 1922): 647~661.

Summers, Harrison B. *Radio Censorship.* New York: H. W. Wilson, 1939.

Summers, Harrison B. *A Thirty-Year History of Programs on National Radio Networks in the United States, 1926~1956.* Columbus: Ohio State University, 1958.

Sumner, Charles A. *The Postal Telegraph.* San Francisco: Bacon and Co., 1879.

Symonds, John Addington. "Culture: Its Meanings and Uses." *New Review* 7 (July 1892): 105~115.

Talbot, Frederick A. *Moving Pictures: How They Are Made and Worked.* Philadelphia: J. B. Lippincott Co., 1912.

Taylor, Deems. "Radio: A Brief for the Defense." *Harper's* 166 (April 1933): 554~563.

Tevis, Charles W. "Censoring the Five Cent Drama." *The World Today* 19 (October 1910): 1132~1139.

Theall, Donald F. *The Medium is the Rear View Mirror: Understanding McLuhan.* Montreal: McGill-Queens University Press, 1971.

Thompson, Robert L. *Wiring a Continent: The History of the Telegraph Industry in the United States, 1832~1866.* Princeton: Princeton University Press, 1947.

Thompson, Silvanus P. "Telegraphy Across Space." *Journal of the Society of the Arts* 46 (April 1898): 453~460.

Thompson, Silvanus P. "Telegraphy Without Wires." *Saturday Review* 83 (26 June 1897): 708~709.

Thoreau, Henry D. *Walden.* Riverside Editions. Boston: Houghton Mifflin Co., 1957.

Toll, Robert C. *Blacking Up: The Minstrel Show in Nineteenth-Century America.* New York: Oxford University Press, 1974.

"Trade Notes." *Moving Picture World* 1 (30 March 1907): 57~58.

Trowbridge, John. "The First Steps in Wireless Telegraphy." *The Chautauquan* 29 (July 1899): 375~178.

Trowbridge, John. "Telegraphing Through the Air Without Wires." *The Chautauquan* 15 (April 1892): 54~57.

Trowbridge, John. "Wireless Telegraphy." *Popular Science Monthly* 56 (November 1899):

59~73.

Turnbull, Laurence. *Electro-Magnetic Telegraph, with an Historical Account of its Rise, Progress and Present Condition*. Philadelphia: A. Hart, 1853.

Tyler, Tracy F., ed. *Radio as a Cultural Agency*. Washington, D.C.: National Committee on Education by Radio, 1934.

Tylor, Edward B. *Primitive Culture: Researches into the Development of Mythology, Philosophy, Religion, Art, and Custom*. 2 vols. New York: Henry Holt and Co., 1877.

Usher, Ellis B. "The Telegraph in Wisconsin." *Proceedings of the State Historical Society of Wisconsin of 1913* (1914): 91~109.

Vail, Alfred. *The American Electro Magnetic Telegraph*. Philadelphia: Lea and Blanchard, 1845.

Vail, Theodore N. *The AT&T Co. and Its Relations with and Obligations toward Wireless Communication*. New York: n.p., 1915.

Vardac, Nicholas A. *Stage to Screen: Theatrical Method from Garrick to Griffith*. Cambridge: Harvard University Press, 1949.

"Vaudeville in Picture Theaters." *The Nickelodeon* 1 (March 1909): 85~86.

"Vaudeville or Not?" *The Nickelodeon* 1 (November 1909): 134.

Veblen, Thorstein. *The Instinct of Workmanship and the State of the Industrial Arts*. New York: Macmillan Co., 1914.

Veblen, Thorstein. *The Place of Science in Modern Civilization and Other Essays*. New York: Macmillan Co., 1919.

Vice Commission of Chicago. *The Social Evil in Chicago*. Chicago: Gunthrop Warner, 1911.

Vorse, Mary Heaton. "Some Picture Show Audiences." *Outlook* 97 (24 June 1911): 442~447.

Wade, Herbert T. "Wireless Telephony by the De Forest System." *Review of Reviews* 35 (June 1907): 681~685.

Wagenknecht, Edward. *Movies in the Age of Innocence*. Norman: University of Oklahoma Press, 1962.

Warner, Charles D. "What is Your Culture to Me?" *Scribner's Monthly* 4 (August 1872): 470~478.

Watkins, Melville H. "A Staple Theory of Economic Growth." *Canadian Journal of Economics and Political Science* 19 (May 1963): 141~158.

Wayland, H. L. "Results of the Increased Facility and Celerity of Inter-Communication." *New Englander* 16 (November 1858): 790~806.

Whalen, Grover A. "Radio Control." *Nation* 119 (23 July 1924): 90~91.

Whicher, Stephen E.; Spiller, R. E.; & Williams, W. E., eds. *The Early Lectures of Ralph Waldo Emerson*. Vol. 2, 1836~1838. Cambridge: Harvard University Press, Belknap Press, 1964.

White, Llewellyn. *The American Radio: A Report on the Broadcasting Industry in the United States from the Commission on Freedom of the Press*. Chicago: University of Chicago Press, 1947.

White, W. C. "Radiotelephony." *Scientific American* 80 (Supplement, 4 September 1915): 146~147.

Whitman, Walt. "Democracy." *Galaxy* 4 (December 1867): 919~933.

Whitman, Walt. *Democratic Vistas*. London and New York: Walter Scott, 1888.

"Who Will Ultimately Do the Broadcasting?" *Radio Broadcast* 2 (April 1923): 524~525.

Wilkins, Burleigh Taylor. "James, Dewey, and Hegelian Idealism" *Journal of the History of Ideas* 17 (June 1956): 332~346.

Willey, Malcolm, and Rice, Stuart. "The Agencies of Communication." In *Recent Social Trends in the United States*, prepared by the President's Research Committee on Social Trends, pp.167~217. New York: McGraw-Hill Book Co., 1933.

Williams, Raymond. "Culture and Civilization." In *Encyclopedia of Philosophy*, 1967 ed., s.v., pp.270~276.

Williams, Raymond. *Culture and Society, 1780~1850*. New York: Harper and Row, 1958.

Williams, Raymond. *Keywords: A Vocabulary of Culture and Society*. New York: Oxford University Press, 1976.

Williams, Raymond. *Television: Technology and Cultural Form*. New York: Schocken Books, 1975.

Wilson, Ben Hur. "Telegraph Pioneering." *The Palimpsest* 6 (November 1925): 373~393.

Wilson, William Bender. *From the Hudson to the Ohio*. Philadelphia: Kensington Press, 1902.

"Wireless Amateurs to the Rescue." *Literary Digest* 52 (1 January 1916): 13~14.

"The Wireless Telephone Tests." *Wireless Age* 3 (November 1915): 111~116.

Wolfenstein, Martha, and Leites, Nathan. *Movies: A Psychological Study*. Glencoe: Free Press, 1950.

Wright, Charles R. "Functional Analysis and Mass Communication." *Public Opinion Quarterly* 24 (Winter 1960): 605~620.

Yates, Raymond F. "The Long Arm of Radio." *Current History* 15 (March 1922): 980~985.

"What Will Happen to Broadcasting?" *Outlook* 136 (19 April 1924): 604~606.